教育部"新世纪优秀人才支持计划"（NCET-10-0828）
国家社会科学基金重点项目"应对突发冲击的宏观调控预案研究"（08AJL006）

金融学论丛

非常规宏观经济调控研究

STUDY ON UNCONVENTIONAL
MACROECONOMIC REGULATION
AND CONTROL

唐文进　李　芳　周　文◎著

北京大学出版社
PEKING UNIVERSITY PRESS

图书在版编目(CIP)数据

非常规宏观经济调控研究/唐文进等著. —北京:北京大学出版社,2013.12
(金融学论丛)
ISBN 978 - 7 - 301 - 23593 - 5

Ⅰ.①非… Ⅱ.①唐… Ⅲ.①中国经济—宏观经济调控—研究 Ⅳ.①F123.16

中国版本图书馆 CIP 数据核字(2013)第 299757 号

书　　　名:非常规宏观经济调控研究
著作责任者:唐文进　李　芳　周　文　著
责 任 编 辑:周　莹
标 准 书 号:ISBN 978 - 7 - 301 - 23593 - 5/F · 3802
出 版 发 行:北京大学出版社
地　　　址:北京市海淀区成府路 205 号　100871
网　　　址:http://www.pup.cn
电 子 信 箱:em@ pup.cn　　QQ:552063295
新 浪 微 博:@北京大学出版社　@北京大学出版社经管图书
电　　　话:邮购部 62752015　发行部 62750672　编辑部 62752926
　　　　　　出版部 62754962
印　刷　者:北京宏伟双华印刷有限公司
经　销　者:新华书店
　　　　　　730 毫米×1020 毫米　16 开本　27.75 印张　505 千字
　　　　　　2013 年 12 月第 1 版　2013 年 12 月第 1 次印刷
定　　　价:72.00 元

未经许可,不得以任何方式复制或抄袭本书之部分或全部内容。
版权所有,侵权必究
举报电话:010 - 62752024　电子信箱:fd@ pup.pku.edu.cn

目 录

导论 …………………………………………………………………… (1)

第一章 应对突发冲击的宏观调控研究综述 ……………………… (9)
    第一节 应对突发冲击的直接宏观调控与间接宏观调控 …… (11)
    第二节 应对突发冲击的宏观调控的静态预案和动态应对 … (16)
    第三节 应对突发冲击的宏观调控的手段选择及其影响因素
            ………………………………………………………… (20)

第二章 突发冲击的长短期经济影响及其测度方法 …………… (27)
    第一节 突发冲击的短期经济影响 ………………………… (28)
    第二节 突发冲击的长期经济影响 ………………………… (41)
    第三节 突发冲击的经济影响的测度方法 ………………… (51)

第三章 突发冲击的经济影响的危机预警 ……………………… (81)
    第一节 突发冲击的经济影响的预警指标体系 …………… (84)
    第二节 突发冲击的经济预警模型的阈值选择 ………… (114)

第四章 应对突发冲击的宏观调控效果的监测指标 ………… (120)
    第一节 应对突发冲击的宏观调控监测指标的敏感性测度
            ………………………………………………………… (122)
    第二节 应对突发冲击的宏观调控效果的监测指标体系
        设计 ……………………………………………………… (145)

第五章 我国现有应急预案及应对突发冲击的宏观调控效果
       评价 ……………………………………………………………… (157)
    第一节 我国现有应急预案 ………………………………… (157)
    第二节 我国应对突发冲击的宏观调控效果评价 ………… (161)
    第三节 应对突发冲击的宏观调控发展趋势 ……………… (177)

第六章　我国各产业与各经济区域受突发冲击影响的 IMPLAN 分析 …………………………………………………… (180)
第一节　我国各产业受突发冲击影响的 IMPLAN 分析 ……… (181)
第二节　我国各经济区域受突发冲击影响的 IMPLAN 分析…… (200)

第七章　我国各产业和各经济区域受突发冲击的脆弱性及对策 …………………………………………………………… (214)
第一节　我国各产业面对突发冲击的脆弱性分析及政策建议 …………………………………………………………… (215)
第二节　我国各经济区域面对突发冲击的脆弱性分析与政策建议 ………………………………………………… (222)
第三节　突发冲击反弹力与危机防范 …………………………… (227)

第八章　应对突发冲击的宏观调控的手段选择与力度模拟 …… (238)
第一节　应对突发冲击的宏观调控手段与阻断措施 …………… (239)
第二节　应对突发冲击的宏观调控措施的力度模拟 …………… (266)

第九章　应对突发冲击的宏观调控预案的基础理论与一般性设计 …………………………………………………………… (275)
第一节　应对突发冲击的宏观调控预案设计的相关理论 …… (275)
第二节　其他一些国家应对突发冲击的宏观调控的实践及启示 ……………………………………………………… (302)
第三节　我国应对突发冲击的宏观调控预案的初步设计 …… (315)

结论 ……………………………………………………………………… (338)

参考文献 ………………………………………………………………… (341)

附录 ……………………………………………………………………… (360)

导　论

一、研究背景与意义

当前,全世界都已经并且正在经受各种突发冲击:就国外而言,有"9·11"恐怖袭击事件、印度洋海啸、东南亚禽流感、印尼巴厘岛爆炸、2008年爆发的全球性金融危机以及2009年4月爆发于墨西哥等北美国家进而引起全球性危机的甲型流感等;就我国国内而言,也有2008年的南方雪灾、汶川地震,2010年春的西南大旱、青海玉树地震以及春夏之交的南方暴雨等。这些突发冲击虽然形式多样,严重程度不同,但给世界各国正常的经济秩序和经济成果造成了极大的影响。不仅如此,随着全球化进程的不断深化,各国各地区之间的经济往来日益频繁,往往某一国或某一地区在受到突发冲击之后,会通过各种经济机制传导到其他相关的国家或地区。

为应对这些突发冲击的各种经济影响,各国纷纷采取了各种各样的宏观调控措施,而应对突发冲击的宏观调控非常复杂,这种复杂性源于多方面因素。首先,突发冲击的来源很复杂。对一个国家来说,不同地区、不同产业可能受到的潜在突发冲击不仅种类多,而且有结构性差别,如何利用宏观调控手段来预防冲击、减缓冲击损失、有效应对冲击并且尽快从冲击中恢复正常往往非常困难。

其次,突发冲击可能会不断发展甚至变异。在重要的社会变量中,突发冲击往往先影响其中的某些变量,而这些变量受影响后又可能影响其他变量,这种传导机制十分复杂,使得一国政府在应对突发冲击时,要针对整个传导系统进行全盘考虑。变异指的是一种冲击可能演变为另一种冲击,如一国受到了洪水的袭击,洪水过后灾区又开始了传染病流行,最终自然灾害冲击变异成了公共卫生冲击。

最后,应对突发冲击的宏观调控结果是不确定的。这主要表现在两个方面:其一,采取应对突发冲击的宏观调控措施是有成本的,实施了某种方案后,成本和收益的评估十分困难;其二,一国政府实施某种宏观调控后,可能解决了一些问题,但又会产生一些问题,如针对金融危机引起的衰退,政府可能会通过降息、增加货币流动性等手段来刺激经济,这样操作的结果有可能解决了失业问题,但加重了通货膨胀问题。

然而,不能因为应对突发冲击的宏观调控非常复杂就放弃对这一领域的研究,相反,对这一领域的研究还应该不断深入下去,对我国而言则更是如此。我国幅员辽阔、人口众多且构成复杂,不同经济区域的社会和经济发展水平、地理环境、社会状况以及产业结构均有较大的差别,应对突发冲击的复杂性和重要性则显得更加突出,但是与其被动地应对,不如主动地预防。在应对突发冲击的问题上,我国当前正处于从"事后被动应对"到"事前主动预防"的关键转折时期,因此对突发冲击的宏观调控预案进行研究具有重大的现实意义,这项研究对我国经济总体的安全与稳定增长、对我国经济结构的协调与发展都是必要的基础性工作。

从理论意义上讲,应对突发冲击的宏观调控有两个基本问题需要回答:其一,什么时候采取宏观调控措施?其二,需要采取何种力度的宏观调控措施?要回答第一个关键问题,有必要明晰突发冲击对经济发展的长期和短期影响机制,有必要建立一套经济影响预警指标体系,进而确定采取宏观调控措施的阈值;要回答第二个关键问题,有必要在经济目标和宏观调控措施之间找到某种联系,量化何种力度的宏观调控措施将对重要的经济指标产生何种程度的影响,这需要理清宏观调控措施对各产业和各地区经济的作用机制与影响力积聚机制。从这个角度而言,应对冲击的宏观经济调控预案研究具有重要的理论意义,并且从现在的研究情况来看,系统性地对这一领域进行的研究还比较少,这进一步凸显了这一研究的理论意义。

二、相关概念辨析

在本研究中,有以下几组基本概念需要明晰:突发冲击与突发事件、内部冲击与外部冲击、总需求冲击与总供给冲击、冲击前的预警指标与冲击后的预警指标、宏观经济监控与宏观经济政策监控。

(一) 突发冲击与突发事件

提到突发冲击,不得不谈及突发事件,我们认为突发冲击与突发事件是两个相互联系又相互区别的概念。我国于2007年8月30日通过的《中华人民共和国突发事件应对法》第一章《总则》第三条规定:"本法所称突发事件,是指突然发生,造成或者可能造成严重社会危害,需要采取应急处置措施予以应对的自然灾害、事故灾难、公共卫生事件和社会安全事件"。其他各国也对突发事件有立法上的定义,如《美国联邦灾难救济和突发事件救助法》第2条"定义"第1款"突发事件"的规定:"'突发事件'是指:通过总统认定,在美利坚合众国范围内发生的,需要联邦救助来补充州和地方的努力及实际能力,以挽救生命、保护财产及公共健康安全,减轻或避免更大灾难威胁的事件。"①另外,还有一些学术研究讨论过这一概念,但是无论如何表述,突发事件强调的是某种社会紧急状况的来源。

而突发冲击是指突发事件或其他因素已经造成或将要造成的,必然会对经济带来正面或负面影响的社会性震荡及其结果。比如,汶川地震毫无疑问是一次突发公共事件,但是这次地震造成的社会性紧张感,以及对我国经济、社会的各方面影响却是突发冲击。突发事件可能是突发冲击的来源,但不必然是突发冲击的来源,比如,2009年2月11日,湖南省衡阳市传言有地震发生,尽管事实并非如此,但是衡阳城区和周边一些地区的群众纷纷拥向街头,进行紧急避险,成千上万的衡阳市民度过了一个不眠之夜。由此可见地震这一"突发事件"并没有发生,但是衡阳的确受到了"突发冲击",以致衡阳市委市政府不得不通过网络、短信、电视反复发布通告,安定民心。突发事件也并不一定造成突发冲击,比如,在某无人居住的山区发生了一次小的地震,这属于"突发事件"中的"自然灾害",除了在地震科学研究方面有一定影响外,没有造成任何社会震荡,所以它没有造成"突发冲击"。

(二) 内部冲击与外部冲击

从对经济体的影响来划分,突发冲击可分为内部冲击和外部冲击。内部冲击是经济体内部因素造成的,如国内冲突、政局动荡、经济危机和宏观经济决策的失误等;外部冲击是由外部因素造成的,如自然灾害的发生、重要进口商品价格的大幅波动、恐怖袭击以及国际政治经济形势的剧烈变化等。

(三) 总需求冲击与总供给冲击

根据对总需求和总供给的影响来分,突发冲击可分为总需求冲击和总供给冲击。总需求冲击是指使商品或服务的需求暂时增加或减少的突发事件。在2007年爆发的次贷危机中,房地产价值的损失迫使人们大幅减少消费支出,造成了全球性的负面总需求冲击。总供给冲击是使商品或服务的供给暂时增加或减少的突发事件,典型的总供给冲击包括技术冲击和能源价格的突然变化。

---

① 万鹏飞.美国、加拿大和英国突发事件应急管理法选编[M].北京:北京大学出版社,2006.

(四) 冲击前的预警指标与冲击后的预警指标

针对突发冲击的预警指标体系一般可分为两类:冲击前的预警指标体系和冲击后的预警指标体系。冲击前的预警指标体系不一定是一个经济问题。不可否认,有一些经济类的突发冲击本身是可以设置一些预警指标,用以监控宏观经济形势是否有由量变积累而引发质变的可能。但是,从一般角度而言,对更多的突发冲击的预警不是一个经济问题,如自然灾害冲击、公共卫生冲击等,对它们的预警是自然科学领域的专业问题,很难从经济学角度做出预警。

冲击后的预警指标体系则是为了更好地监控突发冲击的发展与变异情况,更广泛地涉及社会经济领域,从经济学领域构建预警指标体系具有可能性,构建该指标体系可以提高应对突发冲击的针对性、及时性和有效性。因此,我们所构建的突发冲击的经济影响预警指标体系属于冲击后的预警指标体系,它通过选取一系列监控效果较为明显的经济指标来跟踪突发冲击的发展变异方向和程度,其目的在于以此为基础,采取更有效的应对措施。

(五) 宏观经济监控与宏观经济政策监控

"宏观经济监控"与"宏观经济政策监控"虽然有一定的联系,但绝不是同一个概念。自20世纪初以来,世界各国都纷纷建立的宏观经济景气监测预警体系就是一种宏观经济监控。我国1997年开始也定期发布各类宏观经济景气指标,但是这种景气监测体系主要是针对全国的宏观经济形势,选取一些宏观经济指标进行经济监测和预警,这种监测的结果是整个宏观经济的表现,它包括宏观经济政策的影响,但更多的是经济系统本身的运行状态。而宏观经济政策监控指标强调的是哪些宏观经济指标可以较灵敏地反映出宏观经济政策的效果。简而言之,"宏观经济监控"是对整个经济运行状态的监控,而"宏观经济政策监控"是对宏观经济政策的效果进行监控,两者的区别十分明显。

三、研究边界

本研究是以中国为背景围绕受突发冲击的宏观调控预案进行的一般性分析,有比较明确的研究边界。

首先,本研究是从一般层面上展开的,不特别针对某一具体的突发冲击设计宏观调控预案,也没有针对不同的类别进行应对突发冲击的宏观调控预案研究。这一方面是因为突发冲击的种类繁多,可以从冲击的来源、冲击的特点、冲击的对象以及冲击的程度等多个维度进行分类,穷尽研究所有类型的突发冲击的宏观调控预案过于理想化;另一方面,本研究负责人还主持完成了一项国家自然科学基金项目,已经在该研究中依照《中华人民共和国突发事件应对法》将突发事件分为四类:自然灾害、事故灾难、公共卫生事件和社会安全事件,由于突发冲击与突发事件本身是两个既有联系又有区别的概念,同时也为了避免本研究与已完成的国家自然科学基金项目在研究对象上的重叠,因此本研究没有针对不同的冲击类型进行具体分析,而是不失一般性地研究应对突发冲击的宏观调控预案的共性问题。

其次,本研究是以中国受到的各种突发冲击为背景的,这些冲击有可能来自国外,但我们没有研究其他国家受到突发冲击的宏观调控问题,只是收集了其他国家应对突发冲击的宏观调控预案,并进行了初步的介绍与分析,但进行这项工作的目的也仅是为了总结出对我国在应对突发冲击时的宏观调控的相关启示。毫无疑问,不同国家在自然、社会、经济、文化、政治、法律与制度背景方面各不相同,同样类型、同样程度的突发冲击发生在不同的国家,对这些国家造成的宏观经济影响可能各不相同,相应地,应对这种冲击的宏观调控决策也可能存在较大差别,因此,我们没有对所有国家进行分类——如区分为大国和小国——进行有区别的研究。

最后,本研究的"宏观调控"特指"宏观经济调控",即受到突发冲击后,我国相关经济管理部门应当采取何种类型、何种力度的宏观经济调控措施,才能有效地阻断该冲击对我国经济负面影响的蔓延,尽快地将经济形势恢复到受冲击之前的正常发展状态。至于应对突发冲击的其他调控措施,如社会的、公共卫生的、军事的、心理的、法律的调控措施等,则不在本研究范围之内。

四、研究框架与内容

本研究是沿着两条主线展开的,分别回答前述的两个基本问题,具体的技术路线如图1所示。

研究的第一大部分是相关的文献综述,这是全部研究的起点;第二大部分是"突发冲击的长短期经济影响、测度与预警"板块,主要研究突发冲击的长期、短期经济影响及测度,建立其经济影响的预警指标体系并讨论阈值确定方法;第三大部分是"应对突发冲击的宏观调控效果的作用路径与测量",主要研究我国宏观调控效果的监测指标体系,我国现有的应对突发冲击的宏观调控预案分析与效果评价、宏观调控在产业间与地区间作用的产生和积聚的量化机制以及我国各产业和各经济区域面对突发冲击的

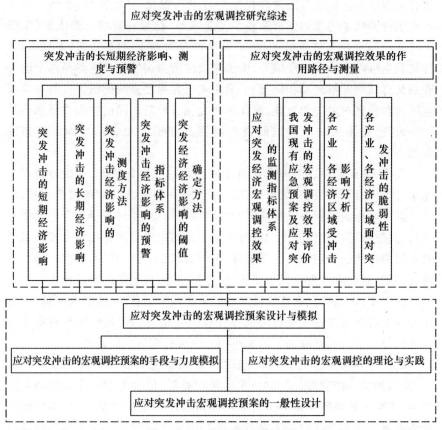

图 1　课题研究的技术路线图

经济脆弱性;第四大部分是"应对突发冲击的宏观调控预案设计与模拟",主要研究应对突发冲击的宏观调控手段选择以及具体案例背景下的宏观调控政策的力度模拟,梳理应对突发冲击宏观调控预案设计的相关理论,分析其他国家应对突击的宏观调控的实践及其启示,在此基础上尝试制定了我国应对突发冲击宏观调控的一般性预案。第四大部分是在第二和第三两大部分的基础上完成的。

具体而言,本研究共分为九章,各章具体内容如下:

第一章"应对突发冲击的宏观调控研究综述"对国内外相关的研究文献进行梳理,特别是在应对突发冲击的宏观调控理念、应对突发冲击的宏观调控方式和应对突发冲击的宏观调控效果进行文献清理。

第二章"突发冲击的长短期经济影响及其测度方法"对突发冲击的短期和长期经济影响的作用机制进行系统性研究,并且探讨这些影响的测度方法。

第三章"突发冲击经济影响的危机预警"建立一套突发冲击的经济影响的监测指标体系,并讨论监测指标的阈值确定方法。

第四章"应对突发冲击的宏观调控效果的监测指标"研究应对突发冲击的宏观调控监测指标的敏感性测度方法,并以此为基础建立我国应对突发冲击宏观调控效果监测指标体系。

第五章"我国现有应急预案及应对突发冲击的宏观调控效果评价"分析了我国现有应急预案的特点,选取了经典案例,分析了我国应对各类突发冲击的宏观调控措施,对调控效果进行了总结,并展望了应对突发冲击宏观调控的发展趋势。

第六章"我国各产业与各经济区域受突发冲击影响的 IMPLAN 分析"应用 IMPLAN 系统对我国各产业和各经济区域受到就业冲击和需求冲击时的直接影响、间接影响、引致影响和总影响进行系统性分析,并在此基础上提出相应的政策建议。

第七章"我国各产业和各经济区域受突发冲击的脆弱性及对策"在第六章的基础上讨论我国各产业和各经济区域面对突发冲击的经济脆弱性问题,并在此基础上提出相应的政策建议。

第八章"应对突发冲击的宏观调控的手段选择与力度模拟"分析应对突发冲击的宏观调控手段选择,讨论应对突发冲击的宏观调控阻断措施,并结合最近的案例对应对突发冲击的宏观调控措施力度进行实证模拟。

第九章"应对突发冲击的宏观调控预案的基础理论与一般性设计"通过对相关理论的梳理以及对国外应对突发冲击的宏观调控实践的分析,形成了对我国应对突发冲击宏观调控预案设计的启示。在前面八章研究的基础上,讨论了我国应对突发冲击的宏观调控预案的设计原则、设计思路,并最终形成一个一般性预案文本。

五、研究方法

本研究拟采用的方法主要包括以下几类:基于 IMPLAN 系统的冲击影响分析、实证分析和规范分析、统计描述分析法、案例分析法。

基于 IMPLAN 系统的冲击影响分析主要指将原本以美国产业间投入产出关系为基础的 IMPLAN 系统中国化,使之可以处理中国产业间投入产出表和中国经济区域间投入产出表,进而测算出某种突发冲击对我国各产业的影响程度如何,如果将政府的宏观调控政策也看成是经济系统外的一种"冲击",那么这一软件可以用来分析对某一产业或某一经济区域的宏观调控政策将会起到什么样的作用。

实证分析与规范分析相结合的方法,在研究计划中,有些部分必须要采用一些计量分析的方法,如脉冲-响应分析法、方差分解方法等,但实证分析的结果只是有价值判断的依据,因此这是一种实证分析与规范分析相结合的方法。

统计描述分析法,在研究计划中,有一些部分需要对历史的情形进行分析,这势必会用到统计描述的分析方法,主要以基于图表的对比分析为主。

案例分析法,由于国内外关于突发冲击的案例较多,为论证充分,在文章的一些部分将采用案例分析方法,这可以是对不同类型的案例进行对比分析,也可以是运用所研究的方法来分析某一具体案例。

六、创新之处

本报告的主要创新之处如下:

1. 本报告首次较为全面地分析了突发冲击的短期和长期经济影响,并对这些影响的测度方法进行了比较分析;

2. 本报告在前人研究的基础上进一步全面地分析了突发冲击经济影响的预警监测指标体系与阈值的设定方法,初步构建了一套应对突发冲击宏观调控效果的监测指标体系;

3. 本报告创造性地应用 IMPLAN 系统对我国各产业、各经济区域面对突发冲击的脆弱性进行分析,并将 IMPLAN 系统用于宏观调控的决策模拟,这在国内是颇具创新性的尝试;

4. 对中国各产业和各经济区域受冲击的影响进行了系统分析,尤其是将原本仅用于产业分析的 IMPLAN 系统扩展到用于经济区域间的投入产出分析,这在国内外都是颇具挑战性和开拓性的。

第一章　应对突发冲击的宏观
　　　　调控研究综述

　　虽然历史上各国都采取了各种手段来应对各种突发冲击,但关于应对突发冲击的系统性研究从起步发展至今仅约四十年左右,苗兴壮(2006)认为:"C.F.赫尔曼(C.F.Hermann)于1972年编辑出版的论文集《国际危机:行为研究视角》是有关公共危机管理研究比较早的著作之一。"[①]而2006年出版的中国科学院研究生教材《突发事件应急管理》在前言中论述道:"突发事件应急管理的研究是近几年的事情,这是世界各地灾难性事件频发的情况下出现的一个新的研究领域。"[②]由此不难发现,尽管学术界关于应对突发冲击研究开始时间的结论还有待明晰,但该领域的研究兴起不久是无疑的。

　　各国实践证明应对突发冲击是一个多层次的系统性工程。它至少包括以下三个层次:第一,国家宏观层次,即一国政府从整个宏观层面来设计、准备、实施各项应对的政策、方案和措施;第二,地区和行业层次,由于不同地区受到的突发冲击可能存在差别,如海岸地区更多地面临风暴冲击;不同的行业发生的突发冲击可能各不相同,如有毒气体的泄漏基本都发生在化工行业,各地区和各行业有必要针对本地区和本行业更易发生的各类突发冲击设计、准备和实施各种应对战略、战术和具体操作性措施;第三,各类机构(政府部门、企业和非营利组织)和个人的微观层次,即当某种突发冲击发生前和发生时,这些主体应该如何行动才能更有效地降低风险、减少损失、提供服务并使受冲击对象尽快地恢复到比较正常的状态。

　　由于突发冲击的复杂性,一国政府在应对突发冲击时总是处在一种十分困难的权衡当中,这种权衡体现在以下三个方面。

　　第一,直接调控和间接调控之间的权衡。在这里,与传统意义上所提的"直接调控"和"间接调控"不同,我们按照政府在突发冲击中的相关调

---

① 苗兴壮.超越无常——突发事件应急静态系统建构[M].北京:人民出版社,2006.
② 计雷等.突发事件应急管理[M].北京:高等教育出版社,2006.

控是否直接针对冲击已经形成或将要形成的后果这一标准来区分"直接调控"和"间接调控"。采用此标准有助于明晰宏观调控的目的和预期效果,对突发冲击的宏观调控意在预防和克服突发冲击形成的具体后果或抑制突发冲击的发展和变异,实现预期目标,可选手段既包括法律手段、行政手段,也包括经济手段。据此,直接调控是政府直接针对某一突发冲击已经形成或将要形成的后果力图克服或抑制而实施的调控,如进行财政补贴、动用政府储备资源(如粮食)对灾区实施援助等。而间接调控是指政府针对不确定的未来突发冲击,通过加强社会性的防御和反应能力,协调社会预防体系应对突发冲击而实施的调控。当突发冲击形成时,政府在这类调控中的角色只是提示和协调,并未处在应对突发冲击的第一线。间接宏观调控包括两种情形,其一是通过构建一种更富有抗冲击能力的体系来应对突发冲击,如构建一种更安全的金融体系来应对金融冲击,于是当受到金融冲击时,金融体系损失将更少,恢复将更快;其二是通过优化特定的社会经济机制,让社会其他主体发挥能动性应对突发冲击,如建立某种保险机制,当面临突发冲击时,保险公司将更有效率地应对受冲击群体的财务困境。直接调控的优点在于可以集中更多的资源应对突发冲击,但缺点也很明显,因为非市场机制的直接介入有可能导致新的问题,更为困难的是,直接调控的决策十分困难,因为应对突发冲击时需要反应迅速,但是直接调控措施往往由于影响巨大而不得不慎重行事,如何在短时间内进行满意的决策并投入实施是一个重大挑战。间接调控的优点体现在培养了一种社会的和经济的应对突发冲击的能力,可以较好地避免政府短时间压力过大,但是缺点是在一些极端情况下,社会其他主体可能不愿意或不能采取适当的应对措施,政府还是不得不亲自解决一系列问题。

第二,静态预案和动态应对的权衡。静态预案指的是针对某种特定的突发冲击,一国政府先行制订一套合适的方案,一旦受到这种冲击,方案中较为细致地规定了各行动方的权利义务以及工作流程,各行动方直接按方案行动即可。但是如前所述,突发冲击在种类和程度上可能各不相同,并且可能不断发展和变异,静态预案在这种情形下可能会遇到两方面的问题:其一,在设计阶段,如何让预案既明确又富有弹性,因为不明确,各行动方可能会发生混乱,而如果缺乏弹性,可能针对不同的突发冲击应对的灵活性又不够;其二,在实施阶段,环境变量一旦发生变化,预案的可行性将受到挑战,比如通信联系中断、物资运输困难等。针对不断变化的情形,可以采取动态应对的策略,即随着所受冲击的不断变化,应对的战术和手段也不断变化,比如,2007年爆发于美国的次贷危机,刚开始可能只是一个流动性的问题,美联储采取了一些增加流动性的措施,后来发展成一个经济问题,美国经济出现衰退,美国政府采取了多样化的刺激经济措施。静态预案的优点在于反应迅速,缩短了分析情况、制订方案的时间,但它缺乏弹性,在实践中会遇到可能事前未曾预料到的情形;动态应对的优点在于反应灵活,但是决策时间长,决策难度大。

第三,各种手段的权衡。一国政府应对同一种突发冲击可供选择的手段一般是多种多样的,比如经济危机时,一国政府可以通过一系列的总需求政策,也可以通过一系列的总供给政策来刺激本国经济,具体应该采取哪些手段是各国政府反复考量的难题。不同的手段各有利弊,必须根据本国的环境变量以及所受冲击的性质进行全面的评估判断才能作出正确的决策。

从近十年来的文献来看,关于应对突发冲击的宏观调控研究也主要集中于这三大关键问题,下文将分别加以评述。

第一节 应对突发冲击的直接宏观调控与间接宏观调控

在应对突发冲击方面,人们通常关注政府的直接宏观调控,但学术研究领域,似乎更多学者对直接宏观调控持有怀疑态度,而对间接宏观调控则呼声更高。

一、对直接宏观调控的担忧与质疑

许多研究人员对应对突发冲击的直接宏观调控结果表达了担忧,如Snow等(1991)发现联邦政府对地方拨款减少,马萨诸塞州就面临着财政危机,于是他们分析了马萨诸塞州自治区中各个社区对州政府拨款的依赖度,发现对政府拨款减少最敏感的55个社区更容易出现财政危机。分析表明,这些地区之所以对政府拨款过于依赖,原因在于其缓慢的增长率、高昂的固定成本以及较低的超额生产能力。因此政府不可能简单地通过平准基金这样的工具解决他们存在的问题。[①] Cecchetti(2009)通过分析美联储的资产负债表研究了金融危机爆发后美联储所做的一些回应,对美联储针对危机向市场投放大量流动性的效果提出了疑问。从美联储的资产负

[①] Snow, D., G. Gianakis and E. Fortess, 1991, "Simulating massachusetts municipalities' recession readiness: early warning of a perfect storm?" *Public Budgeting & Finance*, Vol. 28, No. 1, pp. 1—21.

债表上可以看出,截至2008年5月美联储已经投放了总额9 000亿美元的近2/3给这些新的项目:1 500亿美元的定期资金招标工具;1 000亿美元(总数为1 500亿美元)的28天回购抵押证券;最大值为2 000亿美元的定期证券借贷工具(其中1 063亿美元未偿付);620亿美元的外汇互换;290亿美元的贷款用于支持贝尔斯登(在2008年6月末设立);另外还有潜在的未受限制的一级交易商信贷机制。作者对美联储这种做法的审慎性提出了担忧,美联储如此大量地投放信贷会不会导致未来没有能力在不改变联邦基金利率的条件下调整资产结构?资产负债表的规模是不是会限制美联储的房贷能力?[①]

还有一些研究人员对直接宏观调控实施过程中是否会产生一些影响效率和公平的新问题表示怀疑。如Kunreuther和Pauly(2006)以美国卡特里娜飓风事件为例,探讨建立一个覆盖所有房屋所有者的综合保险制度来代替当前的公共援助计划。他们认为灾后公共援助也是一种保险类型,但与让财产所有者在灾害发生前根据自己可能遇到的风险支付保费购买保险的方案相比是次优的。赈灾计划不仅会使政府承担巨额赈灾资金的压力,而且这些资金常常不能被妥善管理,救济成本高昂,分配上还存在很多不公平因素。[②]

二、对间接宏观调控的呼吁与建议

相对于直接宏观调控受到的种种担忧与质疑,研究人员对间接宏观调控则寄予了更多的期望。相关的研究突出地表现在两个方面,一方面研究者强调构建一种更强的抗冲击系统比直接宏观调控更重要。比如,Loh(2005)认为在容易发生灾害地区的国家,需要用一种长远的目光去管理灾害风险,而不仅仅局限于灾后重建与恢复。他强调,一国管理灾害风险的关键举措并不是通过财政来弥补,而应该促进发展以保证灾后的资金供应,并通过合理规划来保证现在和未来应急项目的发展。[③] Ozkan(2005)分析了2000年的土耳其金融与货币危机的根源。他认为金融系统的脆弱性的第一个来源是过度的负债水平,同时高通胀进一步降低了债务偿还的能力;第二个来源是高利率国债的偿还所导致的财政状况脆弱,同时债务

---

① Cecchetti, S. G., 2009, "Crisis and responses: the federal reserve in the early stages of the financial crisis", *Journal of Economic Perspectives*, Vol. 23, No. 1, pp. 51—75.

② Kunreuther, H., and M. Pauly, 2006, "Rules rather than discretion: lessons from Hurricane Katrina", *Journal of Risk Uncertainty*, Vol. 33, No. 1, pp. 101—116.

③ Loh, B., 2005, "Disaster risk management in Southeast Asia a developmental approach", *ASEAN Economic Bulletin*, Vol. 22, No. 2, pp. 229—239.

期限结构不合理,使得公共金融重负累累;第三个来源是由于金融部门的脆弱,使得流动性吃紧和货币贬值的情况一再恶化,另外资本流入的构成同样存在问题,大部分的资本流入都是由短期证券投资构成的,这使得金融部门的脆弱性进一步暴露在潜在的市场压力中;第四个来源是稳定计划的改革进程缓慢加之政治上的不确定性也是危机原因的一方面。他认为,在预防将来危机而设计政策措施的时候,首当其冲的是建立一个更加健康的金融系统以及良好的财政平衡体系。① Rajan(2007)分析了1997—1998年的东南亚金融危机(印度尼西亚、韩国、马来西亚和泰国),得出的一个重要结论是,解决严重资金外流危机时,最主要的措施就是要合理地管制并恢复信心,但这个目标的实现很不明确。他认为重点最好是放在预防危机上,从一开始就去遏制经济发展中软肋的发展势头。资本管制是预防危机的措施之一,另一项措施是国家要相对性地调整并扩大汇率灵活性。② Poole(2007)也认为,在金融危机期间由某些人或机构来帮助危机企业偿还负债似乎是合理的,但这种偿还不能成为一种政策标准,一旦这种偿还机制成为一种必然,那么只会进一步恶化金融危机,从而政府和相关机构将为这些企业偿还更多的负债。因此他指出,最重要的事情并不是如何应对金融危机,而是应该考虑如何预防金融危机。③

另一方面是有些研究人员认为在应对突发冲击方面,市场的效率可能比政府直接调控的效率要高,因此,政府要做的是培育一种市场化的应对能力,而不是亲自走到前线。从现有的研究来看,这种市场化的能力的培育更多地集中在保险市场方面。Cummins(2006)讨论了政府介入自然和人为灾难保险的必要性。他认为,联邦政府已经介入了洪水保险市场,通过国家洪水保险计划提供含补贴的保险。但是,这个计划实际上在重建中表现糟糕。与自然灾害一样,恐怖主义保险在灾后理赔方面比政府事后援助可能更有效率。恐怖主义保险的正确定价有利于保险资源向建设项目和私人损失减缓方面进行配置。他认为,在重大的自然灾害面前,政府在自然灾害保险市场方面的介入应该最小化,以避免挤出更有效的私人市场解决方案。政府应该通过降低管制障碍来促进私人保险市场的发展,这包括消除保险相关证券市场的管制障碍来促进和深化这些灾害和其他灾害

---

① Ozkan, F. G., 2005, "Currency and financial crises in Turkey 2000—2001: bad fundamentals or bad luck?" *The World Economy*, Vol. 28, No. 4, pp. 541—572.

② Rajan, R. S., 2007, "Financial crisis, capital outflows, and policy responses: examples from East Asia", *Journal of Economic Education*, Vol. 38, No. 1, pp. 92—108.

③ Poole, W., 2007, "Responding to financial crises: what role for the Fed?" *Cato Journal*, Vol. 27, No. 2, pp. 149—155.

的保险市场发展,明晰和改变一般会计准则(GAAP)关于特别目的再保险的会计规则,授予保险相关证券在联邦税收目标中的渠道地位,以及在国家管辖会计准则下给予非偿付再保险地位等。但他认为,联邦介入大的恐怖袭击事件保险可能是合适的。[1]

三、对直接宏观调控和间接宏观调控两种手段的比较

虽然直接宏观调控遭受了质疑,但是并不是说研究人员认为就不应该采用它们,事实上,当前各国在应对突发冲击时,直接宏观调控还是非常引人注意的备选方案之一。有研究人员认为当风险水平难以预计或超过一定程度时,政府的直接宏观调控是必要的。如 Cafiero 等(2007)通过分析欧盟改革后的公共农业政策得出结论,有些风险由农民自己控制是最有效的,他们可以多样化他们的收入来源,或者通过自我保险来应对有限的收入波动,并不需要政府的支持,但是当危机的可预见性非常有限,不可能存在预防性的行为,或者潜在的伤害已经超出了农民自身的应对能力时,就需要依靠某些形式的政府支持了。[2]

另有研究人员认为,政府不直接出面而由市场化的手段来应对突发冲击,有可能存在一些障碍。Kunreuther(2002)认为,对世贸中心和五角大楼的恐怖袭击激发了针对这类事件的巨大保险需求。但是,为这类保险定价是一个难题,因为这类事件发生的可能性是高度不确定的,潜在的损失也是高度不确定的。他还提出了一系列私人部门提供恐怖袭击和其他极端事件保险必须解决的一些问题,这些问题包括:(1)是否可以发展一些有用的方法来预测未来发生恐怖袭击的可能性?(2)是否可以发展一些估计方法,来测量保险商需要赔付的损失?(3)遭受的损失多大程度上与恐怖袭击高度相关?这种相关性如何影响保费?(4)需要保险的人能够负担保险商要求的保费吗?为了应对恐怖袭击的不确定性,保险商会额外收取多少溢价?(5)政府会允许个人和企业为应对将来恐怖袭击和其他灾难事件建立单独的紧急储备基金吗?这可能会使税收减免上升到一定程度。(6)为了既减少行业的损失又能在可负担的价格下提高私人保险的

---

[1] Cummins, J. D., 2006, "Should the government provide insurance for catastrophes?" *Federal Reserve Bank of ST. Louis Review*, July/August, Vol. 88, No. 4, pp. 337—379.

[2] Cafiero, C., F. Capitanio, A. Cioffi and A. Coppola, 2007, "Risk and crisis management in the reformed European agricultural policy", *Canadian Journal of Agricultural Economics*, Vol. 55, No. 4, pp. 419—441.

覆盖范围,何种程度的标准和管制是合适的?① 前文提及的 Cummins (2006)也认为由保险公司提供保险来应对恐怖袭击存在着缺陷,他分析道,恐怖袭击是一个蓄意的行动,这一点与战争类似,它长期被私人保险市场排斥在外,而且,由于恐怖主义者可以暗地里使用大规模杀伤性武器,袭击的潜在损失要大得多。恐怖袭击损失也比自然灾害损失更难估计,对恐怖袭击的预测也特别困难,因为恐怖主义者经常改换战略、目标和战术。此外,恐怖袭击的可能性受政府国土安全政策、国外事务政策和防卫政策的影响,并且出于国家安全的考虑,许多对保险公司测算保费可用的信息是不能公开的。基于这些原因,他认为,政府在一定程度上介入恐怖袭击保险是必要的。②

但更多的研究人员认为应该针对不同的冲击类别建立一种政府直接宏观调控和市场化的应对措施这一间接宏观调控相结合的混合调控机制。Muewissen 等(2006)总结了一个关于如何应对欧洲农业危机风险的国际专题研讨会,大会指出对于欧盟农业的危机风险管理的关注太少,而且现有的风险管理工具并不完整。大会提出了一些解决方案:对于单个农民可以较好控制的技术风险,建议采用公司合作的混合应对方式,包括风险管理方式、风险化解和非补助型市场工具,政府的作用仅限于提供一个合理的法律框架和改进保险方式;对于天气风险,与会者提出政府应该提供免费的巨灾保险来抵消一部分的灾害损失;剩下的风险则交由私人市场来应对。③ Khandker(2007)分析了1998年洪水时期,孟加拉国对农村家庭采用的策略。他认为,尽管穷人是没有钱的人,但将来很可能陷入贫穷的人可以定义为"脆弱者"(vulnerability)。作为决策者在制定政策以缓解和解决贫困问题时,应该更优先考虑"脆弱者"。他分析说,1998年的洪灾尽管影响了许多家庭及其福利,但是并没有对消费和资产产生持续影响,究其原因,可能是继而发生的粮食丰收,或是一些救济资源对"脆弱"家庭的补给,也可能是一些诸如小额投资项目的实施等。他建议,政策制定者可以通过针对"脆弱者"的干预措施以减少外部冲击带来的损失,这些干预措施包括临时性措施和长期投资,困难时期的临时性措施包括救助和灾后复

---

① Kunreuther, H., 2002, "The role of insurance in managing extreme events: implications for terrorism coverage", Center for Financial Institutions Working Papers, No.02—07.
② Cummins, J. D., 2006, "Should the government provide insurance for catastrophes?" *Federal Reserve Bank of St. Louis Review*, July/August, Vol.88, No.4, pp.337—379.
③ Muewissen, M. P. M., M. A. P. M. van Asseldonk, and R. B. M. Huiren, 2006, "Coping with crisis risk in European agriculture", The Agricultural Economics Society and the European Association of Agricultural Economists, *EuroChoices*, Vol.5, No.3, pp.34—39.

原,长期投资应重点集中在人力资源建设、信贷和农村的基础设施建设。这实际上是一种直接宏观调控和间接宏观调控相结合的一种观点。①

第二节 应对突发冲击的宏观调控的静态预案和动态应对

受到突发冲击时,一国政府是采用直接宏观调控还是采用间接宏观调控,是一个必须取舍的问题,这个问题的核心在于:直接由政府出手还是由政府培育起来的社会力量出手应对突发冲击。但是面临突发冲击时,一国政府在宏观调控的静态预案和动态应对方面的权衡,则不是相互矛盾的,因为政府既可以制订比较完善的静态预案,又可以在实际面对突发冲击时,因地制宜地加以灵活性变通来动态应对。这两者之间的权衡更多的是静态预案和动态应对各自的内部权衡,它实际是两个权衡问题:其一,如何制订既明确又有弹性的静态预案;其二,动态应对突发冲击时,如何做到既反应迅速又决策正确。

一、静态预案权衡

可以形成的一个共识是,在受到突发冲击前形成一系列静态预案是绝对必要的,因为虽然每一次突发冲击都有其特性,但是这些冲击还是有一些规律性的特征可循的,同时,各国政府在应对这些冲击时也有一些管理和运作上的规律,人们完全可以针对这些规律特征设计出合适的预案,当真正受到某种突发冲击时,起码在运行机制上可以做到权责清晰,有条不紊。静态预案的最大优点在于可以提高应对突发冲击时的运作效率。因此,许多研究人员认为静态预案是更基础的应对准备,甚至认为静态预案是动态应对的基础。

这里的静态预案至少包括三个层次:第一层次是整个社会层面的宏观预案,这种预案并不针对某一类或某一种突发冲击,而是为了达到全社会在应对突发冲击时更有效率这一目标进行的基础体系设计。比如,苗兴壮(2006)认为我国在这一层次的静态系统比较薄弱,于是他从公共突发事件应急法律体系、危机管理机构、公众支持体系、应急资金保障系统等方面进行了细致的研究,为这一层次静态系统的构建发表了自己的观点。②

---

① Khandker, Shahidur R., 2007, "Coping with flood: role of institutions in Bangladesh", *Agricultural Economics*, Vol.36, Issue 2, pp.169—180.
② 苗兴壮.超越无常——突发事件应急静态系统建构[M].北京:人民出版社,2006.

Boettke 等(2007)研究了社区从自然灾害中恢复的弹性,他们指出要想迅速从一场灾难中恢复,需要健全的经济金融体制、政治法律体系和社会文化制度。①

第二层次是针对应对突发冲击时的一些共性的操作性问题,从管理和运营的角度进行的一般性的预案设计,它也不针对某一类或某一种突发冲击,而是为了提高具体应对时的工作效率。Kemp(2009)总结了处理紧急状态的准备、相关风险评估和建立跨部门和跨管辖区的工作关系等方面的经验。他认为,地方政府应该从以下七个方面着手进行应急管理:(1)组建应急管理团队评估地方环境以确定该地区哪些类型的灾难——不论是自然的还是人为的——最有可能发生;(2)根据各种灾难发生的可能性对所需要的应急反应进行排序;(3)所有可能发生的灾难都应该有反应预案,所有的相关部门都应该参与到这些计划方案中来;(4)在准备适当的方案之后,所有相关部门应该一起进行模拟演练来检验这些方案;(5)这些方案演练的结果应该通过团体的方式被正确地评价,然后据此对这些应急方案进行适当地改进,在实际采用之前消除方案中的各类问题;(6)所有的应急部门应该周期性地碰头——至少每季度一次——来讨论他们之间的合作事宜,完善他们的运作实践,以强化他们在突发事件真正发生时的反应;(7)应急模拟演练每年至少进行一次,并且把真实紧急事件中可能涉及的公共和非利益机构纳入到演练中来。② 这个总结很有见地,其他研究人员也进行过类似的论述。如,Cohen 等(2002)进行了一项关于纽约世贸中心遭受恐怖袭击期间以及之后政府行为的案例分析。其目的之一就是证明政府领导在应对突发事件中的重要中心作用,但分析中还涉及了普通市民、私营企业以及志愿者等角色。他们讨论了"9·11"事件对纽约市政府的财政影响以及对政府在应对紧急情况时资源分配的影响,并进行了几点反思:(1)应对紧急事件一定要有计划;(2)应对紧急事件所需要的机构、程序以及资源一定要保留,即使威胁看起来还很遥远;(3)通信系统要有备用资源,无线电和有线电通信系统至少要有两套备用以降低在紧急情况下失败的可能性;(4)应对紧急事件的程序中必须要有假设通信系

---

① Boettke, P., E. Chamlee-Wright, P. Cordon, S. Ikeda, P. T. Leeson and R. Sobe, 2007, "The political, economic, and social aspects of Katrina", *Southern Economic Journal*, Vol.74, No.2, pp.363—376.

② Kemp, R. L., 2009, "Comments on assessing and managing environmental risk: connecting local government managers with emergency management", *Public Administration Review*, Vol.69, No.2, pp.194—197.

统已经损坏的情况;(5)鼓舞人心的领导力在危机中是不可或缺的。①

第三层次则是针对某一类或某一种突发冲击时具体的应对预案,这种预案往往建立在对这一类突发冲击的深刻分析和总结的基础之上,对这一类突发冲击的影响范围和影响路径的规律性有相当程度地了解。郑向群等(2008)针对农业环境污染的危害和特点,就农业环境污染突发事件应急响应的原则和程序进行了较细致的研究。②

静态预案的缺点在于灵活性不够,特别是第三个层次的静态预案,设计得既明确又富有弹性是十分困难的。静态预案需要灵活性的原因至少有两个:其一,设计静态预案时,可能有一些影响突发冲击的环境变量并未考虑在内,这样,当冲击实际发生时,如果不对预案进行调整,应对的效果可能会大打折扣;其二,设计静态预案时,对突发冲击的发展变异可能难以准确估计,这种预案只是针对一般情形的预案,因此当突发冲击超预期发展变异时,必须对预案进行调整。Grenville(2004)就国际货币基金组织是否在印尼危机的问题上给予了最佳建议展开过论述,他认为国际货币基金组织并没有提供良好的政策引导,主要表现在三个层面:一是技术层面上的失误,二是高估了整个问题的性质,三是政策建议的传导机制存在问题。他认为,国际货币基金组织的政策一向都缺乏灵活性,大多都是借用先前的案例,甚至会有一些来自华盛顿高层制定的不了解实际情况的政策干预。他还指出,许多经济事件都是以政治危机为背景的,并且政治危机被经济危机不断恶化,在这样的背景下,再有效的经济政策也将变得不可行。③

二、动态应对权衡

静态预案存在着灵活性不足的问题,人们自然地会想到在应对突发冲击时,采取动态应对的策略,即随着冲击不断发展,不同的发展阶段采取适当的手段和措施来应对。这里存在一个问题,那就是既然人们对突发冲击的认识是不断发展的,那么采取的手段和措施怎样才能保证"适当"呢?

Enoch 等(2003)回顾了 20 世纪 90 年代末印度尼西亚银行危机时期

---

① Cohen, S., W. Eimicke and J. Horan, 2002, "Catastrophe and the public service: a case study of the government response to the destruction of the world trade center", *Public Administration Review*, Vol. 62, Special Issue, September, pp. 24—32.

② 郑向群,师荣光等. 农业环境污染突发事件分析与应急响应机制[J]. 农业环境与发展, 2008(1):21—24.

③ Grenville, S., 2004, "The IMF and the Indonesian crisis", *Bulletin of Indonesian Economic Studies*, Vol. 40, No. 1, pp. 77—94.

的状况,他们认为,几乎每一个危机处理的阶段,都伴随着复杂的政治问题。此外,此次危机获得的教训中引人注目的有:在表现很强劲的经济体中,形势为何会失控过快;危机开始时信息极其有限;对危机的治理也需要一个不断完善的过程等。①

Bond 等(2006)用潜在多因素分析框架(multivariate latent factor framework)探讨房地产市场对东南亚金融危机发生前和发生期间的传导与影响。通过对区域股票市场与房地产市场的比较,他们发现两者传导危机的途径相异,受到的影响也不同。② 虽然文章的结论是资产多元化能够有效分散风险,但是我们不难看出,在应对突发冲击时一定要慎重,因为这种冲击是可以传导变异的,这对应对冲击时的有效决策十分不利。

事实上,在应对突发冲击时,各国政府及相关部门都会自然地采用动态应对的策略,如在针对2007年爆发的美国次贷危机方面,美国政府分阶段采取了多种措施,但可以观察到的一个现象是,每一次应对措施的出台都会有批评的声音,反对者认为这种措施过于草率,结果难以保证,后来的发展也似乎证明了这一点。Goodhart(2008)回顾导致这次金融危机爆发的背景,他从风险的错误定价、新的金融结构、信贷资产分类的机构、金融机构流动性不足几方面谈到2007年的金融危机其实是潜伏已久的,并且早已可以预见到。他还分析了次级抵押贷款得以扩散到其余发达国家的传导路径,同历史上危机的传导路径进行了对比,并对中央银行应该采取怎样的行动提出了政策建议。但他认为中央银行降低利率的能力有限,可以通过另外一些方式增加流动性,然而对每一种措施他都提出了问题和担忧,他表示对这些措施的前景还不明朗,无法预测央行已经投入的大量流动性会产生怎样的效果。③

总之,应对突发冲击时,宏观调控的静态预案可以提高反应效率,但灵活性受到了限制;而宏观调控的动态应对具有灵活性,但难以保证决策的正确性。从各国政府实际应对突发冲击的实践来看,制订应对突发冲击的静态预案是必需的,同时在应对过程中不断地加以动态调整。由此看来,虽然静态预案和动态应对存在着矛盾,但两者可以结合起来使用,以追求应对突发冲击的效率和效果之间的某种平衡。

---

① Enoch, C., O. Frécaut and A. Kovanen, 2003, "Indonesia's banking crisis: what happened and what did we learn?", *Bulletin of Indonesian Economic Studies*, Vol. 39, No. 1, pp. 75—92.

② Bond, S. A., M. Dungey and R. Fry, 2006, "A web of shocks: crises across Asian real estate markets", *Jounarl of Real Estate Financial Economy*, Vol. 32, No. 3, pp. 253—274.

③ Goodhart, C. A. E., 2008, "The background to the 2007 financial crisis", *Southern Economic Journal*, Vol. 4, No. 4, pp. 331—346.

第三节　应对突发冲击的宏观调控的
手段选择及其影响因素

一国政府应对突发冲击的目的主要包括以下三方面：其一，减少突发冲击的直接损失；其二，使受冲击对象尽快恢复到较正常状态；其三，尽量避免将来有类似的冲击发生，即便无法避免，也要使将来遭受同类冲击的损失更小。出于这三方面的目标，各国政府应对突发冲击的手段是各不相同。

但是，还有两类关键的变量值得重视：其一是突发冲击本身的传导和变异，其二是突发冲击的环境变量。由于这两类变量对应对突发冲击的宏观调控结果有重要影响，因而它们对于应对突发冲击的宏观调控手段的选择十分重要。

一、应对突发冲击的宏观调控的手段

各国应对突发冲击的宏观调控手段多种多样，我们可以大致将这些手段分成两大类：其一是政府的直接宏观调控手段，其二是政府的间接宏观调控手段。

（一）直接宏观调控手段

直接宏观调控手段往往是在一国已经受到突发冲击后，政府针对这种突发冲击调动自身的各种资源采取的直接宏观干预手段，具体包括财政调控手段、金融调控手段、市场调控手段、社会安全调控手段、社会卫生调控手段以及社会心理调控手段。

财政调控手段是对突发冲击的财政补贴或者是对受冲击对象的财政预算倾斜；金融调控手段是针对突发冲击在货币供应量、利率、汇率、外汇管制以及对金融机构行为的管理而进行的调控；市场调控手段一般是指受到突发冲击后，政府对市场主体的行为约束或对市场价格的管制；社会安全调控手段一般是指基于社会环境安定的考虑动用军队、警察来维护社会正常的秩序；社会卫生调控手段是指当出现卫生方面的突发冲击时，一国政府调动公共卫生资源对受冲击对象提供必需的卫生服务；社会心理调控手段往往是指当突发冲击引起社会性恐慌或对人们心理冲击过大时，一国政府利用公共舆论和心理服务资源来加以应对。

需要强调的是，应对突发冲击时往往并不是单独采用某一种宏观调控手段，而是综合运用多手段。这种综合性的运用一方面是指同一类调控手段多种方式的共同采用,如 Neely(2004)描述了"9·11"事件后美联储对有可能导致的金融市场危机或者说潜在的危机做出的反应,他认为美联储有效地采取了以下三方面措施:第一,美联储通过公开市场操作、再贴现率和放松监管向市场注入流动性;第二,美联储调低了联邦基金的中期目标;第三,利用国债干预外汇。① 这三种措施属于金融调控手段三种具体方式的综合运用。

综合性运用的另一方面是指不同类型的调控手段的共同采用,如 Flynn(2002)分析了"9·11"事件发生后的一系列金融援助计划,他描述道,在美联储的领导下,全球银行家采取必要的步骤增加货币供给,最小化卖空行为以及保护美国人民的金融资产。在银行家实施金融刺激方案时,一些政府机构引入积极的财政政策,援助受这次袭击影响的工业企业。保险业和航空业得到了政府的直接经济援助。② 他所介绍的手段,既包括金融调控手段,也包括财政调控手段。

(二)间接宏观调控手段

间接宏观调控手段主要包括三大类:其一,体制建设与优化;其二,完善市场;其三,调动社会其他各方面的积极性。

如果说直接调控手段的主要目的是减少冲击损失,使受冲击对象尽快恢复到比较正常的状态,那么体制建设与优化的着眼点则是在未来,即尽可能地避免类似冲击再度发生或这类冲击再度发生时社会各方面损失较小。几乎每一次突发冲击过后,人们都会反思针对这类冲击需要在体制上进行哪些方面的完善,使社会体系在将来应对类似冲击时抵抗力更强。Kawai(1998)分析了东南亚金融危机,他认为这次危机的主要原因有五个方面:一是宏观经济运行状况的恶化,二是大量短期资本的流入和流出,三是不合理的汇率制度,四是金融体系的脆弱性,五是地区之间的传染性。因此,他提出要从宏观经济本身、资本管制、汇率制度的选择等方面进行完善,建立一个富有弹性的金融体系,以及区域内金融监管的合作机制,共同抵御金融危机。③

第二类间接调控手段是完善市场,即政府通过制定一系列的导向性政策,建立某种应对突发冲击的市场化解决体系。从当前的理论分析与实践

---

① Neely, C. J., 2004, "The federal reserve responds to crises: september 11th was not the first", *Federal Reserve Bank of St. Louis Review*, March/April, Vol. 86, No. 2, pp. 27—42.

② Flynn, P., 2002, "Financial bailout of September 11: rapid response", *Challenge*, Vol. 45, No. 1, pp. 104—116.

③ Kawai, M., 1998, "The East Asian currency crisis: causes and lessons", *Contemporary Economic Policy*, Vol. XVI, April, pp. 157—172.

来看,这种市场化解决方案主要是指通过保险市场的发展与完善来应对突发冲击,换言之,一国受到突发冲击之后,通过一个更有效率的保险市场对投保了的受冲击对象进行理赔以缓解他们的财务困境,这一方面给潜在的受冲击对象提供了一种自我应对冲击的选择,另一方面也在他们实际受到冲击时减轻了政府的应对压力。但是关于保险市场是否能有效地应对冲击当前还存在分歧,有学者认为保险市场可以应对一些类别的突发冲击,如洪水等自然灾害的冲击,但无法应对另一些类别的突发冲击,如恐怖袭击(Cummins,2006)。[1]

第三类间接调控手段是政府通过各种方式调动社会其他各方面的积极因素来应对突发冲击。具体来说,主要包括以下几类:其一,居民自己设立共同基金,一旦部分居民受到冲击,即可从基金中获得相应的补偿,政府要做的就是对这类基金免税并进行必要的监管;其二,非营利组织提供必要的援助,有学者对这一领域进行了专门的研究,如 Simo 和 Bies(2007)就研究了非营利组织在卡特里娜和丽塔之后的缓解、恢复以及重建过程中的跨部门协调作用,并讨论了非营利组织的实践和政策在未来的应急管理中的一些启示[2];其三,居民捐助和外来援助,政府一方面要保证各类捐助的必要秩序,另一方面在捐助运用方面也要公开化、透明化。

二、影响应对突发冲击的宏观调控手段选择的两大因素

虽然关于应对突发冲击的理论研究发展很快,各国政府应对突发冲击的实践经验也逐渐丰富,但是,一个尴尬的事实是,人们总能在各次突发冲击之后发现理论研究和政府实践中的诸多不足之处,并且在应对某些冲击时,一些国家政府的表现受到了较大的质疑。之所以出现这样的情况,至少有两个方面的原因:其一,一些突发冲击在发生之初具有比较典型的特征,但是一段时间过后,它开始发展(具有了某些新特征)或变异(演变为另一种冲击),这就大大增加了应对的难度;其二,同类的突发冲击发生在不同的国家、地区或行业,因为环境变量不一样,采取同样应对手段的效果也会大不相同,这导致了应对结果的不确定性。

(一)突发冲击的发展变异的影响

如前所述,我们可以制订静态预案对典型的突发冲击进行快速应对,

---

[1] Cummins, J. D., 2006, "Should the government provide insurance for catastrophes?" *Federal Reserve Bank of St. Louis Review*, July/August, Vol. 88, No. 4, pp. 337—379.

[2] Simo, G. and A. L. Bies, 2007, "The role of nonprofits in disaster response: an expanded model of cross-sector collaboration", *Public Administration Review*, Vol. 67, Special Issue, pp. 125—142.

但是在制订静态预案选择调控手段时,必须考虑到突发冲击的发展与变异以及相关环境变量的差异性,在动态应对时,更应该如此。

突发冲击的发展是一个普遍的现象,因为有些突发冲击本身就具有蔓延性和传导性。突发冲击的发展主要表现在两个方面:其一,冲击范围的扩大,如东南亚金融危机、禽流感、SARS以及当前的金融危机都具有从一个国家蔓延到另一些国家的特征;其二,冲击程度的加深,即刚开始冲击力有限,但随着一系列传导机制起作用,冲击力越来越强,损失越来越大。比如,当前全球性的金融危机起源于美国的次贷危机,但是由于金融自由化浪潮下的全球金融业彼此依赖性不断加强,各类金融创新和金融衍生品在世界主要金融市场上层出不穷,到2009年春,原本是次级房地产贷款市场的问题已经演化为一场席卷全球的金融危机,成为世界主要经济体不得不努力应对的最大经济困难。Goodhart(2008)分析了次级抵押贷款扩散到其他发达国家的传导路径。① Kawai(1998)分析了东南亚金融危机的地区间传染性,他认为整个东南亚国家金融结构基本相似,而且各国经济活动息息相关,一个国家的危机会迅速传染到其他国家,从而加重危机。②

关于突发冲击的变异,现有的研究比较少,但是这种思考突发冲击的方式却并不鲜见。如You和Diao(2007)以尼日利亚为例,分析禽流感对于非洲西部的潜在经济影响,他们认为,禽流感沿着两条迁徙鸟类的传播所带来的直接损失大概为国家鸡肉生产值的4%,然而,间接影响(一旦发觉存在禽流感,消费者就不愿意消费家禽产品从而导致鸡肉价格的下降)所带来的损失会比估计的直接影响大得多,他们估计,在最糟糕的情况下,尼日利亚的鸡肉生产值会降低21%,养鸡农民的收入损失将高达2.5亿英镑。③ 这样,禽流感冲击就演化为了一个产业冲击。如果说这还是一次冲击的直接影响导致的间接影响,那么我国山东省曾发生过的一次山洪,最后导致了一场矿难,这个变异则更为典型了。2007年8月,山东新汶煤矿透水事故就是一起由自然灾害引发的事故的案例。2007年8月15日夜间开始,山东新汶突降暴雨,山洪暴发,导致柴汶河东都河堤被冲垮;8月17

---

① Goodhart, C. A. E., 2008, "The background to the 2007 financial crisis", *Southern Economic Journal*, Vol. 4, No. 4, pp. 331—346.

② Kawai, M., 1998, "The East Asian currency crisis: causes and lessons", *Contemporary Economic Policy*, Vol. XVI, April, pp. 157—172.

③ You, L. and X. Diao, 2007, "Assessing the potential impact of avian influenza on poultry in West Africa: a spatial equilibrium analysis", *Journal of Agricultural Economics*, Vol. 58, No. 2, pp. 348—367.

日14时洪水涌入华源煤矿致该矿172人被困井下,同样原因导致新泰市名公煤矿9人被困矿井下;最终,这181人被认定无生还可能。①

(二) 环境变量的影响

越来越多的研究开始关注同类突发冲击在不同环境下其应对方式的差异性。这些环境变量种类多样,比较引人注目的有经济因素、政治因素、心理因素、信息传播因素以及社会文化因素。

经济因素是影响应对突发冲击宏观调控的重要环境变量。Vigdor(2008)分析了新奥尔良在卡特里娜飓风之前的经济环境与人口结构,他认为其处于经济的下滑周期,人口在不断减少,与其他一些处于经济巅峰时期的城市不同。那些城市虽然物理上被人为或自然灾难摧毁了,但本身的经济结构等一些无形资产很难被破坏,因此能够迅速恢复到灾前水平,而作者对新奥尔良的重建前景并不乐观。② Wade(2008)分析美国2007年爆发的次贷危机并不仅仅是短期的现象,而会随着事态的发展演变得更坏。他认为美国的自由市场理论创造了竞争性最强的市场,但竞争并不会产生金融市场的有效和稳定。政治家被自由市场理论所主导更放任了金融自由,金融的逐渐自由化使得金融市场抵抗意外冲击的力量变得薄弱。③

一国政府在应对突发冲击时,其宏观调控措施也会受到该国政治因素的影响。McLeod(2004)在反思印度尼西亚的危机时,认为该国的危机并不仅仅表现为严重的经济不景气,更在于中产阶级和富有人群倡导的,以牺牲普通民众尤其是穷人利益为代价的资产再分配方案。他强调,既然印度尼西亚仍然在和脆弱腐朽的传统官僚体制以及维持了几十年的独裁统治作斗争,那么通过强调严格履行规章制度,引进有限范围的存款保险方案便能使类似事情不再发生是很难让人信服的。④

一国政府在应对突发冲击时,还必须注意心理因素。Somers和Svara(2009)认为,有些事件作为"焦点事件"(Birkland, 1997)吸引了公众的注意力并引发恐慌,这会导致一个问题,即政府常常总是致力于对最近发生的灾难作准备,而不是对更多可能的灾难实行脆弱性分析以提高更富弹性

---

① 黄毅. 由自然灾害引发事故灾难的思考[J]. 现代职业安全, 2007(10): 16—17.
② Vigdor, J., 2008, "The economic aftermath of Hurricane Katrina", *Journal of Economic Perspectives*, Vol. 22, No. 4, pp. 135—154.
③ Wade, R., 2008, "The first-world debt crisis of 2007—2010 in global perspective", *Challenge*, Vol. 51, No. 4, pp. 23—54.
④ McLeod, R. H., 2004, "Dealing with bank system failure: Indonesia, 1997—2003", *Bulletin of Indonesian Economic Studies*, Vol. 40, No. 1, pp. 95—116.

的应急水平。他举例,"9·11"对华盛顿和纽约的攻击,政府反应的焦点集中在如何防范恐怖主义威胁,这使得其他应急管理职能都放在了次要位置,后来在卡特里娜飓风中,政府的表现令人失望,这表明了政府在应急管理中存在重视单一要素的"近视性"。① 他实际上是建议政府在应对突发冲击时不仅要保持对最近冲击的高度注意力,还要全面预防各类潜在的突发冲击。

另有研究人员对信息传播因素这一环境变量进行了较为深入的分析。Eisensee 和 StrÖmberg(2007)研究大众传媒对于美国政府应对 1968—2002 年发生的大约 5 000 起自然灾难的影响。他们的数据分析显示,自然灾难发生在媒体关注度最高的时期比关注度最低时期受到援助的可能性要高大约 8%,奥运会期间发生的灾难受救助的几率比平时要小 5%。他们还指出新闻对不同灾难的影响程度也是不同的,一般来看新闻影响力最多能够提高受援助几率的 16%。而对于那种几乎没有报道价值的灾害,媒体的影响力则可以提高 70%。②

社会文化因素也是政府在应对突发冲击时应该考虑的一个环境变量。StrÖmberg(2007)认为国际援助也受到灾害程度之外的因素的影响。新闻覆盖情况可以推动国际援助,捐助者也会提供更多的援助给周边的受灾国、同一语言受灾国和有殖民联系的国家,并且这些影响都是可测量的。例如,对某一个特定的捐助者而言,地球另一半的自然灾害的严重程度必须是它紧邻国家的严重程度的 160 倍才能获得同等的受援助机会。而与捐助者没有殖民联系的国家的自然灾害必须比前殖民地国家的自然灾害严重 50 倍才有可能获得同等的受援助机会。出于这一原因,那些远离主要捐助者的国家在获得国际援助方面会遇到系统性冷遇。综合考虑捐助者的地域距离、殖民联系、语言等因素,发生在波兰和阿尔及利亚同样的自然灾害获得的国际援助将是发生在东帝汶和汤加时的 2.5 倍。③ 当然,他主要分析的是灾害援助的影响因素,事实上,在应对突发冲击时政府的宏观调控决策一定要慎重地考虑冲击对象的社会文化特征,特别是对一些多民族多宗教国家,更应该注意这一点。

---

① Somers, S. and J. H. Svara, 2009, "Assessing and managing environmental risk: connecting local government managers with emergency management", *Public Administration Review*, Vol. 69, No. 2, pp. 194—197.

② Eisensee, T. and D. StrÖmberg, 2007, "News droughts, news floods, and U. S. disaster relief", *The Quarterly Journal of Economics*, Vol. 122, No. 2, pp. 693—728.

③ StrÖmberg, D., 2007, "Natural disasters, economic development, and humanitarian aid", *Journal of Economic Perspectives*, Vol. 21, No. 3, pp. 199—222.

三、小结

应对突发冲击的宏观调控十分复杂,这是由于突发冲击的来源复杂、发展变异不确定以及调控结果不确定导致的。这种复杂性使得各国政府在应对突发冲击、实施宏观调控时不得不认真权衡三个关键问题:直接调控与间接调控的问题、静态预案和动态应对的问题以及调控手段选择的问题。

直接调控可以集中政府力量强有力地应对突发冲击,但决策的正确性以及反应的速度受到质疑;间接调控虽然培育了一种更富有抗冲击力的制度或市场体系,减轻了政府的压力,提高了应对的效率,但对这一制度性或市场性力量是否愿意并能够有效应对各类突发冲击还存在不同意见。静态预案存在着一个重要的内部矛盾,即如何既保证预案的明确性又保证预案的充分弹性;动态应对也存在着一个重要的内部矛盾,即如何既保证应对方案的灵活性又保证应对决策的正确性。应对突发冲击的宏观调控手段很多,有财政、金融、市场、社会安全、社会心理和社会卫生等直接调控手段,也有体制建设与优化、市场完善以及调动社会其他主体力量的积极性等间接调控手段。在选择应对突发冲击的宏观调控手段时,除了要依据特定冲击的基本特征选择调控手段外,还要考虑突发冲击的发展与变异以及突发冲击的环境变量这两个影响调控结果的重要因素。

第二章 突发冲击的长短期经济影响及其测度方法

突发冲击的经济影响有些是短期的,有些是长期的。传统的经济周期理论认为,一国的实际产出以大致不变的自然增长率增长,经济波动只是一种对自然增长率的暂时偏离,突发冲击不会对产出造成长期影响。这一理论主要基于两个基本假设:第一,经济波动主要由总需求冲击造成;第二,总需求冲击对产出的影响是短期的。但一些研究(Campbell 和 Mankiw,1987;Yilmazkuday,2010)表明,某些冲击也会对经济产生长期影响,不能简单地认为总需求冲击只在短期发生作用,或者说只有总供给冲击会对经济产生长期影响。Campbell 和 Mankiw(1987)对第二次世界大战后美国经济的季度数据进行分析后发现,事前未曾预料到的突发冲击所造成的实际 GNP 变化会给经济带来显著长期影响。[1] 他们通过对传统经济周期理论两个基本假设的批判来解释这一发现。一方面,他们认为经济波动是由总供给冲击和总需求冲击共同造成的,运用 Kydland 和 Prescott(1982)的实际经济周期模型可从理论上说明实际冲击是造成经济波动的可能原因。另一方面,他们认为总需求冲击也可能会对产出造成长期影响,总需求冲击可能使宏观经济在不同的均衡状态间转换,也可能带来技术创新。[2] Yilmazkuday(2010)的实证研究就发现,金融危机对长期经济增长有明显的负面作用。[3]

基于这一考虑,有必要把突发冲击的影响区分为短期影响和长期影响来分别讨论。宏观经济学虽然分别从短期和长期的角度对产出的变化进行研究,但并没有对长、短期具体的期限加以明确界定。目前,学界可以达

---

[1] Campbell, J. Y. and N. G. Mankiw, 1987, "Are output fluctuations transitory?" *The Quarterly Journal of Economics*, Vol. 102, No. 4, pp. 857—880.
[2] Kydland, F. E. and E. C. Prescott, 1982, "Time to build and aggregate fluctuations", *Journal of Econometrica*, Vol. 50, No. 6, pp. 1345—1370.
[3] Yilmazkuday, H., 2010, "The effects of currency crises on the long-run growth", *Applied Economics Letters*, Vol. 17, No. 3, pp. 209—212.

成一致的是:长期代表的是一种经济增长趋势、一种经济效率和均衡的体现、一种经济决策者对新信息的充分理性反应;短期代表的是经济的周期性波动、一种效率的缺乏和非均衡的体现以及经济决策者对新信息的不充分或非理性反应。本章采用 Lipsey 和 Courant(2009)所提出的标准来判断突发冲击是否会造成长期经济影响,即分析突发冲击是否对宏观经济造成了长期影响,主要看突发冲击是否会对生产率造成影响。① 对生产率以外的影响归于短期,而对生产率的影响集中在长期进行讨论。

此外,不论突发冲击对宏观经济的影响是短期还是长期,都有必要对这种经济影响进行测度,而测度的关键问题之一就是测度方法的确定,即我们可以用哪些方法来实际分析突发冲击的长短期影响。

本章分三节来研究突发冲击的经济影响:第一节着重分析突发冲击的短期经济影响,主要分析突发冲击对生产、分配、交易、消费四个经济环节短期内的影响;第二节分析突发冲击的长期经济影响,主要分析突发冲击对实物资本、人力资本、生产技术和自然资源等长期产出决定因素的影响;第三节分析突发冲击经济影响的测度方法,并选取案例进行实证分析。

第一节 突发冲击的短期经济影响

一、对生产的冲击

新古典生产函数为我们分析突发冲击对生产活动的影响提供了一个十分便利的框架,该函数式为:

$$Y = Af(K, L) \tag{2-1}$$

(2-1)式中:Y 是总产出,K 是资本存量,L 是劳动力,A 是全要素生产率(或索洛剩余)。

我们可以把资本存量 K 和劳动力 L 看成是为了得到某总产出水平的要素投入,全要素生产率 A 则可看成是为了得到该总产出的投入-产出转化效率。如果上述生产函数的作用机制受损,我们称之为整个产出效率受损。突发冲击对生产的影响可以从以下几个方面来分别论述:对资本存量 K 的冲击、对劳动力 L 的冲击、对全要素生产率 A 的冲击、对整个产出效率的冲击,这些冲击的结果导致实际产出与预期产出产生差异。需要说明的是,这一部分的分析仅限于短期的产出冲击,即受到突发冲击后,产出对原

---

① Lipsey, R. G., P. N. Courant, 2009, *Macroeconomics*, 13ed. Addison-Wesley.

有发展趋势的暂时偏离,如果是趋势本身发生了改变,则属于长期经济影响的范围,这一部分内容将在本章的第二节重点论述。

(一) 对资本存量 K 的冲击

对资本存量 K 的冲击分为两个方面:其一是对现存资本存量的冲击,其二是对投资的冲击——它影响将来某一时点的资本存量。

一次突发冲击可能造成现存资本的直接损失。比如 5·12 汶川地震,震区的厂房、设备毁损严重。再如处于汉旺镇的东方电气公司,地震造成的直接财产损失金额达 15.65 亿元。[1] 一般来说自然灾害、恐怖袭击及其他社会安全事件都会使一个经济体现存的资本存量减少。Bram 等(2002)的研究表明,"9·11"恐怖袭击事件使美国毁损和需要置换的物理资本和基础设施的总价值为 216 亿美元。[2] 这一数值并不大,因此 Becker 和 Murphy(2001)认为,恐怖袭击破坏的仅仅是一个国家的一小部分资本存量,不会对总产出有大的影响。[3] 但是仅从对现有资本的冲击来判断总产出会受到多大的影响是不全面的,因为突发冲击往往会改变经济主体的储蓄和投资行为,这些都会影响将来某一时点的资本存量,这可能是更重要的资本存量冲击。

有研究表明,在受到突发冲击后,一国的投资额会下降。有学者研究了以色列恐怖袭击的影响,由于恐怖袭击,处于更严重的死亡威胁下的人们其将来价值变小,于是他们的储蓄倾向降低,社会的储蓄率随之下降。与此同时,随着死亡概率的上升,利率上升。这两方面共同起作用必将导致投资额下降,资本存量减少,稳态产出水平下降。Eckstein 和 Tsiddon(2004)估计,如果恐怖袭击以 2002 年第四季度到 2003 年第三季度的水平持续,到 2005 年第三季度,与没有恐怖袭击的基准相比,人均投资水平每年会下降 10%。[4]

另外,Abadie 和 Gardeazabal(2008)指出,恐怖袭击增加了不确定性,降低了预期投资收益率,如果世界经济足够开放,恐怖袭击强度的改变可以导致大规模的资本跨国转移,平均而言,恐怖袭击风险每上升一个标准

---

[1] 范彪. 东方电气地震带来直接损失 15.65 亿[N]. 证券时报. 2008 年 12 月 24 日.

[2] Bram, J., J. Orr, and C. Rapaport, 2002, "Measuring the effects of the September 11 attack on New York city", *Federal Reserve Bank of New York Economic Policy Review*, November pp.5—20.

[3] Becker, G. and K. Murphy, 2001, "Prosperity will rise out of the ashes", *Wall Street Journal*. October 29.

[4] Eckstein, Z. and D. Tsiddon, 2004, "Macroeconomic consequences of terror: theory and the case of Israel", *Journal of Monetary Economics*, Vol.51, No.5, pp.971—1002.

差,净国外直接投资头寸的下降约为 GDP 的 5%。① 由此可见,恐怖袭击对国际直接投资的跨国转移影响巨大,这对受冲击国的经济会产生较大打击。

还有一些情况,在一国受到突发冲击后,国外直接投资并不会立即取消,而是延后。Allen(2006)的研究表明,基于 SARS 的经验来看,外国直接投资计划可能改变很小,但是主要的投资会被推后。只有那些股价相对较高的国家,或者是那些公共金融比较薄弱的国家,抑或是经常账户高度依赖商品价格或服务出口的国家,才会发生较大规模的资本外流。②

(二) 对劳动力 L 的冲击

对劳动力的冲击表现在两个方面:劳动力的减少和劳动力的闲置。有些突发冲击会导致部分劳动人口丧失生命,除了生命这一重要的价值外,从经济上讲,劳动人口的减少意味着产出能力的降低。如 Bram 等(2002)在 9 · 11 恐怖袭击事件后,以生产能力对生命损失作了一个估计,总额达 78 亿美元。③

由于遭受冲击,可能发生资本毁损、外流和投资延期,这些都会影响受冲击地区的就业率,McIntosh(2008)的研究结果表明,卡特里娜飓风使得当地居民被雇用的概率降低了 0.5%,这一比例在 5% 的水平下是显著的。④ 另外,Wasser 和 Bergman (2007) 分析了卡特里娜飓风对劳动力市场的影响,数据显示,卡特里娜飓风后的十个月中平均工作岗位损失为 9.5 万个。⑤ 尽管这些影响并不大,但是如果把这些闲置的劳动力按正常的产出效率来计算其闲置时期的产出损失,数据可能也比较大。当然劳动力闲置时期增加的闲暇价值,应该从产出损失中进行扣减。

(三) 对全要素生产率 A 的冲击

对全要素生产率 A 的冲击最为复杂,主要表现为受到突发冲击后,现存的资本存量减少,而又可能会出现加速的资本替代——这对经济可能产

---

① Abadie, A. and J. Gardeazabal, 2008, "Terrorism and the world economy", *European Economic Review*, Vol. 52, No. 1, pp. 1—27.

② Allen, M., 2006, "The global economic and financial impact of an Avian Flu Pandemic and the role of the IMF", IMF Working Paper. February 28.

③ Bram, J., J. Orr, and C. Rapaport, 2002, "Measuring the effects of the September 11 attack on New York city", *Federal Reserve Bank of New York Economic Policy Review*, November pp. 5—20.

④ McIntosh, M. F., 2008, "Measuring the labor market impacts of hurricane katrina migration: evidence from Houston, Texas", *American Economic Review*: *Papers & Proceedings*. Vol. 98, No. 2, pp. 54—57.

⑤ Wasser, S. F. and B. Bergman, 2007, "The effects of hurricane katrina on the New Orleans economy", *Monthly Labor Review*. Vol. 130, No. 6, pp. 5—30.

生正面影响,即更有技术含量、效率更高的资本将替代低效率的资本,当前产出受损,但未来产出可能增加。Dumas 和 Hallegatte(2009)用一个包括技术变化的模型来研究自然灾害的这种效应,在其研究框架中,自然灾害能影响实际产出水平但不影响增长率,类似索洛模型中的储蓄率。但是这种效应结果如何有赖于重建的质量,包含了技术变化的解释既可以减少也可能增加灾害的成本。① 一方面,灾后重建可能会从长期获益;另一方面,当灾难损失超过了重建能力时,可能导致贫困陷阱。

现有文献表明,除了少数学者认为诸如恐怖袭击和自然灾害等负面突发冲击对全要素生产率有正面影响外,对其他各方面都会产生负向的冲击。总体而言,突发冲击对总产出的影响是负面的。例如,2011 年的日本大地震严重干扰了日本的工业生产活动,对其全球供应链产生了显著影响,汽车、电信和消费电子品等行业受到的影响尤为突出(宗良等,2011)。② Strobl(2011)考察了飓风对中美洲和加勒比海地区的发展中国家宏观经济的影响,结合其根据宏观数据构建的损失指数,他发现飓风的发生使得该地区产出平均下降 0.83%,且这种影响取决于各国自身的经济特征及飓风的发生时间。③

(四) 对整个产出效率的冲击

对整个产出效率的冲击体现在两个方面:其一是生产函数依然成立,但是由于冲击,这一函数短期无法正常地发挥作用;其二是生产函数正常发挥作用,但函数效率与受冲击前相比有所降低。

第一种情况大多是由于受冲击,正常的生产秩序被破坏,人们无法正常地进行生产活动。Allen(2006)回顾了 1918 年西班牙禽流感造成的突发冲击,由于染病人数和死亡人数都很多,西班牙出现了大面积的停工,供给水平严重下降,人们被要求待在家里,要么自保,要么照顾生病的家属。④ 此外,运输、贸易、支付系统和主要的公共服务都被中断,财务状况不佳的企业处于破产的边缘。2009 年 4 月,墨西哥爆发 A 型流感,为了防

---

① Dumams, P., S. Hallegatte, 2009, "Think again: higher elasticity of substitution increases economic resilience", FEEM Working Paper, No.66.
② 宗良,李亚芳,边卫红.日本大地震对经济金融的影响[J].国际金融研究,2011(4):12—18.
③ Strobl, E., 2011, "The economic growth impact of natural disasters in developing countries: Evidence from hurricane strikes in the Central American and Caribbean regions", *Journal of Development Economics*, Vol.97, No.1, pp.130—141.
④ Allen, M., 2006, "The global economic and financial impact of an Avian Flu Pandemic and the role of the IMF", IMF Working Paper. February 28.

止 A 型流感疫情进一步扩散,墨西哥政府宣布从 5 月 1 日至 5 日暂停一切公共事务和经济活动,只有农贸市场、超市、交通、药房、金融、通信、垃圾处理、旅馆餐饮等行业可以正常运营。① 在这种情形下,生产函数几乎不再发挥作用,生产基本处于停滞状态。

第二种情况大多是因为人们的价值观受到比较大的冲击,影响了他们的工作动力和工作情绪,他们会有意地缩短工作时间,或者在工作时由于精神状态不佳,工作效率较受冲击前降低。如"9·11"事件后,有些劳动者认为家庭更重要,有意减少工作时间去陪伴家人;有些劳动者工作时心理健康水平较差,处于一种比较紧张和混沌的状态,工作效率出现下降。这种情形可以看成是劳动力 L 的投入变少(一个受冲击的劳动力比不上冲击前的那个劳动力了),也可以看成 $f(K,L)$ 变小(现在同样的资本和劳动投入,产出变小了),因此我们笼统地称之为整体的产出效率下降。

我们从以上四个方面分析了生产可能受到的冲击,除了有学者认为全要素生产率 A 对产出有正面影响外,其他各方面对总产出都有负面影响。总之,一般情况下,突发冲击对总产出的综合影响是负面的。如 Lee 和 Rhee(2002)的研究结果显示,1997 年爆发的东南亚金融危机给韩国经济造成了巨大冲击,1998 年,韩国的 GDP 增长率由危机前 7% 的平均水平跌至 6.7%。②

二、对分配的冲击

一般情况下,突发冲击会对一国总产出产生负面影响,可供分配的价值总量与未遭受冲击前相比会减少,分配的总量自然会降低。但是,除了分配总量减少之外,分配结构也可能受到冲击,这种结构的变化至少体现在五个方面:不同要素的报酬所占比例发生变化、政府转移支付发生结构性变化、地区间分配发生结构性变化、行业间分配发生结构性变化以及社会群体间出现较大规模的再分配。

(一) 不同要素的报酬所占比例发生变化

按西方经济学的观点,生产要素主要包括资本、劳动力、自然资源和企业家才能。有报道称,2008 年爆发的全球性金融危机导致俄罗斯劳动力工资水平下降,白领工资平均下降了 20%—30%,蓝领工资水平也下降了

---

① 新华网.综述:墨西哥宣布暂停公共经济活动[N]. http://news.xinhuanet.com/world/2009-04/30/content_1 1291259.htm. 2009 年 4 月 30 日.

② Lee, J. and C. Rhee, 2002, "Macroeconomic impacts of the Korean financial crisis: comparison with the cross-country patterns", *The World Economy*, Vol. 25, No. 471, pp. 539—562.

10%—20%。① 至于自然资源的价格,2009年2月,国际市场上能源价格同比下降48.8%,降幅比1月扩大了3.4个百分点;非能源价格下降33.1%,扩大9.4个百分点;金属和矿产品价格下降48%,扩大10.3个百分点。② 与此同时,世界各国企业的收益情况也出现了较大幅度的下降,资本的投资回报率明显下滑。据报道,受全球经济金融危机影响,2008年巴西企业盈利与2007年同比下跌了40.6%。Economática顾问公司指出,全球危机导致2008年第四季度企业盈利暴跌,只有巴西石油公司和淡水河谷公司幸免。③ 由于企业收益下降,企业经理人员特别是高层管理人员的薪酬面临着较大的下降压力,从全世界范围来看,各国政府都有意通过政府指令来限制金融危机下的高管薪酬。从这些数据可以看出,劳动力特别是蓝领工人的工资下降较少,而资本收益率、自然资源的价格下降幅度较大,由此可知,受到突发冲击后,报酬总量受到的影响相对较小,而各要素之间的报酬占比受到的影响较大。

(二) 政府转移支付发生结构性变化

某地区遭受突发冲击后,该地区的产出和就业会受到一定的负面影响,为了保持这些地区经济的平稳发展,政府往往会加大对该地区的转移支付力度,从而改变了原有的政府转移支付结构。如汶川大地震后,我国政府对灾区群众提供了数额巨大的财政支援,截至2008年年底,中央财政共下发汶川地震受灾群众生活救助资金417.94亿元。④

(三) 地区间分配的结构性变化

在遭受某种突发冲击后,不同地区间的分配结构也会发生变化,这种地区间的结构变化表现在两个层面:其一是一国国内的不同地区之间分配的结构性变化;其二是不同国家之间分配的结构性变化。

一国国内的不同地区间的分配结构发生变化一般是因为某一冲击对不同地区的冲击力度存在差异。如自然灾害是有地区差异性的,不同地区发生自然灾害的频率和遭受自然灾害影响的程度是不一样的。当受到某种自然灾害冲击时,受灾地区的居民收入往往出现较大幅度的减少,而其他地区受到的影响相对较小。如2008年冬和2009年春,河南、安徽等地

---

① 新华网.俄罗斯受金融危机影响工资水平下降[N]. http://chinaeast.xinhuanet.com/2009-04/26/content_16358612.htm.2009年4月26日.

② 雪岩.统计局:CPI、PPI双降不能判定通缩[N].人民网. http://theory.people.com.cn/GB/49154/49155/8944765.html.2009年3月11日.

③ 巴西侨网.全球金融危机导致巴西企业去年盈利缩减四成[N]. http://www.bxqw.com/news/2009/0403/2/6517.shtml.2009年4月03日.

④ 人民日报.中央临时生活救助资金发放工作基本完成[N].2009年1月5日.

区出现较严重旱情,占我国全年粮食产量20%左右的冬小麦面临减产风险。① 这势必影响到受灾地区2009年的农业收入。除自然灾害以外,卫生性突发冲击、社会安全性突发冲击等都具有地区差异性,当受到某种冲击时,不同地区的收入分配将发生一些结构性差异,如在金融危机的影响下,出口企业较多的沿海地区受到的冲击比内陆地区要大一些。

不同国家之间分配的结构性变化体现在两个方面:直接的单方面转移和间接的财富再分配。一方面,某国或者某地区受到突发冲击后,其他未受灾国家或受灾较轻国家可能会对受灾较严重的国家和地区提供较大数额的单方面转移。2008年汶川地震之后,截至6月4日12时,国际社会共向我国地震灾区提供现金援助约35.55亿元;捐赠物资价值约11.54亿元。② 2009年墨西哥爆发A型流感,中国政府向墨西哥政府提供500万美元人道主义紧急援助。③ 这种直接的单方面转移是各国政府主动采取的行动。

在某些情形下,一国受到某种突发冲击后,冲击本身或者政府应对冲击的相关措施会引起一些重要的经济变量发生变化,如果这些经济变量的变化对汇率产生较大的影响,不同国家和地区间就会出现较大规模的财富再分配。比如,自2007年美国次贷危机爆发以来,美元总体上不断贬值,这使得世界各国的美元储备购买力大幅缩水,如截至2008年4月10日,美元兑人民币汇率中间价报6.9920,按照"汇率改革"之初的汇率计算,人民币兑美元已累计升值15.5%。中国是全球官方外汇储备最高的国家,据国际货币基金组织的统计,在全球已知的各国官方外汇储备中,有约65%是美元。中国虽未公布官方的外汇储备比例,但应远高于全球平均值。有分析认为,如果假定中国外汇储备中90%是美元,2008年3月即蒸发357亿美元。日本财务大臣额贺福志郎2008年3月27日表示,由于美元贬值,日本的外汇储备损失约为18.5万亿日元,合1872亿美元。印度、韩国和俄罗斯这些储备较多的国家情况也比较类似。④ 与此同时,美国对外的债务也相应减轻——它只需要动用较少的外国货币、贵金属或购买力即可偿付它固定金额的到期债务。

---

① 中国证券报.50年不遇旱灾无碍经济大局[N].2009年2月12日.
② 中国民政部.民政部在发布会介绍汶川地震接受国际援助情况[EB/OL]. http://www.mca.gov.cn/article/m xht/ftzb/zxft/200806/20080600016109.shtml.2008年6月4日.
③ 新华网.中国向墨西哥提供500万美元紧急人道主义援助[N]. http://news.xinhuanet.com/newscenter/200904/29/content_11282749.htm.2009年4月29日.
④ 中国经济网.美元贬值波及外汇储备估算中国每月损失四航母[N]. http://www.ce.cn/cysc/zjxw/200804/14/t20080414_15150812.shtml.2008年4月14日.

（四）行业间分配的结构性变化

突发冲击对不同行业的影响是不一样的,有的行业可能受到正面影响,有的行业可能受到负面影响;有的行业受影响大,而有的行业受影响小,这势必在短期内对不同行业的收入分配产生结构性影响。You 和 Diao (2007)以尼日利亚为例,分析禽流感对于非洲西部的潜在经济影响。[①] 研究数据显示,禽流感带来的直接经济损失大概为该国鸡肉生产总值的4%。然而,间接影响（一旦发觉存在禽流感,消费者就不愿意消费家禽产品从而导致鸡肉价格的下降）所带来的损失会比直接影响大得多。据估计,在最糟糕的情况下,尼日利亚的鸡肉产值下降了21%,养鸡农民的收入损失高达2.5亿英镑。而在有些情形下,受到某种突发冲击的行业可能会受益,如2009年墨西哥爆发A型流感,世界主要的抗流感类公司,如瑞士罗氏制药公司和葛兰素史克公司短期内就收获了较多的订单。[②] 另一个比较典型的例子是,当中东地区发生政治危机时,国际石油价格一般会出现上涨,因为这种危机可能导致军事冲突,进而导致该地区石油产量和输出量的减少。

（五）社会群体间较大规模的再分配

当受到某种突发冲击时,直接遭受冲击的群体可能处于比较困难的境地,社会其他成员和组织一般会对这些群体提供力所能及的救助,这是一种财富再分配。如汶川大地震后,社会各界踊跃捐款,截至2008年6月4日12时,全国共接收国内外社会各界捐款捐物数额共计436.81亿元,其中国际社会共向地震灾区提供现金援助约35.55亿元,捐赠物资价值约11.54亿元,余下的近390亿元均为国内捐款。[③]

另外,通货膨胀的相关作用机制也会影响社会群体间财富的再分配,这种影响很隐蔽,但影响面很广。当一个国家受到某种突发冲击时,突发冲击本身或政府为了应对突发冲击而采取的某些措施可能使该国短期内出现较为明显的通货膨胀,而通货膨胀又具有十分明显的分配效应,因此,突发冲击就可以通过通货膨胀影响社会实际财富的再分配。

[①] You, L. and X. Diao, 2007, "Assessing the potential impact of avian influenza on poultry in West Africa: a spatial equilibrium analysis", *Journal of Agricultural Economics*, Vol. 58, No. 2, pp. 348—367.

[②] Robert Cyran,（王维熊译）.猪流感疫情升级制药商会大赚一笔?［N］.财经网. http://www.caijing.com.cn/2009-04-30/110157565.html.2009年4月30日.

[③] 中国民政部.民政部在发布会介绍汶川地震接受国际援助情况［N］.http://www.mca.gov.cn/article/mxht/ftz b/zxft/200806/20080600016109.shtml.2008年6月4日.

三、对交易的冲击

突发冲击对市场交易会造成短期影响,这种影响体现在四个方面:其一,对交易总量的影响,在受到突发冲击后,一国或某地区的交易总量会短时间内扩大或收缩;其二,对交易结构的影响,在受到突发冲击后,不同商品、服务或金融资产的交易会发生结构性变化;其三,对交易效率的影响,在受到突发冲击后,商品、服务或金融资产交易的效率会受到影响;其四,对交易特征的影响,在受到突发冲击后,各类交易的某些特征会发生变化。这里的交易既包括商品和服务的交易,也包括各类金融资产的交易。

(一) 对交易总量的影响

在商品和服务市场上,有一些突发冲击,可能引起交易总量的短期扩大。1988年3—8月,我国政府有步骤地放开商品价格,在这一过程中,出现了多次抢购风潮。抢购的直接结果是零售商品总额增幅迅速提高,当年8月社会商品零售总额636.2亿元,比上年同期增长38.6%,扣除物价上涨因素,1988年8月零售商品总额增加了13%。①

在商品和服务市场上,一般而言,突发冲击可能导致交易总量收缩。这主要是因为突发冲击一般会使生产总值变小,而生产总值变小自然会引起交易总量变小。如1929—1933年大危机期间,美国的国民生产总值减少了40%,失业率达到24.9%,到1933年,工业总产值和国民收入暴跌了将近一半,商品批发价格下跌了近1/3,商品贸易下降了2/3以上。②

在金融市场上,突发冲击也可能导致交易总量短期内较大幅度地扩大或收缩。Levy和Galili(2006)通过对1998—2002年以色列3 000个家庭相关数据进行实证研究,发现恐怖主义对金融交易有明显的负面作用。投资者不愿意进行股票交易的原因在于:对公共风险的担忧(悲观的风险预期和风险厌恶选择),恐怖袭击导致的犹豫不决、焦虑和悲观失措,以及回避未来后悔等。③

有研究表明,突发冲击对国际贸易总量也会产生影响。如Nitsch和Schumacher(2004)检验了恐怖主义和战争对国际贸易的影响,通过对1960—1993年200个国家的双边贸易的调查与测量,他们发现恐怖事件减

---

① 程美东.透视当代中国重大突发事件:1949—2005[M].北京:中共党史出版社.2008: 145—160.

② 庄宇辉.对1929年美国经济大萧条的历史考察——访中国社科院美国经济专家陈宝森(N).深圳特区报.2008年12月9日.

③ Levy, O. and I. Galili, 2006, "Terror and trade of individual investors", *The Journal of Socio-Economics*. Vol. 35, No. 6, pp. 980—991.

少了国际贸易量,恐怖事件数量增加一倍,双边贸易减少 4%。①

(二) 对交易结构的影响

在商品和服务市场上,突发冲击对交易结构的影响主要表现在受到特定的突发冲击之后,短期内人们惯常的效用评价体系被打破,有些商品和服务的效用在冲击中被放大,人们关于这类商品和服务的交易量大大增加,有些商品和服务的效用在冲击中被缩小,关于这类商品和服务的交易量会大大减少。如出于对爆发于墨西哥的 A 型流感的担忧,在国内市场,人们对抗病毒口服液、板蓝根等药品的购买量显著增加,广药白云山和记黄埔旗下的板蓝根、口炎清等药物的订单增幅在 30% 左右。② 再如"9·11"事件之后,人们对搭乘飞机心有余悸,导致美国的航空业短期内受到沉重冲击,损失累计达到了 400 亿美元,至少 10 家航空公司申请破产,15 万工作岗位被削减。直到 2006 年第二季度,才出现自 2000 年以来的第一个全行业盈利季度,当季的平均客机上座率达到了 86%,美国航空业才逐步恢复到比较正常的状态。③

在一些情况下,这种对商品和服务交易的结构性影响体现在交易的地区结构发生变化。Abadie 和 Dermisi(2006)认为,2001 年的"9·11"事件以及马德里和伦敦的火车爆炸事件,提高了人们对城市商业区以及人口密度较高地区的安全关注程度,因为恐怖分子倾向于选择这一类地区发动袭击。④ 他们对芝加哥中心商业区商业地产的空置率进行了研究,数据显示,"9·11"事件后,与其他地区相比,三个标志性地区(the Sears Tower,the Aon Center 和 the Hancock Center)及邻近区域的商业地产空置率经历了一次显著地上升,这表明,中心商业区的经济活动会随着对恐怖主义的担忧而极大地受到影响。

在金融市场上,突发冲击往往会影响各类投资者对不同行业、不同地区或不同金融资产的风险评价,进而导致金融市场上出现结构性变化。"9·11"恐怖袭击事件后美国股市开盘第一天就出现大多数个股急剧下跌,其中以航空、保险以及计算机硬件、网络、软件等个股的跌幅最大。航

---

① Nitsch, V. and D. Schumacher, 2004, "Terrorism and international trade: an empirical investigation", *European Journal of Political Economy*, Vol. 20, No. 2, pp. 423—433.
② 任珊珊. SARS 团队重出江湖迎战猪流感[N]. 广州日报. 2009 年 4 月 29 日.
③ 中国青年报."9·11"5 年后美国航空业现生机[N]. http://zqb.cyol.com/content/2006-09/06/content_15017 61. htm. 2006 年 9 月 6 日.
④ Abadie, A. and S. Dermisi, 2006, "Is terrorism eroding agglomeration economies in central business districts? lessons from the office real estate market in downtown Chicago", NBER Working Paper No. 12678. November.

空类股票的走势最弱,其中联合航空(UAL)、美国航空(AMR)和大陆航空(CAL)股价分别下跌了43%、39%和49%。飞机制造商波音公司的股价盘中一度下跌近20%。① 但是国防、能源、黄金、储存、安全及视频等个股却显示出很强的抗跌性。Drakos(2004)分析了"9·11"事件对不同国家证券市场的航空公司股票的影响,研究表明该事件对航空公司股票的系统性风险β而言存在一个结构性的变化。而且,文章实证分析材料表明除了系统性风险之外,非系统性风险也大幅增加。② 另外,Worthington 和 Valadkhani(2005)分析了自然灾害、工业事故和恐怖袭击对澳大利亚资本市场的冲击。③ 他们分析比较了十个行业:任意消费行业、基本消费行业、能源行业、金融行业、卫生保健行业、制造业、信息产业、原材料行业、电信服务业和公用事业。结果表明,自然事件引发的震动对上述十个部门的回报有影响。在控制其他条件都相同的情况下,对各种灾害最敏感的行业是任意消费品行业、金融服务业和原材料行业。

突发冲击对金融市场的结构性影响,还体现在流动性方面,一般而言,在受到突发冲击时,投资者更愿意持有流动性强的资产(如现金)。Allen(2006)对1918年西班牙禽流感进行分析后总结称,严重的禽流感可能给全球金融体系带来风险,短期风险厌恶水平的大幅上升可能导致对流动性的巨大需求,特别是现金和其他低风险资产。④

(三)对交易效率的影响

在特殊情况下,一些突发冲击可能还会影响商品、服务和金融资产交易的效率。有些突发冲击会直接导致交易无法正常进行。如自然灾害可能阻断了商品运输线路,而使得交易无法按时完成;国家之间的战争和敌对状态可能使得两国之间的国际贸易处于停滞状态;出于对流行性疾病的担忧,人们尽可能减少交易的次数等。这些都使得商品和服务交易的效率大为降低。2006年12月26日,中国台湾屏东恒春地区发生里氏6.7级大地震,该地区的国际海底电缆遭受严重破坏,六条主要的海底电缆仅剩两

---

① 高闻. 华尔街遭遇历史性"黑暗"[N]. 国际金融报. 2001年9月24日.
② Drakos, K., 2004, "Terrorism-induced structural shifts in financial risk: airline stocks in the aftermath of the September 11th terror attacks", *European Journal of Political Economy*, Vol. 20, No. 2, pp. 435—446.
③ Worthington, A. and A. Valadkhani, 2005, "Catastrophic shocks and capital markets: a comparative analysis by disaster and sector", University of Wollongong Economics Working Paper Series, WP 05—20.
④ Allen, M., 2006, "The global economic and financial impact of an Avian Flu Pandemic and the role of the IMF", IMF Working Paper. February 28.

条可以部分运作,包括中国大陆地区、美洲地区、东南亚的对外通信和数据网络受到严重影响,亚洲网络金融交易受到波及,韩国外汇交易受到影响,东京外汇市场通信一度出现中断。① Allen(2006)对1918年西班牙禽流感进行分析后总结认为,虽然禽流感在多大程度上会导致停工是不确定的,但是无应对计划的停工可能导致金融体系的关键功能中断,如支付、清算、结算和交易;金融体系的信息技术和沟通基础设施可能受到影响;运营中断可能阻碍交易完成,债务无法了结;而且,在一件事务上的中断可能导致另一个事故。②

(四)对交易特征的影响

由于受到突发冲击,主导人们进行交易的效用体系和风险认知体系在短期内会出现较大程度的改变,除了改变人们的交易总量和交易结构外,人们的交易特征也会受到影响。这里的交易特征至少表现在两个方面:交易行为特征和交易价格特征。

突发冲击会影响人们的交易行为,使其短期内可能发生明显的变化。Mende(2006)通过分析一家德国小银行的真实交易数据和市场报价数据,研究"9·11"事件前后美元兑欧元的外汇交易行为和汇率波动情况之间的关系。研究发现它们之间的一般关系并没有被破坏。③ 虽然一些变量,如波动性和买卖价差在事件发生期间变大了,但是数据并没有发生结构性改变,且这种冲击仅维持了两天。

作为受冲击后人们交易行为发生突然改变的结果,交易对象的价格往往会出现较大幅度的波动。如在我国股权分置改革之前,一度出现过"国有股减持以充实社保基金"的做法,受此影响,我国证券市场交易日渐低迷,上证综合指数从2001年6月12日的2 222.96点下跌到2001年10月22日的1 520.67点,跌幅近32%。2002年6月23日,国务院决定,除企业海外发行上市外,对国内上市公司停止执行《减持国有股筹集社会保障资金管理暂行办法》中关于利用证券市场减持国有股的规定,国有股减持政策正式"叫停",次日,上证指数大涨9.25%。

四、对消费的冲击

突发冲击对消费的影响可以从两个方面来考察,其一是对消费总量的

---

① 魏红欣.台湾强震波及亚洲网络金融[N].国际金融报.2006年12月28日.
② Allen, M., 2006, "The global economic and financial impact of an Avian Flu Pandemic and the role of the IMF", IMF Working Paper. February 28.
③ Mende, A., 2006, "09/11 on the USD/EUR foreign exchange market", *Applied Financial Economics*, Vol. 16, No. 3, pp. 213—222.

影响,其二是对消费结构的影响。

(一) 对消费总量的影响

如前所述,一般情况下,一国在遭受突发冲击后,其生产总值会出现一定程度的下降,但是消费是否会随之下降则有必要进一步研究,因为总产出减少,消费是否下降还取决于储蓄率,从这个角度而言,突发冲击对消费总量的影响必须与储蓄率一起考虑。

一般来说,如果突发冲击使一国总产出较明显地减少,消费总量也会减少。Mckenzie(2006)的研究表明,在1994年12月20日比索被迫贬值之后,墨西哥面临着大萧条以来最严重的经济危机。1995年,墨西哥实际人均国民生产总值下降9.2%,由于家庭部门不能成功地平滑消费总量,家庭支出下降了15%。①

在特殊情形下,突发冲击会使储蓄率降低,消费总量上升。Fuchs-Schundeln(2008)把德国的重新统一看成对东德人民的一次大冲击,并在此背景下分析了储蓄率的变化。研究认为,在重新统一后,东德与西德的存款行为有三个方面的特征:(1) 东德人民有比西德人民更高的储蓄率;(2) 这个储蓄率的差距随年龄增大而增大;(3) 在每一个年龄层,东德和西德之间的储蓄率差距随时间的推移而下降。② 这表明,东德人民在受到"德国统一"这一突发冲击之后,储蓄率逐步降低,储蓄率的降低自然地对应于消费总量的上升。但这只是短期影响,长期来看则未必如此,Eckstein和Tsiddon(2004)对恐怖袭击进行了深入分析,认为上升的恐怖袭击可能性使人们暴露在更大的危险当中,随着死亡概率的上升,生命的未来价值变小,于是人们减少投资,这一行为在短期内使消费总量上升;而从长期来看,由于储蓄率降低,稳态的资本水平下降,进而产出下降,消费总量下降。③ 从这个角度来看,突发冲击对消费总量的短期和长期影响存在差异。袁堂军(2011)认为2011年的日本大地震对日本东北地区的基础设施、电力及供应链的破坏程度较大,短期内对其实体经济及消费总量产生了较大的负面影响。④

---

① Mckenzie, D. J., 2006, "The consumer response to the Mexican Peso crisis," *Economic Development and Cultural Change*, Vol. 55, No. 1, pp. 139—172.

② Fuchs-Schundeln, Nicola, 2008, "The response of household saving to the large shock of german reuniication", *American Economic Review*, Vol. 98, No. 5, pp. 1798—1828.

③ Eckstein, Z. and D. Tsiddon, 2004, "Macroeconomic consequences of terror: theory and the case of Israel", *Journal of Monetary Economics*, Vol. 51, No. 5, pp. 971—1002.

④ 袁堂军.东日本大地震对国际资本市场的潜在影响[J].国际经济评论,2011(4):135—148.

(二) 对消费结构的影响

在遭受突发冲击后,人们会调整其消费结构,这种结构性的变动表现在两个方面。第一,不同类别的消费结构发生变化,Mckenzie(2006)的研究表明,1994 年年底爆发的墨西哥比索危机降低了几乎所有年龄组和教育水平的居民的收入和消费量。① 为应对危机,消费结构发生了巨大的变化,家庭减少在奢侈品上的支出,推迟耐用品和半耐用品(如服装、玻璃器皿、床上用品和娱乐设备等商品)的消费,增加在食品上的支出,食品支出的下降幅度远远低于总支出。第二,同类消费中的不同产品结构发生变化,Jin 和 Kim(2008)分析了 2003 年美国的一起疯牛病事件对于美国综合性农业企业和食品加工企业证券价值的影响,研究表明,只有牛肉生产企业遭受了严重的冲击,而其他肉类生产企业从该事件中显著获益。②

五、小结

突发冲击短期内会影响生产、分配、交易、消费四个经济环节。在各个方面,突发冲击既影响总量,也影响结构,有时还会影响一些经济特征。由于突发冲击的性质不同,不同的冲击对上述四个环节的不同方面的影响是不确定的。此外,突发冲击对经济的影响程度还与一国经济发展程度相关,Hallegatte 和 Ghil(2008)对自然灾害的经济影响进行了研究,结果显示,自然灾害对经济的冲击在经济扩张期比在经济衰退期要更大一些。③ 这是因为,在经济扩张期,已存在的不平衡会被自然灾害放大,而在经济衰退期,现存的闲置资源会减弱这种外生的冲击力量。这表明,高增长时期对供给方而言也是高脆弱时期,冲击会更猛烈。必须强调的是,突发冲击对上述四个经济环节的影响不是割裂的,而是一种综合性的影响。

第二节 突发冲击的长期经济影响

生产率的增长主要是由实物资本、人力资本、自然资源和生产技术所

---

① Mckenzie, D. J., 2006, "The consumer response to the Mexican Peso crisis," *Economic Development and Cultural Change*, Vol. 55, No. 1, pp. 139—172.

② Jin, H. J. and J. Kim, 2008, "The effects of the bse outbreak on the security values of US agribusiness and food processing firms", *Applied Economics*, Vol. 40, No. 3, pp. 357—372.

③ Hallegatte, S. and M. Ghil, 2008, "Natural disasters impacting a macroeconomic model with endogenous dynamics", *Ecological Economics*, Vol. 68, No. 1—2, pp. 582—592.

决定。根据 Mankiw(2009)①,一般的生产函数可以写成:

$$Y = AF(L,K,H,N) \tag{2-2}$$

其中 Y 代表产出,L 代表劳动,K 代表实物资本,H 代表人力资本,N 代表自然资源,A 是反映生产技术的变量。假定规模报酬恒定,那么可以得到:

$$Y/L = AF(1,K/L,H/L,N/L) \tag{2-3}$$

注意到,Y/L 是人均产出,代表生产率。所以式(2-3)表明生产率是由人均实物资本存量、人均人力资本存量、人均自然资源占有量和生产技术所决定。这些因素在现实经济社会中有其对应的具体表现形式,我们在表2-1中进行了归纳总结。

表 2-1 影响生产率的各种因素及其具体方式

影响生产率的因素	具体方式
实物资本存量	储蓄率、投资
人力资本存量	教育、身体素质
生产技术	研发投入
自然资源	环境、土地肥力

一、突发冲击对实物资本的影响

虽然学界对实物资本(Physical Capital)存量与经济增长之间的关系仍然存在一些争论,如 Easterly 和 Levine(2001)认为,要素积累并非产出增长的主要驱动力。② 但大量的实证研究表明,实物资本存量的积累是产出增长的必要条件,产出的快速增长伴随着实物资本存量的快速增长。Krueger 和 Lindahl(2001)在截面数据回归分析中发现,人均资本存量对产出增长率具有巨大影响。③ Bond 等(2004)的研究发现投资对产出增长率和产出水平都具有长期的正向作用。④ 突发冲击可以直接损毁实物资本或通过影响投资来影响实物资本的积累,进而对长期的经济增长产生影响。

自然灾害会造成实物资本不同程度的损失,但最终实物资本存量的变化则主要取决于灾后重建的投资是否能弥补损失的实物资本。有些国家

---

① Mankiw, N. G., 2009, *Brief Principles of Macroeconomics*, 5ed. South-Western Cengage Learning.
② Easterly, W. and R. Levine, 2001, "It's not factor accumulation: stylized facts and growth models", Working Papers Central Bank of Chile from Central Bank of Chile.
③ Krueger, A. B. and M. Lindahl, 2001, "Education for growth: why and for whom?" *Journal of Economic Literature*, Vol.39, No.4, pp.1101—1136.
④ Bond, S., L. Leblebicioglu and F. Schiantarelli, 2004, "Capital accumulation and growth: a new look at the empirical evidence", IZA Discussion Paper, No.1174.

能够迅速弥补实物资本损毁,而有些国家由于制度的不健全,重建比较困难,损毁的实物资本不能得到及时替换。由于日本的金融体制健全,尽管2011年的日本大地震在短期内重创日本经济,但随后的重建工作刺激了经济增长(宗良等,2011)①;另一方面,地震并不会明显改变全球经济的长期走势(袁堂军,2011)②。Skidmore和Toya(2002)的实证研究表明,自然灾害与实物资本存量之间存在负相关关系,但他们的实证结果缺乏稳健性。③ 这主要是因为在自然灾害发生后,人力资本有可能增加,而这将带来更高的实物资本回报率,从而促进实物资本的增加。Auffret(2003)发现,自然灾害对长期经济增长的影响很难预测,因为这取决于重建工作如何开展,特别是实物资本的更替非常关键。如果损毁的实物资本没有得到更替,那么经济增长就会受到自然灾害的负面影响。④ 但他也没有提供任何实证研究的结果来支持他的观点。Loayza等(2009)的实证研究则表明,自然灾害对不同部门的资本劳动比的影响不同。如果自然灾害会降低某一部门的资本劳动比,则该部门的产出增长率在灾害过后会降低;如果自然灾害会增加某一部门的资本劳动比,则该部门的产出增长率在灾害过后会增长。⑤

金融危机本身并不会损毁实物资本,但是如果危机持续的时间过长,那么实物资本可能会因为闲置太久而报废。更重要的是,金融市场与实体经济联系紧密。在金融危机期间,金融资产的必要回报率会急剧上升,根据套利原理,这将导致实物资本的必要回报率急剧上升,进而使实体经济中实物资本的使用量急剧减少。金融危机也不可避免地会影响企业的借贷能力,降低其投资水平,最终降低实物资本存量的增长速度。Jermann和Quadrini(2009)研究表明,金融危机期间企业借贷能力的削弱和资本结构的刚性会对经济增长带来显著的负面影响。⑥

---

① 宗良,李亚芳,边卫红.日本大地震对经济金融的影响[J].国际金融研究,2011(4):12—18.

② 袁堂军.东日本大地震对国际资本市场的潜在影响[J].国际经济评论,2011(4):135—148.

③ Skidmore, M. and H. Toya, 2002, "Do natural disasters promote long-run growth?" *Journal of Economic Inquiry*, Vol.40, No.4, pp.664—687.

④ Auffret, P, 2003, "High consumption volatility: the impact of natural disasters?" World Bank Policy Research Working Paper 2962.

⑤ Loayza, N, E. Olaberria, J. Rigolini and L. Christiansen, 2009, "Natural disasters and medium-term economic growth, the contrasting effects of different events on disaggregated output", *World Bank-UN Assessment on the Economics of Disaster Risk Reduction*.

⑥ Jermann, U. and V. Quadrini, 2009, "Macroeconomic effects of financial shocks", NBER Working Paper, No.15338.

恐怖袭击或国内小规模冲突的爆发通常只会对很小部分的实物资本存量造成破坏,但这些事件的发生意味着社会或政治不稳定性因素的增加,这会增加经济环境的不确定性,进而抑制投资的增长,并最终影响实物资本的积累。对许多国家来说,政治不稳定是经济增长的主要障碍(Barro,1991①;Alesina 等,1996②)。由于实物资本的跨国流动日益增加,社会的稳定性对投资者的经济决策有重要影响。Svensson(1998)指出,社会不稳定会导致国内投资的减少,并使储蓄投向非市场化产品的生产或导致资本外逃。③ Lucas(1990)认为,一些发展中国家的政治风险严重阻碍了国外直接投资(FDI)的流入。④ 许多实证研究(Aharoni,1966⑤;Basi,1963⑥;Schollhammer,1974⑦)发现,20 世纪 60 年代至 70 年代的政治冲突事件是影响国外直接投资的最重要因素之一,当然这跟当时的冷战氛围有重要关系。Abadie 和 Gardeazabal(2008)的实证研究发现,恐怖袭击的发生会对实物资本在各国之间的分配产生重大影响,恐怖袭击发生的风险每增加 1 个标准差,就会使 FDI 在 GDP 中的比重下降 5 个百分点。⑧

二、突发冲击对人力资本的影响

人力资本(Human Capital)对经济增长有实质的贡献。马歇尔曾强调所有资本中最有价值的是人力(Tilak,1989)⑨。然而,直至 20 世纪 50 年代还没有研究将经济增长归因于人力资本。相对地,当时还认为劳动力和资本才是经济增长的动力。Schultz(1961)首先指出教育不仅是消费活动,而且也是一项投资。他认为与实物资本投资相较,教育是人力资本形成的

---

① Barro, R. J., 1991, "Economic growth in a cross section of countries", *The Quarterly Journal of Economics*, Vol. 106, No. 2, pp. 407—443.

② Alesina, A., and R. Perotti, 1996, "Income distribution, political instability, and investment", *European Economic Review*, Vol. 40, No. 6, pp. 1203—1228.

③ Svensson, J., 1998, "Investment, property rights and political instability: theory and evidence", *European Economic Review*, Vol. 42, No. 7, pp. 1317—1341.

④ Lucas, R. E, Jr 1990, "Why doesn't capital flow from rich to poor countries?" *The American Economic Review*, Vol. 80, No. 2, pp. 92—96.

⑤ Aharoni, Y., 1966, *The foreign investment decision process*, Boston: Harvard University Press.

⑥ Basi, R. S., 1963, "Determinants of United States private direct investment in foreign countries", Kent: Kent State University.

⑦ Schollhammer, H., 1974, "Locational strategies of multinational firms", Los Angeles: Pepperdine University.

⑧ Abadie, A. and J. Gardeazabal, 2008, "Terrorism and the world economy", *European Economic Review*, Vol. 52, No. 1, pp. 1—27.

⑨ Tilak, B. G. J., 1989, "Education and its relation to economic growth, poverty, and income distribution: past evidence and further analysis", World Bank Discussion Paper 46.

重要因素。后续很多人力资本对经济影响的实证研究也陆续出现。① Leeuwen 和 Foldvari(2008)的实证研究发现,整个 20 世纪印度和印度尼西亚的人力资本存量与总收入之间都存在协整关系,日本在 20 世纪 50 年代之后也存在这种协整关系。② 突发冲击对人力资本的影响主要通过两种方式:第一,突发冲击可能造成人力资本载体——劳动者数量的减少;第二,突发冲击可能会对教育产生影响。

自然灾害和重大生产安全事故会造成大规模的人员伤亡(见表2-2)。2008 年,汶川大地震造成的伤亡人数高达 87 846 人;1976 年,唐山大地震造成了 24.2 万人死亡,是 20 世纪以来造成伤亡人数最多的地震;1984 年 12 月,印度博帕尔(Bhopal)毒气泄漏事故造成 2.5 万人死亡,10—20 万人的身体留下了永久性伤害;1986 年,切尔诺贝利核电站泄漏事故使 60 万人遭到了核辐射。对于有移民传统的国家或地区来说,自然灾害造成的劳动者数量减少还不仅限于劳动者的伤亡。联合国开发计划署(UNDP)2006 年的报告指出,严重的自然灾害会造成显著的民众外迁效应。特别是这些移民往往拥有较高的技术水平,这会对受灾区的人力资本存量造成显著损害。传染病造成的人员伤亡更令人触目惊心,大规模的传染病对人力资本存量的损害极为严重。1917 年 10 月,俄国"十月革命"前后,斑疹伤寒席卷俄国,造成约 300 万人死亡;1918 年 3 月,"西班牙大流感"在一年之内席卷全球,患病人数超过 5 亿,死亡人数近 4 000 万,相当于第一次世界大战死亡人数的 4 倍。Brainerd 和 Siegler(2003)的研究也发现,在美国"西班牙大流感"死亡率较高的州,人均资本存量会得到大幅增长,在流感过后,这些州的人均产出和收入均得到提高。③ 不同于马尔萨斯的担忧,现代的经济学家们普遍认为瘟疫和传染病会对人力资本存量造成负面影响,但灾难过后人们的健康状况会得到改善,而 Panyarachun(1995)的研究表明,健康状况的改善可以使生产率、储蓄、投资和 FDI 增加,最终促进经济增长。④

---

① Schultz, T. W. , 1961. "Investment in human capital", *American Economic Review*, Vol. 51, No. 1, pp. 1—17.

② Leeuwen, B. V. and P. Foldvari, 2008, "Human capital and economic growth in Asia 1890—2000: a time-series analysis", *Asian Economic Journal*, Vol. 22, No. 3, pp. 225—240.

③ Brainerd, E. and M. V. Siegler, 2003, "The economic effects of the 1918 influenza epidemic", Discussion Paper, No. 3791. London: Centre for Economic Policy Research, February.

④ Panyarachun, A., 1995, "AIDS and social and economic progress in Asian and Pacific countries", Third International Conference on AIDS in Asia and the Pacific, Chiang Mai, Thailand.

表 2-2　1900—2008 年我国死亡人数前 10 位的自然灾害

灾害	时间	死亡人数（人）
洪水	1931 年 7 月	3 700 000
干旱	1928 年	3 000 000
洪水	1959 年 7 月	2 000 000
传染病	1909 年	1 500 000
干旱	1920 年	500 000
洪水	1939 年 6 月	500 000
地震	1976 年 6 月 27 日	242 000
地震	1927 年 5 月 22 日	200 000
地震	1920 年 12 月 16 日	180 000
洪水	1935 年	142 000

资料来源：EM-DAT，The OFDA/CRED International Disaster Database。

自然灾害也会对教育系统产生损害，例如学校的损毁会造成学生的停课，从而影响教育的进程。在经济落后地区，如果自然灾害导致家庭收入减少，那么学生就可能辍学回家来赚取家庭收入，这就会对人力资本积累产生长远影响。Cuaresma(2009)采用跨国面板数据回归的方法对自然灾害与教育投入之间的关系进行实证研究后发现，自然灾害的发生频率对中学入学率存在负面影响，是造成各国中学入学率差距的一个重要因素。[①] Almond(2006)对"西班牙大流感"的长期效应进行研究后发现，流感造成许多受感染的儿童失去了教育机会，同时也给一些感染者的身体造成了永久性损害，这些都是对人力资本的负面影响。[②] Schultz(2003)指出，自然灾害和传染病造成的家庭中父母的死亡，会对儿童的人力资本的形成产生巨大的影响[③]。因为这会导致儿童丧失家庭教导者，缺少来自父母的价值观传递以及情感和精神上的支持。Skidmore 和 Toya(2002)指出除干旱之外的气候灾害会提高经济增长率，同时他们发现地质灾害会降低经济增长率，原因在于气候灾害过后人力资本会增加，而地质灾害发生后，实物资本

---

① Cuaresma, J. C., 2009, "Natural disasters and human capital accumulation", Policy Research Working Paper, No. 4862.

② Almond, D., 2006, "Is the 1918 Influenza Pandemic over? Long-term effects of in Utero Influenza Exposures in the post-1940 U.S. population", *Journal of Political Economy*, Vol. 114, No. 2, pp. 672—712.

③ Schultz, T. P., 2003, "Human capital, schooling and health returns", Yale University Economic Growth Center Working Papers, No. 853.

和人力资本都会发生损失。①

自然灾害的发生也可能对人力资本的积累产生正面影响。由于未来自然灾害风险的存在,实物资本的投资不如人力资本的投资更具吸引力,政府可能会增加教育系统和职业培训的投入,从而增加人力资本积累。因此制度完善的国家更能避免自然灾害造成的人力资本的损失。Lopez(2009)运用动态一般均衡模型证明,对于那些实物资本相对充裕、人力资本相对匮乏、经济增长停滞不前的经济体,自然灾害的发生会使其转而重视人力资本积累,进而走上经济稳定增长之路。②

现有的经济环境是人力资本积累的重要因素,Lucas(1988)将人力资本的增长视为现有人力资本水平和质量的函数。③ 金融或经济危机会造成经济环境的恶化和生活水平的下降,无论是企业还是个人都会减少对人力资本的投资。联合国儿童基金会(UNICEF)(1997)的报告指出,未预料到的经济危机是童工增加的重要原因。在经济危机时期,儿童被迫辍学来赚取家庭收入。大部分童工在将来都不会再接受教育。他们即使返回学校,也已经落后于普通同龄人。

金融或经济危机也可能会刺激人力资本的增加。金融危机会使实物资本投资大量减少,进而导致就业机会大量减少。劳动者会通过增加自身的人力资本投资,来增加就业竞争力。特别是如果年轻人认为危机是暂时的,那么他们会考虑在危机期间学习,并推迟工作,这会导致人力资本的增加,在危机过后这些人力资本将推动经济增长。Heylen 等(2004)对 86 个国家 1975—2000 年的数据进行实证分析后证实了危机引发的通货膨胀对人力资本的增长有正面影响。④

三、突发冲击对生产技术的影响

熊彼特在《经济发展理论》(*The Theory of Economic Development:Inquiry into Profits,Capital,Credit,Interest,and the Business Cycle*)中创造性地

---

① Skidmore, M. and H. Toya, 2002, "Do natural disasters promote long-run growth?" *Journal of Economic Inquiry*, Vol.40, No.4, pp.664—687.

② Lopez, R., 2009, "Natural disasters and the dynamics of intangible assets", The World Bank Working Paper.

③ Lucas, R. E., 1998, "On the mechanics of economic development", *Journal of Monetary Economics*, 22, 3—42.

④ Heylen, F., J. Pozzi and J. Vandewege, 2004, "Inflation crises, human capital formation and growth", Working Papers of Faculty of Economics and Business Administration, Ghent University, Belgium.

提出,不是资本和劳动力,而是技术创新,是资本主义经济增长的主要源泉。在索洛增长模型中,技术进步可以通过改变生产函数使生产函数曲线向上移动,达到经济增长的目的。Romer(1990)把经济增长建立在内在技术进步上,在理论上第一次给出了技术进步的内生增长模型。突发冲击可能促进或阻碍技术进步,也可能改变技术创新的外部环境。①

对财政不充裕的国家而言,为了维持社会的稳定,灾后重建的资金可能会挤占研发部门科技创新所需的资金,继而影响技术进步。Cuaresma 等(2008)的实证研究发现,发展中国家的自然灾害风险对这些国家在对外贸易中的技术外溢效应有负面影响,因此会阻碍技术进步。② 但 Skidmore 和 Toya(2002)的实证研究表明,自然灾害与全要素生产率之间存在正相关关系。全要素生产率中体现了资本中的技术含量,因此该研究间接说明了自然灾害可以推动一国技术水平的发展。③ Okuyama 等(2004)认为,技术含量低的陈旧生产设备在自然灾害中更易遭到损毁,因这些设备受损而更替为技术含量高的新设备后可以提高生产率。自然灾害的发生也会迫使人们投入更多资金来研发新的技术以预测、防范和减轻灾害的危害。④

金融危机的发生会对风险资本市场产生影响,继而影响技术创新。Block 和 Sandner(2009)发现,金融危机的发生会造成风险投资的减少,此时 IPO 市场的疲软也会影响企业的融资,技术进步与创新所需的融资会严重短缺。⑤ 但历史经验也表明,全球性经济危机往往催生重大的科技创新突破和科技革命。1857 年的世界经济危机引发了以电气革命为标志的第二次技术革命,1929 年的世界经济危机引发了以电子、航空航天和核能等技术突破为标志的第三次技术革命。

Mensch(1978)通过对 112 项重要的技术创新考察发现,重大基础性创新的高峰均接近于经济萧条期,技术创新的周期与经济繁荣周期呈"逆相

---

① Cuaresma, J. C., Hlouskova, J., and Obersteiner, M, 2008, "Natural disasters as areative destruction? Evidence from developing countries", *Economic Inquiry*, 46(2): 214—226.

② Cuaresma, J. C., H. Jhlouskova, and M. Ooberstemer, 2008, "Natural disasters as creative destruction? Evidence from developing countries", *Economic Inquiry*. Vol. 46, No. 2, pp. 214—216.

③ Skidmore, M. and H. Toya, 2002, "Do natural disasters promote long-run growth?" *Economic Inquiry*, Vol. 40, No. 4, pp. 664—687.

④ Okuyama, Y., G. J. D. Hewings and M. Sonis, 2004, "Economic impacts of disasters: interregional input-output analysis using sequential interindustry model", *Modeling the Spatial and Economic Effects of Disasters*. New York: Springer.

⑤ Block, J. and P. Sandner, 2009, "What is the effect of the current financial crisis on venture capital financing? Empirical evidence from US Internet start-ups", Munich Personal RePEc Archive Working Paper.

关",因而他认为经济萧条是激励创新高潮的重要推动力,技术创新又将是经济发展新高潮的基础。① Freeman 和 Perez(1988)则认为,高技术研究开发和新兴产业发展是解决经济危机的关键。②

国际贸易通常也被视为是一种生产技术,其投入是进口商品和服务,产出是出口商品和服务。因此,国际贸易状况的变化可以视为生产率的变化。Easterly 等(1993)的实证研究发现,国际贸易冲击对解释长期经济增长和经济波动有重大意义。③ Easterly 和 Levine(2001)认为,对于小的开放经济体,国际贸易的负面冲击与生产技术的负面冲击产生的效果是一样的。④ Fratianni 和 Kang(2006)指出,恐怖主义会增加交易费用和通关难度,从而减少实际贸易量。他们的研究还表明,发生恐怖活动的国家与其他国家的边境距离越远,这种影响就越小,恐怖主义会将距离较近国家之间的贸易转变为距离较远之间的国家的贸易。⑤ 金融或经济危机发生后,经济系统中的流动性匮乏,企业和厂商借贷困难,继而导致企业减产或破产,这会造成进口和订单的大幅减少,影响国际贸易量。与此同时,本币可能会贬值,这会提高厂商的生产成本。零售商们为了获得流动性,也会低价销售库存商品,这很容易造成贸易摩擦。而为了保护本国经济和弥补财政赤字,各国政府往往采取贸易保护主义的做法,这会进一步恶化各国关系,加剧经济困境。

四、突发冲击对自然资源的影响

现代经济增长理论发展之初,自然资源和环境因素并没有纳入分析范围。直至 20 世纪 70 年代,经济学家们认识到新古典增长模型的局限时,才开始重视自然资源和环境对经济增长的作用(Solow,1974⑥;Stiglitz,

---

① Mensch, G., 1978, *Stalemate in Technology: Innovations Overcome the Depression*, Ballinger Pub Co.

② Freeman, C. and C. Perez, 1988, "Structural crises of adjustment: business cycles and investment behaviour", *Technical Change and Economic Theory*. Francis Pinter, London, pp.38—66.

③ Easterly, W., Kremer, M., Pritchett, L., Summers, L. H., 1993. "Good policy or good luck? Country growth performance and temporary shocks", *Journal of Monetary Economics*, 32, 459—483.

④ Easterly, W. and R. Levine, 2001, "It's not factor accumulation: stylized facts and growth models", Working Papers Central Bank of Chile from Central Bank of Chile.

⑤ Fratianni, M. and H. Kang, 2006, "International terrorism, international trade, and borders", Working Papers from Indiana University, Kelley School of Business, Department of Business Economics and Public Policy. No 2006-13.

⑥ Solow, R. M., 1974, "Intergenerational equity and exhaustible resources", *Review of Economic Studies*, Vol.41, No.1, pp.29—45.

1974①)。Grossman 和 Krueger(1995)通过对42个国家横截面数据的分析,发现部分环境污染物排放总量与经济增长之间的关系呈现"倒 U 形"曲线。② Chambers 和 Guo(2009)的研究表明,经济增长率与自然资源在生产过程中的利用正相关。③

自然灾害会对一国自然资源存量造成影响。飓风和其他气候灾害会摧毁大量的森林资源;飓风和干旱会降低土地肥力,从而导致农作物减产;自然灾害对风景区的破坏,会在较长时间内影响旅游业。但自然灾害也并不是总会给自然资源存量带来负面影响,例如,Abbott(2004)指出洪水过后或火山爆发后,土地的肥力会增强,因而尽管农民短期遭受了损失,但是从长远来看是受益的。同样旅游业也会进一步地繁荣,部分由于游客会受到灾难本身的吸引。因此,如果自然灾害没有造成大量的自然资源损失,而是带来了长期的自然资源存量增长,那么这些自然灾害对长期经济增长就是有益的。④

重大生产安全事故造成的环境污染则可能会对自然资源造成重大破坏。切尔诺贝利核电站泄漏事故的污染物对37个国家和地区的环境和自然资源造成不同程度的破坏。Söderqvist(2000)估计切尔诺贝利核电站泄漏事故对瑞典的驼鹿资源损害造成的经济损失不低于7.36亿瑞典克朗,而瑞典的驼鹿资源只占受事故影响的自然资源的很小部分,事故对自然资源的损害之大由此可见一斑。⑤

五、小结

突发冲击在不同程度上的确对长期经济增长的决定要素会产生影响,不同类型的突发冲击造成的长期影响不同。突发冲击造成的负面影响更为直观和为人所知,如自然灾害对实物资本存量和人力资本存量的损毁、恐怖主义对国际贸易的损害、金融危机对教育投入的影响和生产安全事故对环境资源的影响。全球化的不断推进使世界经济体系变得高度复杂,突

---

① Stiglitz, J., 1974, "Growth with exhaustible natural resources: efficient and optimal growth paths", *Review of Economic Studies*, Vol. 41, pp. 139—152.
② Grossman, G. and A. Krueger, 1995, "Economic growth and the environment", *Quarterly Journal of Economics*, Vol. 110, No. 2, pp. 353—377.
③ Chambers, D. and J. Guo, 2009, "Natural resources and economic growth: some theory and evidence", *Annals of Economics and Finance*, Vol. 10, No. 2, pp. 367—389.
④ Abbott, P., 2004, *Natural Disasters*, 4th edition. New York: McGraw Hill.
⑤ Söderqvist, T., 2000, "Natural resources damage from chernobyl: further results", *Environmental and Resource Economics*, Vol. 16, No. 3, pp. 343—346.

发冲击传播速度越来越快、影响范围越来越广、对经济的影响也越来越复杂。即便一个小突发冲击也会以高不可测的速度扩大和传播,带来难以预测的结果。羊群效应、恐慌、不确定和不完整信息的传播可能使负面反馈循环出现,导致冲击加剧,从而对世界经济造成深远的影响。

第三节 突发冲击的经济影响的测度方法

就研究方法而言,目前对突发冲击的经济影响的测度主要侧重于实证研究。根据实证研究的不同理论基础,可以把目前的实证研究分为三类。

第一类实证研究是以相关研究领域内的经济理论为基础。Skidmore (2001)在莫迪利安尼的生命周期假说模型的基础上进行了改进,往模型中引入了因为自然灾害而导致未来财产损失的可能性,并采用了15个国家的相关数据对居民储蓄率和自然灾害风险之间的关系进行了实证研究。[1] 文章发现,在控制了影响储蓄率的其他变量的情况下,居民储蓄率和自然灾害导致的损失之间存在正相关关系,显示了人们具有为应对自然灾害而提供自我保险的意识,这也为居民储蓄的预防动机提供了新的佐证。Drakos 和 Kutan(2003)改进了消费者选择理论模型以分析恐怖主义活动对区域间旅游市场份额的影响。他们发现,恐怖主义活动会导致游客量显著减少,并且在区域间有明显的传染作用,但是更为重要的是,一些国家也会从邻国恐怖风险的提高而导致的游客流入中获益。[2] Blomberg 和 Mody(2005)使用双向 FDI 引力模型量化了暴力活动对国际投资活动的具体影响,他们发现,国内的暴力活动会对国际贸易和国际投资产生负面影响,这些负面影响在发展中国家表现尤为显著。[3] Yamori 和 Kobayashi (2002)采用事件分析法具体分析了1995年的神户大地震对日本保险公司股票价格的影响。研究表明,与之前有关旧金山地震和洛杉矶地震的研究结果相反,神户地震导致了日本相关保险公司股票的大幅下跌,但这样的结果和关于美国飓风对保险公司股票影响的研究结论一致。研究还发现,

---

[1] Skidmore, M., 2001, "Risk, natural disasters and household savings in a life cycle model", *Japan and the World Economy*, Vol. 13, No. 1, pp. 15—34.

[2] Drakos, K., A. M. Kutan, 2003, "Regional effects of terrorism on tourism in three mediterranean countries", *Journal of Conflict Resolution*, Vol. 47, No. 5, pp. 621—641.

[3] Blomberg, S. B., and A. Mody, 2005, "How severely does violence deter international investment?" Claremont McKenna College Working Paper, No. 2005-01.

在处理神户地震的相关信息方面,日本的股票市场是非常高效的。[1]

第二类实证研究则是以相关计量经济学理论为指导对突发事件的经济影响进行测量。Abadie 和 Dermisi(2006)通过对面板数据的实证分析,得出结论:写字楼的空置率在"9·11"事件以后有所提高,其中三座地标性建筑(the Sears Tower,the Aon Center 和 the Hancock Center)及其影子区域里的建筑空置率提高幅度更大,这就说明"9·11"事件后上升的恐怖袭击预期对中心商务区的聚集效应有明显的削弱作用。[2] Aly 和 Strazicich(2000)采用了埃及 1955—1997 年、以色列 1971—1997 年的年度旅游业相关数据为样本,并使用了两次结构突变的 LM 单位根检验的方法对相关时间序列数据进行检验。结果显示,对两个国家数据的检验都拒绝了原假设,数据不存在单位根,因此恐怖主义活动对旅游业所带来的冲击是短暂的。另外,在结构突变中,1992 年的海湾战争的影响最为显著。[3]

第三类实证研究的结论则是建立在问卷调查的基础上。Russett 和 Slemrod(1992)用个体对 1990 年 4 月和 10 月进行的电话调查的反应研究了储蓄和战争恐惧之间的关系。研究表明,个体对核战争可能性的恐惧水平与成为一个储蓄者(而不是非储蓄者)的可能性之间存在着显著的负相关关系,与实际储蓄的变化以及相对于实际储蓄的储蓄计划之间也有显著的负相关关系。[4] Slemrod(1988)说明了这样一种现象:若其他决定储蓄率的因素不变,基于问卷调查方法来衡量的一国居民所感受到的对核战争的恐惧与国内私人净储蓄率之间存在着负相关关系。在衡量个体对核战争恐惧的感受时,依据的是盖洛普国际研究机构发起的在各国的调查问卷中的数据。[5]

目前的相关研究重心主要集中于上述第二类研究上,即以相关计量经济学理论为指导,对突发冲击的经济影响进行测度。在此类研究中,比较

---

[1] Yamori, N. and T. Kobayashi, 2002, "Do Japanese insurers benefit from a catastrophic event? Market reactions to the 1995 Hanshin-Awaji earthquake", *Journal of the Japanese and International Economies*, Vol. 16, No. 1, pp. 92—108.

[2] Abadie, A. and S. Dermisi, 2006, "Is terrorism eroding agglomeration economies in central business districts? Lessons from the office real estate market in downtown Chicago", NBER Working Paper, No. 12678. November.

[3] Aly, H., and M. C. Strazicich, 2002, "Terrorism and tourism: is the impact permanent or transitory? Time series evidence from Egypt and Israel", University of Central California Working Paper, 2010.

[4] Russett, B. and J. Slemrod, 1992, "Diminished expectations of nuclear war and increased personal savings: evidence from individual survey data", NBER Working Paper, No. 4031.

[5] Slemrod, J., 1988, "Fear of nuclear war and intercountry differences in the rate of saving", NBER Working Paper, No. 2801.

常见的方法有三种:面板数据计量分析、结构突变计量分析和事件研究法。本节将重点对这三种方法进行介绍,并将之应用于我国实践,对相关突发事件在我国的经济影响进行测度。

一、面板数据计量分析

在关于突发事件经济影响的相关文献中,面板数据计量分析是应用最广的分析方法,大部分的实证研究都会采用此类方法。Auffret(2003)以6个加勒比地区的国家、10个拉丁美洲国家共计16个国家从1970—1999年关于自然灾害的动态面板数据为样本,运用广义矩估计(GMM)进行实证研究,由此得出结论:自然灾害导致产出和投资的实质性减少,还导致国际收支状况的恶化;在消费方面,自然灾害使得消费的整体增长轻微减速,同时,这样的减速主要是因为私人消费的减少,公共消费受到的影响相对较小。[1] Abadie 和 Dermisi(2006)的研究结果表明,"9·11"事件使得恐怖袭击预期上升,对中心商务区的聚焦效应有明显的削弱作用。[2] Bleich(2003)以1993年1月17日—1997年1月16日(北岭地震发生前的1年和发生后的3年)洛杉矶的公寓楼销售数据为样本,分析了北岭地震对洛杉矶居民住房市场资本化率的影响。实证结果显示,地震导致洛杉矶居民住房市场资本化率的整体提高,但是并非所有地区都有相同的变化,震中地区和损失最严重地区周边的增长幅度更大。[3]

目前的研究主要通过两种方法把突发事件变量引入计量模型,即虚拟变量方法和实际变量方法。所谓虚拟变量方法就是以突发事件的发生时点为界设置虚拟变量,通过对计量模型进行参数估计,以此来测度突发事件的经济影响。Ito 和 Lee(2004)通过设置虚拟变量的方式分析了"9·11"事件对美国航空需求的影响,结果表明:"9·11"事件在当时造成了超过30%的需求冲击,同时还导致商业航空服务需求大概7.4%的持久性整体下降,这样的结构性需求冲击占到"9·11"事件以后美国国内航空

---

[1] Auffret, P, 2003, "High consumption volatility: the impact of natural disasters?" World Bank Policy Research Working Paper, No. 2962.

[2] Abadie, A. and S. Dermisi, 2006, "Is terrorism eroding agglomeration economies in central business districts? Lessons from the office real estate market in downtown Chicago", NBER Working Paper, No. 12678. November.

[3] Bleich, D., 2003, "The reaction of multifamily capitalization rates to natural disasters", Journal of Real Estate Research, Vol. 25, No. 2, pp. 133—144.

需求下降量的90%以上。① 所谓实际变量方法就是采用突发事件的发生次数、造成的经济损失、人员伤亡等数据或者是一些机构编制的综合指数来表示突发事件的发生频度及其强度等指标,通过将这些变量引入模型来估计其对经济的实际影响。Auffret(2003)在以加勒比地区为例分析自然灾害对经济的影响时,是以自然灾害造成的经济损失占当年GDP的比重作为自然灾害变量并引入模型。② Abadie和Gardeazabal(2008)研究在一体化的世界经济中,恐怖主义是如何影响国际投资者作出均衡决策时,将恐怖主义作为破坏性风险引入一个标准的内生增长模型,采用的是世界市场研究中心编制的全球恐怖主义指数,以此表示恐怖主义风险。③

下面我们将采用动态面板模型,以实际变量的形式将自然灾害的面板数据引入模型,研究我国自然灾害对通货膨胀的影响。

(一)我国历年自然灾害损失情况和通货膨胀走势

我国是自然灾害多发且遭受灾害损失严重的国家。从图2-1可以发现,从20世纪90年代开始,我国每年因为自然灾害造成的物资损失整体呈上升趋势,其中1996年和1998年出现两个波峰,因灾损失分别为2 882亿元和3 007.4亿元,这主要是因为这两年我国都出现了大范围、高强度的洪水灾害。1998年以后,自然灾害造成的损失规模相对稳定,每年的因灾损失保持在2 000亿元左右。但从2004年开始呈连续上升势头,2006年因灾损失达到2 528.1亿元,2008年因为南方雪灾和汶川地震造成的严重损失,全年因灾损失更是达到了创纪录的11 752亿元。近几年,由于全球气候变暖,自然灾害呈加剧之势。2009年,全国各类自然灾害造成的直接经济损失达2 523.7亿元,2010年因灾经济损失较2009年有显著增加,全年达5 339.9亿元。④

和自然灾害造成的直接经济损失类似,我国的CPI走势也在九十年代出现历史峰值,之后趋缓并呈现波动上扬的趋势。具体看来,CPI数值的峰值出现在1994年,之后逐年下降并于1998年见底。1998年以后,我国的CPI数值处于波动上扬的态势,从1998年的99.2上升到2007年的

---

① Ito, H. and D. Lee, 2004, "Assessing the impact of the September 11 terrorist attacks on U.S. airline demand", Brown University Economics Working Paper, No.2003-16.
② Auffret, P, 2003, "High consumption volatility: the impact of natural disasters?" World Bank Policy Research Working Paper, No.2962.
③ Abadie, A. and J. Gardeazabal, 2008, "Terrorism and the world economy", *European Economic Review*, Vol.52, No.1, pp.1—27.
④ 民政部.民政事业发展统计报告[EB/OL]. http://cws.mca.gov.cn/article/tjbg/. 1988年4月4日—2011年6月16日.

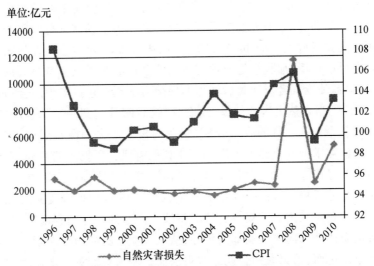

图 2-1 我国 1996—2010 年因灾造成的经济损失与 CPI 走势

资料来源：国家统计局和民政部。

104.8。① 2008 年，我国的 CPI 数值也相对较高，达到 105.9。从图 2-1 可以看出，两条趋势线除整体走势存在相似之处外，也反映出一些明显的差异信息。1998 年左右自然灾害损失达到历史高峰时，CPI 数值刚好处于波谷位置；从 1998 年到 2007 年，两者虽然都呈现小幅波动上扬的态势，但具体到每次波动上，两者的方向则近似相反；2007—2010 年，两者走势较为一致。

本节以下部分将详细分析自然灾害和通货膨胀之间的理论联系，并通过模型实证检验我国自然灾害和通货膨胀之间的数量关系。

(二) 自然灾害和通货膨胀的理论联系

自然灾害发生以后，微观经济主体（即个人、家庭和企业）受到的影响最为直接。就个人和家庭而言，自然灾害首先会造成某些家庭的人员伤亡或财物损失，而这是家庭创造收入的必备条件，这些条件受到影响势必会对家庭的未来收入产生影响。个人和家庭也会因此改变自己的收入分配决策，减少消费而增加储蓄。Skidmore(2001)对莫迪利安尼的生命周期假说模型进行了改进，引入了因为自然灾害而导致未来财产损失的可能性，发现在控制了影响储蓄率的其他变量的情况下，居民储蓄率和自然灾害导

---

① 国家统计局．中国统计年鉴(1998—2010)．

致的损失之间存在正相关关系。① 就企业而言,直接受灾企业的生产经营活动会受到不利影响,但涉及灾后恢复重建的相关市场需求也会因为自然灾害而得到突然放大。Shelor 等(1990)发现,与日本保险公司在该国发生地震时的反应相反,加利福尼亚地震对保险公司的股票价格有显著的正向作用,其解释是投资者对地震后增加的保险需求预期超过了地震会造成的潜在损失。② 当自然灾害的规模、强度、持续时间等达到一定的程度,其影响必然会从个人和家庭的收入分配、企业的投入产出等微观层面,扩展为对宏观经济需求面和供给面的影响。正如已有研究所发现的那样,自然灾害会对宏观经济总产出、消费、投资和进出口等各个方面产生影响。

由于食品价格在我国 CPI 中的权重较高,CPI 因此也会受到自然灾害影响。当农业自然灾害的规模、强度、持续时间达到一定的程度时,其影响必然会从农业部门向非农业部门传导,从而改变家庭的消费决策和企业的投资决策。进而,由家庭和企业等微观层面扩展为对宏观经济需求面和供给面的影响。借鉴郑超愚(2004)的总需求、总供给动态调整模型,在模型中加入农业自然灾害所引起的需求冲击和供给冲击因素③,得到相关的模型如下:

$$\begin{cases} Y^d - \Delta D = D(M/P) \\ Y^s - \Delta S = S(P/P^E, Y^d + \Delta D) \end{cases} \quad (2\text{-}4)$$

其中,Y^d 和 Y^s 分别为总需求和总供给;P 为物价水平;ΔS 和 ΔD 分别表示自然灾害引起的供给冲击和需求冲击。自然灾害发生后,总需求和总供给会出现短暂的调整,假定价格调整是瓦尔拉斯均衡的,则有:

$$S(P/P^E, Y^d + \Delta D) - D(M/P) = \Delta D - \Delta S \quad (2\text{-}5)$$

假定原有 Y^d 和 Y^s 是均衡的,并且不随时间变化;价格预期是适应性的;货币供给在短期内不变。参照郑超愚的推导过程,价格的动态调整过程如(2-6)所示,其中 λ、$\theta > 0$:

$$\begin{cases} dP/dt = \lambda(\Delta D - \Delta S) \\ dP^E/dt = \theta(P - P^E) \end{cases} \quad (2\text{-}6)$$

由(2-6)式可知,物价变动主要由价格预期、需求冲击和供给冲击等因素决定。由于农业自然灾害引起的供给冲击为负(农业资本存量受损,粮食产

---

① Skidmore, M., 2001, "Risk, natural disasters and household savings in a life cycle model", *Japan and the World Economy*, Vol.13, No.1, pp.15—34.
② Shelor, R. M., D. C. Anderson and M. L. Cross, 1990, "The impact of the California earthquake on real estate firms' stock value", *Journal of Real Estate Research*, Vol.5, No.3, pp.335—400.
③ 郑超愚.中国总供给总需求模型的动态调整[J].金融研究,2004(3):90—98.

量下降),而需求冲击难以确定,要确定物价变动的方向,需分三种情况来说明:① 当需求冲击为正时($\Delta D > 0$),由于供给冲击为负($\Delta S < 0$),即有 $\Delta D - \Delta S > 0$,表现为物价上涨;② 当需求冲击为负时($\Delta D < 0$),如果需求冲击的下降幅度大于供给冲击的下降幅度,即有 $\Delta D - \Delta S < 0$,表现为物价下降;③ 当需求冲击为负时($\Delta D < 0$),如果需求冲击的下降幅度小于供给冲击的下降幅度,即有 $\Delta D - \Delta S > 0$,表现为物价上涨。根据适应性预期理论,价格预期可以由上期价格替代,表现为价格惯性;而需求冲击和供给冲击都是由自然灾害等外部因素引发。Gordon(1996)提出了三角菲利普斯曲线,认为影响通货膨胀的因素可以归结为需求拉动、成本推动和通货膨胀惯性三类。① 由以上的理论分析,农业自然灾害和通货膨胀率、社会总需求以及社会总供给这三者密切联系。

采用 Gordon(1996)提出的"三角"模型,即一种菲利普斯曲线的扩展模型,以研究农业自然灾害对我国通货膨胀的影响。"三角"模型省略了菲利普斯曲线通常要考虑的预期和工资因素,将决定通货膨胀的因素归结为三个方面:通货膨胀惯性、超额需求和外部冲击。

$$\pi_t = C + a(L)\pi_{t-1} + b(L)D_t + c(L)z_t + e_t \quad (2-7)$$

其中,因变量 π_t 是通货膨胀率,C 是常数项;通货膨胀率的滞后项 π_{t-1} 表示通货膨胀惯性;D_t 表示超额需求;z_t 表示外部冲击(需求冲击和供给冲击);e_t 为误差项;$a(L)$、$b(L)$、$c(L)$分别表示各变量的滞后系数。

(三) 基于动态面板数据模型的实证分析

1. 数据说明

本节采用 CPI 代表(2-7)式中的通货膨胀率 π_t,并用 CPI 的滞后值代表通货膨胀惯性。(2-7)式中的 D_t 用产出比率的对数 $R_t = \ln(Y_t/Y_t^*)$ 代替(Y_t^* 为潜在产出),也可以用产出缺口 GAP_t 代替,本节采用产出比率代表超额需求。z_t 表示其他冲击变量,如粮食产量和价格的变化等,本节即在此将自然灾害变量作为其他冲击变量引入模型。由于我国统计数据的可得性限制,本节未能完整收集到我国自然灾害造成的直接经济损失的可用面板数据;另外,我国自然灾害的发生总会对农业生产带来影响,农业的受灾面积可以在一定程度上反映自然灾害的强度。因此,本节将农业受灾面积作为自然灾害变量,并取其对数形式,记为 lnSIZE。

分析选取数据为 1997—2010 年我国(除港、澳、台地区)31 个省市自

---

① Gordon, R. J., 1996, "The time-varying NAIRU and its implication for economic policy", NBER Working Paper, No. 5735.

治区的年度面板数据,所有数据均来源于各地区相关年度的统计年鉴。CPI数值作了定基化处理(1997年为100),并用定基化处理的CPI数值对GDP进行了平减,以消除物价变动对GDP的影响。

2. 模型估计

由于我国经济发展的区域差异明显,为了能够更好地估计自然灾害对我国通货膨胀的影响,本节按照国家统计局的划分方式将我国(除港、澳、台地区)分为东部、中部、西部三个区域。东部包括:北京、天津、河北、辽宁、上海、江苏、浙江、福建、山东、广东、广西和海南,共12个地区;中部包括:山西、内蒙古、吉林、黑龙江、安徽、江西、河南、湖北和湖南,共9个地区;西部包括:重庆、四川、贵州、云南、西藏、陕西、甘肃、青海、宁夏和新疆,共10个地区。分别对全国、东部、中部和西部建立模型:

$$CPI_{i,t} = \alpha + \beta_1 CPI_{i,t-1} + \beta_2 R_{i,t} + \beta_3 R_{i,t-1} + \beta_4 SIZE_{i,t} + v_i + u_{i,t}$$

(2-8)

其中,$i=0,1,2,3$,分别表示全国、东部、中部和西部地区;$t=1,2,3,\cdots,R$ 表示产出比例的对数;SIZE表示农业受灾面积;v_i表示截面个体差异;$u_{i,t}$为随机扰动项。

对(2-8)式动态面板数据模型估计的困难之处在于:方程的右边包含有因变量的滞后值,导致解释变量和随机扰动项相关,而且式(2-8)本身存在横截面相依性。如果直接运用传统处理面板数据的固定效应或是随机效应方法,会导致参数估计的非一致性,产生动态面板偏差,影响模型估计的准确性和适用性。Arellano和Bond(1991)使用所有可能变量的滞后项作为工具变量(工具变量个数多于内生变量个数),称为差分广义矩估计(Difference GMM)①;Arellano和Bover(1995)重新回到初始动态面板方程,使用$\{\Delta y_{i,t-1}, \Delta y_{i,t-2}, \cdots\}$作为$y_{i,t-1}$,并假定$\{y_{it}\}$趋于某个均衡点$y_i^*$,$\{\Delta_{i,t-1}, \Delta y_{i,t-2}, \cdots\}$与$u_i$不相关,在这些条件满足以后,可以使用$\{\Delta y_{i,t-1}, \Delta y_{i,t-2}, \cdots\}$作为工具变量对初始方程进行GMM估计,这称为水平广义矩估计(Level GMM)②;Blundell和Bond(1998)则将差分GMM与水平GMM合并,将差分方程与水平方程作为一个整体系统进行GMM估计,这种改

---

① Arellano, Manuel & Bond, Stephen, 1991,"Some tests of Specification for panel data: monte carlo evidence and an application to employment equations", *Review of Econovnic studies*, Wiley Blackwell, Vol.58, No.2, pp.77—97.

② Arellano, M. and O. Bover, 1995,"Another look at the instrumental variable estimation of error-components models", *Journal of Econometrics*, Vol.68, pp.29—51.

进的估计方法称为系统广义矩估计(System GMM)。[①] 考虑到系统广义矩估计是一种更有效的估计,本文将采用系统广义矩估计对动态面板模型进行估计。

在系统广义矩估计中,方程(2-8)经过一阶差分并结合水平方程进行变换:

$$\Delta CPI_{i,t} = (\beta_1 - 1)CPI_{i,t-1} + \beta_2 R_{i,t} + \beta_3 R_{i,t-1} + \beta_4 SIZE_{i,t} + v_i + u_{i,t}$$
(2-9)

在此基础上选取合适的工具变量并产生矩条件方程。在式(2-9)中,需满足:$\beta_1 \neq 1$;当 $t < s$ 时,解释变量 $R_{i,t}$、$SIZE_{i,t}$ 和随机扰动项 $u_{i,s}$ 是不相关的;随机扰动项 $u_{i,s}$ 不存在自相关;$E(CPI_{i,1}, \varepsilon_{i,t}) = 0$ ($t = 2, 3, \cdots, T$),$E(\Delta CPI_{i,2}, \varepsilon_{i,3}) = 0$。在此基础上设定矩条件为:

$$E(CPI_{i,t-s}\Delta \varepsilon_{i,t}) = 0 \quad (s \geq 2; t = 3, \cdots, T)$$
$$E(X_{i,t-s}\Delta \varepsilon_{i,t}) = 0 \quad (s \geq 2; t = 3, \cdots, T) \quad (2\text{-}10)$$
$$E(\Delta CPI_{i,t-1}\varepsilon_{i,t}) = 0 \quad (t = 4, 5, \cdots, T)$$

其中,$\varepsilon = u + v$,$X_{i,t} = [R_{i,t}, SIZE_{i,t}]$。设 Z_i 为所选取的工具变量矩阵,则模型(2-10)的 GMM 的工具矩阵和权重矩阵分别为:

$$Z_i = \begin{bmatrix} [CPI_{i0} \quad \Delta X_{i1}] & & & \\ & [CPI_{i0} \quad CPI_{i1} \quad \Delta X_{i2}] & & \\ & & \ddots & \\ & & & [CPI_{i0} \quad CPI_{i1} \quad CPI_{i2} \quad \cdots \quad \Delta X_{iT}] \end{bmatrix}$$

$$W_N = \frac{1}{N}\sum_{i=1}^{N} Z_i' G Z_i \quad (2\text{-}11)$$

由(2-9)到(2-11)式,通过 GMM 估计,可以得到估计参数:

$$\hat{\alpha}_{GMM} = \left(\left(\sum_{i=1}^{N}\begin{pmatrix}\Delta CPI_{i,-1}' \\ \Delta X_i'\end{pmatrix}Z_i\right)W_N\left(\sum_{i=1}^{N} Z_i'(\Delta CPI_t \quad \Delta X_i)\right)\right)^{-1}$$
$$\times \left(\left(\sum_{i=1}^{N}\begin{pmatrix}\Delta CPI_{i,-1}' \\ \Delta X_i'\end{pmatrix}Z_i\right)W_N\left(\sum_{i=1}^{N} Z_i'\Delta CPI_i\right)\right)$$

3. 估计结果

动态面板数据估计的前提是数据要具有平稳性,否则会出现估计的"伪回归"问题。因此,在对模型进行估计之前,首先要对模型进行面板单

[①] Blundell R. & S. Bond, 1998, "Initial conditions and moment restrictions in dynamic panel data models", *Journal of Econometrics*, Vol. 87, No. 1, pp. 115—143.

位根检验。为了保证检验结论的可靠性,本部分选用了四种单位根检验方法:Levin-Lin-Chu(2002)[1]提出的 LLC 检验;Im-Pesaran-Shin (2003)[2]提出的 IPS 检验;Hadri (2000)[3]的最大似然检验以及 Breitung 和 Das (2005)[4]提出的 Breitung 检验。LLC 检验、IPS 检验和 Breitung 检验的原假设是"存在单位根,变量是不平稳的";Hadri 检验的原假设是"不存在单位根,变量是平稳的"。从表 2-3 的检验结果可以看出,所有的变量至少在两种检验之下通过平稳性检验,这说明面板数据具有平稳性,模型估计的结果不存在伪回归问题。

表 2-3　面板残差的单位根检验结果

变量	区域	检验方法			
		LLC	IPS	Hadri	Breitung
CPI	全国	-6.4428 (0.0000)	-1.6226 (0.0523)	2.4890 (0.0064)	-2.0334 (0.0210)
	东部	-14.8702 (0.0000)	-5.7802 (0.0000)	7.3436 (0.0000)	-6.7444 (0.0000)
	中部	-12.1259 (0.0000)	-4.6129 (0.0000)	7.4621 (0.0000)	-5.2022 (0.0000)
	西部	-11.9821 (0.0000)	-4.9758 (0.0000)	8.6411 (0.0000)	-5.5984 (0.0000)
R	全国	-2.8270 (0.0023)	-1.3612 (0.0867)	-0.2703 (0.6065)	-1.6431 (0.0502)
	东部	-9.6117 (0.0000)	-4.2647 (0.0000)	-1.3908 (0.9179)	-5.5591 (0.0000)
	中部	-6.9020 (0.0000)	-3.4511 (0.0003)	-1.3648 (0.9138)	-5.1289 (0.0000)
	西部	-8.1566 (0.0000)	-5.2390 (0.0000)	1.2183 (0.1116)	-6.3811 (0.0000)
SIZE	全国	-1.6636 (0.0481)	0.0481 (0.0811)	-0.2814 (0.6108)	-1.9378 (0.0263)
	东部	-5.5241 (0.0000)	-5.1354 (0.0000)	-1.2929 (0.9020)	-2.4047 (0.0081)
	中部	-3.9841 (0.0000)	-5.9001 (0.0000)	-1.5606 (0.9407)	-6.2809 (0.0000)
	西部	-2.9652 (0.0015)	-4.2864 (0.0000)	3.4158 (0.0003)	-1.9766 (0.0240)

注:所有检验值在相应列的左边,右边括号内的数值为单位根检验的 p 值,当 p 值小于 0.05 时,表明在 5% 的显著水平下拒绝原假设。

表 2-4 列出了系统 GMM 估计的结果。首先,无论是全国、东部、中部还是西部,Wald 检验值在 5% 的显著水平下均拒绝了"方程拟合度较差"

---

[1] Levin, A., Lin, Chien-Fu and James-Chu, Chia-shang, 2002, "Unit root tests in panel data: asymptotic and finite-sample properties", *Journal of Econometrics*, Vol. 108, No. 1, pp. 1—24.

[2] Im, kyung So, M. Hashem Pesaran and Y. shin, 2003, "Testing for unit roots in heterogeneons panels", *Journal of Economics*, No. 115, pp. 53—74.

[3] Hadri, Kaddour, 2000, "Testing for stationarity in heterogeneous panel data", *Journal of Econometrics*, Royal Economic Society, Vol. 3, No. 2, pp. 148—161.

[4] Breitung, J. and S. Das, 2005, "Panel unit root tests under cross-sectional dependence", *Statistica Neerlandica*, No. 59, pp. 414—433.

的原假设,表明方程拟合度较好。其次,Sargan 检验是判断方程所选的工具变量是否有效的一个重要检验,原假设是"方程所选工具变量是有效的",从表 2-4 中所反映的结果看,Sargan 检验的 P 值都大于 0.05,四个方程在 5% 的显著水平下接受了原假设,表明所选的工具变量是有效的。再次,AR 检验的原假设是"扰动项无自相关",表 2-4 中的 AR(2) 的 P 值均大于 0.05,在 5% 的显著水平下接受原假设,表明所选的系统 GMM 估计方法是适用的。最后,全国、东部、中部和西部的通货膨胀惯性(CPI_{t-1})和超额需求(R_t)系数均在 1% 的显著水平下拒绝"系数为零"的原假设,表明通货膨胀惯性、超额需求对当期通货膨胀具有显著的推动作用,而农业自然灾害($SIZE_t$)系数只有全国和中部地区通过了 t 检验,东部和西部地区均没有通过 t 检验,这表明全国范围和中部地区的农业自然灾害对通货膨胀产生了显著的影响。

表 2-4 模型 GMM 估计结果

地区	全国	东部	中部	西部
CPI_{t-1}	1.10549319*** (198.046)	1.01643829*** (53.791)	0.90202408*** (17.360)	1.00205232*** (6.920)
R_t	0.00420728*** (49.364)	0.00215477*** (7.545)	0.00827624*** (8.816)	0.01218183*** (6.680)
R_{t-1}	0.00480254*** (-50.995)	0.00236938*** (-7.409)	0.00908840*** (-9.104)	-0.01360396*** (-6.049)
$SIZE_t$	-0.10548759*** (-3.454)	-0.36654746 (-1.496)	-0.70686269*** (-6.119)	-0.57875422 (-0.618)
cons	-9.04758436*** (-17.405)	0.00000000 (.)	0.00000000 (.)	0.00000000 (.)
Wald 检验的 chi2 值	437 298.231844	134 339.890602	10 122.0386109	9 112.435855
Wald 检验 P 值	0.0000	0.0000	0.0000	0.0000
N	372	144	108	120
Sargan 检验 chi2 值	29.8889	9.3343	11.0803	8.4640
Sargan 检验 P 值	0.9997	1.0000	0.0632	1.0000
AR(2) P 值	0.0903	0.07	0.136	0.057

注:括号内的数值为参数估计的 t 值;* 表示在 10% 显著水平下拒绝原假设,** 表示在 5% 的显著水平拒绝原假设,*** 表示在 1% 的显著水平下拒绝原假设。

在通货膨胀惯性方面,全国、东部、中部和西部均表明通货膨胀惯性对当期通货膨胀产生较大的正向推动作用,上一期通货膨胀每上升 1% 会推动当期通货膨胀上涨大约 1%,这跟传统的通货膨胀预期理论相符,说明稳定通货膨胀预期对于稳定通货膨胀具有重要的意义,这是货币当局在进行货币调控时总是强调稳定通胀预期的原因所在。在超额需求方面,全国、东部、中部和西部的数据都反映了超额需求和通货膨胀存在显著的正相关。在全国范围内,当期的超额需求每增加1%会推动当期通货膨胀上涨0.04%,这表明超额需求因素并不是推动我国通货膨胀上涨的最主要因素,原因可能是我国家庭最大的消费支出是住房支出,住房消费支出在一定程度上抑制了非住房商品(主要是包含在CPI的商品)的需求,而住房价格并没有包含在CPI当中,因此,超额需求难以推动通货膨胀的上涨。

在农业自然灾害方面,各地区的通货膨胀对农业自然灾害的反应表现出较大的差异性,主要是由各地区的经济发展水平的差异所致。在东部和西部地区,农业自然灾害对通货膨胀没有产生显著影响,而在全国和中部地区表现较为显著。就全国或中部地区而言,农业自然灾害在当期就会对通货膨胀产生影响,原因是东部地区的经济发展水平较高,且主要集中在第二和第三产业,受农业自然灾害的影响相对较小,而中部地区是我国粮食的主产区,在我国农业现代化程度不高的现实情况下,农业仍易遭受自然灾害的影响,因而参数估计较显著。西部地区一方面经济发展水平不高,物价传导效率较低;另一方面粮食生产在农业中的占比相对中部地区较低,以畜牧业、林业为主,受农业自然灾害的影响较小,因而参数估计不显著。

值得特别关注的是,农业自然灾害对通货膨胀的影响并不是正向的,农业自然灾害会对通货膨胀率产生下行压力。全国和中部地区的数据显示,农业自然灾害和通货膨胀存在显著的负相关。就全国而言,农业自然灾害强度每增加1%就会推动当期通货膨胀下降大约0.11%;就中部地区而言,农业自然灾害强度每增加1%就会推动当期通货膨胀下降大约0.71%。这证实了自然灾害影响物价变动的第二种情况,即自然灾害造成的需求冲击为负时,如果需求冲击的下降幅度大于供给的下降幅度,物价将趋于下降,这说明我国自然灾害造成的需求面负面冲击大于供给面负向冲击。之所以如此,可能有几方面的原因:一是我国消费结构所致。我国城镇家庭消费结构中住房消费占据很大的比重,在很大程度上抑制了对非住房商品的需求,外部冲击造成的收入减少更容易表现为需求的下降;另外,农村居民的消费结构中耐用消费品占较大的比重,而这些商品需求弹性较大,农业自然灾害造成的收入下降会引起农村居民消费更大幅度地下降。二是农民收入主要来源于农业,尤其是中部地区,更多来源于粮食作物,农业自然灾害的发生容易造成粮食产量下降,粮食产量下降会降低农民收入,而粮食价格更多由粮食收购和储备体系决定,当期粮食产量下降并不容易对当期供给造成显著影响。三是我国农村社会保障体系还不够完善,农村居民收入当中很大部分用于储蓄,消费需求受到了极大的抑制。当出现农业自然灾害冲击引起收入下降时,农民收入将变得更加不确定,在收入不确定的情况下,农村居民将更倾向增加储蓄减少消费。

4. 结论

本节将农业自然灾害变量引入"三角"模型中,首次尝试运用动态面板模型实证分析农业自然灾害对我国通货膨胀的影响。为了区分我国区域发展的差异性,分别对全国、东部、中部和西部进行实证分析。结果表明:在通货膨胀的影响因素中,通货膨胀惯性对当期通货膨胀有显著的推动作用,上期通货膨胀每上涨1%会推动当期通货膨胀上涨大约1%;超额需求虽然对当期通货膨胀有显著影响,但影响程度小于通货膨胀惯性,当期超额需求每增加1%会推动当期通货膨胀上涨0.04%;东部和西部地区的农业自然灾害对该地区的通货膨胀影响不显著,全国和中部地区的农业自然灾害对该地区的通货膨胀产生了显著的影响;就全国和中部地区而言,农业自然灾害对当期通货膨胀有显著的负向冲击,表现为农业自然灾害强度每增加1%,当期通货膨胀分别下降0.11%和0.71%,农业自然灾害会降低当期的通货膨胀水平。

由此可见,相比起供给面的紧缩作用,农业自然灾害对我国的需求面的紧缩作用更大,表现为农业自然灾害降低当期的通货膨胀水平。因此,政府部门应高度重视农业自然灾害造成的负面影响,尤其在由投资驱动向消费驱动转型的过程中,要充分重视突发性冲击对消费需求的抑制作用。首先,应根据各地区农业生产的特点,采取不同的应对措施,尤其是中部地区的产粮大省,政府要加大对农业抗灾的投入,减少自然灾害对农业生产的影响;其次,要加大应对农业自然灾害风险的补贴力度,提高农业自然灾害保险的保费,增强农户抵御农业自然灾害的能力,保障农户收入的稳定性;最后,要不断调整和优化各地区的农业结构,改变农村居民收入过多依赖农业,尤其是粮食作物的局面,多渠道地增加农民收入。

二、结构突变计量分析

结构突变计量分析的主要作用在于分析突发事件的发生对经济的影响是长期的还是暂时的。其主要原理是时间序列数据的平稳性,如果时间序列数据平稳,则突发事件所带来冲击的影响是短暂的,反之则是长期的;其核心方法是对相关时间序列数据作单位根检验,以确定数据是否平稳。

Aly 和 Strazicich(2002)采用了埃及 1955—1997 年、以色列 1971—1997 年的年度旅游业相关数据为样本,并使用了两次结构突变的 LM 单位根检验的方法对相关时间序列数据进行检验。① 结果表明,恐怖主义对旅游业带来的冲击是短暂的,在结构突变中,1992 年海湾战争的影响最为显著。

结构突变理论将金融危机、石油危机、恐怖袭击等重大经济环境变化视为一种外生冲击,考察其是否使得时间序列的数据生产过程发生了改变。结构突变发生时点已知时,称其为外生性结构突变点。结构突变可能发生在截距项,可能发生在时间趋势项,也可能在两者同时发生。若发生了结构突变的是单位根过程,则称为具有结构突变的单位根过程。

Perron(1989)将 1929 年大萧条和 1973 年石油危机作为对美国经济时间序列的冲击,认为大萧条使得美国经济水平降低(均值突变),而石油危机使其增长率降低(斜率突变),并运用假设突变时点已知的方法检验了 14 个单位根过程,认为其中有 11 个为结构突变的趋势稳定。② 他针对突变点已知的结构突变提出了三种模型:截距突变的冲击模型 A、斜率突变的增长率模型 B、截距与斜率都有突变的模型 C。

模型 A:$y_t = \beta_0 + \delta t + \beta_1 D_t + u_t$

这一模型称为冲击(Crash)模型,这是因为结构变化之后,y_t 的均值轨迹不再返回结构变化之前的均值轨迹。

模型 B:$y_t = \beta_0 + \delta_1 t + \delta_2 t^* + u_t$

当 $t \leq t_b$ 时,$t^* = 0$;当 $t > t_b$ 时,$t^* = t - t_b$,其中 t_b 是突发事件的发生时间。突变发生在斜率而截距不变的模型 B,由于斜率反映增长率,因此也被称为变化的增长率模型。当截距和斜率同时具有结构突变时,对应的模型为:

模型 C:$y_t = \beta_0 + \beta_1 D_t + \delta_1 t + \delta_2 t^* + u_t$

对于模型 A、B、C,原假设和备择假设为:

$H_0: u_t \sim I(1) \quad H_1: u_t \sim I(0)$

当接受 H_0 时,y_t 为结构突变的单位根过程;而接受 H_1 时,y_t 为结构突变的趋势平稳过程。对于单位根过程(差分平稳),每个随机冲击都具有长记忆性;对于结构突变的趋势平稳过程,随机冲击只具有有限记忆能力,其影响会很快消失,也就是说冲击引起的对趋势的偏离只是暂时的。

---

① Aly, H., and M. C. Strazicich, 2002, "Terrorism and tourism: is the impact permanent or transitory? Time series evidence from Egypt and Israel", University of Central California Working Paper, 2010.

② Perron, P., 1989, "The great crash, the oil price shock, and the unit root hypothesis", Journal of Econometrica, Vol. 57, No. 6, pp. 1361—1401.

(一) 样本说明

为了识别突发事件对中国证券市场不同行业板块的冲击程度,本节选用上海证券交易所(简称"沪市")行业分类指数周收盘价格对数的时间序列为样本进行实证分析,样本数据为:上证工业股指数、商业股指数、地产股指数、公用事业股指数以及综合股指数从 1993 年 6 月 4 日到 2009 年 3 月 27 日的 828 个周收盘价格对数,并以周五收盘价为检验对象。数据来源为香港大学中国金融研究中心和深圳国泰安信息技术有限公司联合开发的 CSMAR 中国证券市场交易数据库。上海证券交易所对上市公司按其所属行业分成五大类别:工业类、商业类、房地产业类、公用事业类、综合业类,并自 1993 年 6 月 1 日起选取在上海证券交易所挂牌上市的各行业全部上市股票(包括 A 股和 B 股)开始编制和发布行业分类股指数,包括工业股指数(GY)、商业股指数(SY)、地产股指数(DC)、公用事业股指数(GS)、综合股指数(ZH),上证行业分类指数反映了该行业的景气状况及其股价的整体变动状况。本节使用 LGY 表示工业股指数对数;LSY 表示商业股指数对数;LDC 表示地产股指数对数;LGS 表示公用事业股指数对数;LZH 表示综合股指数对数。

(二) 结构突变点的单位根检验

我们首先绘制各行业股指对数波动图,用阴影标记出"1998 年长江流域特大洪涝灾害"(简称"98 特大洪水")和 SARS 疫情发生的时间段,用直线表示各行业股指对数在样本区间内的波动趋势(如图 2-2 至图 2-6 所示)。

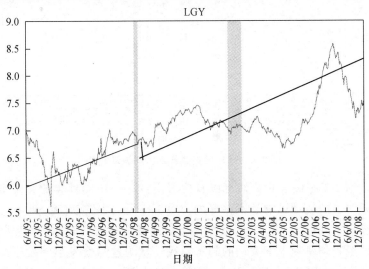

图 2-2 工业股指数样本区间波动趋势

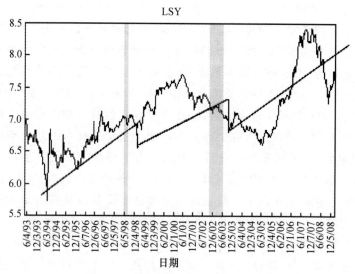

图 2-3　商业股指数样本区间波动趋势

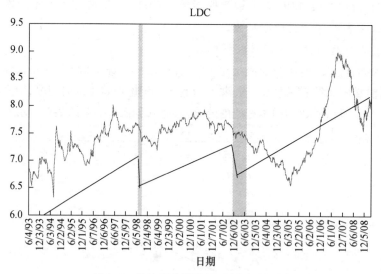

图 2-4　地产股指数样本区间波动趋势

从图 2-2 至图 2-6 我们可以直观看出：第一，不同种类的突发事件对各行业股指的波动影响是不一样的。"98 特大洪水"发生后，所有行业股指都呈现下跌行情，而 SARS 疫情发生后除商业类股指和地产类股指外其他行业股指均呈现上下波动的趋势。我们认为这与突发事件发生的时间长度有密切关系，表 2-5 给出了"98 特大洪水"和 SARS 疫情事态发展的全

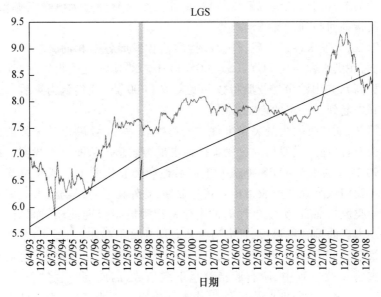

图 2-5　公用事业股指数样本区间波动趋势

图 2-6　综合股指数样本区间波动趋势

过程,从表中可以看出"98 特大洪水"从 1998 年 7 月 2 日长江第一次洪峰开始到 1998 年 9 月 2 日长江水位全线回落历时仅八周,而 SARS 疫情从 2002 年 11 月 16 日广东佛山发现第一起病例开始到 2003 年 7 月 5 日世界卫生组织宣告解除 SARS 疫情警报历经近三个季度。突发事件发生后,股市价格将进行自行调整,随着时间的推移,冲击的影响将逐渐减小,冲击过程不具有长记忆性。从图形上看,GY、SY、DC、GS、ZH 股指价格在 SARS

爆发后的前八周里也呈现下跌行情,但在两个月后经过大盘重新调整,各行业股指都回归到正常波动趋势。

第二,突发事件发生后,行业股指的趋势发展各不相同,以 98 特大洪水为例,在洪水发生后 LGY、LSY、LGS、LZH 趋势项都发生明显改变(增长速度提高),其中沪市工业股指数一度突破 1 700 点,我们认为灾后重建效应在其中起到了一定的推动作用。

第三,地产类股指受突发事件冲击影响较大,或者说相对于其他行业类股指而言,地产类股指对突发事件冲击更为敏感。从图 2-4 我们可以看出,"98 特大洪水"、SARS 疫情发生以后地产类股指的下跌状况持续时间最长。我们认为地产类股指相对较为敏感,受外在环境影响较大。相对其他行业类股指而言,突发事件的冲击使地产类股指短期波动时间更长,短暂波动之后的调整更迟缓,且灾后重建效应几乎不存在。

第四,"98 特大洪水"对 GY、SY、DC、GS、ZH 类股指均冲击较大,整个洪水灾害持续过程中,所有股指都呈下跌趋势,因此,我们将"98 特大洪水"定义为该五类行业股指的外生冲击结构突变点来考察;而 SARS 疫情仅使 SY、DC 类行业股指在整个疫情期间呈现下跌趋势,其他类行业股指受冲击影响不大,因此,我们将 SARS 疫情定义为 SY、DC 类行业股指的外生冲击结构突变点来考察。

表 2-5 "98 特大洪水"和 SARS 疫情事态发展一览表

	日期	事件
98 特大洪水	1998 年 7 月 2 日	长江上游出现第一次洪峰
	1998 年 7 月 26 日	江西省、湖南省依据《防洪法》宣布进入紧急防汛期
	1998 年 8 月 7 日	九江市长江大堤发生决口
	1998 年 8 月 12 日	嫩江第三次洪峰到达齐齐哈尔,洪水频率约为 400 年一遇
	1998 年 8 月 22 日	松花江第三次洪峰到达哈尔滨,洪水频率 150 年一遇
	1998 年 9 月 2 日	长江中下游干流水位开始全线回落
SARS	2002 年 11 月 16 日	广东佛山发现第一起"非典"病例
	2003 年 2 月 3—14 日	广东进入发病高峰期,共报告 305 个"非典"确诊病例,死亡 5 人
	2003 年 4 月 12 日	世界卫生组织将北京列入疫区
	2003 年 4 月 27 日	北京市宣布暂时关闭公共娱乐场所
	2003 年 5 月 2 日	台湾地区"非典"疫情加重,共报告100 多个确诊病例
	2003 年 6 月 24 日	世界卫生组织解除对北京的旅行警告
	2003 年 7 月 5 日	台湾地区最后一个宣布解除"非典"警报,全球"非典"疫情宣告结束

我们先结合沪市五大类股指对数波动趋势图,从 Perron(1989)的三个结构突变模型里挑选出适合研究突发事件对股市影响的结构突变模型。① 本节认为选用模型 C(趋势项和漂移项都存在结构突变)最为合理:一方面,从沪市五大类股指对数波动趋势图(图 2-2 至图 2-6)来看,股市对突发事件冲击作用的长期记忆效果不明显,更没有任何冲击效果的迹象,因此不选用模型 A;另一方面,突发事件的冲击作用具有不确定性,既有可能使趋势直线的截距项发生改变,也有可能使趋势直线的斜率项发生改变,还可能使截距项和斜率项两者同时发生改变,因此,不能选用模型 B。

此处使用外生结构突变点单位根检验方法重点在于识别冲击作用,没有识别冲击类型,原因是我们认为宏观经济变量一般属于随机趋势非平稳序列和退势平稳序列,稳定性较强易识别冲击类型。而股指波动属于随机游走过程,波动性强不易识别冲击类型。首先考察 98 特大洪水的外生突变点,对样本数据进行回归分析,所用的计量软件为 Eviews 6.0。预先设定突变点:令 t_b = 1998.7.2,定义虚拟变量:当 $t > t_b$ 时,$D_t = 1$;否则,$D_t = 0$。时间趋势项起点为 1993.6.4,即 1993.6.4 时,$b = 1$。

表 2-6 是回归后的检验结果。根据外生结构突变点单位根检验方法,再对以上回归结果的残差项 u_t 进行 ADF 检验。

表 2-6 "98 特大洪水"模型 C 的参数估计及其检验结果

原序列	TB	D_t	t	t^*	c	R^2	DW	F
LGY	1998.7.2	0.1467	0.0016	0.0002	6.28	0.58	1.02	81.90
LSY	1998.7.2	0.2024	0.0017	0.0006	6.38	0.51	1.03	92.73
LDC	1998.7.2	−0.3865	0.0037	−0.0029	6.76	0.26	1.62	97.92
LGS	1998.7.2	0.0024	0.0048	−0.0003	6.24	0.78	1.15	83.33
LZH	1998.7.2	0.1832	0.0021	−0.0014	6.42	0.54	1.02	84.83

注:TB 表示突变点时间,D_t、t、t^*、c 项为模型回归系数,R^2、DW、F 项为模型检验参数。

表 2-7 是 ADF 的检验结果,检验结果表明:对 t_b = 1998.7.2,各行业股指 ADF 均小于临界值,拒绝原假设,所以 $u_t \sim I(0)$,即 98 特大洪水的发生对沪市五大行业板块产生了冲击作用,存在结构性突变点。

---

① Perron, P., 1989, "The great crash, the oil price shock, and the unit root hypothesis", *Journal of Econometrica*, Vol. 57, No. 6, pp. 1361—1401.

表 2-7 98 特大洪水结构突变模型的 u_t 单位根检验结果

原序列	e_{t-1}	Δe_{t-1}	AIC	k	ADF
LGY	-0.0144	0.0314	-3.1044	1	-2.7196*
LSY	-0.0134	0.0300	-2.9910	1	-2.5255*
LDC	-0.0102	0.0389	-2.7864	1	-2.0540**
LGS	-0.0159	-0.0227	-3.0813	1	-2.8489*
LZH	-0.0156		-3.0064	0	-2.6389*

注：e_{t-1}、Δe_{t-1} 为单位根回归系数，k 为滞后阶数，ADF 检验的滞后阶数根据 AIC 和 SC 原则选择；临界值使用 Perron 的外生检验的临界值，*、**、*** 分别表示在 1%、5%、10% 的置信水平上接受零假设，接受零假设意味着序列是结构突变的单位根过程。

用同样的方法我们再来对 SARS 事件进行检验，根据上文的理论推导：SARS 疫情的发生对 LSY 和 LDC 有明显冲击作用，因而此处我们对 LSY 和 LDC 做外生结构突变点的检验。同样先设定突变点 t_b = 2008.11.16，定义虚拟变量：当 $t > t_b$ 时，$D_t = 1$；否则，$D_t = 0$。时间趋势项起点为 1993.6.4，即 1993.6.4 时，b = 1，检验结果如表 2-8 所示。

表 2-8 SARS 疫情模型 C 的参数估计及其检验结果

原序列	TB	D_t	t	t^*	c	R^2	DW	F
LSY	2002.11.16	-0.8789	0.0026	0.0025	6.3	0.67	1.04	121.53
LDC	2002.11.16	-1.0073	0.0018	0.0023	6.97	0.46	1.03	133.95

注：TB 表示突变点时间，D_t、t、t^*、c 项为模型回归系数，R^2、DW、F 项为模型检验参数。

再对以上模型 C 回归结果的 u_t 分别做 ADF 检验，结果如表 2-9 所示。

表 2-9 SARS 疫情结构突变模型的 u_t 单位根检验结果

原序列	e_{t-1}	Δe_{t-1}	AIC	k	ADF
LSY	-0.0247	0.0223	-2.7706	1	-3.4299**
LDC	-0.0182	0.0349	-2.5751	1	-2.7905**

注：e_{t-1}、Δe_{t-1} 为单位根回归系数，k 为滞后阶数，ADF 检验的滞后阶数根据 AIC 和 SC 原则选择；临界值使用 Perron 的外生检验的临界值，*、**、*** 分别表示在 1%、5%、10% 的置信水平上接受零假设，接受零假设意味着序列是结构突变的单位根过程。

检验结果表明：对 t_b = 2002.11.16，SY 及 DC 股指 ADF 均小于临界值，拒绝原假设，所以 $u_t \sim I(0)$，即 SARS 事件的发生对沪市商业类股指和地产类股指产生了冲击作用,存在外生结构性突变点。

以上的实证分析采用外生结构突变点的单位根检验方法,检验了98特大洪水和SARS疫情对沪市五大行业分类股指周收盘价格对数的时间序列的冲击作用。检验结果表明,突发事件对沪市分类行业股指存在冲击作用,表现为短期内行业股指价格波动会紧随突发事件的发展而波动。通过研究我们发现,98特大洪水和SARS疫情对股市的冲击程度不同,这与事件持续时间的长短有密切关系:特大洪水历时八周,八周内行业股指下跌趋势明显,而SARS疫情历时约三个季度,三个季度里沪市各行业股指并未均呈现下跌趋势,而是在经过约为八周的短暂下跌后就逐步回归到正常波动的路径,紧随突发事件发展波动的趋势不再明显。这充分表明股市波动对突发事件的冲击作用不具有长期记忆效果。

进一步,我们还发现,突发事件对股市的冲击作用与重大政策性事件对股市的冲击作用不同。重大政策事件,如印花税下调等会对股市产生长期的影响,使股票价格的趋势项(增长率)产生变动。而我们的研究表明突发事件的发生只在短期内影响沪市五大类股指对数时间序列的截距项和斜率项,既不产生冲击效果,也不会造成长期趋势项的改变。

此外,股市存在灾后重建效应,即突发事件发生后,受益于灾后重建效应的行业股指会率先反弹。工业类股指、商业类股指、公共事业类股指和综合类股指表现尤为明显。在经过短期下跌后,受灾后重建效应影响明显的行业类股指会率先上涨,这给投资者提供了灾后短线操作的经验支持。

三、事件研究法

在研究突发事件对股票市场的影响时,事件研究法也是一个常用的方法。这种方法在分析短期影响方面有其突出的优势,但在分析长期影响上则可信度不高,因此应用事件研究法进行的相关分析大多也都得出了突发事件对股票收益存在短期影响的结论。Sprecher 和 Pertl(1983)[1]研究了公司重大损失对公司股票收益的影响,文章中对重大事件的定义虽然并没有局限于突发事件,但是其界定的范围是发生可能性小且损失重大的事件,应该说突发事件也是其中的一类事件,所以本节对研究突发事件对公司股票收益的影响具有开创意义。文章采用事件研究法进行实证分析,结果表明,重大损失对公司股票收益有一个整体性的负面影响,这和有效市

---

[1] Sprecher, C. R. and M. A. Pertl, 1983, "Large losses, risk management and stock prices", *The Journal of Risk and Insurance*, Vol.50, No.1, pp.107—117.

场假说是一致的,另外,这种损失影响是短暂的,一般在损失公告日当天发生影响并持续两天。Lamb(1995)综合运用了事件研究法和横截面分析法进行实证研究,并得出结论:Andrew 飓风对损失暴露的财产责任保险公司的股票价格产生了显著的负面影响,而无损失暴露的保险公司的股票价格则没有显著的反应。① 市场高效地反映了飓风所产生的信息,并依据保险公司保险业务在受灾地区的介入程度作了不同的反应。Yamori 和 Kobayashi (2002)采用事件研究法具体分析了 1995 年的神户大地震对日本保险公司股票价格的影响。② 研究表明,与之前有关旧金山地震和洛杉矶地震的研究结果相反,神户地震导致日本相关保险公司股票的大幅下跌,但这样的结果和关于美国飓风对保险公司股票影响的研究结论一致。

事件研究法同样是以有效市场假说为前提的,也就是说,股票价格会及时迅速地反映新信息,可表示为:

$$E\{[P_{i,t+1} - E(P_{i,t+1} \mid \phi_t)] \mid \phi_t\} = 0 \qquad (2\text{-}12)$$

其中 $P_{i,t+1}$ 表示股票 i 在时间 $t+1$ 时的价格,ϕ_t 表示在时间 t 的有效信息集,E 表示期望。式(2-12)表示,在市场均衡条件下,以信息集 ϕ_t 为基础的时间 $t+1$ 的股票期望价格和实际价格之间的期望差异为零。在实证研究中,通常用股票的收益率代替股票价格,故式(2-12)可表示为:

$$E\{[R_{i,t+1} - E(R_{i,t+1} \mid \phi_t)] \mid \phi_t\} = 0 \qquad (2\text{-}13)$$

其中 $R_{i,t+1}$ 表示股票 i 在时间 $t+1$ 时的收益率,其他字母意义不变。在上述假设下,估计式(2-14):

$$R_{i,t} = \alpha_i + \beta_i R_{m,t} + \varepsilon_{i,t}, \ E(\varepsilon_{i,t}) = 0, \ \text{cov}(R_{m,t}, \varepsilon_{i,t}) = 0 \quad (2\text{-}14)$$

其中,$R_{i,t}$ 表示股票 i 在时间 t 的收益率,$R_{m,t}$ 表示市场指数在时间 t 的收益率,$\varepsilon_{i,t}$ 是随机扰动项。通过对式(2-14)的估计来提取特定事件对股票收益的影响,这种影响会反映在式(2-14)的回归残差中,具体形式为式(2-15):

$$\hat{\varepsilon}_{i,t} = R_{i,t}(\hat{\alpha}_i + \hat{\beta}_t R_{m,t}) \qquad (2\text{-}15)$$

其中 $\hat{\alpha}_i$ 和 $\hat{\beta}_i$ 分别为 α_i 和 β_i 的最小二乘估计。这里选取截至突发事件发生的前 10 天、跨度为 30 周的日数据来进行回归估计,然后用得到的 $\hat{\alpha}_i$ 和 $\hat{\beta}_i$ 在突发事件发生前 10 天和发生后 20 天这个时间跨度内来计算残差。

---

① Lamb, R. P., 1995, "An exposure-based analysis of property-liability insurer stock values around Hurricane Andrew", *The Journal of Risk and Insurance*, Vol. 62, No. 1, pp. 111—123.

② Yamori, N. and T. Kobayashi, 2002, "Do Japanese insurers benefit from a catastrophic event? Market reactions to the 1995 Hanshin-Awaji earthquake", *Journal of the Japanese and International Economies*, Vol. 16, No. 1, pp. 92—108.

如果要研究某个事件对 n 只股票的影响时,还要计算平均残差式(2-16):

$$\bar{\varepsilon}_{i,t} = 1 \bigg/ n \sum_{i=1}^{n} \hat{\varepsilon}_{i,t} \tag{2-16}$$

最后有三种指数用来评价股票收益受突发事件的影响程度,分别为 CAR（Cumulative Average Residual）、PPI（Pettit Performance Index）、API（Abnormal Performance Index）。计算方法如下:

$$CAR_T = \sum_{t=-10}^{T} \bar{\varepsilon}_t \qquad T = -10, 20$$

$$PPI_T = \prod_{t=-10}^{T} (1 + \bar{\varepsilon}_t) \qquad T = -10, 20$$

$$API_T = 1 \bigg/ n \sum_{t=-10}^{T} \prod_{t=-10}^{T} (1 + \hat{\varepsilon}_{i,t}) \qquad T = -10, 20$$

为了说明如何运用事件研究法来分析突发冲击对经济的影响,本节选用 2011 年 3 月 11 日发生的日本大地震这一突发冲击,来具体分析其对我国股市的影响。

（一）引言

日本作为亚洲第二大经济体,频繁遭受自然灾害的侵袭。2011 年 3 月 11 日,日本东北部的宫城、岩手、福岛及茨城等地区发生了里氏 9.0 级大地震,并引发了次生灾害（海啸）。受此强震的影响,亚洲股市当日全线下跌,其中日经 225 指数下跌 1.72%,新加坡海峡时报指数下跌 1.04%,印尼雅加达综合指数下跌 1.27%,香港恒生指数下跌 1.55%。① 日本地震也严重冲击了我国的 A 股市场,上证综指当日较前一交易日下跌 23.34 点,跌幅达 0.79%;深证成指下跌 156.84 点,跌幅为 1.21%。受后续核泄漏的影响,东京股市 3 月 14 日与 15 日再次大幅下挫,14 日日经指数下跌 6.2%;15 日日经指数又下跌 10.55%。沪深股市在 15 日也双双下跌,上证综指下跌 41.37 点,跌幅为 1.41%;深证成指下跌 252.97 点,下跌 1.95%。②

随着近年来我国同日本的贸易和投资往来越来越紧密,日本在我国经济发展中所发挥的作用逐年增大。虽然近几年,日本对华投资在减少,但

---

① 新浪网. 日本强震重创亚太股市［N］. http://finance.sina.com.cn/roll/20110312/07509518117.shtml. 2011 年 3 月 12 日.

② 人民网. 主要股指跌幅均超过 2%［N］. http://www.022net.com/2011/3-16/423967262449853.html. 2011 年 3 月 16 日.

中国仍是日本对外直接投资的主要目标国。在日本经济同中国经济变得日益紧密的背景下,日本经济的任何风吹草动都会对我国经济造成很大的影响,而又将在很大程度上改变投资者的预期。很多实证研究表明,股票价格会对未预料到的自然灾害作出迅速而剧烈的反应。股票价格很大程度上反映了投资者对未来收益的预期,投资者预期的改变会引发股市剧烈的波动(Javid,2007)①。由于此次地震的突然发生,迅速传播的正面和负面消息冲击了投资者对A股市场未来收益的预期,投资者策略应对发生改变,进而影响到中国股市。

关于地震对股市的影响的研究可以追溯到20世纪90年代,这时期的研究多集中于地震对房地产和保险公司市值的影响方面。在地震对房地产市值的影响方面,他们运用事件研究法检测了1989年旧金山大地震对房地产行业的影响,实证表明地震会降低房地产市值(Shelor等,1990)②。在地震对保险公司市值的影响方面,学界并没有形成统一的观点。部分学者认为地震对房地产的正面冲击大于负面冲击,地震有利于提高保险公司的市值(Shelor等,1992③;Aiuppa等,1993④;Lamb和Kennedy,1997⑤)。另外一些学者认为地震对保险公司会造成较大的负面冲击(Aiuppa和Krueger,1995⑥;Yamori和Kobayashi,2002⑦)。早期的有关地震影响的研究,大多采用事件研究法,多集中于地震对个别行业(主要包括保险业和房地产行业)的影响,对股市的整体影响鲜有提及,研究更多考虑的是地震对股票异常收益的影响,但没有考虑导致各公司之间异常收益差异的影响因素。

---

① Javid, A. Y., 2007, "Stock market reaction to catastrophic shock: evidence from listed Pakistani firms", Working Papers, No. 2007-37.

② Shelor, R. M., D. C. Anderson and M. L. Cross, 1990, "The impact of the California earthquake on real estate firms' stock value", *Journal of Real Estate Research*, Vol. 5, No. 3, pp. 335—400.

③ Shelor, R. M., D. C. Anderson and M. L. Cross, 1992, "Gaining from loss: property-liability insurer stock values in the aftermath of the 1989 California earthquake", *Journal of Risk and Insurance*, Vol. 5, No. 3, pp. 476—488.

④ Aiuppa, T. A., R. J. Carney, and T. M. Krueger, 1993, "An examination of insurance stock prices following the 1989 Loma Prieta earthquake", *Journal of Insurance Issues and Practices*, Vol. 16, No. 1, pp. 1—14.

⑤ Lamb, R. P., W. F. Kennedy, 1997, "Insurer stock prices and market efficiency around the Los Angeles earthquake", *Journal of Insurance Issues*, Vol. 18, No. 1, pp. 1—13.

⑥ Aiuppa, T. A. and T. M. Krueger, 1995, "Insurance stock prices following the 1994 Los Angeles earthquake", *Journal of Insurance Issues*, Vol. 18, No. 2, pp. 1—13.

⑦ Yamori, N. and T. Kobayashi, 2002, "Do Japanese insurers benefit from a catastrophic event? Market reactions to the 1995 Hanshin-Awaji earthquake", *Journal of the Japanese and International Economies*, Vol. 16, No. 1, pp. 92—108.

近期有关地震影响的研究得到了扩展,有三种发展趋势。第一种趋势是将事件估计模型同 ARCH 模型相结合,既考虑地震对股票异常收益的影响,也考虑地震对股市的波动性影响。Javid(2007)扩展了事件研究法,运用 CAPM 模型(主要衡量股票的异常收益率)同 ARCH、GARCH 模型(主要衡量股票的波动性)相结合的方法,研究了巴基斯坦北部克什米尔地区地震对卡拉奇股票交易的影响。① 第二种趋势是扩展地震研究的视角,克服只研究地震这一类自然灾害的局限性。Worthington(2008)将地震包含到自然灾害事件中,以研究自然灾害(包括地震)对澳大利亚股票市场的影响。② 第三种趋势是在事件研究法的基础上进行扩展,以考虑其他变量对异常收益率的影响。现有的研究主要从地震本身的角度来增加变量,如地震的级数、地震造成的人员伤亡数、地震造成的经济损失、地震影响的范围等(Yang 等,2008)③。国内的研究主要集中在第三种趋势上:徐承红等(2010)对地震后震区的主要城市进行问卷调查获取一手数据,检验了汶川地震对房地产市场带来的冲击。④ 郭幽兰等(2011)在事件研究法的基础上加入了企业规模、捐赠、公告次序、回应方式等变量,就灾害事件中管理层的回应方式对股价的影响进行了实证研究。⑤

纵观国内外相关文献,总体归纳起来有以下几点不足:第一,研究所涵盖的样本不够全面,之前的研究或者集中于一两个行业,或者集中于十几个行业,而没有涵盖股票市场上的大多数行业;第二,研究方法大多停留在事件研究这个层面,未研究公司微观层面同受冲击程度的联系;第三,没有考虑股票市场的总体影响,以前的研究更多的是考虑行业的影响,而对股票市场的总体影响考虑较少;第四,没有跳出国境,以前的研究都围绕一国地震对该国股票市场的影响,没有尝试研究他国地震灾害对本国股市的影响。

本节选取的样本覆盖面更广,基本涵盖了 A 股市场的大部分行业,通

---

① Javid, A. Y., 2007, "Stock market reaction to catastrophic shock: evidence from listed Pakistani firms", Working Papers, No. 2007-37.

② Worthington, A. C., 2008, "The impact of natural events and disasters on the Australian stock market: a GARCH—M analysis of storms, floods, cyclones, earthquakes and bushfires", *Global Business and Economics Review*, Vol. 10, No. 1, pp. 1—10.

③ Yang, C. C., M. Wang and X. Chen, 2008, "Catastrophe effects on stock markets and catastrophe risk securitization", *Journal of Risk Finance*, Vol. 9, No. 3, pp. 232—243.

④ 徐承红,冯尧,樊纲治.汶川地震对房地产市场的冲击与政策研究[J].统计研究,2010(4):14—20.

⑤ 郭幽兰,刘春林,林中跃.灾害事件后管理层回应方式对股票收益影响的实证研究[J].财贸研究,2011(1):25—22.

过将事件研究同聚类分析相结合的方法来分析日本地震对我国 A 股市场的影响。研究思路主要包括三个方面:运用统计描述来分析日本地震对我国 A 股市场的整体影响;运用聚类分析法来分析公司的性质同其遭受地震冲击程度存在的关系;运用实证分析来考察影响上市公司抗冲击能力的主要因素。

(二) 样本选取与研究步骤

1. 样本选取:本节选取了沪深 A 股市场共 1 784 家上市公司(其中沪市 782 家,深市 1 002 家,剔除了 ST 股、未完成上市公司股权分置改革的股票和新上市交易的股票)、上证综合指数以及深证成分指数作为研究样本,能更全面地考察日本地震对我国 A 股市场的影响。所有的数据均来自巨灵金融数据库(2010 年 3 月 2 日至 2011 年 5 月 9 日的日交易数据)。

2. 事件研究步骤:第一步,确定估计窗口。我们以 2010 年 3 月 2 日至日本地震发生前 5 日作为估计窗口,并选取不同的子窗口,以提高事件窗口的清洁度。运用上市公司的正常收益与市场组合收益之间的模型 $r_{i,t} = \beta_{i,0} + \beta_{i,1} r_{m,t} + \varepsilon_{i,t}$ 来估计出参数 $\beta_{i,0}$ 和 $\beta_{i,1}$。其中,$r_{i,t} = \ln(p_{i,t}) - \ln(p_{i,t-1})$,$r_{m,t} = \ln(p_{m,t}) - \ln(p_{m,t-1})$,通过对沪深 A 股共 1 784 家上市公司的日股票价格求自然对数差分,可以得到每家上市公司的日收益率;运用同样的方法再分别得到上证综合指数和深证成分指数的日收益率。在此基础上,以 2010 年 3 月 2 日—2011 年 3 月 6 日为估计窗口,并选取其中的 5 个子窗口进行试验,以确保估计结果的稳健性。经过 Stata 软件的循环回归运算,分别得出每家上市公司对应的估计方程,并在 5% 的置信度水平上整体通过了 T 检验与 F 检验。

第二步,确定事件窗口。以日本地震发生日至事后 14 日(即 2011 年 3 月 11 日—29 日)作为事件窗口,并求出每家上市公司的单日冲击,可运用模型 $AR_{i,t} = r_{i,t} - \beta_{i,0} - \beta_{i,1} r_{m,t}$ 求解。运用第一步求出的 8 920 个估计方程,分别对每家公司进行异常收益预测。具体计算方法是将震后 14 日每日的实际收益率减去预测的收益率,即可得到每家上市公司震后 14 日的异常收益。由于我们对每家公司分别进行 5 次估计,因而每家公司在震后 14 日每一交易对应有 5 个异常收益率,在这里我们不列举出计算结果。

第三步:横向加总。在第二步基础上,对每家上市公司每一交易日的 5 个异常收益率运用模型 $AAR_t = \dfrac{\sum_{i=1}^{n} AR_{i,t}}{n}$ 进行横向加总,并求出平均异常收益率。平均异常收益率保证了异常收益率的稳健性。由于选用了 5

个估计窗口进行估计,因而,可以确保事件窗口具有较高的清洁度,在较大程度上排除了其他事件对日本地震事件窗口的影响。

第四步,纵向加总及 T 检验。将地震发生日及事后 14 日的超额收益率进行累加,可得到地震的总冲击水平,运用模型 $\mathrm{CAR}_t = \sum_{k=1}^{t} \mathrm{AAR}_{i,k}$ 进行加总。对上市公司震后 14 日单日异常收益率分别进行 T 检验,有的单日异常收益率通过了 T 检验;有的没有通过,在统计上表现不明显。为了考察 14 日的总体影响的显著性,需要对 14 日的异常收益率进行加总并进行检验。加总后的 1 784 家上市公司的总异常收益率的 T 值为 -3.674,其对应的 P 值小于 0.05,在 5% 的置信水平下拒绝了上市公司整体异常收益率为 0 的假设,表明加总后的异常收益率在统计上显著。

(三)日本地震对 A 股市场整体影响的统计描述

将沪深两市共 1 784 家上市公司的相关数据输入 Stata 11 中,按照累积异常收益率的正负分别求出正向冲击和负向冲击的均值。表 2-10 给出了沪深两市上市公司的总体冲击表现。

表 2-10　日本地震对我国 A 股市场整体影响的统计描述

冲击表现	公司数量	均值	方差	偏度	峰度
负向冲击	989	-0.065 726 7	0.080 659 9	-6.326 873	57.783 66
正向冲击	795	0.062 417 7	0.069 695 3	3.850 570	29.139 94
总体冲击	1 784	-0.008 622 0	0.099 132 3	-1.395 159	24.843 71

从表 2-10 可以看出,在日本地震发生后 14 日的累积影响中,有 989 家上市公司的累积异常收益率为负,均值为 -0.066;有 795 家上市公司的累积异常收益率为正,均值为 0.062。从方差上看,负向冲击的方差大于正向冲击的方差,这表明遭受负面影响的公司的冲击表现差异较大,遭受正面影响的公司的冲击表现较为接近。从总体影响来看,1 784 家上市公司的均值为 -0.008 6,且偏度也为负值,这说明日本地震对我国 A 股市场的影响表现出非对称性特点,负面影响程度大于正面影响程度。综合分析可以得出,日本地震对我国 A 股市场的总体影响为负。

(四)聚类变量选取

日本地震发生后,在 A 股上市的公司呈现出不同的冲击反应。由于各上市公司的性质有较大的差异(主要是盈利能力、资本结构、公司规模、流通股本和所有权性质等),其抵御冲击的能力也各不相同,因而对日本地震所表现出的冲击反应也不同。本节将选取以下财务指标,运用聚类分析法来考察公司的性质同地震冲击大小的关系。

1. 盈利能力。上市公司在遭受外部冲击时,盈利能力是衡量其抵御外部冲击能力的一个重要指标。衡量公司盈利能力的指标有:净资产收益率(ROE)、总资产报酬率(ROA)、销售净利率和销售毛利率等。净资产收益率反映的是一定时期公司净利润与公司权益的比率,是上司公司盈利能力的核心指标,能较好地反映公司基本面同股票价格的关系。因而,选取净资产收益率能更好地反映公司盈利能力与抗冲击能力的关系。

2. 资本结构。公司的资本结构由债务融资与股权融资构成,按照债务融资规模同股权融资规模的比例,可划分为偏债务型、偏股权型和平衡型三种资本结构。MM 理论认为,考虑所得税的存在,企业价值将随着负债比例的提高而提高,负债比例越高,企业价值越大;而代理理论认为,负债筹资会带来代理成本和监督成本,减少负债有利于企业价值的提高。由于大地震会对企业的价值评价造成影响,因而资本结构会在一定程度上影响上市公司的抗冲击能力。权益乘数(EM)表示总资产与股东权益的倍数关系,是衡量公司资本结构的一个重要指标,权益乘数越大,公司资本结构越偏向负债型。本节选取权益乘数来衡量上市的公司的资本结构。

3. 公司规模。尽管规模不是衡量公司经营能力强弱的一个必然指标,但是公司规模在一定程度上是经营能力的一个反映,公司规模在很大程度上影响着其抗击外部冲击的能力。2003 年 5 月,国家统计局制定了《统计上大中小型企业划分办法(暂行)》,以三个指标作为企业规模的划分标准,即"从业人员数""销售额"和"资产总额"。本节选用上市公司的营业收入作为销售额的替代指标,来衡量上市公司的规模。

4. 流通股本。流通股是上市公司能够在二级市场上自由交易、流通的股票,股票价格的波动是在股票交易和流通过程中产生的,因此流通股本比总股本更能反映投资者投资策略变动所引起的股价波动。在遭受地震等自然灾害冲击时,投资者对各家公司未来收益率的预期会发生改变,进而改变持股策略,从而引起股票价格发生异常波动。流通 A 股是衡量 A 股市场流通股本的一个重要指标,本节选取该指标来衡量流通股本。

5. 股权性质。我国的上市公司按照股权性质,可以分为国有股和非国有股公司。国有股与非国有股公司哪一个抵御外部冲击的能力更强,目前还没有形成定论,本节尝试性地将股权性质加入到聚类分析中,考察不同股权性质的公司对地震冲击所作出的反应有何差异。本节用前十大股东的持股比例来衡量上市公司的股权性质。

(五) 基于公司性质的聚类分析

聚类分析(cluster analysis)是基于变量的相异性将样本分成不同组或

类的方法,主要包括两种聚类方法:分割方法(partition)和层次方法(hierarchical)。分割方法是按照事先设定的标准将主变量的样本划分为不重合的组。本节使用 K 均值方法分别按照上市公司的盈利能力、规模、股权性质、资本结构和流通股本等对累积异常收益率进行聚类分割。由于累积异常收益在聚类分割后,会受到正负相抵的影响,其均值的显著性会大大降低,因而,在聚类分析时,要对累积异常收益率求绝对值。利用 K-means 聚类分割方法,我们得到了不同组的公司遭受日本地震冲击的差异程度,如表 2-11 所示。

表 2-11 基于公司性质的聚类分割分析

盈利能力	公司数量	均值	方差	最小值	最大值
弱	1 222	0.064288	0.06923	0.0000463	0.818168
强	562	0.064174	0.088939	0.000163	1.034642
规模	公司数量	均值	方差	最小值	最大值
大	259	0.058261	0.067859	0.000311	0.6727
中	869	0.061545	0.067657	0.000166	0.75317
小	656	0.070204	0.088148	0.0000463	1.034642
股权性质	公司数量	均值	方差	最小值	最大值
非国有	1 003	0.06456	0.071333	0.0000463	0.818168
国有	781	0.063857	0.081577	0.000327	1.034642
资本结构	公司数量	均值	方差	最小值	最大值
偏债务型	18	0.033798	0.020326	0.006238	0.080072
平衡型	308	0.062329	0.059016	0.000311	0.542948
偏股权型	1 458	0.065035	0.079439	0.0000463	1.034642
流通股本	公司数量	均值	方差	最小值	最大值
大盘	269	0.053297	0.054478	0.000311	0.542948
中盘	991	0.065465	0.06708	0.0000463	0.75317
小盘	523	0.066293	0.093307	0.000337	1.034642

由表 2-11 所见,不同性质的公司对日本地震的影响表现出较大的差异。总体而言,盈利能力强、规模较大、股权性质为国有、资本结构偏债务型和流通盘大的公司,其抗击日本地震冲击的能力较强,反之则弱。从盈利能力来看,盈利能力强的公司,其地震冲击均值为 0.0642;盈利能力弱的公司,其地震冲击均值为 0.0641,盈利能力强的公司遭受地震影响的程度小于盈利能力弱的公司。从公司规模来看,规模大、中、小公司所对应的

地震冲击均值分别为 0.0583,0.0615 和 0.07,这表明规模大的公司,其遭受地震冲击的影响小于规模小的公司。从股权性质来看,国有与非国有公司的地震冲击均值分别为 0.064 和 0.065,国有公司遭受地震影响程度小于非国有公司。从资本结构方面看,偏债务型、平衡型和偏股权型公司的冲击均值分别为 0.034,0.062 和 0.065,债务比例越高的公司,其遭受地震冲击的影响越小。从流通股本来看,大流通股、中流通股和小流通股的公司,其冲击均值分别为 0.053,0.065 和 0.066,表明流通股本较大的公司遭受地震冲击的影响小于流通股较小的公司。

(六) 结论

本节探讨了日本地震对中国 A 股市场的影响,主要包括两方面的内容:日本地震对中国 A 股市场的整体影响;不同性质的公司所表现出的地震冲击差异。从实证研究结果中我们可以得出以下一些有意义的结论:

第一,从宏观层面看,此次地震对我国 A 股市场造成了一定的冲击,既有正面冲击,也有负面冲击,总体来看,负面冲击大于正面冲击。在负面冲击方面,日本地震对我国进口造成很大的影响,主要集中在汽车、钢铁、半导体、电子元件等行业;在正面冲击方面,日本的灾后重建对我国的基建相关行业带来了有利的影响,促进了钢铁、建材和建筑工程服务等行业对日出口的增加;另外,投资者预期改变会带来正、反两方面的影响,投资者的风险偏好特征决定了股市正、反两方面的影响。要提高我国股票市场抵御诸如日本大地震等外部冲击的能力,需要不断完善我国的贸易结构、产业结构,积极引导投资者进行理性投资;一方面,需要完善我国的贸易结构和产业结构,通过产业结构升级带动贸易结构由垂直型转化为水平型,从基本面上不断完善我国股票市场;另一方面,需要积极引导投资者进行理性投资,投资者面对风险的偏好和态度在很大程度上影响着股票价格,尤其在面对外部冲击时,投资者的理性投资能起到稳定股市的作用。

第二,从微观层面看,此次地震对不同性质的公司造成的影响表现出较大的差异。就盈利能力而言,盈利能力强的公司遭受的地震冲击小于盈利能力弱的公司;就公司规模而言,规模大的公司遭受的地震冲击小于规模小的公司;就股权性质而言,国有公司遭受的地震冲击小于非国有公司;就资本结构而言,偏债务型的公司遭受的地震冲击小于平衡型和偏股权型的公司,平衡型的公司遭受的地震冲击又小于偏股权型的公司;就流通股本而言,流通股本大的公司遭受的地震冲击小于流通股本小的公司。

第三章 突发冲击的经济影响的危机预警

近年来,金融危机、股市崩盘、自然灾害和恐怖袭击等突发冲击频频发生。这些突发冲击具有以下四个特点:第一,突发冲击会造成重大的社会和经济影响;第二,突发冲击蔓延迅速,在突发冲击发展成为危机之前,决策者往往没有足够的时间采取应对措施,因此,决策者必须预测到危机的发生,才能采取有效的防范措施;第三,从单个国家或地区来看,这些突发冲击发生进而形成危机的频率极低,社会大众根本意识不到其发生的可能性,这增加了决策者采取防范措施的难度;第四,突发冲击的防范措施成本可能很高,例如金融系统改革或者是货币政策的突然变化对经济都可能会造成巨大的负面影响。

突发冲击的这些特点给决策者的政策制定带来了极大的挑战,决策者们面临着危机预警指标体系的选择、阈值的确定和干预时机选择等一系列难题。我们可以把针对突发冲击的预警指标体系分为两类:冲击前的预警指标体系和冲击后的预警指标体系。冲击前的预警指标体系不一定是一个经济问题。不可否认,有一些经济类的突发冲击本身可以设置一些预警指标,用以监控宏观经济金融形势是否有由量变积累引发质变的可能。但是,从一般的角度而言,对更多的突发冲击的预警并不是一个经济问题,如自然灾害冲击、公共卫生冲击等,对它们的预警是自然科学领域的专业问题。甚至于一些突发冲击很难或根本无法有充足的时间来预警,如地震和火山喷发等。构建冲击后的预警指标体系则是为了更好地监控突发冲击的发展与变异情况,从而提高应对突发冲击的针对性、及时性和有效性。

突发冲击的经济影响的预警指标体系属于冲击后的预警指标体系,该体系选取一系列监控效果较为明显的经济指标,来跟踪突发冲击的发展、变异方向和程度,其目的在于以此为基础,采取更有效的应对措施。

但是即便选取一系列预警指标,监测突发冲击的经济影响还是不够的,因为各类预警指标的变化是连续的,而采取防范措施或发出预警信号则是离散事件,所以需要确定一个临界点,一旦由预警模型确定的危机发生的概率超过某个阈值,决策者就发出预警信号并同时采取防范措施。但对于何时发出预警信号并采取防范措施,决策者们处于着一种两难的境地。如果他们不发出预警信号也不采取防范措施,一旦危机真的发生了,那么社会大众认为他们缺乏预测危机的能力;如果决策者采取谨慎的防范措施并有效地阻止了突发冲击的发生,那么也会被认为是采取了明显不必要的措施。因此发出预警信号并采取防范措施对决策者来说是件吃力不讨好的差事。如果决策者重视这些小概率事件,并调整既定的政策以采取防范措施,那就像为这些突发冲击或危机的发生缴纳一笔高昂的保费,但同时这些突发冲击或危机可能会造成的损失又很难估计,因此很难说服社会大众接受并配合这些防范措施。

此外,决策者需要考虑的另一个方面是干预时机的选择,其等同于预警区间的选择。一般而言,预警区间越长,预警信号的质量越不可靠,据此很难判断危机是否已经临近,防范措施实施的必要性也就非常值得商榷;反之,预警区间越短,危机预警信号就越准确。并且,防范措施实施得越早,阻止突发冲击或危机的发生的可能性就越大;反之,防范措施的效果就越差。防范措施的时机选择需要考虑许多因素,特别需要考虑的是突发冲击发生的不确定性、防范措施的成本和突发冲击可能造成的损失等。因此,对于决策者来说,并不是越早采取防范措施越好,因为距危机发生的时间点越前,不确定性和防范措施的成本会越高。

在现有的预警模型研究中,针对某一具体的突发冲击的预警,如对金融危机的预警、对财政危机的预警等已有较多的研究,研究者选取了一系列指标对这些具体的突发冲击进行监控,一旦若干个监测值达到某一个区域或突破某一系列阈值,就说明情况正在向危险的方向发展。如前所述,这些都是一些事前的预警,现有的研究很少涉及这样的预警体系,即在经济已经受到各类突发冲击后,其经济影响发展蔓延到何种程度?是否需要采取宏观调控手段进行干预了?本章将构建一个比较通用的突发冲击宏观调控预警体系,从而当一国受到某种突发冲击时,能比较全面地监控这种冲击的经济影响,为一国政策当局所用。

同时,现有的预警模型研究中,预警信号阈值的确定和干预时机的选择随意性较强,无法解决上述决策者所面对的难题,也无法为决策者提供合理的决策依据。本章的目的在于为决策者发出预警信号的阈值选择和干预时机的选择提供一个分析框架,从而为决策者建立最优的预警模型和选择最佳干预时机提供参考,因此具有重要的实际意义。

在本章中，我们将在一个基本的宏观经济框架下讨论突发冲击的经济影响的预警指标的构建。如图3-1所示，宏观经济主体主要包括厂商、居民、外国部门和政府，要说明的是，政府既是一个应对冲击的主体，也是一个受冲击主体。宏观经济市场主要包括要素市场、金融市场及商品与服务市场，外国部门涉及的市场主要包括国际贸易市场、国际金融市场和国际投资市场。

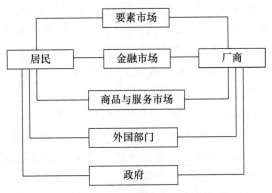

图3-1 宏观经济部门与市场

我们认为，可以构建一个三层次的突发冲击的经济影响预警指标体系。当受到突发冲击时，往往首先引发微观主体的效用体系和投资风险收益评价体系发生改变，从而使得他们的消费行为和投资行为发生某种变化。当微观主体的消费和投资行为发生变化时，市场总量和市场结构可能随之发生变化（一些关键的市场变量可以较好地反映这些变化）。而市场总量和市场结构的变化，最终会影响一个经济体某一时期的宏观经济结果，即产出水平、物价水平、失业率和国际收支状况。

在初步选择了一系列指标构建了一个三层次的突发冲击的经济影响的预警指标体系之后，接下来就是预警指标的阈值确定问题，由于指标体系涉及的指标众多，很难用一套方法将各类经济指标的阈值具体确定，因此，我们只能把当前研究领域关于阈值确定的主要方法和原则进行归纳与总结，这样，即便这些预警指标的选取发生了变化，也可以依据这些方法和原则进行阈值的确定。

本章将分两节依次研究突发冲击的经济影响的预警指标体系的构建问题和突发冲击经济影响预警模型的阈值选择研究。在第　节，具体分微观、市场和宏观三个层次，选取若干的指标，对突发冲击的经济影响进行监控，在此我们将以2008年以来遭受的金融危机和后续经历的一系列政策调整为背景，将后续的每次政策调整都视为一种突发冲击，来分析这些指标的反应是否有效;在第二节,我们将重点介绍当前研究领域关于阈值确定的主要方法,并对阈值确定的原则进行讨论。

第一节　突发冲击的经济影响的预警指标体系

如前所述,突发冲击的经济影响的预警指标体系将分微观、市场和宏观三个层次来全面构建,但突发冲击对微观、市场和宏观三个层次的经济影响并不是简单的纵向传递关系,它们之间是一种复杂的相互影响关系。如2007年爆发于美国的次贷危机逐步发展为席卷全球的金融危机之后,中国的经济形势整体上面临的困难较大,受此冲击,居民的消费行为和企业的投资行为发生了变化,产品滞销现象有所抬头,投资下滑,生产要素价格下降,进而从全国的情况来看,物价下行,GDP 增长预期下调,失业率上升,经常项目顺差减少。这里描述的是一个微观-市场-宏观的纵向传递关系。但是,市场环节的反应可能会强化居民和企业的悲观情绪,于是他们会进一步调整消费-储蓄结构和投资-收益结构。而宏观经济的不景气似乎进一步验证了他们的预期,悲观情绪可能更大范围地蔓延。由此可见,市场的反应和宏观经济状况都会影响微观层面的决策。而国际收支的恶化,又会对国内市场形成巨大的压力,无论是产品市场,还是要素市场和金融市场都会深刻体会到这种压力。由此可见,宏观经济状况对市场反应有强化作用。

再进一步看,如果政府为了摆脱当前的困局,采用扩张性的财政政策和货币政策来刺激经济,如我国的四万亿人民币的财政扩张和宽松的信贷政策,可能会部分地恢复人们的信心,流动性的充足使人们产生通胀预期,基于此,股市和房地产市场可能会先于宏观经济出现较大幅度的反弹。由此可见突发冲击对微观、市场和宏观三个层次的经济影响存在一种"自强化"机制,并且这种自强化机制受到政府应对冲击的政策的影响(如图 3-2 所示)。

基于这种思路,在预警突发冲击的经济影响时,必须对微观行为、市场反应和宏观经济状况这三个层次的相关经济指标进行监控。在选择各层次的指标时,我们认为应该本着以下三个原则进行:其一,代表性好,即该指标的变化能很好地描述我们所关心的经济变量的发展态势;其二,可得性强,即该指标能比较方便地从相关政府部门或社会机构获得,不需要额外进行复杂的数据处理;其三,灵敏度高,这要求选取的指标随着影响因素的变化而迅速变化,其变化时滞短且波动幅度明显,便于观察。当然,可得

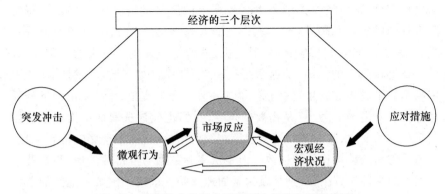

图 3-2 突发冲击的三个层次影响及其自强化体系

性或许可以通过一些定性的分析即可进行判断,而代表性和灵敏度则需要进行定量的分析才能得出比较令人信服的结果。但我们认为,不妨先用定性的分析方法建立一个突发冲击宏观经济影响的预警指标体系,后续的研究再用定量的方法对其进一步完善和优化。

一、微观行为层次的预警指标

受到突发冲击后,一国经济的微观主体往往会重新审视自己惯常的决策思维。居民的消费效用评价体系会受到冲击,进而影响他们的消费总量和消费结构,如发生公共卫生事件之后,医疗服务消费的意愿会加强;企业的风险收益评价体系也会受到冲击,进而影响他们的生产、投资决策,如受金融危机的影响,许多厂商都减少产量,暂缓扩大投资;外国消费者的消费效用评价体系和投资者的风险收益评价体系也会受到影响,进而他们会改变对本国商品和服务的消费决策和在本国的投资决策,如受疯牛病的影响,外国消费者减少对该国的牛肉进口,而受金融危机的影响,外商直接投资额度下降、投资延缓或取消;政府部门的收入和支出总量及结构可能会因为遭受突发冲击而发生改变,如受金融危机的影响,我国 2009 年的财政预算完成的难度很大,而受甲型 H1N1 流感的影响,我国政府在疾病防控方面的支出明显增加。

那么,受到某种突发冲击后,我们应该选取什么样的指标来监控这些经济变量的变化?下面我们将按前文提出的三个指标的选取原则来选取各微观主体的行为预警指标。

(一)消费行为指标

受到冲击后,居民的消费行为可能在两个特征上会发生变化,其一是消费总量,其二是消费结构。有研究表明,1994 年 12 月 20 日比索被迫贬值之后,墨西哥面临着大萧条以来最严重的经济危机。1995 年墨西哥实际人均国民生产总值下降 9.2%,由于家庭部门不能成功地平滑消费总量,家庭支出下降了 15%;为应对危机,消费结构发生了巨大的变化,家庭减少在奢侈品上的支出,推迟耐用品和半耐用品(如服装、玻璃器皿、床上用品和娱乐设备等商品)的消费,增加在食品上的支出,食品支出的下降远远低于总支出的下降。[①] 从需要的角度,我们也应该选取两个指标来监控消费行为的变化,其一是与消费意愿相关的指数,它往往会影响消费总量,其二是与消费结构相关的指数。但是从实际数据的可得性考虑,与消费结构相关的指数比较少,特别是较为全面地反映一国或一国某一地区的消费结构变化的统计工作是非常困难的;此外,消费结构的变化应该主要由市场来应对,政府主要应对的可能还是消费总量,因此,我们退而求其次只选取影响与消费总量相关的指标,我们认为,消费者信心指数是一个符合前文所述三个原则的指标。

一般认为,20 世纪 40 年代,美国密歇根大学的调查研究中心为了研究消费需求对经济周期的影响,首先编制了消费者信心指数,随后欧洲一些国家也先后开始建立和编制消费者信心指数。我国于 2002 年年初,在省市一级率先建立了消费者信心指数调查制度。

消费者信心指数是反映消费者信心强弱的指标,是综合反映并量化消费者对当前经济形势评价和对经济前景、收入水平、收入预期,以及消费心理状态的主观感受,是预测经济走势和消费趋向的一个先行指标。这一指数由消费者满意指数和消费者预期指数构成。消费者满意指数是指消费者对当前经济生活的评价,消费者预期指数是指消费者对未来经济生活发生变化的预期。

事实表明,突发冲击会对消费信心造成显著影响。由表 3-1 和图 3-3 可知,受国际金融形势急剧恶化影响,在 2008 年 9 月至 2008 年 12 月,我国的消费者信心指数呈现出加速下降的走势。在 2009 年 7 月以后,消费者信心指数开始回升,这可视为消费者信心指数对 2008 年后半年我国积极的财政政策和适度宽松的货币政策的反应。2010 年 8 月与 2011 年 7 月以后,消费者信心指数都出现了明显的下滑,这与 2010 年以来我国稳健的货币政策调控效果趋于一致。从 2008 年至今的经济数据,我们可以发现消费者信心指数无论是对于突发冲击还是对于政策信息的反应都非常明

---

① Mckenzie, D. J., 2006, "The consumer response to the Mexican Peso crisis," *Economic Development and Cultural Change*, Vol. 55, No. 1, pp. 139—172.

显,但其对突发冲击的反应与政策信息相比更为迅速。

表 3-1 消费者信心指数(2008 年 1 月至 2011 年 12 月)

月度	消费者预期指数	消费者满意指数	消费者信心指数	月度	消费者预期指数	消费者满意指数	消费者信心指数
2008.01	98.6	91.2	95.6	2010.01	104.6	104.8	104.7
2008.02	96.8	90.5	94.3	2010.02	104.5	103.7	104.2
2008.03	97.1	90.7	94.5	2010.03	108.2	107.5	107.9
2008.04	96.6	90.1	94.0	2010.04	106.8	106.2	106.6
2008.05	97.0	90.2	94.3	2010.05	108.2	107.7	108.0
2008.06	96.5	90.6	94.1	2010.06	108.9	107.8	108.5
2008.07	96.9	90.8	94.5	2010.07	108.6	106.4	107.8
2008.08	96.0	90.2	93.7	2010.08	107.9	106.2	107.3
2008.09	95.6	90.0	93.4	2010.09	104.49	103.44	104.14
2008.10	94.2	89.8	92.4	2010.10	104.14	103.09	103.75
2008.11	90.8	89.2	90.2	2010.11	103.1	102.49	102.89
2008.12	87.6	86.8	87.3	2010.12	100.6	100.1	100.4
2009.01	86.9	86.6	86.8	2011.01	100.0	99.8	99.9
2009.02	86.7	86.3	86.5	2011.02	99.65	99.52	99.62
2009.03	85.9	86.1	86.0	2011.03	109.32	104.75	107.6
2009.04	86.5	85.6	86.1	2011.04	107.5	105.1	106.6
2009.05	87.1	86.1	86.7	2011.05	106.6	104.6	105.8
2009.06	86.9	86.0	86.5	2011.06	111.4	103.2	108.1
2009.07	87.8	87.1	87.5	2011.07	111.1	96.2	105.6
2009.08	88.5	87.3	88.0	2011.08	110.4	96.9	105.0
2009.09	88.7	87.2	88.1	2011.09	108.85	95.15	103.37
2009.10	102.3	88.5	87.5	2011.10	106.25	91.8	100.47
2009.11	89.4	87.3	88.6	2011.11	101.71	90.01	97.03
2009.12	104.0	103.8	103.9	2011.12	105.32	93.18	100.46

资料来源:中华人民共和国统计局.消费者信心指数(2011 年 12 月). http://www.stats.gov.cn/tjsj/jdsj/t2 0120209_402782974.htm。

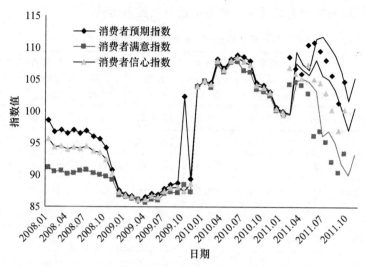

图 3-3　消费者信心指数(2008 年 1 月至 2011 年 12 月)

资料来源:中华人民共和国统计局.消费者信心指数(2011 年 12 月).http://www.stats.gov.cn/tjsj/jdsj/t2 0120209_402782974.htm。

(二) 投资行为指标

受到突发冲击,特别是大的突发冲击之后,企业投资的风险收益评价体系会发生改变,如在某地发生了较大规模的社会安全事件后,原本打算在此地投资的厂商可能会延缓甚至取消在该地的投资,因为他上调了此地的投资风险,如果收益没有相应地增加,他认为该项投资的风险与收益是不匹配的。我们这里只讨论实体经济投资总量的问题。

我们认为,企业家信心指数可以比较好地监控突发冲击对投资行为的影响。企业家信心指数是根据企业家对企业外部市场经济环境与宏观政策的认识、判断与预期而编制的指数,用以综合描述企业家对宏观经济环境的感受与信心,一定程度上反映了投资需求的未来走势。企业家信心指数更好地反映了投资意愿的变化,且往往变化灵敏,依据这一指数可以对将来一段时间的实际投资进行预测。

在中国国家统计局网站上,我们可以检索出各季度的企业景气指标,它由两部分构成:其一为企业景气指数,其二为企业家信心指数,图 3-4 的数据即由各季度数据整理得来。要说明的是,企业家信心指数除了总体指数之外,还有八大行业的信心指数,即工业、建筑业、交运仓储和邮政业、批发和零售业、房地产业、社会服务业、信息传输计算机服务和软件业、住宿和餐饮业。因此,既可以通过总体指数来监控企业家整体信心,也可以分

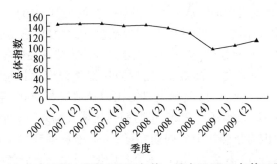

图 3-4　企业家信心指数(2007 年第一季度至 2011 年第三季度)
资料来源:根据国家统计局(http://www.stats.gov.cn)检索数据整理。

行业进行结构性监控。由图 3-4 可见,从 2008 年第二季度到 2008 年第四季度,企业家信心指数受 2008 年金融危机影响比较大,出现了明显的下降;从 2009 年第一季度开始,企业家信心指数开始回升,可以视为对 2008 年后半年我国积极的财政政策和适度宽松的货币政策的反应。

除了企业家信心指数这个指标外,还有一个指标也可以表明投资行为的变化,即固定投资新开工项目数,这个指标在两个方面不如企业家信心指数:其一,它只监控项目数,不能很好地反映投资额度的大小及变化;其二,固定投资新开工项目数有可能包括政府为应对突发冲击而增加的投资项目。

(三) 外国部门的行为指标

受到突发冲击后,我们关心外国部门在两个方面的决策:其一,他们对本国商品和服务的购买是否会减少？其二,他们对本国的直接投资是否会延缓或减少？关于第一个问题,如果有一种统计逐月出口贸易合同金额的指标,那就能很好地反映外国部门对我国商品和服务的购买变化情况,但是当前的统计指标中除了技术贸易合同金额有统计外,还没有逐月统计商品和服务出口合同金额的统计数据。另一个能反映外国部门对本国商品和服务的购买行为变化的指标是月度出口情况。但是这个数据存在缺陷,原因在于出口贸易是有时间周期的,从签订合同到合同最终履行之间可能需要较长的时间,这样一来,当一国受到突发冲击之后,当月及接下来数月的出口情况的变化可能并不明显,因为这些月份的出口是数月以前已经以贸易合同的方式确定的,如果违约,违约后果可能很严重,作为进出口商,从利益和信誉两方面考虑,还是会尽可能将合同履行完毕的。因此,从这个角度来看,逐月的出口统计情况反应不够灵敏,有较长时间的滞后,而不同的商品和服务的滞后期又不尽相同,因此,很难断定整体上的滞后期有多长。略微比月度出口情况这个指标灵敏一些的是月度出口增长率这一指标,如果月度增长率与上年同期相比增速放缓,或者增长率比上年同期有所降低,并且维持的时间越长,基本上可以断定经济形势正在向坏的方面发展。

根据表 3-2 整理得到的数据,比较同比增长的变化情况,如图 3-5 所示,可以发现,2008 年 3 月,我国出口同比增长情况与 2007 年 3 月大体相同,但此后几个月,很难达到 2007 年同期同比增长的水平,而到了 2008 年 8 月之后,虽然出口依然较上年同期在增长,但增长率开始出现明显下降,特别是到 2008 年 11 月之后,出口开始同比负增长,一直延续到 2009 年 11 月。尽管从 2009 年末到 2010 年 12 月我国多次上调法定存款准备金和基准存贷款利率,出口同比增长较上年比较还是出现了较大幅度的提高,这说明出口增长情况指标对 2008—2009 年适度宽松的货币政策存在滞后性反应。2011 年以后,出口增长率和上年同期相比略有下降,我国稳健的货币政策开始发挥作用。出口情况指标虽然存在一定的滞后性,但其受突发冲击和政策信息的影响较为显著。因此,可以通过出口增长率来大致判断经济形势的发展方向,有一定的预警作用。

表 3-2　我国出口增长情况(2008 年 1 月至 2011 年 10 月)

月份	出口总额	比上年增长(%)	上年同比增长(%)	月份	出口总额	比上年增长(%)	上年同比增长(%)
2008.01	1 095.80	26.50	32.90	2010.01	1 094.90	21.00	−17.46
2008.02	873.00	6.30	41.40	2010.02	944.63	45.70	−25.67
2008.03	1 089.10	30.30	27.80	2010.03	1 120.59	24.20	−17.10
2008.04	1 187.20	21.80	27.50	2010.04	1 198.51	30.40	−22.57
2008.05	1 205.30	28.10	27.80	2010.05	1 316.61	48.40	−26.36
2008.06	1 211.40	17.20	27.60	2010.06	1 373.39	43.90	−21.24
2008.07	1 366.00	26.80	28.70	2010.07	1 454.34	38.00	−23.00
2008.08	1 348.20	21.00	27.80	2010.08	1 392.36	34.30	−23.40
2008.09	1 364.10	21.50	27.10	2010.09	1 449.23	25.10	−15.30
2008.10	1 283.30	19.20	26.50	2010.10	1 359.17	22.90	−13.90
2008.11	1 149.90	−2.26	26.10	2010.11	1 532.79	34.90	−1.20
2008.12	1 111.60	−2.85	25.70	2010.12	1 541.01	17.90	17.70
2009.01	904.50	−17.46	26.50	2011.01	1 506.89	37.60	21.00
2009.02	648.90	−25.67	6.30	2011.02	967.10	2.40	45.70
2009.03	902.90	−17.10	30.30	2011.03	1 521.50	35.80	24.20
2009.04	919.30	−22.57	21.80	2011.04	1 556.27	29.90	30.40

(续表)

月份	出口总额	比上年增长(%)	上年同比增长(%)	月份	出口总额	比上年增长(%)	上年同比增长(%)
2009.05	887.60	-26.36	28.10	2011.05	1 571.07	19.30	48.40
2009.06	954.10	-21.24	17.20	2011.06	1 619.68	17.90	43.90
2009.07	1 053.91	-23.00	26.80	2011.07	1 751.28	20.40	38.00
2009.08	1 036.63	-23.40	21.00	2011.08	1 733.16	24.50	34.30
2009.09	1 158.65	-15.30	21.50	2011.09	1 696.73	17.10	25.10
2009.10	1 106.42	-13.90	19.20	2011.10	1 574.90	15.90	22.90
2009.11	1 136.59	-1.20	-2.26				
2009.12	1 307.40	17.70	-2.85				

资料来源:根据中华人民共和国商务部数据整理,http://www.mofcom.gov.cn/tongjiziliao/tongjiziliao.html。

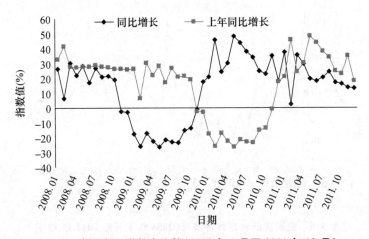

图 3-5 我国出口增长率比较(2008 年 1 月至 2011 年 12 月)

资料来源:根据中华人民共和国商务部数据整理,http://www.mofcom.gov.cn/tongjiziliao/tongjiziliao.html。

至于第二个问题,我国一直统计两个指标,合同利用外资和实际利用外资,我们认为应该采用实际利用外资这一个指标。因为在外商直接投资这个方面,签订合同后,如果东道国受到某种突发冲击,外商可能会取消投资,但更多的可能会延缓投资。而不论是取消投资还是延缓投资,都会反映到实际利用外资这一指标上;如果只是延缓投资而不取消,则不会反映到合同利用外资这一指标上,所以我们倾向于采用实际利用外资这一指标。

图 3-6 是根据表 3-3 的数据整理得来,从图 3-6 可以看出,2008 年伊始,实际利用外资就增长乏力,到 2008 年 8 月,虽然实际利用外资还在增长,但增长的幅度已比较小,到 2008 年 11 月、2009 年 1 月和 7 月,实际利用外资出现了较大的负增长,直到 2009 年 8 月实际利用外资才开始出现正的增长。我们基本上在 2008 年 10 月即可断定,受金融危机影响,我国的外商直接投资受到了负面冲击。2009 年 9 月以后,受积极的宏观经济政策的影响,外商直接投资同比增长一直维持在 30% 左右,在 2009 年 12 月曾达到 103.6%,而 2011 年 3 月以来,其同比增长受稳健的经济政策的影响出现明显地下降,基本维持在 10% 左右,2011 年 11 月、12 月同比增长甚至跌至负值。可以发现,外商直接投资指标对突发冲击和政策信息的反应都比较灵敏,尤其是对突发冲击的反应更为显著,可作为突发冲击的一种预警指标。

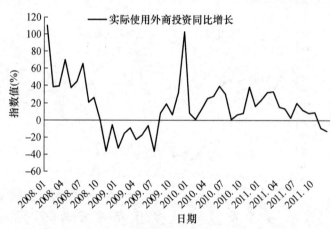

图 3-6　我国实际利用外资情况(2008 年 1 月至 2011 年 12 月)

资料来源:中华人民共和国商务部,http://www.mofcom.gov.cn/static/column/tongjiziliao/v.html/1。

表 3-3　我国实际利用外资情况(2008 年 1 月至 2011 年 12 月)

月度	实际利用外资额（亿美元）	同比增长（%）	月度	实际利用外资额（亿美元）	同比增长（%）
2008.01	112.00	109.78	2010.01	81.29	7.80
2008.02	69.28	38.31	2010.02	58.91	0.99
2008.03	92.86	39.60	2010.03	94.23	12.14
2008.04	76.03	70.24	2010.04	73.46	24.68

（续表）

月度	实际利用外资额（亿美元）	同比增长（%）	月度	实际利用外资额（亿美元）	同比增长（%）
2008.05	77.61	37.94	2010.05	81.32	27.48
2008.06	96.10	44.95	2010.06	125.18	39.73
2008.07	83.36	65.33	2010.07	69.15	30.69
2008.08	70.08	20.38	2010.08	76.02	0.46
2008.09	66.42	26.03	2010.09	83.84	6.22
2008.10	67.22	0.80	2010.10	76.63	7.76
2008.11	53.22	-36.52	2010.11	97.04	38.17
2008.12	59.78	-5.73	2010.12	140.33	15.60
2009.01	75.41	-32.67	2011.01	100.28	23.36
2009.02	58.33	-15.81	2011.02	77.95	32.32
2009.03	84.03	-9.50	2011.03	125.17	32.83
2009.04	58.92	-22.51	2011.04	84.63	15.21
2009.05	63.79	-17.81	2011.05	92.25	13.44
2009.06	89.59	-6.77	2011.06	128.63	2.76
2009.07	52.91	-36.53	2011.07	82.96	19.97
2009.08	75.67	7.98	2011.08	84.47	11.12
2009.09	78.93	18.83	2011.09	90.45	7.88
2009.10	71.11	5.79	2011.10	83.34	8.75
2009.11	70.23	31.96	2011.11	87.57	-9.76
2009.12	121.39	103.06	2011.12	122.42	-12.73

资料来源：根据中华人民共和国商务部数据整理，少数月份缺当月数据，系依累积数据推算而来，http://www.mofcom.gov.cn/static/column/tongjiziliao/v.html/1。

（四）政府行为指标

受到突发冲击后，一国政府的财政收入可能会受到影响，而由于要应对这种冲击，一国政府的财政支出可能也会受到影响。但是这两方面的影响是不同的，财政收入受到影响，是政府被动地不得不承受的，而财政支出受到影响有可能是政府主动为应对冲击而采取的行动。

我们认为，不如直接用各月度的财政收支情况来监控政府遭受的冲击。另外一个比较好的指标是当月支出与当月收入之差，或者是用这个差值再除以当月收入得到一个比值，但是这种做法存在缺陷，因为政府的支出是可以控制的,如果某国政府平时支出均比收入小,但某个月份的支出比收入大非常多,那么这种监控就失去了意义。

表 3-4　中国财政收支情况(2008 年 1 月至 2011 年 10 月)

月份	财政收入（亿元）	同比增长（%）	财政支出（亿元）	同比增长（%）
2008.01	7 396.64	42.35	3 014.08	61.11
2008.02	4 158.80	36.55	2 682.85	5.47
2008.03	4 416.00	24.67	3 809.81	32.55
2008.04	6 824.90	17.02	4 078.44	26.64
2008.05	6 268.18	52.60	4 024.63	37.73
2008.06	5 743.80	30.71	5 272.21	17.46
2008.07	6 073.50	16.52	4 561.44	40.93
2008.08	3 847.90	10.08	4 035.70	17.77
2008.09	4 217.22	3.08	4 948.94	11.64
2008.10	5 328.95	-0.34	4 143.17	16.37
2008.11	3 792.40	-3.08	5 254.03	16.54
2008.12	3 248.69	3.30	16 601.69	30.80
2009.01	6 131.61	-17.10	3 993.45	32.49
2009.02	4 108.23	-1.22	3 810.08	42.02
2009.03	4 402.21	-0.31	5 007.39	31.43
2009.04	5 897.15	-13.59	5 078.05	24.51
2009.05	6 569.47	4.81	4 608.01	14.50
2009.06	6 867.50	19.56	6 405.58	21.50
2009.07	6 695.91	10.25	4 985.67	9.30
2009.08	5 237.47	36.11	4 737.12	17.38
2009.09	5 609.35	33.01	6 577.43	32.91
2009.10	6 844.93	28.45	4 683.26	13.04
2009.11	5 029.30	32.62	6 349.93	20.86
2009.12	5 084.00	56.49	19 638.00	18.29
2010.01	8 658.66	41.21	3 465.80	-13.21
2010.02	4 944.97	20.37	4 940.21	29.66
2010.03	6 023.44	36.83	5 923.95	18.30
2010.04	7 925.66	34.40	5 575.55	9.80

（续表）

月份	财政收入（亿元）	同比增长（%）	财政支出（亿元）	同比增长（%）
2010.05	7 917.66	20.52	5 786.70	25.58
2010.06	7 879.40	14.73	8 119.15	26.75
2010.07	7 783.18	16.24	5 810.87	16.55
2010.08	5 619.35	7.29	6 413.69	35.39
2010.09	6 287.19	12.08	8 469.04	28.76
2010.10	7 860.31	14.83	6 488.30	38.54
2010.11	5 840.69	16.13	10 599.64	66.93
2010.12	6 340.00	24.70	17 982.00	-8.43
2011.01	11 497.38	32.78	—	—
2011.02	6 997.01	41.50	—	—
2011.03	7 631.35	26.69	7 570.00	27.79
2011.04	10 082.06	27.21	7 304.45	31.01
2011.05	10 612.26	34.03	8 268.00	42.88
2011.06	10 055.76	27.62	10 809.12	33.13
2011.07	9 864.10	26.74	6 949.92	19.60
2011.08	7 546.37	34.29	8 076.96	25.93
2011.09	7 377.05	17.33	10 018.55	18.30
2011.10	9 188.34	16.90	8 079.03	24.50

注：2011年1月和2月数据未能从官方网站获得，仅能通过2011年全年的数据推算得到1月与2月财政支出之和，因此没有填入表格中。

资料来源：根据中华人民共和国财政部数据整理，http://www.mof.gov.cn/zhengwuxinxi/caizhengshuju/。

自 2008 年 4 月之后的一年里，我国的财政收入就基本处于下降趋势，从图 3-7 中可以比较清晰地看出，从 2008 年 10 月到 2009 年 7 月，财政收入同比增长一直为负值，而同期的财政支出同比增长则较大，少数月份的财政支出同比增长超过 30%，财政收支受突发冲击影响较为显著和迅速。

二、市场反应层次的预警指标

当居民、厂商、外国部门和政府这四大微观主体的行为因受到突发冲击而发生改变之后，商品和服务市场、要素市场、金融市场和与本国相关的国际市场必然会有些特征发生改变，此时有必要选取适当的指标来

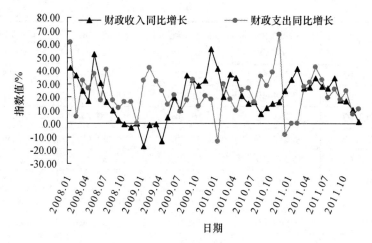

图 3-7　中国财政收支同比增长情况（2008 年 1 月至 2011 年 12 月）

资料来源：根据中华人民共和国财政部数据整理，http://www.mof.gov.cn/zhengwuxinxi/caizhengshuju/。

监控这些变化。

（一）商品和服务市场指标

从市场层面角度，我们关注商品和服务市场的总量，这种总量变化是居民消费和政府消费的一种综合性反映。在这一方面有三个相关指标：居民消费支出、最终消费支出和社会消费品零售总额。居民消费支出指常住居民对商品和服务的全部最终消费支出；最终消费支出包括居民消费支出和政府消费支出；而社会消费品零售总额则是指批发和零售业、餐饮业、新闻出版业、邮政业和其他服务行业等，售予城乡居民用于生活消费的商品和社会集团用于公共消费的商品之总量。

严格来讲，社会消费品零售总额不适合用来描述产品和服务市场的变化，原因主要有两方面：其一，该指标统计的范围中有一些属于投资，如卖给居民的建材和一些作为中间产品的办公用品等；其二，该指标统计的内容中，不包括非物质性服务，如教育服务、医疗服务、文化艺术服务、娱乐服务等，而这些是服务市场的重要组成部分。

相比而言，居民消费支出和最终消费支出更适合于监控商品和服务市场的变化，如法国统计局就逐月统计家庭消费支出，以监控消费支出总量和结构的变化。但是我国当前这两个指标是年度统计指标，因此，我们不得不退而求其次，选择社会消费品零售总额来作为商品和服务市场的监控指标。

从表 3-5 和图 3-8 可以看出，社会消费品零售总额到 2009 年 2 月才明显下降,与金融危机影响我国的时间相比,这一时间明显滞后,滞后的原因可以有多方面的解释,如依据绝对收入假说,由于企业规模收缩导致的失业率上升可能要到2009年年初才有初步显现,因而造成的居民收入下降滞后;再如依据相对收入假说,存在着"棘轮效应","由奢入俭难",等等。但从其同比增长变动来看,从2008年9月到2009年2月,社会销售品零售总额同比增长整整下跌了12个百分点,下跌幅度之大,前所未有。受2008年下半年我国积极的财政政策和适度宽松的货币政策的影响,2009年2月到2009年10月,社会销售品零售总额同比增长呈现出稳步上升的态势,可预期未来消费市场将会得到振兴,当然,受稳健的货币政策的影响,2011年2月后消费市场出现了局部波动。从总体上来说,社会消费品零售总额同比增长受突发冲击的影响更为显著和迅速,可作为突发冲击的一种预警指标。

表3-5 我国社会消费品零售总额(2008年1月至2011年12月)

月度	社会消费品零售总额(亿元)	同比增长(%)	月度	社会消费品零售总额(亿元)	同比增长(%)
2008.01	9 077.30	21.20	2010.01	12 718.10	14.00
2008.02	8 354.70	19.10	2010.02	12 334.20	22.10
2008.03	8 123.20	21.50	2010.03	11 321.70	18.00
2008.04	8 142.00	22.00	2010.04	11 510.40	18.50
2008.05	8 703.50	21.60	2010.05	12 455.10	18.70
2008.06	8 642.00	23.00	2010.06	12 329.90	18.30
2008.07	8 628.80	23.30	2010.07	12 252.80	17.90
2008.08	8 767.70	23.20	2010.08	12 569.80	18.40
2008.09	9 446.50	23.20	2010.09	13 536.50	18.80
2008.10	10 082.70	22.00	2010.10	14 284.80	18.60
2008.11	9 790.80	20.80	2010.11	13 910.90	18.70
2008.12	10 728.50	19.00	2010.12	15 329.50	19.10
2009.01	10 756.60	18.50	2011.01	15 249.00	19.90
2009.02	9 323.80	11.60	2011.02	13 769.10	11.60
2009.03	9 317.60	14.70	2011.03	13 588.00	17.40
2009.04	9 343.20	14.80	2011.04	13 649.00	17.10
2009.05	10 028.40	15.20	2011.05	14 697.00	16.90

(续表)

月度	社会消费品零售总额（亿元）	同比增长（%）	月度	社会消费品零售总额（亿元）	同比增长（%）
2009.06	9 941.60	15.00	2011.06	14 565.10	17.70
2009.07	9 936.50	15.20	2011.07	14 408.00	17.20
2009.08	10 115.60	15.40	2011.08	14 705.00	17.00
2009.09	10 912.80	15.50	2011.09	15 865.10	17.75
2009.10	11 717.60	16.20	2011.10	16 546.00	17.20
2009.11	11 339.00	15.80	2011.11	16 129.00	17.30
2009.12	12 610.00	17.50	2011.12	17 740.00	18.10

资料来源：中华人民共和国国家统计局，http://www.stats.gov.cn/tjsj/。

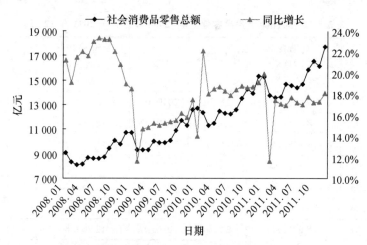

**图 3-8　中国社会消费品零售总额及其同比增长情况
（2008 年 1 月至 2011 年 12 月）**

资料来源：中华人民共和国国家统计局，http://www.stats.gov.cn/tjsj/。

（二）要素市场指标

按照一般的西方经济学理论，生产要素大体有四种：劳动力、资本、自然资源和企业家才能，而这四种要素的供求关系受到突发冲击之后，直接会反映在它们的报酬上，即会分别反映在工资、利息、土地和资源价格（租金）以及利润上。这四方面的报酬存在着紧密的联系。如受到突发冲击后，企业的利润减少，除了少数垄断力量较强的企业可以提高价格外，其他企业采取的措施只能是收缩企业规模，而随着企业规模的缩小，企业对自然资源和资本的需求减少，一般而言，土地和资源的价格将下降，利率将降低,同时企业规模的收缩可能导致裁员和对劳动力需求的减少,这又会使得工资水平下降。

但是这四种要素的报酬的变化灵敏度是有差异的,一般来说,企业利润反应最为迅速,利率与土地和资源价格反应其次,工资会因为信息不充分、协调问题和交错调整现象而出现黏性的特征,反应最慢,因此对要素市场进行监控,不能以与工资相关的指数为依据。我们认为,也不能以利润相关指数为依据,因为影响利润的因素很多,即便剔除物价因素之后也是如此,更重要的原因是,以企业家才能作为一种生产要素还有许多理论问题没有解决,因此,通过监控企业利润来反映要素市场受冲击的影响是不合适的。而在我国,当前利率的市场化水平比较低,用利率来反映突发冲击对要素市场的影响,也是不合适的。

综上,我们认为用资源相关指标来反映突发冲击对要素市场的影响是更优的选择,它反映比较灵敏同时能比较客观地反映要素市场的变化格局。与资源相关的指标,主要有两大类:一类是关于资源的量(消费量、生产量)的指标,另一类是关于资源的价格(地价、能源价格等)的指标。我们认为应该选取资源的消费量的相关指标,因为资源的价格指标除了受到资源的需求影响外,还受到资源的供给影响,只有消费量才是较为实际地反映了企业受突发冲击后规模的变化情况。我国国家统计局当前是按年度来统计能源消费总量的,但能源生产总量是逐月统计的,此处我们权且监控能源生产总量,这里有一个假设,即能源的生产与消费基本平衡。

从表3-6和图3-9可以发现,从2008年6月到2009年1月,无论是从我国能源生产总量还是从其同比增长来看,能源生产情况的相关指标都出现了较快、较大幅度的下滑,2009年1月,全国能源生产总量下降到其历史低点17 062.05万吨,而其同比增长在此时首次变负,跌至-4.046%。从2009年2月起,我国能源生产总量及其同比增长受适度宽松的经济政策的影响开始稳步向升,可见全国能源生产总量及其同比增长对突发冲击和政策信息的反应都比较灵敏。

表3-6 中国能源生产总量(2008年1月至2009年12月)

月度	能源生产总量(万吨)	上年同期(万吨)	同比增长(%)	月度	能源生产总量(万吨)	上年同期(万吨)	同比增长(%)
2008.01	17 781.49	16 534.08	7.54	2009.01	17 062.05	17 781.49	-4.046
2008.02	16 310.77	13 904.42	17.31	2009.02	18 560.52	16 310.77	13.790
2008.03	19 724.74	16 854.00	17.03	2009.03	21 559.43	19 724.74	9.300

(续表)

月度	能源生产总量（万吨）	上年同期（万吨）	同比增长（%）	月度	能源生产总量（万吨）	上年同期（万吨）	同比增长（%）
2008.04	19 960.59	17 700.94	12.77	2009.04	21 550.56	19 960.59	7.970
2008.05	21 466.97	18 168.06	18.16	2009.05	23 349.40	21 466.97	8.900
2008.06	22 805.06	19 426.89	17.39	2009.06	25 720.10	22 805.06	13.300
2008.07	21 452.75	19 059.82	12.55	2009.07	24 466.80	21 452.75	11.900
2008.08	21 763.20	19 170.02	13.53	2009.08	24 833.30	21 763.20	11.900
2008.09	21 850.79	19 752.88	10.62	2009.09	24 477.60	21 850.79	9.900
2008.10	20 847.99	19 164.60	8.78	2009.10	24 906.80	20 847.99	16.400
2008.11	21 457.59	19 657.10	9.16	2009.11	25 722.20	21 457.59	18.700
2008.12	20 528.63	19 914.70	3.08	2009.12	25 091.77	20 528.63	19.920

注：从2010年起，能源生产总量统计数据只有年度数据，无对应的月度数据，所以此处月度样本期只更新至2009年12月。

资料来源：中华人民共和国国家统计局，http://www.stats.gov.cn/tjsj/。

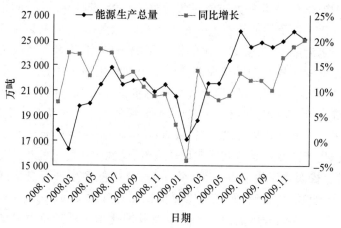

图3-9 中国能源生产总量及其同比增长情况（2008年1月至2009年12月）

资料来源：中华人民共和国国家统计局，http://www.stats.gov.cn/tjsj/。

（三）金融市场指标

通常金融市场指标，最引人注目的有两个：一个是利率，一个是货币供应量，但我国当前的利率市场化水平较低，这样一来似乎只有货币供应量一个选项了。但是，货币供应量可以为一国央行所调控，是一个主动的控制量，当一国受到突发冲击后，如果宏观经济表现不理想，一国央行可能采用扩张性的货币政策来刺激经济，此时的货币供应量将增大。这样就难以监控突发冲击对金融市场的影响了。单方面地观察信贷量，也因为同样的原因而缺乏有效性。

我们认为,可以通过初步剔除货币政策影响的信贷变化情况来监控突发冲击对金融市场的影响。我们采用金融机构人民币各项贷款总额的同比增长来反映信贷的变化,用全国银行间同业拆借市场 1 天期的交易利率的同比下降率来反映货币政策的变化情况,然后用金融机构人民币各项贷款总额的同比增长除以全国银行间同业拆借市场 1 天期的加权平均利率的同比下降率,得到一个比值,这个比值即初步剔除了货币政策影响的信贷变化情况。当然,银行间同业拆借市场有多个期限的交易利率,但是 1 天期的同业拆借交易量最大,利率变化也最为灵敏,所以我们将要采用的是这个利率。

表 3-7 是根据中国人民银行网站公布的相关数据整理而来,表中最后一列"贷款同比增长/同业拆借利率同比下降"的数据含义分别如下:

表 3-7 初步剔除了货币政策影响的信贷变化情况(2008 年 1 月至 2011 年 12 月)

月度	各项贷款总额同比增长(%)	1 天期同业拆借加权利率同比下降(%)	贷款同比增加/同业拆借利率同比下降	月度	各项贷款总额同比增长(%)	1 天期同业拆借加权利率同比下降(%)	贷款同比增加/同业拆借利率同比下降
2008.01	16.74	-22.76	-0.74	2010.01	29.31	-28.89	-1.01
2008.02	15.73	6.63	2.37	2010.02	27.23	-74.71	-0.36
2008.03	14.78	-32.03	-0.46	2010.03	21.81	-68.67	-0.32
2008.04	14.72	4.82	3.05	2010.04	21.96	-55.81	-0.39
2008.05	14.86	-39.28	-0.38	2010.05	21.50	-96.47	-0.22
2008.06	14.12	-38.52	-0.37	2010.06	18.17	-153.85	-0.12
2008.07	14.58	-17.30	-0.84	2010.07	18.43	-26.52	-0.70
2008.08	14.29	-38.90	-0.37	2010.08	18.58	-33.88	-0.55
2008.09	14.48	4.90	2.96	2010.09	18.55	-49.61	-0.37
2008.10	14.58	9.71	1.50	2010.10	19.28	-29.23	-0.66
2008.11	13.22	-5.52	-2.39	2010.11	19.83	-40.80	-0.49
2008.12	15.94	39.80	0.40	2010.12	19.89	-133.60	-0.15
2009.01	18.62	61.21	0.30	2011.01	16.88	-218.97	-0.08
2009.02	21.48	67.17	0.32	2011.02	16.21	-79.61	-0.20
2009.03	27.11	63.27	0.43	2011.03	16.19	-37.86	-0.43
2009.04	27.10	66.80	0.41	2011.04	15.83	-61.19	-0.26
2009.05	28.02	69.96	0.40	2011.05	15.38	-75.45	-0.20
2009.06	31.88	70.36	0.45	2011.06	15.24	-97.40	-0.16

(续表)

月度	各项贷款总额同比增长（%）	1天期同业拆借加权利率同比下降（%）	贷款同比增加/同业拆借利率同比下降	月度	各项贷款总额同比增长（%）	1天期同业拆借加权利率同比下降（%）	贷款同比增加/同业拆借利率同比下降
2009.07	31.42	50.93	0.62	2011.07	14.97	-165.87	-0.09
2009.08	31.60	56.79	0.56	2011.08	14.80	-103.70	-0.14
2009.09	31.68	56.06	0.57	2011.09	14.33	-96.84	-0.15
2009.10	31.73	51.85	0.61	2011.10	14.14	-123.21	-0.11
2009.11	33.86	45.65	0.74	2011.11	13.96	-98.30	-0.14
2009.12	31.71	-0.81	-39.32	2011.12	14.35	-14.04	-1.02

资料来源：根据中国人民银行"统计数据"栏目整理，http://www.pbc.gov.cn/diaochatongji/tongjishuju/。

（1）该值大于1，说明同业拆借利率同比下降，同时各项贷款总额同比增长的速度更快；

（2）该值小于-1，说明同业拆借利率同比上升，但各项贷款总额同比增长的速度更快，这说明市场贷款需求十分旺盛；

（3）该值处于-1到0之间，说明同业拆借利率同比上升，各项贷款总额也同比上升，但贷款总额同比增长的速度较之同业拆借利率上升的速度要慢；

（4）该值处于0和1之间，说明同业拆借利率同比下降，各项贷款总额同比上升，但贷款总额同比增长的速度较之同业拆借利率下降的速度要慢，这种情形说明货币供给相对宽松，而贷款需求增长乏力，与宽松的货币环境不相称。

从表3-7和图3-10中可以看出，2008年9月之前，除了2月和4月之外，其余月份的比值均处于-1到0之间，这说明同业拆借利率在上升，货币环境比较紧张，而各项贷款总额同比也在上升，只不过上升的幅度比利率上升的幅度要小；2008年9月和10月，该比值都大于1，这说明同业拆借利率同比下降，各项贷款总额同比增长，且各项贷款总额增长的速度更快一些，这说明随着货币环境相对宽松，贷款需求得到了较充分的释放；2008年11月，该比值下降到-1以下，这说明同业拆借利率同比上升，而各项贷款总额同比增长得更快，这说明贷款需求十分旺盛。但是从2008年12月起，该比值连续数月处于0到1之间，这表明同业拆借利率同比下降，各项贷款总额同比增长，但增长的幅度低于同业拆借利率同比下降的幅度，这说明贷款需求相对于宽松的货币环境而言增长乏力，这种趋势一直延续到2009年12月;2010年3月到2011年12月,该比值一直处于-1到0之间,这说明同业拆借利率在上升,货币环境比较紧张,而各项贷款总额同比也在上升,只不过上升的幅度比利率上升的幅度要小,该比值印证了2010年以来稳健的货币政策开始发挥作用,其对突发冲击和政策信息的反应较为灵敏。

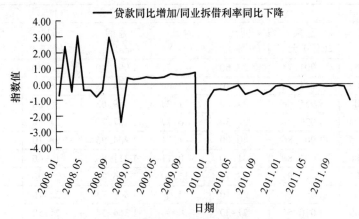

**图 3-10　贷款同比增加与同业拆借利率同比下降之比
（2008 年 1 月至 2011 年 12 月）**

资料来源:根据中国人民银行"统计数据"栏目整理,http://www.pbc.gov.cn/diaochatongji/tongjishuju/。

（四）国际市场指标

突发冲击可能会影响一国的国际贸易活动、国际投资活动和国际金融活动,因此,这里的国际市场是一个大的概念,它包括国际商品与服务市场、国际投资市场和国际金融市场。如果要全面地监控国际市场受突发冲击后的变化,理论上应该对这三个市场分别加以监控,选用的指标可以是进出口情况、国际非金融投资情况和国际金融投资情况。但由于我国目前资本和金融项目并未完全开放,国际金融投资情况监控很严,而国际非金融投资情况,主要是对外直接投资且往往只有统计年度数据,因此,比较灵敏地反映国际市场变化的只有进出口情况。

从表3-8和图3-11可以看出2008年10月之后,我国的进口和出口金额都以较快的速度下降,但是顺差依然较大,到2009年2月,出口金额较大幅度下降,而进口额度出现反弹,当月顺差很少,此后,进出口金额均开始上升,但顺差较少。由于受金融危机影响,进出口同比增长在2008年11月至2009年10月一直为负值,变化较为显著;2009年10月至2010年5月,进出口同比增长开始出现正的增长,且出口增长率大于进口增长率,这反映了适度宽松的经济政策开始发挥作用,2010 年 6 月以后,进出口增长率大致相同,稳健的货币政策调控效果明显。因此,进出口同比增长对突发冲击的反应较为灵敏,对政策信息的反应虽存在一定的滞后性,但也较为明显,可作为突发冲击的预警指标。

表 3-8 我国进出口情况(2008 年 1 月至 2011 年 12 月)

月度	进口			出口		
	总额(亿美元)	同比(%)	环比(%)	总额(亿美元)	同比(%)	环比(%)
2008.01	901.74	27.60	-1.7	1 096.40	26.70	-4.18
2008.02	788.13	35.10	-12.60	873.68	6.50	-20.31
2008.03	955.56	24.60	21.24	1 089.63	30.60	24.72
2008.04	1 020.29	26.30	6.77	1 187.71	21.80	9.00
2008.05	1 002.86	40.00	-1.71	1 204.96	28.10	1.45
2008.06	1 001.80	31.00	-0.11	1 211.80	17.60	0.57
2008.07	1 113.97	33.70	11.20	1 366.75	26.90	12.79
2008.08	1 061.78	23.10	-4.69	1 348.73	21.10	-1.32
2008.09	1 070.65	21.30	0.84	1 364.32	21.50	1.16
2008.10	930.88	15.60	-13.05	1 283.27	19.20	-5.94
2008.11	748.97	-17.90	-19.54	1 149.87	-2.20	-10.40
2008.12	721.77	-21.30	-3.63	1 111.57	-2.80	-3.33
2009.01	513.75	-43.10	-28.82	904.85	-17.60	-18.60
2009.02	600.58	-24.00	16.90	648.66	-25.80	-28.31
2009.03	718.78	-25.00	19.68	902.19	-17.20	39.09
2009.04	789.83	-22.90	9.88	919.23	-22.80	1.89
2009.05	756.65	-24.90	-4.20	886.99	-26.50	-3.51
2009.06	875.11	-12.90	15.66	954.58	-21.30	7.62
2009.07	951.51	-14.70	8.73	1 053.91	-23.00	10.41
2009.08	882.43	-16.80	-7.26	1 036.63	-23.40	-1.64
2009.09	1 031.99	-3.50	16.95	1 158.65	-15.30	11.77
2009.10	868.48	-6.40	-15.84	1 106.42	-13.90	-4.51
2009.11	946.91	26.70	9.03	1 136.59	-1.20	2.73
2009.12	1 123.49	55.90	18.65	1 307.40	17.70	15.03
2010.01	955.18	85.90	-14.98	1 094.90	21.00	-16.25
2010.02	871.10	45.00	-8.80	944.63	45.70	-13.72
2010.03	1 194.66	66.30	37.14	1 120.59	24.20	18.63
2010.04	1 184.34	50.00	-0.86	1 198.51	30.40	6.95
2010.05	1 122.13	48.30	-5.25	1 316.61	48.40	9.85
2010.06	1 171.53	33.90	4.40	1 373.39	43.90	4.31

（续表）

月度	进口			出口		
	总额 （亿美元）	同比 （%）	环比 （%）	总额 （亿美元）	同比 （%）	环比 （%）
2010.07	1 168.90	22.80	-0.22	1 454.34	38.00	5.89
2010.08	1 194.79	35.20	2.21	1 392.36	34.30	-4.26
2010.09	1 283.60	24.20	7.43	1 449.23	25.10	4.08
2010.10	1 091.08	25.40	-15.00	1 359.17	22.90	-6.21
2010.11	1 309.85	37.90	20.05	1 532.79	34.90	12.77
2010.12	1 414.93	25.60	8.02	1 541.01	17.90	0.54
2011.01	1 447.20	51.50	2.28	1 506.89	37.60	-2.21
2011.02	1 044.12	19.80	-27.85	967.10	2.40	-35.82
2011.03	1 522.59	27.40	45.83	1 521.50	35.80	57.33
2011.04	1 443.36	21.90	-5.20	1 556.27	29.90	2.29
2011.05	1 440.85	28.40	-0.17	1 571.07	19.30	0.95
2011.06	1 397.12	19.30	-3.04	1 619.68	17.90	3.09
2011.07	1 436.44	22.90	2.81	1 751.28	20.40	8.13
2011.08	1 555.57	30.20	8.29	1 733.16	24.50	-1.03
2011.09	1 551.59	20.90	-0.26	1 696.73	17.10	-2.10
2011.10	1 404.60	28.70	-9.47	1 574.90	15.90	-7.18
2011.11	1 599.36	22.10	13.87	1 744.64	13.80	10.78
2011.12	1 582.00	11.80	-1.09	1 747.20	13.40	0.15

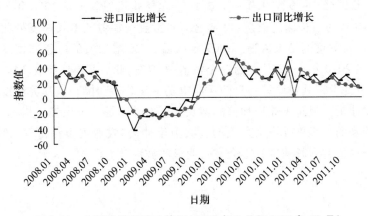

图 3-11　中国进出口波动情况（2008 年 1 月至 2011 年 12 月）

资料来源：中华人民共和国海关总署，http://www.customs.gov.cn/tabid/44604/Default.aspx。

三、宏观状况层次的预警指标

（一）产出指标

作为宏观层面的产出指标，通常我们采用国内生产总值（GDP）、国民生产总值（GNP）等指标，但是这一类指标通常是半年或一年统计一次，用这一类指标来监控突发冲击的经济影响是不合适的，它们缺乏灵敏性，可能一国某地区的产出某个时期的确受到了突发冲击的影响，但是较长时间后出台的半年或年度统计数据并不能很好地反映出突发冲击对产出的影响。基于这一考虑，我们需要找到统计周期较短的月度或季度产出指标来监控突发冲击对产出的影响。

我们认为，工业增加值的增长速度是一个比较好的产出指标，它虽然不全面，没有包括其他部门的产出情况，但对我国而言，由于工业占同期GDP的比重比较大，工业产值对同期GDP的代表性比较好。当然，我们也可以选择季度GDP或者GDP指数，但从灵敏性的角度来看，不如工业增加值增长速度好。

从表3-9和图3-12可以看出，从2008年8月开始，工业增加值的增长速度就开始明显减速，特别是到2008年10月之后，除个别月份外，工业增加值的增长速度就只有个位数了，远低于2008年上半年的水平，由此可见，金融危机对我国工业的冲击自2008年下半年表现比较明显。而用季度累计国内生产总值指数，我们可以观察到，2008年1季度、1—2季度、1—3季度、1—4季度和2009年1季度的累积国内生产总值指数分别为110.6、110.4、109.9、109.0和106.1①。虽然也可以看出从2008年下半年开始，GDP的增长速度放缓，但是远不如工业增加值的增长速度变化的幅度大，以及观察的结果清晰。2009年以后，工业增加值的增长速度开始攀升，并在2010年1—2月达到一个最值20.7%，此后基本维持在14%的水平上，由此发现其对政策信息的反应也是很显著、及时的，但其灵敏度要弱于突发冲击。但是工业增加值的增长速度也并不是一个完美的指标，如果一国受到的是程度并不太严重的公共卫生冲击、农业灾害冲击等，该国的工业增加值的增长速度并不会有较明显的波动。

---

① 中华人民共和国国家统计局，http://219.235.129.54/cx/left_sc.jsp? bbzl = 102.

表 3-9　工业增加值的增长速度(2008 年 2 月至 2011 年 12 月)

月份	同比增长	累计增长	月份	同比增长	累计增长
2008.02	15.40	15.40	2010.01—02	20.70	20.70
2008.03	17.80	16.40	2010.03	18.10	19.60
2008.04	15.70	16.30	2010.04	17.80	19.10
2008.05	16.00	16.30	2010.05	16.50	18.50
2008.06	16.00	16.30	2010.06	13.70	17.60
2008.07	14.70	16.10	2010.07	13.40	17.00
2008.08	12.80	15.70	2010.08	13.90	16.60
2008.09	11.40	15.20	2010.09	13.30	16.30
2008.10	8.20	14.40	2010.10	13.10	16.10
2008.11	5.40	13.70	2010.11	13.30	15.80
2008.12	5.70	12.90	2010.12	13.50	15.70
2009.01—02	11.00	3.80	2011.01—02	14.90	14.10
2009.03	8.30	5.10	2011.03	14.80	14.40
2009.04	7.30	5.50	2011.04	13.40	14.20
2009.05	8.90	6.30	2011.05	13.30	14.00
2009.06	10.70	7.00	2011.06	13.40	14.30
2009.07	10.80	7.50	2011.07	14.00	14.30
2009.08	12.30	8.10	2011.08	13.50	14.20
2009.09	13.90	8.70	2011.09	13.80	14.20
2009.10	16.10	9.40	2011.10	13.20	14.10
2009.11	19.20	10.30	2011.11	12.40	14.00
2009.12	18.50	11.00	2011.12	12.80	13.90

资料来源：中华人民共和国国家统计局，http://www.stats.gov.cn/tjsj/jdsj/t20111027_402762792.htm。

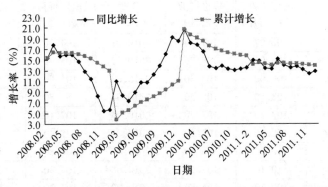

图 3-12　中国工业增加值的增长速度(2008 年 2 月至 2011 年 12 月)

资料来源：中华人民共和国国家统计局，http://www.stats.gov.cn/tjsj/jdsj/t20111027_402762792.htm。

（二）物价指标

我们选取工业生产者出厂价格指数作为 PPI 的代表，选取居民消费价格指数作为 CPI 的代表。我们观察一国物价水平的变化，常用的指标为消费物价指数（CPI）、生产物价指数（PPI）和 GDP 平减指数。在这三个指标中，CPI 和 PPI 较为灵敏，但观察的都是一揽子固定的商品，GDP 平减指数的灵敏性较差，但其统计范围涵盖了全部最终产品；CPI 包括了进口商品的价格，而 PPI 则包括了销售系统早期阶段（原材料和半成品等）的价格。由此可见，这三个指标各有利弊，很难取舍。我们认为，监控突发冲击对物价的影响比较合适的指标是生产物价指数（PPI），一方面，PPI 统计周期比较短，对突发冲击的反应比较灵敏；另一方面，当受到突发冲击时，PPI 的变化往往先于 CPI。

从表 3-10 和图 3-13 中可以看出，PPI 从 2008 年 9 月到 2009 年 7 月出现较大程度的下降，其在 2008 年 12 月份低于上年同期，在 2009 年 7 月降低到历史低点 91.80；CPI 从 2008 年 5 月到 2009 年 2 月也出现较大程度的下降，但到 2009 年 2 月才低于上年同期。受我国积极的财政政策和适度宽松的货币政策的影响，从 2009 年 7 月开始，无论是 PPI 还是 CPI 都出现了攀升的态势。至于 2011 年 8 月以后 PPI 和 CPI 的下降则表明了我国稳健的货币政策开始发挥作用，PPI 和 CPI 对突发冲击和政策信息的反应都比较明显，但对突发冲击的反应更为迅速和显著。另外，比较下述两列数据也可以发现，PPI 的变动幅度要大于 CPI，观察起来更为清晰。

表 3-10　月度物价指数（2008 年 1 月至 2011 年 12 月）

月度	工业生产者出厂价格指数（当月）	居民消费价格指数（当月）	月度	工业生产者出厂价格指数（当月）	居民消费价格指数（当月）
2008.01	106.07	107.10	2010.01	104.30	101.50
2008.02	106.06	108.70	2010.02	105.40	102.70
2008.03	108.00	108.30	2010.03	105.90	102.40
2008.04	108.10	108.50	2010.04	106.80	102.80
2008.05	108.20	107.70	2010.05	107.10	103.10
2008.06	108.80	107.10	2010.06	106.40	102.90
2008.07	110.00	106.30	2010.07	104.30	103.30
2008.08	110.10	104.90	2010.08	104.30	103.50
2008.09	109.10	104.60	2010.09	104.30	103.60
2008.10	106.60	104.00	2010.10	105.00	104.40
2008.11	102.00	102.40	2010.11	106.10	105.10

（续表）

月度	工业生产者出厂价格指数（当月）	居民消费价格指数（当月）	月度	工业生产者出厂价格指数（当月）	居民消费价格指数（当月）
2008.12	98.90	101.20	2010.12	105.90	104.60
2009.01	96.70	101.00	2011.01	106.60	104.90
2009.02	95.50	98.40	2011.02	107.20	104.90
2009.03	94.00	98.90	2011.03	107.30	105.40
2009.04	93.40	98.50	2011.04	106.80	105.30
2009.05	92.80	98.60	2011.05	106.80	105.50
2009.06	92.20	98.30	2011.06	107.10	106.40
2009.07	91.80	98.20	2011.07	107.50	106.50
2009.08	92.10	98.80	2011.08	107.30	106.20
2009.09	93.00	99.20	2011.09	106.50	106.10
2009.10	94.20	99.50	2011.10	105.00	105.50
2009.11	97.90	100.60	2011.11	102.70	104.20
2009.12	101.70	101.90	2011.12	101.70	104.10

注：上年同月为100。

资料来源：东方财富网，http://data.eastmoney.com/cjsj/cpi.html，http://data.eastmoney.com/cjsj/ppi.html。

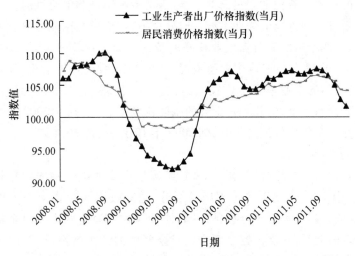

图3-13　工业生产者出厂价格指数及居民消费价格指数（2008年1月至2011年12月）

资料来源：东方财富网，http://data.eastmoney.com/cjsj/cpi.html，http://data.eastmoney.com/cjsj/ppi.html。

(三) 失业指标

监控突发冲击对失业的影响是非常困难的。失业包括自然失业和周期性失业,一般而言,自然失业率比较稳定,而周期性失业波动幅度可能会大一些,而突发冲击既可能影响自然失业率,也可能影响周期性失业率。如受到某种突发冲击后,可能会提高摩擦性失业和结构性失业水平,也可能使得经济出现衰退,导致周期性失业加剧。而在我国当前,失业率的统计偏重于城镇居民失业,对重要程度日益上升的一个主体——农民工失业统计还比较滞后。同时,对农村失业的统计还存在较大空白,当前农村企业日益发展,而许多突发冲击(如干旱)首先冲击的是农村地区,因此对农村地区失业情况的监控显得十分必要。即便是城镇居民失业,主要采用的是城镇登记失业率这一指标,虽然我国国家统计局和相关机构(如中国社会科学院)也统计城镇调查失业率,但是这一失业率的统计与公布并不是逐月的常规调查,因此,无法很好地监控突发冲击对失业率的影响。另外还要说明的是,城镇登记失业率和城镇调查失业率存在着很大的差别,2009年年初,中国社会科学院社会学所所长李培林在接受采访时称,在2009年《社会蓝皮书》中,失业率最令他感到意外。当时人力资源和社会保障部公布的城镇就业登记失业率是4%左右,但是社科院2008年全国调查出来的城镇调查失业率是9.6%。① 这两者差别是非常明显的。

但是有一些国家的失业率统计时效性很强,如果我国能借鉴这些国家的做法,失业率依然是监控失业良好的指标。图3-14是美国自2007年7月到2011年12月的月度失业率情况,从图3-14我们可以看出,2008年4月之前,美国的失业率还是比较低的,基本处于5%的水平,但此后,美国的失业率开始上升,前几个月上升的幅度比较平缓,而到了2008年10月,失业率开始以较快的速度上升,到2009年10月,已达10.1%。

(四) 国际收支指标

很难找到一个综合性的指标来持续监控突发冲击对一国国际收支的影响。按照国际收支手册第五版的划分,国际收支表主要由两大部分构成:经常项目和资本与金融项目,一个时期(如一年)这两个项目余额之和为零。表面上看,只需监控这两个项目余额中的一个就可以了,因为另一项目的余额就是所监控项目余额的相反数,但这里还涉及一个储备的问题,按《国际收支手册》第五版,国际储备是资本与金融项目的一个组成部

---

① 中国青年报.社会学家李培林:中国到了新的历史关口[N]. http://zqb.cyol.com/content/2009-01/02/conte nt_2492566.htm,2009年1月2日。

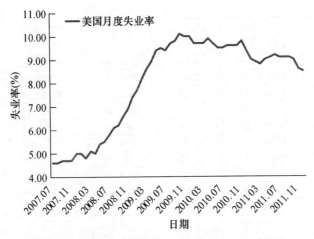

图 3-14　美国失业率(2007 年 7 月至 2011 年 12 月)

资料来源:根据财新网数据整理得出,http://data.caixin.cn/macro/macro_indicator.html?id=G0014#top。

分,如果一国经常项目出现较大逆差,如果外国资本流入不足,那么势必会导致国际储备减少,这样,我们单独监控经常项目,无法准确反映出国际投资与国际金融的变化情况;单独监控资本与金融项目,则无法准确反映出经常项目的变化情况。基于此,我们认为还是应该分别监控经常项目余额和资本与金融项目余额。但是,在前面的分析中,我们在市场层面中已经讨论了经常项目余额的情况和国际资金流动的情况。因此从宏观层面来看,我们不妨按《国际收支手册》第五版中将属于资本和金融项目的国际储备独立出来,作为对整个国际收支情况进行监控的指标。

表 3-11 和图 3-15 是我国外汇储备从 2008 年 1 月到 2011 年 12 月的一个变化情况,从图表中可以比较清楚地看出,受 2008 年金融危机的影响,2008 年 10 月到 2009 年 2 月我国外汇储备的波动比较引人注目,其他时期基本上比较平稳。

表 3-11　我国外汇储备(2008 年 1 月到 2011 年 12 月)

月度	外汇储备(亿美元)	环比增长(%)	月度	外汇储备(亿美元)	环比增长(%)
2008.01	15 898.10	4.03	2010.01	24 152.21	0.67
2008.02	16 471.34	3.61	2010.02	24 245.91	0.39
2008.03	16 821.77	2.13	2010.03	24 470.84	0.93
2008.04	17 566.55	4.43	2010.04	24 905.12	1.77
2008.05	17 969.61	2.29	2010.05	24 395.06	-2.05

(续表)

月度	外汇储备（亿美元）	环比增长（%）	月度	外汇储备（亿美元）	环比增长（%）
2008.06	18 088.28	0.66	2010.06	24 542.75	0.61
2008.07	18 451.64	2.01	2010.07	25 388.94	3.45
2008.08	18 841.53	2.11	2010.08	25 478.38	0.35
2008.09	19 055.85	1.14	2010.09	26 483.03	3.94
2008.10	18 796.88	−1.36	2010.10	27 608.99	4.25
2008.11	18 847.17	0.27	2010.11	27 678.09	0.25
2008.12	19 460.30	3.25	2010.12	28 473.38	2.87
2009.01	19 134.56	−1.67	2011.01	29 316.74	2.96
2009.02	19 120.66	−0.07	2011.02	29 913.86	2.04
2009.03	19 537.41	2.18	2011.03	30 446.74	1.78
2009.04	20 088.80	2.82	2011.04	31 458.43	3.32
2009.05	20 894.91	4.01	2011.05	31 659.97	0.64
2009.06	21 316.06	2.02	2011.06	31 974.91	0.99
2009.07	21 746.18	2.02	2011.07	32 452.83	1.49
2009.08	22 108.27	1.67	2011.08	32 624.99	0.53
2009.09	22 725.95	2.79	2011.09	32 016.83	−1.86
2009.10	23 282.72	2.45	2011.10	32 737.96	2.25
2009.11	23 887.88	2.60	2011.11	32 209.07	−1.62
2009.12	23 991.52	0.43	2011.12	31 811.48	−1.23

资料来源：根据中国人民银行数据整理，http://www.pbc.gov.cn/diaochatongji/tongjishuju/。

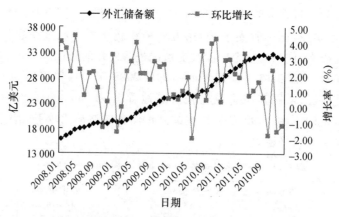

图3-15　我国外汇储备及其环比增长率(2008年1月到2011年12月)

资料来源：根据中国人民银行数据整理，http://www.pbc.gov.cn/diaochatongji/tongjishuju/。

但是监控外汇储备是有缺陷的：一方面，一国的外汇储备是一个名义值,容易受到汇率的影响;另一方面,它可以反映一国总体上是入超还是出超,但无法反映国际贸易、国际投资和国际货币流动的结构性变化情况。所以这个指标要与市场层面的指标一起分析才更有说服力。

四、小结

为了监控突发冲击对一国经济的影响,我们分三个层次来构建这一预警指标体系,在微观行为层次,我们监控突发冲击对消费行为、投资行为、外国部门行为和政府部门行为的影响,微观主体受到冲击后,他们行为的改变必将反映到市场上来。进而,我们监控产品和服务市场、要素市场、金融市场和国际市场。一旦市场表现发生变化,宏观经济状况肯定会受到影响,我们分别从总产出、通货膨胀、失业和国际收支来观察这种影响。对应地,我们初步选择了13个指标来监控各层次的影响,具体如表3-12所示。

表3-12 突发冲击三层次经济影响监控指标体系

层次	项目	指标	备注
微观行为	消费行为	消费者信心指数	
	投资行为	企业家信心指数	
	外国部门行为	出口增长率,实际利用外资	如果能得到逐月的合同利用外资数据,建议改用该数据
	政府部门行为	政府财政收支情况	
市场反应	产品和服务市场	社会消费品零售总额	如果能得到最终消费支出数据,建议改用该数据
	要素市场	能源生产总量	如果能得到能源消费总量则建议改用该数据
	金融市场	初步剔除了货币政策影响的信贷变化情况	贷款同比增加比率/同业拆借利率同比下降比率
	国际市场	进出口情况	如果能得到非金融和金融投资数据,建议补充
宏观状况	总产出	工业增加值的增长速度	对于直接影响服务业的突发冲击,该指标可能不理想
	通货膨胀	工业生产者出厂价格指数(PPI)	
	失业	调查失业率	我国当前的失业率数据不够全面,改进后才能更好地使用
	国际收支	外汇储备	应该同进出口情况、金融和非金融投资情况综合分析

我们以2008年开始全面影响我国经济的全球性金融危机及后续的政

策调整为背景,对这13个指标的反应进行了初步地分析,研究发现,无论是从反应的及时性还是从反应的幅度上来看,这13个指标对突发冲击的反应都比较灵敏,符合本节前部分关于选取预警指标所遵循的三原则——"代表性好,可得性强,灵敏度高",能从某个层面反映出突发性金融危机和政策信息对我国经济各个层次的影响。其对于政策信息的反应也比较明显,但相较其对突发冲击的反应,则反应较为缓慢,波动的幅度在短期内也较小,这可能源于每次政策调整幅度都不是很大的缘故。

必须要说明的是,有一些指标因为某些原因,代表性存在着一定的缺陷,但这是从可得性、灵敏度综合比较而得出的结果,因此我们暂且这样选择,如果环境发生了变化,统计数据更为全面、及时、准确,这些指标应该相应调整。

第二节 突发冲击的经济预警模型的阈值选择

一、Logit 预警模型

危机预警模型的主要目的是根据当前的经济基本面情况推导出将来某一时间范围内某一国家或地区发生危机的可能性。本节首先讨论建立危机预警模型的一般方法。目前危机预警模型主要应用于金融危机的预警,其方法已经发展得比较成熟。比较流行的金融危机预警模型包括1996年Frankel和Rose根据许多发展中国家的样本数据开发的"概率模型"(FR模型)[1]、1996年Sachs,Tornell和Velasco开发的"横截面回归模型"(STV模型)[2]、1997年Kaminsky,Lizondo和Reinhart联合开发的"信号分析法"(KLR模型)[3],以及1999年Berg和Pattillo针对新兴市场国家在KLR模型上改进的DCSD预警模型[4]。上述模型确立了研究金融危机预警机制的两类标准方法:一类是受限因变Probit模型或Logit模型,另一类是指标"信号"分析方法,两类方法成为后来危机预警研究的基础。利用

---

[1] Frankel, J., and A. Rose, 1996, "Currency crashes in emerging markets: an empirical treatment", *Journal of International Economics*, Vol. 41, No. 3—4, pp. 351—366.

[2] Sachs, J., A. Tornell and A. Velasco, 1996, "The Mexican Peso crisis: sudden death or death foretold?" *Journal of International Economics*, Vol. 41, No. 3—4, pp. 265—283.

[3] Kaminsky, G., S. Lizondo and C. Reinhart, 1998, "Leading indicators of currency crises", IMF Staff Papers, Vol. 45, No. 1, pp. 1—48.

[4] Berg, A. and C. Pattillo, 1999, "Are currency crises predictable? A test." IMF Staff Papers, Vol. 46, No. 2, pp. 107—138.

计量模型来预测危机的发生是非常困难的,但本节所要讨论的问题不是模型是否能够准确地预测危机,而是一旦模型给出危机发生的概率之后该如何采取行动。实际上这一问题是独立于预警模型的选择的,即使决策者只用主观判断来得出危机发生的概率,他们也必须知道何时采用何种方法来干预,因此本节的分析框架可以运用于各种各样的危机预警方法。为了方便后面的讨论,本节根据 KLR 模型给出一个一般的 Logit 预警模型,来简要说明如何从一系列预警指标中推导出危机的发生概率。

假设有一个理论上存在的连续因变量 y_i^* 代表危机发生的可能性,其值域为 $(-\infty, +\infty)$。当该变量的值跨越一个临界点 c(比如 $c=0$),便导致危机发生,于是有:

$$\begin{cases} \text{当 } y_i^* > 0 \text{ 时,} & y_i = 1 \\ \text{其他情况下,} & y = 0 \end{cases} \tag{3-1}$$

这里,y_i 是实际观察到的因变量,是一个二分变量。$y_i=1$ 表示危机发生,$y_i=0$ 表示危机未发生。自变量 x_i 表示预警指标,如产出增长率、失业率和通货膨胀率等指标。假设在因变量 y_i^* 和自变量 x_i 之间存在一种线性关系,即

$$y_i^* = \alpha + \beta x_i + \varepsilon_i \tag{3-2}$$

由此,我们得到

$$P(y_i = 1 \mid x_i) = P[(y_i^* = \alpha + \beta x_i + \varepsilon_i) > 0]$$
$$= P[-\varepsilon_i < \alpha + \beta x_i] = F(\alpha + \beta x_i) \tag{3-3}$$

其中 F 为 ε_i 的累积分布函数,分布函数的形式依赖于对 ε_i 的分布假设。如果假设 ε_i 为 Logistic 分布,就得到 Logistic 回归模型。标准 Logistic 分布的平均值等于 0,方差等于 $\pi^2/3 \approx 3.29$。之所以选择这样一个方差是因为它可以使 ε_i 的累积分布函数变成一种较简单的形式:

$$P(y_i = 1 \mid x_i) = F(\varepsilon_i) = \frac{1}{1+e^{-\varepsilon_i}} = \frac{1}{1+e^{-(\alpha+\beta x_i)}} \tag{3-4}$$

这也就是当 ε_i 取值为 $(\alpha + \beta x_i)$ 时的累积分布函数。将事件发生的条件概率标注为 $P(y_i=1|x_i) = p_i$,我们就能得到下列 Logistic 回归模型

$$p_i = \frac{1}{1+e^{-(\alpha+\beta x_i)}} = \frac{e^{\alpha+\beta x_i}}{1+e^{\alpha+\beta x_i}} \tag{3-5}$$

其中,p_i 为第 i 期发生危机的概率,它是一个由解释变量 x_i 构成的非线性函数。这个非线性函数可以通过下面的过程转变为线性函数。首先,定义不发生危机的条件概率为

$$1 - p_i = 1 - \frac{e^{\alpha+\beta x_i}}{1 + e^{(\alpha+\beta x_i)}} = \frac{1}{1 + e^{(\alpha+\beta x_i)}} \quad (3\text{-}6)$$

那么,危机发生概率与危机不发生概率之比为:

$$\frac{p_i}{1 - p_i} = e^{(\alpha+\beta x_i)} \quad (3\text{-}7)$$

将其取自然对数就能够得到一个线性函数:

$$\ln\left(\frac{p_i}{1 - p_i}\right) = \alpha + \beta x_i \quad (3\text{-}8)$$

这就是 Logit 模型。

假设有 k 个预警指标 $x_1, x_2, \cdots, x_k$ 时,式(3-5)便扩展为:

$$p_i = \frac{e^{\alpha + \sum_{k=1}^{k} \beta_k x_{ki}}}{1 + e^{\alpha + \sum_{k=1}^{k} \beta_k x_{ki}}} \quad (3\text{-}9)$$

那么,相应的 Logistic 回归模型将有下列形式:

$$\ln\left(\frac{p_i}{1 - p_i}\right) = \alpha + \sum_{k=1}^{k} \beta_k x_{ki} \quad (3\text{-}10)$$

其中,$p_i = P(y_i = 1 | x_{1i}, x_{2i}, \cdots, x_{ki})$ 为在给定系列自变量 $x_{1i}, x_{2i}, \cdots, x_{ki}$ 的值时的危机发生概率。

一旦我们拥有各期的观测自变量 x_1 至 x_k 值构成的样本,并同时拥有危机发生与否的观测值,我们就能够使用这些信息来分析和描述在特定条件下危机的发生比及发生的概率。

预警模型的一个重要方面是试图在一个特定的预警区间 H 内预测危机的发生。因变量 Y_t 在预警模型中可被重新定义为:

$$Y_t = \begin{cases} 1 & \text{如果 } \exists k = 1, \cdots, H \text{ s.t. } y^* > c \\ 0 & \text{其他情况} \end{cases} \quad (3\text{-}11)$$

其中 k 是预期危机发生($c > 0$)的时期。由式(3-9),Logit 模型可以生成一个在 H 期间内危机将要爆发的预期概率 p_i。下一步,则需要确定一个概率阈值 T,如果发生危机的概率高于这一阈值,即 $p_i > T$,则发出危机预警信号。

二、最优预警阈值选择的难题

问题的关键是如何选择最优的预警阈值 T^*。所选的最优阈值 T^* 越低,则预警模型会发出越多的危机信号,但同时伪信号的数量也会增加(第 Ⅰ 类错误)。与此相反,所选的最优阈值越高,应该发出而未发出危机信号的情况就会增加(第Ⅱ类错误)。表3-13清晰展示了最优阈值选择的难题。

其中,A 表示该指标不应发出也未发出信号的期数,B 表示发出错误信号的期数,C 表示应发出而未发出危机信号的期数,D 表示发出正确信号的期数。如果发出的信号在其后12个月内得以验证,就认为该信号是一个好信号;如果一个危机信号发出后12个月内并未发生金融危机,该信号为伪信号。

表 3-13　最优预警概率阈值选择的难题

	$S_{i,t}=0$: 未发出危机信号	$S_{i,t}=0$: 发出危机信号
$y_i=0$: 12个月内没有发生危机	A 不应发出也未发出危机信号	B 发出错误的危机信号
$y_i=1$: 12个月内发生危机	C 应发出而未发出危机信号	D 发出正确的危机信号

资料来源:Kaminsky, G., S. Lizondo and C. Reinhart, 1998, "Leading indicators of currency crises", IMF Staff Papers, Vol.45, No.1, pp.1—48.

选择最优阈值需要比较第Ⅰ类错误与第Ⅱ类错误分别会带来的后果。一般来说,从决策者的角度来看,更关注第Ⅰ类错误带来的后果。其原因有二:其一,第Ⅰ类错误造成的福利损失要大于第Ⅱ类错误。未能预测到危机(本可借由事前干预阻止危机发生或减轻其影响)会造成更高的福利损失。例如,金融危机的发生会给实体经济带来巨大的损害。其二,第Ⅱ类错误并不总是由模型的预测失误造成的,也可能是因为采取了防范措施,成功地使危机得以避免。然而,由于发出预警信号这一行为本身会改变未来的后果,决策者对于发出危机信号同样存在很大的顾虑。因为这样做会导致三种后果:(1)发出了预警信号,而最终危机果真出现,人们可能会批评防范措施的力度不够;(2)发出了预警信号,人们也相信了这一预测,结果引发了普遍的恐慌,并最终导致危机的发生,也就是说,预测制造了危机;(3)发出了预警信号,并采取了有效防范的防范措施,成功地避免了危机的发生,人们却认为预测失败。

因此,最优阈值的选择取决于决策者们在两类错误之间的权衡。偏向于第Ⅰ类错误还是第Ⅱ类错误不仅会对 T^* 的选择造成影响,同样也会对预警区间 H 的选择造成影响。预警区间 H 越长,发生第Ⅰ类错误的可能性越大,但防范措施却可能越有效;反之,预警区间 H 越短,发生第Ⅱ类错误的可能性越大。

三、最优阈值和预警区间的选取原则

从上面的分析可知,决策者对第Ⅰ类错误或第Ⅱ类错误厌恶程度(或偏好程度)的变化对预警模型的设计有重大影响。一方面,决策者希望更早更准确地获得危机发生的信号。另一方面,他们又想要使第Ⅰ类错误或第Ⅱ类错误造成的损失最小化。后者的困难在于,增加阈值 T 可以减少错误信号的数量,但同时也会增加预测失败的次数(危机发生之前没有发出信号)。改变预警区间 H 也会遇到同样的问题。

因此,决策者选择哪一类模型很大程度取决于其主观函数。假设第Ⅰ类错误的成本是采取防范措施所需的成本或所造成的福利损失,第Ⅱ类错误的成本是由于没有预测到的危机造成的福利损失,那么决策者的目标应当是使这种损失最小化。决策者的损失函数可以用公式表示如下:

$$L(T) = \theta(\text{prob}^{NS/C}(T) + (1-\theta)(\text{prob}^S(T))) \quad (3\text{-}12)$$

其中,$\text{prob}^{NS/C}$ 表示未能预测到危机的概率,即预警模型没有发出信号而危机却发生了的联合概率;prob^S 表示发出了危机将会发生的信号而危机没有发生的联合概率;θ 则可被看成未能预测到危机的相对成本(相对采取防范措施所需的成本),或者是决策者对未能预测到危机这一风险的厌恶程度,而 $(1-\theta)$ 则可被理解为采取防范措施的相对成本。对于任意一对预警区间 H 和预警阈值 T 的组合,比较 Logit 模型的估计结果与观测值,就可以求出 $\text{prob}^{NS/C}$ 和 prob^S,这些计算过程都可以由计量经济学或统计学软件(如 SAS、SPSS 等)完成。因此一旦 θ 给定,根据不同的预警区间 H 和预警阈值 T 的组合可以得到不同的损失函数的值,其中必有一对组合使得损失函数的值最小,这就是最优时间期限 H^* 和最优预警阈值 T^*。换言之,对于任何给定的 θ,即可以找到一个最小化的损失函数及其对应的最优时间期限 H^* 和最优预警阈值 T^*。通过分析式(3-12),我们可以得到以下结论:

(1)给定决策者的风险厌恶程度 θ,最优预警区间 H^* 越长,则最优预警阈值 T^* 越高。这是因为对于给定的 T,预警模型的预警区间 H 越长,则发出的错误信息的比例相对会越高,即预警模型的预测能力会越低。因此,对于长期预警,即预警区间 H 较大,则要求升高预警阈值 T,从而使给定 θ 的损失函数值最小化。

(2)对于给定的预警区间 H,风险厌恶程度 θ 越高,则最优预警阈值 T^* 越低。原因是决策者赋予未能预测到危机的造成的损失的权重越高,则他们会设置越低的预警阈值 T 以增加正确的预警次数。

(3) 对于给定的预警阈值 T,决策者的风险厌恶程度 θ 越高,则决策者要求设置越长的最优预警区间 H^*。因为越长的预警区间可以使决策者发出正确预警信号的次数越多。

总而言之,一旦决策者的风险偏好程度选定,就可以确定最优阈值和最优预警区间使得决策者的损失函数值最小化。

四、小结

本节的分析结果表明,决策者风险厌恶程度 θ 越高会导致决策者选择更长的预警区间和更低的预警阈值;给定决策者的风险厌恶程度,预警区间越长则最优预警阈值越高,反之亦然。在决策者的风险厌恶程度 θ、预警区间 H 和预警阈值 T 这三个变量当中,风险厌恶程度对于预警模型来说可以看成外生变量,因为其取决于决策者对未来可能发生的危机造成的损失与防范措施的成本之间的比较。一旦决策者的风险厌恶程度确定,根据本节的方法即可确定最优预警区间 H^* 和最优预警阈值 T^*,从而决策者可以据此发出预警信号。

本节的研究结果也可为决策者选择事前干预时机提供参考。对决策者来说,越早采取防范措施可以增加阻止危机发生的概率,但同时其缺点也很明显,即早期预警信号的质量通常较差,因此难以判定危机是否会真的出现,以及是否值得采取事前的防范措施。决策者需要在没有预测到的危机造成的损失与采取防范措施的成本之间进行权衡,决策者的风险厌恶程度越高,危机可能造成的损失越大,则预警阈值越低,同时决策者采取防范措施的时机越早越好。

第四章 应对突发冲击的宏观调控效果的监测指标

对突发冲击的经济影响进行监测的主要目的之一是为了在必要时主动采取相应的措施来应对突发冲击,这自然地会引申出三个基本问题:其一,我们采取的应对措施是否起到了作用;其二,如果采取的应对措施起了作用,那么这种作用是否及时且显著;其三,当经济形势发展到什么状态时,我们的应对措施应该减小力度或退出。为了回答这三个问题,我们有必要对应对突发冲击而采取的各种宏观调控措施建立一个监测指标体系,而在此之前,我们必须对各种可能的监测指标对宏观调控措施的敏感性进行测度,这直接关系到这一指标体系的科学性和有效性。

一般经济学意义上的"敏感性",主要指一个经济变量在另一相关经济变量发生一单位的变化时会发生何种方向、何种程度上的变化。但是在应对突发冲击采取宏观调控措施时,监测指标的"敏感性"界定要更为严格一些,这至少应该体现在三个方面:其一是一致性,即采取某种宏观调控措施后,所选取的监测指标应该朝着人们希望的方向发展;其二是及时性,即采取某种宏观调控措施后,所选取的监测指标应该能迅速地反映出宏观调控的效果;其三是显著性,即采取某种宏观调控措施后,所选取的监测指标能发生较明显的变化。从这个意义上说,应对突发冲击的宏观调控监测指标的敏感性测度与广为研究的宏观经济政策的有效性测度存在较大区别。

本章将分两节展开研究。第一节主要讨论应对突发冲击的宏观调控监测指标的敏感性测度,主要是找到比较好的实证方法来测度对宏观调控的效果。这部分研究具体分为四个部分:首先,对应对突发冲击的宏观调控目标进一步明晰和分解,这是因为应对突发冲击的宏观调控目标与经济处于正常发展背景中的宏观调控目标存在一定的差异;其次,在我们前期研究成果的基础上,进一步探讨在应对突发冲击时,一国政府主要采取的政策手段;再次,选取合适的统计和计量方法对应对突发冲击的宏观调控监测指标进行测度;最后,对1997年以来我国应对突发冲击的宏观调控相关指标进行实际的敏感性测度。

第二节是在第一节找到合适的计量方法并进行有效的测度尝试之后,在更广泛的指标范围内进一步筛选,构成一个监测指标体系,对受到突发冲击时采取的宏观调控作用进行监控。这一监控体系建立的必要性主要有以下三点:其一,有必要对应对突发冲击的结果进行正确评价以利于下一步行动的决策,由于采取的政策是应对突发冲击的,如果宏观调控措施起到了预期的作用,使得突发冲击的经济影响受到了必要的控制,受冲击国家或地区的经济重新走上正轨,此时一些宏观调控措施应该在必要时退出,如果宏观调控的作用并不明显,则有必要加大宏观调控的力度,避免突发冲击造成更大的直接和间接影响;其二,许多情况下,宏观经济目标存在着内在的冲突,如内部目标之间,抑制通货膨胀的努力可能加剧失业,再如内外均衡目标之间,抑制通胀的努力可能进一步扩大顺差,因此,即便处在应对突发冲击的宏观调控的过程当中,也有必要对一些宏观经济指标进行监控,避免解决了一些问题却引发了其他更严重问题的现象发生;其三,在应对突发冲击的宏观调控手段的选择方面,构建一个监控指标体系也是有必要的,因为不同的宏观经济指标对不同的宏观调控的政策敏感程度不一样,当受到某种冲击需要针对某些宏观经济问题进行政策干预时,这一指标体系有利于政策指派的合理决策。

无论是从理论上还是从应对突发冲击的实践中,应对突发冲击的宏观调控手段是多层次的,我们在前面的研究中,将应对突发冲击的宏观调控分为两大类:直接调控和间接调控,直接调控是一国管理当局动用自身可动用的资源处于第一线进行调控,而间接调控是一国管理当局通过完善某些机制(如保险制度),当发生突发冲击时,社会其他主体(如保险公司)主动地进行应对,我们这里讨论应对突发冲击的宏观调控监测问题时,主要是讨论直接调控,因为间接调控所需要的时间较长,很难准确有效地监测哪些机制的完善为应对突发冲击做出了多大程度的贡献。而在直接调控内部,可以进一步细分为总需求的调控手段和总供给的调控手段,总供给政策通过影响劳动、人力资本、实物资本和技术进步发挥作用,但这种政策的作用周期较长,很难短期分辨出这种政策的经济效果,或者说,总供给政策是通过影响潜在产出水平进而影响实际产出水平的,因此,很难准确有效地监测其宏观经济效果。这样一来,我们可以监测的宏观经济政策就只包括总需求政策了,总需求的政策总体上包括总量调节政策和支出转换政策,其中总量调节政策主要包括财政政策和货币政策,支出转换政策主要包括汇率政策,因此,在这一章中,我们将分货币政策、财政政策和汇率政策三个部分进行研究,找出那些对各个政策比较敏感的指标,以形成一个较为完善的指标体系。

第一节 应对突发冲击的宏观调控监测指标的敏感性测度

一、应对突发冲击的宏观调控目标及其分解

在经典的宏观经济学框架中,宏观调控的目标主要有两大类:内部均衡目标与外部均衡目标。内部均衡目标又具体包括经济增长、充分就业和物价稳定三个目标;外部均衡目标主要是指国际收支均衡。由于突发冲击对经济产生影响的时期也是整个经济发展过程中的一个阶段,毫无疑问,即便受到突发冲击,宏观经济调控目标也不会发生根本性的变化。

但是,在受到突发冲击时,宏观调控目标会表现出一定的特殊性,这表现在以下两个方面:其一,短期目标优先,应对突发冲击的宏观调控的主要目标是尽可能减少突发冲击的直接毁损,社会经济尽快地恢复到比较正常的状态,以后避免发生此类冲击或发生此类冲击时损失更低,其中前两者可以看成是短期目标,而后两者可以看成是长期目标,在应对突发冲击采取宏观调控措施时,虽然会考虑长期目标,但短期目标往往处在优先的位置,因为长期目标的实现可以是一个长期努力的过程,而短期目标在时间上显得更为紧迫,否则突发冲击有可能发展(程度加重且范围扩大)或变异(演变为另一种冲击);其二,效率优先,由于突发冲击往往是通过降低经济活动的效率进而产生经济影响,因此在应对突发冲击时,宏观调控更注意在短时间内恢复经济活动的效率。基于这两方面的特殊性,我们认为应对突发冲击的宏观调控目标不应该是面面俱到的目标体系,而应该是那些更具有及时性和经济效率的目标构成的一个小体系,因此,有必要从宏观经济政策的四大目标中将这些目标尽可能有代表性地挑选出来。

(一)经济增长指标的分解

按支出法,基本的国民收入核算公式如下:

$$Y = C + I + G + NX \tag{4-1}$$

式(4-1)中,Y代表一国一个时间段的最终产出GDP,C代表该时间段的消费,I代表该时间段的投资,G代表该时间段的政府购买,NX代表净出口,它是该时间段该国出口扣减进口之后的余额。

首先,产出(Y)的增长是一项长期目标,基于前文关于应对突发冲击的宏观调控短期目标优先的考虑,我们认为它不是一个符合要求的指标,

虽然在受到某种突发冲击(如金融危机)后,一国政府和国民也关注经济增长率指标,但更多的不希望经济增长得更快,而是希望经济增长速度恢复到以前的增长轨道中去。此外,在消费(C)、投资(I)、政府购买(G)和净出口(NX)四个组成部分中,政府购买更多的是应对突发冲击的手段之一,而不是目标。这样一来,在应对突发冲击的宏观调控中,符合短期目标优先和效率优先原则的经济增长指标只能到消费、投资和净出口中去做进一步挑选了。

在消费指标中,人们比较关注的主要有三个:居民消费支出、最终消费支出和社会消费品零售总额,前两个指标我国目前只有年度统计数据,因此,如果实证需要频率更高的数据则只能退而求其次地选择"社会消费品零售总额";在投资指标中,比较容易采集数据的指标有"城镇固定资产投资情况"和"房地产开发企业完成投资及增速情况",我们认为前者更具有代表性,这一方面是前者涉及的行业更多一些,另一方面,有某些突发冲击本身要求房地产投资加速(如地震),可能难以看出宏观调控的影响;净出口相关指标在国际收支平衡指标的分解中加以确定。

(二) 充分就业指标

由于我国当前关于就业的统计指标仅有"城镇登记失业率",而该指标仅统计"城镇劳动人口"并强调到"劳动部门登记",所以这一指标长期以来的认同度比较低,即便如此,由于其他数据比较缺乏,这一数据还是不能轻易舍弃。

(三) 物价稳定指标的分解

物价水平的常用指标有消费物价指数(CPI)、生产物价指数(PPI)和GDP平减指数。在这三个指标中,GDP平减指数的统计范围涵盖了全部最终产品,因此灵敏性较差,统计周期比较长;而CPI和PPI都只观察一揽子商品,因而更加灵敏,统计周期也更短。要说明的是,CPI包括了进口商品的价格,而PPI则包括了销售系统早期阶段(原材料和半成品等)的价格。由此可见,在这三个指标中,出于灵敏度的考虑,我们会选择CPI与PPI,但这两者之间很难取舍,我们暂且选取CPI,到下一部分的研究中,即建立监测指标体系时将多个物价指标放在一起去比较。

(四) 国际收支平衡指标的分解

按照《国际收支手册》第五版,一国某一时间段的国际收支状况分为两大部分:经常项目和资本与金融项目。在经常项目中,我们认为进口额、出口额和贸易差额都是重要的监测指标;在资本与金融项目中,直接投资和官方储备也是重要的监测指标。此处我们只选择出口总额作为代表指标,在下一部分的研究中,我们将对其他的指标进一步进行不同政策的敏感性测度。

至此,我们初步筛选的监测指标如表4-1所示:

表4-1 初步筛选的监测指标

宏观经济目标	监测指标选择
经济增长	社会消费品零售总额
	城镇固定资产投资情况
充分就业	城镇登记失业率
物价稳定	消费物价指数(CPI)
国际收支均衡	出口总额

二、应对突发冲击的宏观调控主要手段的选择

应对突发冲击的宏观调控手段分为直接调控手段和间接调控手段,直接调控手段主要指政府身处第一线,动用政府可支配的资源来应对突发冲击;而间接调控手段主要是通过加强社会性的防御和反应能力来应对突发冲击而采用的一些手段,它主要包括抗冲击能力体系的构建和社会经济机制的优化,发挥社会整体或除政府外的其他主体的能动性来应对突发冲击。我们这里所说的应对突发冲击的宏观调控主要指狭义的直接调控手段,因为间接调控手段是一个长期的努力过程,研究宏观调控的监测指标敏感性问题时,对间接调控的相关问题研究显得很困难。

应对突发冲击的宏观调控手段具有两个特点:其一,调控手段以短期目标为着力点,这个特点是由应对冲击的宏观调控短期目标优先原则所决定的;其二,调控手段具有临时性的特点,这是因为应对突发冲击的宏观调控都是一国政府针对某一具体的受冲击状态所做出的反应,一旦这种受冲击的状态发生变化,如程度的加重、减缓或范围的扩大、缩小,一国政府往往会对原来采取的宏观调控手段进行调整,当这种受冲击状态消失时,政府往往会选择适当的时机退出。

宏观调控手段分为需求调控手段和供给调控手段,前者主要包括货币政策手段、财政政策手段、汇率政策手段和直接管制手段;后者主要包括收入政策手段、产业政策手段、科技政策手段和人力政策手段。供给调控手段大多具有长期性特征,因此,在讨论应对突发冲击的宏观调控监测指标的灵敏性时,我们主要讨论需求调控手段。在需求调控手段中,直接管制手段虽然可以立竿见影,但会对市场机制造成某种程度的扭曲,因此在实践当中应用得较少,即便应用,其涉及的范围也比较小。因此,我们此处涉

及的应对冲击的宏观调控手段仅限于货币政策手段、财政政策手段和汇率政策手段。

(一) 货币政策手段

货币政策手段主要包括数量政策工具、方向政策工具和其他政策工具。近年来,我国采取的货币政策工具主要有调节银行存款保证金率、调整基准利率、通过央票调节货币供给量,但是无论采用哪一种具体的操作手段,我们关注的重点是在应对突发冲击时货币政策的宽松程度。这种宽松程度一般通过利率水平和货币供应量来反映,但是由于我国当前的利率市场化程度较低,货币供应量应该更具有代表性。当前中国人民银行逐月公布三个口径的货币供应量,即流通中的现金(M_0)、货币(M_1)与货币和准货币(M_2),我们初步选择货币(M_1)作为货币政策手段的代表,这主要因为M_0没有包括活期存款,而M_2里面包括定期存款和定期储蓄,流动性较差,随政策调整所需要的时间较长。

(二) 财政政策手段

财政政策手段主要包括财政收入手段和财政支出手段,前者主要包括税收和国债工具;后者主要包括政府购买和转移支付工具。一般而言,应对某种突发冲击时,政府往往会采取减税、发债、增加购买、向主要受冲击主体加大转移支付力度等手段。但从我国实践的角度来看,这些手段也大多有所采用,但减税采用的范围比较小,为应对突发冲击发行国债的情形也不多见,这样一来,应对突发冲击的主要手段就集中在增加政府购买和加大转移支付力度两个方面,由于现阶段,我国没有定期公布这两类数据,一般的处理方法是用政府支出(政府购买和转移支付之和)来概括性地度量。

(三) 汇率政策手段

汇率政策手段主要包括汇率制度的选择与对外汇市场的干预,由于汇率制度一经确定后一般不会发生较大程度的改变,因此在应对突发冲击时,汇率政策手段主要是对外汇市场进行干预。一个不容回避的问题是,对外汇市场的干预是以对某种货币或某一揽子货币的名义汇率为目标还是以实际汇率为目标,从务实的角度而言,实际汇率要更有说服力一些,因为它直接影响一国的国际贸易和国际金融活动的实际收益。

至此,我们选择的政策手段的代表性指标如表 4-2 所示:

表 4-2 政策手段的代表性指标

主要政策手段	政策手段的代表性指标
货币政策手段	货币(M_1)
财政政策手段	政府支出
汇率政策手段	实际汇率

三、应对突发冲击的宏观调控监测指标的敏感性测度的主要方法

我们拟用四种方法来分步骤地对所有选择的指标对每一种政策手段的敏感性进行测度。首先,对各指标与政策手段的相关系数进行测度,主要目的是判定它们之间是否具有我们预期的相关性;其次,对各指标对政策手段的弹性进行测度,主要目的是判定政策手段的变化量对各指标的变化量是否有显著的影响;再次,对各政策手段对各指标进行脉冲-响应测度,主要目的在于判定政策手段的变化是否会迅速而显著地反映到所选择的指标上;最后,对各指标进行方差分解测度,主要目的是进一步区分哪一种政策手段的变化对哪些指标的变化贡献最大。这四种方法各有侧重,能够比较全面地对应对突发冲击的宏观调控监测指标的敏感性进行度量。

（一）相关系数测度

对于两个变量 X、Y,其相关系数公式为:

$$\rho = \frac{\mathrm{COV}(X,Y)}{\sigma_x \sigma_y} \tag{4-2}$$

其中,$\mathrm{COV}(X,Y)$ 表示这两个变量之间的协方差,σ_x 和 σ_y 分别是变量 X 和变量 Y 的标准差。

确切地说,相关系数并不能单向地测度某一经济变量对另一经济变量的敏感性,它只能双向地测度相关性。但是,作为我们全过程测度的第一个环节,相关系数依然有其重要意义:其一,对于那些在方向上与政策预期不符合的指标,我们要引起重视,分析原因,对于明显不合理的指标,我们应先行剔除;其二,对于那些方向一致,但与政策手段相关程度明显偏低的指标,在后几个步骤的敏感性测度中,要注意比较。

（二）弹性测度

弹性是指一个经济变量在另一相关经济变量发生一定程度的变化时会发生多大程度的变化,其一般的计算公式是:

$$e = \frac{\Delta Y / Y}{\Delta X / X} \tag{4-3}$$

式(4-3)可以表述为:经济变量 X 变化 1% ,会引起经济变量 Y 变动 $e\%$ 。为了避免由于计算方向不同而导致同一时间段相同变量间的弹性不同,有时也采用中点法进行弹性计算:

$$e = \frac{\Delta Y / \left(\frac{Y_0 + Y_t}{2}\right)}{\Delta X / \left(\frac{X_0 + X_t}{2}\right)} \tag{4-4}$$

对各经济指标对政策手段的弹性进行测度主要是基于一种对比的考虑。首先,我们将在整个观察期计算出各指标对各政策手段的总体弹性。接下来,由于我们选取的是时间序列数据,这期间既包含受冲击时期,又包含正常发展时期,我们可以大致地将整个观察期划分为几个阶段,主观地区分出几个受冲击时期和正常发展时期,对每个阶段进行弹性测度之后再进行对比,这样有可能看出受冲击时期和正常发展时期弹性的差异。不能精确地划分出时间段的原因,一方面是因为这种区分本身有一个很困难的判断标准问题,另一方面是因为不同的政策生效往往存在长短不一的时滞,因此,只能粗略地进行区分,近似地进行计算。

(三)脉冲-响应测度

可以构建脉冲响应函数来描述扰动项一个标准差的变化会对内生变量的当前值和未来值产生何种影响。对一个经济变量的一个冲击,会通过这个经济变量与其他多个经济变量之间时间序列上的动态联系传导,这种传导会由于时间的发展而逐渐衰弱。因此,我们可以构建脉冲响应函数来测度所选择的指标对政策手段响应的及时性、显著性和时间上的延续性。

通常我们是通过 VAR 模型来描述多个内生经济变量间在时间序列上的动态联系,它的基本表达式为:

$$Y_t = A_1 Y_{t-1} + A_2 Y_{t-2} + \cdots + A_p Y_{t-p} + \varepsilon_t \tag{4-5}$$

式(4-5)中, Y_t 为所选择内生变量的转置矩阵, $A_i(i=1,2,\cdots,p)$ 为参数矩阵, ε_t 为随机扰动项。由于 VAR 模型严格依赖随机扰动项 ε_t 为白噪声序列这一假设条件,因此,必须对所选择内生变量进行协整检验。

由(4-5)式可以得到向量移动平均模型(VMA):

$$Y_t = \phi_0 \varepsilon_t + \phi_1 \varepsilon_{t-1} + \cdots + \phi_p \varepsilon_{t-p} + \cdots \tag{4-6}$$

其中, $\phi_p = (\phi_{p,ij})$ 为系统矩阵, $p = 0,1,2,\cdots$ 。则对 Y_j 的脉冲引起的 Y_i 的响应函数为: $\phi_{0,ij},\phi_{1,ij},\phi_{2,ij},\cdots$ 。

但是,有研究表明,(4-5)式中的随机扰动项是一种复合的随机扰动,是各个内生变量在某种冲击后的综合扰动项,这样就可能产生一个问题:某个初始的冲击可能被经济变量间的联系放大或缩小,进而无法准确衡量某个内生变量对这一初始冲击的响应方向、速度与程度。人们试图用结构化的向量自回归模型(SVAR)来解决这一问题,其基本思路就是把(4-5)式中的随机扰动项"还原"为初始的冲击,具体的做法就是在(4-5)式左右两侧同时乘以一个 $n \times n$ 的参数矩阵 B,其中 n 为内生变量的个数,这个参数矩阵的对角元素均为1,其他各元素为内生变量间的内在关系,这样(4-5)式就变为了:

$$BY_t = BA_1 Y_{t-1} + BA_2 Y_{t-2} + \cdots + BA_p Y_{t-p} + \mu_t \qquad (4-7)$$

这就是一个 SVAR 模型,(4-5)式与(4-7)式的主要区别表现在参数矩阵发生了变化,主要联系表现在:

$$\mu_t = B\varepsilon_t \quad 或者 \quad \varepsilon_t = B^{-1}\mu_t \qquad (4-8)$$

这样一来,复合的扰动项冲击就被"还原"成独立的初始冲击。但是结构向量自回归模型也存在比较严格的限制条件,它必须要对结构式施加 $n(n-1)/2$ 个限制条件——确定(4-7)式中参数矩阵 B 的非对角元素的值——才能识别出结构冲击,当内生变量较多时,这些值的确定比较困难,我们可以取上一步骤计算出来的不同变量间的弹性来代替。

即便采用 VAR 模型来进行脉冲—响应测度,也存在一定的困难,因为 VAR 模型要求内生变量的数量比较少,以利于通过 OLS 和极大似然估计得到比较满意的估计结果,而我们此处要对众多的指标进行测度,采用 VAR 模型得到的结果可能存在一定的偏差。

(四) 方差分解测度

我们可以通过脉冲响应函数从方向、速度和力度三个方面来测度政策手段对所选择指标的冲击效果,但我们还关心一个问题:不同的政策手段的变化对哪些经济指标的变化贡献更大,这可以通过方差分解技术来实现。方差分解是将系统的均方误差分解成各变量冲击所做的贡献,Sims 于 1980 年提出的方差分解模型为:

$$\begin{aligned}
\text{RVC}_{ij}(S) &= \sum_{q=0}^{s-1} \phi_{q,ij}^2 \sigma_{jj} / \text{var}(Y_{it}) \\
&= \sum_{q=0}^{s-1} \phi_{q,ij}^2 \sigma_{jj} \Big/ \sum_{j=1}^{k} \Big\{ \sum_{q=0}^{s-1} \phi_{q,ij}^2 \sigma_{jj} \Big\} \qquad (4-9)
\end{aligned}$$

其中,$\phi_{q,ij}$ 是脉冲响应函数,σ_{jj} 是白噪声序列第 j 个分量的标准差,Y_{it} 是自回归向量的第 i 个分量,$\text{RVC}_{ij}(S)$ 表示第 j 个分量对第 i 个分量的方差贡献率,这个值越大,说明第 j 个分量对第 i 个分量的影响越大,反之越小。

可以运用方差分解技术对某经济变量对同一类政策的不同手段进行敏感性测度,也可以对某经济变量对不同种类的政策手段进行敏感性测度。

四、1997—2011 年应对突发冲击的宏观调控监测指标的敏感性测度

(一) 数据的选取和处理思路

我们收集了自 1997 年 1 月到 2011 年 10 月的相关月度数据,其中,对于社会消费品零售总额、CPI、PPI、进出口相关数据及货币供应量(M_1)我们都直接得到了月度数据;财政支出数据缺少每年度 12 月的数据,根据每年的财政支出决算总额推导补全了数据;实际汇率由人民币对美元的加权平均汇率及美国的逐月 CPI 和中国的逐月 CPI 计算得到,计算公式为:

$$RER = \frac{eP_f}{P} \quad (4-10)$$

其中,RER 为实际汇率,P_f 为美国逐月的 CPI,P 为我国逐月的 CPI,e 为每月的人民币对美元的加权平均汇率。固定资产投资完成额、全部城镇单位从业人员数等投资和失业数据只获得了季度数据。美国的 CPI-U 数据来源于美国劳工部劳工统计局网站(http://www.bls.gov/cpi/tables.htm),其他数据均来源于国泰安 CSMAR 系列数据库、巨灵金融平台和中经网;中国 CPI、PPI、MFDP 和美国 CPI-U 数据均是以 1996 年为基期(1996 年 CPI =100)用现有数据推算而来,全部职工在岗人数缺 1997 年第一、二季度和 2010 年第三季度以后的数字;季度数据从 1997 年第一季度至 2011 年第三季度。

由于有一些数据是月度数据,另外一些是季度数据,我们初步把获得的数据分为两组,首先对月度数据进行实证分析,再对季度数据进行实证分析。

(二) 第一组数据的实证分析

第一组数据由六个变量构成:社会消费品零售总额(SCST)、CPI、出口总值(Export)、货币(Money)、财政支出(PFE)和实际汇率(RER),其中,实际汇率按式(4-10)计算得到。前三个变量是被解释变量,分别代表经济增长水平、物价水平和国际收支平衡状况,后三个变量是解释变量,分别代表货币政策手段、财政政策手段和汇率政策手段。

我们描绘出这六个变量的走势图(如图 4-1 所示),从图中,我们可以发现,社会消费品零售总额(SCST)、出口总值(Export)和财政支出(PFE)

具有明显的季节性特征,由于我们的数据是 13 年的月度数据,没有超过 20 年的限制,因此我们用 X11 季节调整方法对数据进行了处理。

(a)社会消费品零售总额走势

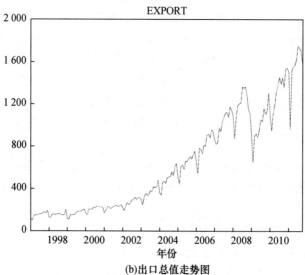

(b)出口总值走势图

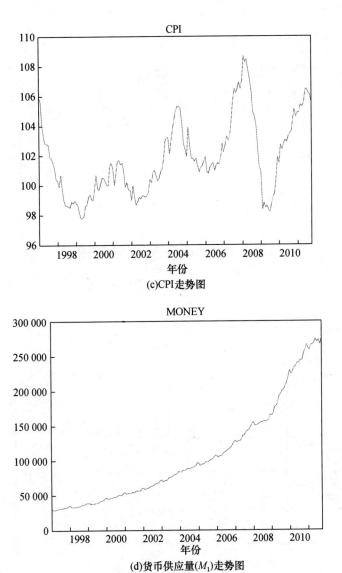

(c) CPI走势图

(d) 货币供应量(M_1)走势图

(e) 实际汇率走势图

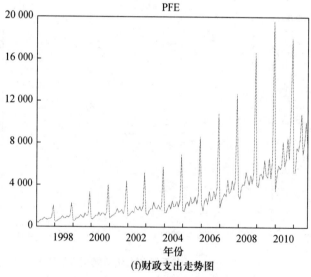

(f) 财政支出走势图

图 4-1 各变量原始走势图

经过处理后,得到了三个剔除了季节变动因素的新变量:调整后的出口总值(Exportsa)、调整后的社会消费品零售总额(SCSTsa)和调整后的财政支出(PFEsa),这三个变量的走势图如图 4-2 所示。

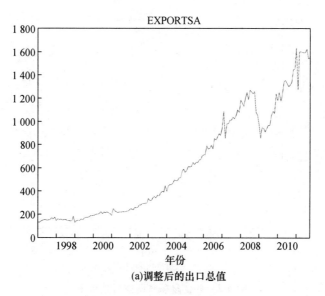

(a)调整后的出口总值

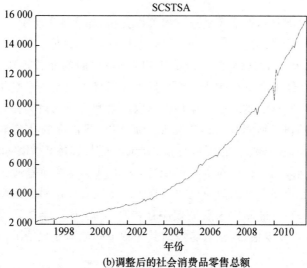

(b)调整后的社会消费品零售总额

(c) 调整后的财政支出

图 4-2　各变量季节调整后走势图

首先，对所取的六个变量进行相关性分析，如表 4-3 所示，CPI、调整后的社会消费品零售总额（SCSTsa）和调整后的出口总值（Exportsa）与货币供应量（Money）和调整后的财政支出（PFEsa）之间的相关性非常显著，换言之，这三个经济变量与财政政策和货币政策密切相关。这些相关系数都是 0.5 以上的正数，这表明扩张性的财政政策和货币政策会在促进出口和社会消费的同时，加剧社会通货膨胀。而 CPI、调整后的社会消费品零售总额（SCSTsa）和调整后的出口总值（Exportsa）与实际汇率之间的相关系数是负数，这说明人民币对美元的贬值（RER 变大）伴随着通胀指数的下降、社会消费的降低和出口总值的下降。之所以人民币对美元贬值导致出口总值下降，有可能是因为贬值效应存在时滞，也有可能是因为此处的贬值只是针对美元贬值，而没有考虑对其他货币的汇率变化情况。

表 4-3　各变量间的相关系数

	CPI	EXPORTSA	MONEY	PFESA	RER	SCSTSA
CPI	1.000000	0.628744	0.508637	0.500394	−0.359253	0.513262
EXPORTSA	0.628744	1.000000	0.961449	0.944356	−0.635623	0.965606
MONEY	0.508637	0.961449	1.000000	0.983077	−0.686288	0.994994
PFESA	0.500394	0.944356	0.983077	1.000000	−0.718297	0.988795
RER	−0.359253	−0.635623	−0.686288	−0.718297	1.000000	−0.724693
SCSTSA	0.513262	0.965606	0.994994	0.988795	−0.724693	1.000000

我们也尝试着计算了多个阶段的变量间弹性,期限为半年的弹性数据波动很大,时正时负,绝对值的波动也很大;期限为1年的弹性数据波动性虽然小一些,但很难从中发现正负取值的规律。这一方面意味着弹性可能不适合用于此处的分析,另一方面也意味着结构向量自回归(SVAR)模型的识别条件可能难以满足。因此,我们不得不在 VAR 模型的基础上进行脉冲响应分析和方差分解分析。

在估计 VAR 模型之前,我们首先要对变量进行平稳性检验并确定单整阶数。如果各变量是平稳的,则可以直接进行 VAR 模型的构建与估计;如果变量是非平稳的时间序列,我们还需要检验各序列的单整阶数,在各序列都是同阶单整的情况下,再进行协整检验。这里采用 ADF 检验方法,检验结果如表 4-4 所示。

表 4-4 ADF 单位根检验结果

变量	检验形式(C,T,K)	ADF 统计量	5% 临界值	结论
CPI	$C,0,12$	-1.884633	-2.878937	不平稳
ΔCPI	$C,0,11$	-5.536840	-2.878937	平稳
EXPORTSA	$C,0,10$	1.166709	-2.878723	不平稳
ΔEXPORTSA	$C,0,9$	-5.210494	-2.878723	平稳
MONEY	$C,T,13$	-1.007626	-3.437458	不平稳
ΔMONEY	$C,T,9$	-3.884997	-3.436957	平稳
PFESA	$C,T,12$	4.535690	-3.437289	不平稳
ΔPFESA	$C,T,8$	-4.332849	-3.436795	平稳
RER	$C,0,13$	-0.903317	-2.879045	不平稳
ΔRER	$C,0,10$	-3.349899	-2.878829	平稳
SCSTSA	$C,T,3$	2.804053	-3.435858	不平稳
ΔSCSTSA	$C,T,1$	-14.809710	-3.435708	平稳

注:Δ 表示序列的一阶差分;检验形式中的 C 和 T 分别表示检验方程中带有常数项和趋势项(0 表示没有该项),滞后期数以 AIC 最小准则确定。

从表 4-4 可以看出,各变量的 ADF 统计量大于 5% 的显著性水平下的临界值,接受原假设,即变量为非平稳序列,含有单位根。而差分序列的 ADF 统计量均小于临界值,拒绝原假设,即差分变量序列是平稳序列,因此可以确定各序列具有一阶差分平稳性,即 $I(1)$ 过程。一般地,VAR 模型的构建要求模型中的每一个变量是平稳的,但对于同阶的非平稳序列,只要各变量间存在协整关系也可以建立 VAR 模型,因此,我们再对所选取的变量进行协整检验(最优滞后期在综合考虑 AIC、LR、FPE、SC 和 HQ 准则的基础上确定为 24 期),检验结果如表 4-5 所示。从表 4-5 的结果来看,虽然迹检验和最大特征值检验的结果不一致,但可以肯定的是所选取的六个变量之间是存在着协整关系的,因此我们可以构建 VAR 模型进而进行脉冲—响应分析。

表 4-5 序列协整检验

原假设	特征根	迹统计量(P 值)	λ-max 统计量(P 值)
0 个协整向量	0.357271	172.3683(0.0000)*	72.93537(0.0000)*
至少 1 个协整向量	0.253960	99.43296(0.0000)*	48.34106(0.0005)*
至少 2 个协整向量	0.146255	51.09190(0.0241)*	26.09033(0.0767)
至少 3 个协整向量	0.084467	25.00157(0.1614)	14.56098(0.3209)
至少 4 个协整向量	0.058216	10.44059(0.2484)	9.896608(0.2188)
至少 5 个协整向量	0.003291	0.543984(0.4608)	0.543984(0.4608)

注:*表示在 5% 的显著性水平下拒绝原假设。

我们分析了 CPI、调整后的社会消费品零售总额(SCSTSA)和调整后的出口总值(EXPORTSA)对货币供应量(MONEY)、调整后的财政支出(PFESA)和实际汇率(RER)冲击的响应,货币供应量排序最前,最优滞后期确定为 24 期。脉冲响应的结果如图 4-3 所示。

从图 4-3 中可以发现,CPI 和出口总值对货币供应量反应比较敏感,而社会消费品零售总额反应比较迟缓。货币供应量对 CPI 的影响从第 1 期开始逐渐明显,到第 3 期的时候,CPI 对货币供应量的一个正冲击产生最大的响应($\theta_{24}^{(3)} = 0.377124$),此后 CPI 对货币供应量的响应逐渐缓慢下降,此后虽有所反弹,但到第 14 期响应程度衰减为负面效应($\theta_{24}^{(14)} = 0.023135$),此后,总体上较为稳定地保持在一个相对稳定的响应水平,直到第 23 期达到一个阶段性峰值($\theta_{24}^{(23)} = -0.325004$)。与 CPI 对货币供应量冲击的响应短期内一直上升不同,出口总值对货币供应量的响应是短期首先产生一个负面效应,在第 3 期负面效应达到最大($\theta_{24}^{(3)} = -7.509413$),之后的响应一直衰减,在第 6 期以后开始变为正的效应($\theta_{24}^{(6)} = 6.924854$),此后一直保持在这一水平附近震荡。社会消费品零售总额对货币供应量的一个正向冲击并不是没有响应,但是这种响应一开始表现得并不明显,直到第 8 期($\theta_{24}^{(8)} = 26.07258$)以后,这种响应才逐渐显著,此后基本上在正负之间反复震荡。这些实证结果表明,货币供应量增加之后,CPI 会较迅速地上升,出口总值会立刻下降,而社会消费品零售总额的反应相当迟缓,它

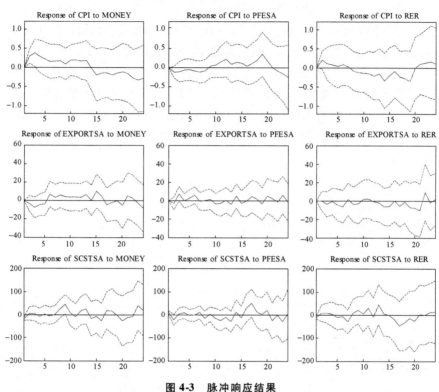

图 4-3 脉冲响应结果

对货币供应量的变化虽然长期有较为明显的反应,但短期并不敏感。

与货币供应量的影响比较明显不同,财政支出对 CPI、出口总值和社会消费品零售总额的影响基本上呈现一种"较长时间后才产生影响"的特征。如施加给财政支出一个正向的冲击后,CPI 的反应一直在 0 以下震荡,直到第 9 期($\theta_{24}^{(9)} = 0.042971$)以后才转为正面影响,第 19 期达到最大($\theta_{24}^{(19)} = 0.352290$),到第 21 期($\theta_{24}^{(21)} = -0.001681$)之后,影响重新转为负面影响。在三个响应变量中,对财政支出最不敏感的是出口总值,其影响始终在 0 附近上下震荡。财政支出对社会消费品零售总额的影响开始并不敏感,直到第 17 期才显示出较为明确的正面影响($\theta_{24}^{(17)} = 51.79611$),此后这种影响又逐渐衰减至 0 附近。

对实际汇率施加一个正向的冲击后,CPI 会在第 2 期产生一个正向响应($\theta_{24}^{(2)} = 0.204938$),但此后 CPI 的正面响应逐渐衰减,到第 8 期之后,受实际汇率正向冲击的影响,CPI 开始出现负向响应,到第 19 期这种反应达到一个阶段性最大值($\theta_{24}^{(19)} = -0.349307$),此后又逐渐转为正向影响,但基本上保持在一个比较稳定的水平。出口总值和社会消费品零售总额总体上对实际汇率的变动都不十分敏感,其中出口总值要到第 21 期以后才会产生一个较大的负向响应($\theta_{24}^{(21)} = -10.12483$),而社会消费品零售总额在第 5 期以前对施加在实际汇率上的正向冲击基本没有反应。

方差分解的结果如图 4-4 所示,我们此处只考虑货币供应量(MONEY,简记为 M)、调整后的财政支出(PFESA,简记为 P)和实际汇率(RER,简记为 R)对 CPI(简记为 C)、调整后的社会消费品零售总额(SCSTSA,简记为 S)和调整后的出口总值(EXPORTSA,简记为 E)变动的贡献。

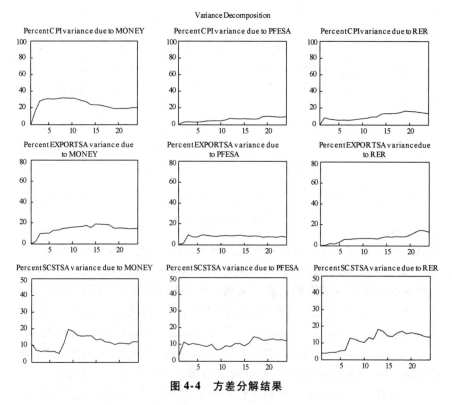

图 4-4 方差分解结果

从图 4-4 可以发现,货币供应量对 CPI 变动的贡献是比较明显的,到第 8 期贡献率达到最大($RVC_{M \to C}(8) = 31.84\%$),此后贡献率逐渐降低;财政支出对 CPI 变动的贡献率一开始并不明显,但总体上,随着时间的推移,这种贡献呈逐渐增大的趋势,但除了第 20 期($RVC_{P \to C}(20) = 10.06\%$),贡献率基本都在 10% 以内;实际汇率对 CPI 变动的贡献与财政支出的贡献类似,也随时间的推移呈逐渐增大的趋势。

货币供应量对出口总值变动的贡献率在第 15 期达到最大（$RVC_{M \to E}(15) = 18.85\%$），在整个观察期内贡献率变化不大；财政支出对出口总值变动的贡献率在第 3 期达到一个阶段性高点后（$RVC_{P \to E}(3) = 9.40\%$），此后基本保持稳定,全都在 10% 以下；实际汇率一开始对出口变动的贡献率基本上没有，然后逐步升高，在 22 期达到最高（$RVC_{R \to E}(22) = 14.44\%$）。

货币供应量对社会消费品零售总额变动的贡献率在第 9 期达到最大（$RVC_{M \to S}(9) = 19.72\%$），此后呈缓慢下降趋势；不难发现，财政支出对社会消费品零售总额变动的贡献率仍然很低，最高出现在第 17 期（$RVC_{P \to S}(17) = 14.65\%$）；实际汇率对社会消费品零售总额变动的贡献率呈现逐步上升但又有下降的变化过程，其中在第 13 期达到最大（$RVC_{E \to S}(13) = 18.18\%$）。

（三）第二组数据的实证分析

第二组数据也由六个变量构成：GDP、固定资产投资完成额（INV）、全部在岗职工人数（Worker）、货币（Money）、财政支出（PFE）和实际汇率（RER），其中，实际汇率按式（4-10）计算得到。前三个变量是被解释变量，分别代表经济增长水平、投资水平和就业水平，后三个变量是解释变量，分别代表货币政策手段、财政政策手段和汇率政策手段。之所以选择全部在岗职工人数作为就业情况指标，一方面是因为我国当前失业率的统计存在缺陷，另一方面是因为在我国还存在"下岗"等比较特殊的就业情形。三个解释变量均为季度数据，其中 GDP 和固定资产投资完成额（INV）是由累计数据计算得到，全部在岗职工人数取的是季末数。由于三个解释变量均为月度数据，货币（Money）和实际汇率取的是每季度最后一个月的数据，财政支出（PFE）由当季各月度数据加总得到。各项数据从 1997 年第一季度统计到 2011 年第三季度。

我们首先描绘出这六个变量的走势图（如图 4-5 所示），从图中，我们可以发现，GDP、固定资产投资完成额（INV）和财政支出（PFE）具有明显的季节性特征，因此我们用 X11 季节调整方法对数据进行了处理。

经过处理后，得到了三个剔除了季节变动因素的新变量：调整后的 GDP（GDPsa）、调整后的固定资产投资完成额（INVsa）和调整后的财政支出（PFEsa），这三个变量的走势图如图 4-6 所示。

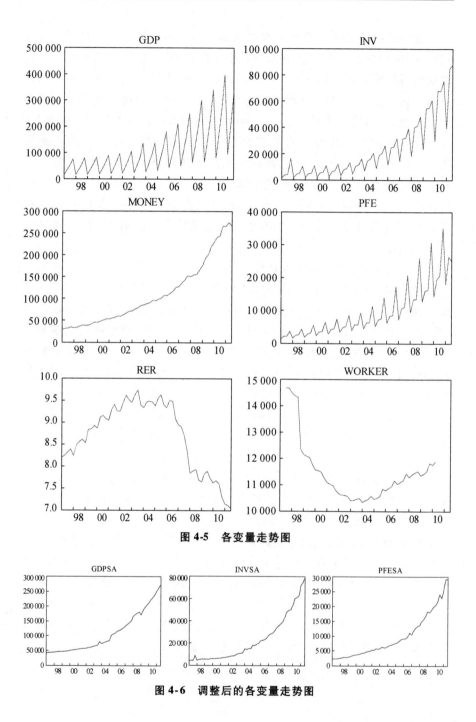

图 4-5　各变量走势图

图 4-6　调整后的各变量走势图

接下来,对所取的六个季度数据进行相关性分析,从表 4-6 可以看出,货币(Money)和调整后的财政支出(INVsa)这两个解释变量同调整后的 GDP(GDPsa)和调整后的固定资产完成额(INVsa)这两个被解释变量间存在明显的线性相关,而全部在岗职工人数(Worker)与货币(Money)和调整后的财政支出(INVsa)之间的线性相关程度比较低。实际汇率(RER)与调整后的 GDP(GDPsa)、调整后的固定资产完成额(INVsa)和全部在岗职工人数(Worker)之间存在着负的相关性,相关系数的绝对值都在 0.5 以上。

表 4-6 季度数据相关系数表

	GDPSA	INVSA	MONEY	PFESA	RER	WORKER
GDPSA	1.000000	0.989281	0.986643	0.990065	-0.627354	-0.175724
INVSA	0.989281	1.000000	0.989158	0.991172	-0.658680	-0.133081
MONEY	0.986643	0.989158	1.000000	0.993541	-0.567707	-0.245856
PFESA	0.990065	0.991172	0.993541	1.000000	-0.616621	-0.215841
RER	-0.627354	-0.658680	-0.567707	-0.616621	1.000000	-0.521644
WORKER	-0.175724	-0.133081	-0.245856	-0.215841	-0.521644	1.000000

按前文的分析顺序,我们尝试着构建 VAR 模型,首先仍然进行平稳性检验和协整检验,检验结果如表 4-7、表 4-8 所示。从表 4-7 可以看出,各变量的 ADF 统计量大于 5% 的显著性水平下的临界值,接受原假设,即变量为非平稳序列,含有单位根。而差分序列的 ADF 统计量均小于临界值,拒绝原假设,变量差分序列是平稳序列,因此可以确定各序列是具有一阶差分平稳性,即 I(1) 过程,可以进行协整检验(最优滞后期在综合考虑 LR、FPE、AIC、SC 和 HQ 准则的基础上确定为 12 期),从表 4-8 可以发现,用迹检验和最大特征值检验的结果相同,都表明选取的变量间存在 6 个协整关系,于是我们构建 VAR 模型进行了脉冲—响应分析与方差分解分析。在进行脉冲—响应分析时,货币供应量排序最前,最优滞后期确定为 6 期,脉冲响应的结果如图 4-7 所示。

表 4-7 ADF 单位根检验结果

变量	检验形式(C,T,K)	ADF 统计量	5%临界值	结论
GDPSA	$C,T,5$	1.384650	-3.496960	不平稳
ΔGDPSA	$C,T,4$	-4.915710	-3.496960	平稳
INVSA	$C,T,3$	7.186743	-3.493692	不平稳

(续表)

变量	检验形式(C,T,K)	ADF 统计量	5% 临界值	结论
ΔINVSA	$C,T,2$	-7.170963	-3.492149	平稳
MONEY	$C,T,10$	2.642536	-3.506374	不平稳
ΔMONEY	$C,T,2$	-3.863949	-3.493692	平稳
PFESA	$C,T,10$	4.233302	-3.506374	不平稳
ΔPFESA	$C,T,1$	-8.363590	-3.492149	平稳
RER	$C,0,8$	-0.322662	-2.921175	不平稳
ΔRER	$C,0,2$	-3.244071	-2.915522	平稳
WORKER	$C,T,6$	-2.463923	-3.513075	不平稳
ΔWORKER	$C,T,4$	-5.772229	-3.510740	平稳

注:Δ表示序列的一阶差分;检验形式中的 C 和 T 分别表示检验方程中带有常数项和趋势项(0 表示没有该项),滞后期数以 AIC 最小准则确定。

表 4-8　序列协整检验

原假设	特征根	迹统计量(P 值)	λ-max 统计量(P 值)
0 个协整向量	0.959760	336.8588(0.0000)*	151.0063(0.0001)*
至少 1 个协整向量	0.766425	185.8525(0.0000)*	68.34993(0.0000)*
至少 2 个协整向量	0.674387	117.5026(0.0000)*	52.73610(0.0000)*
至少 3 个协整向量	0.469643	64.76646(0.0000)*	29.80766(0.0024)*
至少 4 个协整向量	0.408045	34.95881(0.0000)*	24.64327(0.0008)*
至少 5 个协整向量	0.197063	10.31554(0.0013)*	10.31554(0.0013)*

注:*表示在 5% 的显著性水平下拒绝原假设。

从图 4-7 的结果来看,对货币供应量施加一个正向的冲击,调整后的 GDP(GDPsa)会产生一个反向的响应,反向响应在第 2 期达到最大后开始转为正向,在第 3 期达到正向最大,之后逐渐衰减为 0。而对财政支出和实际汇率施加一个正向的冲击,调整后的 GDP(GDPsa)会产生一个正向的响应,并逐渐衰减为 0。对于调整后的固定资产投资完成额(INVsa)来说,其对货币供应量和实际汇率会立刻产生一个正向的响应,而对财政支出则产生一个负向的响应,其中,对货币供应量的响应较大,对财政支出和实际汇率的响应则不是很灵敏。对三个解释变量中的任何一个施加一个正向的冲击,全部在岗职工人数(Worker)都会产生一个正向的响应,之后对货币供应量的响应在第 5 期达到最高,对实际汇率的冲击在第 6 期达到最高,对财政支出的响应则始终在 0 上下震荡并逐渐衰减为 0。

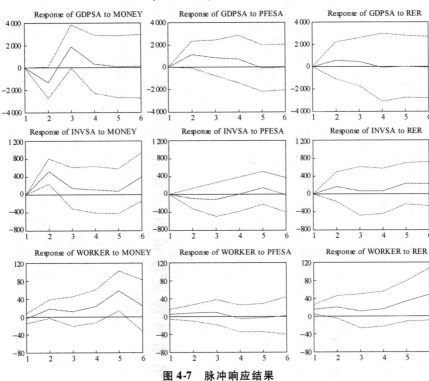

图 4-7　脉冲响应结果

方差分解的结果如图 4-8 所示,我们此处只考虑货币供应量(MONEY,简记为 M)、调整后的财政支出(PFESA,简记为 P)和实际汇率(RER,简记为 R)对调整后的 GDP(简记为 G)、调整后的固定资产投资完成额(INVsa,简记为 I)和全部在岗职工人数(Worker,简记为 W)变动的贡献。

从图 4-8 可以发现,货币供应量对 GDP 变动的贡献率在第 3 期达到一个较高水平($RVC_{M \to G}(3) = 16.02\%$),此后稳定地保持在这一水平附近;财政支出对 GDP 变动的贡献率总体比较低($RVC_{P \to G}(4) = 7.23\%$);实际汇率对 GDP 变动的贡献率更低,没有超过 2%。

对于固定资产投资完成额的变动,货币供应量对固定资产投资完成额变动的贡献率比较明显,在第 2 期,贡献率达到最大值($RVC_{M \to I}(2) = 32.01\%$),此后以较小的幅度逐渐减弱;而财政支出的贡献比较小,虽然总体上随时间前移呈上升趋势,但贡献率相当低,最高 $RVC_{P \to I}(5) = 3.41\%$;实际汇率对固定资产投资完成额变动的贡献率在第 5 期达到最大($RVC_{R \to I}(5) = 7.14\%$)。

货币供应量对全部在岗职工人数变动的贡献率逐步增大,到第 5 期达

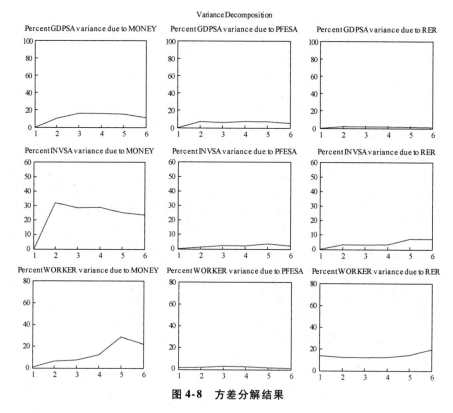

图 4-8　方差分解结果

到最大($RVC_{M \to W}(5) = 28.69\%$),此后有所下降;财政支出对全部在岗职工人数变动的贡献率稳定在一个很低的水平($RVC_{P \to W}(1) = 1.46\%$, $RVC_{P \to W}(6) = 0.92\%$);实际汇率对全部在岗职工人数变动的贡献率则相对稳定,在第6期达到最大($RVC_{R \to W}(6) = 19.61\%$)。

五、小结

对月度和季度两组数据进行相关系数、脉冲—响应和方差分解分析的结果来看,不同的经济变量对宏观经济政策的敏感性是不相同的,我们初步设定一个标准来对我们选取的六个被解释变量对三个解释变量的敏感程度进行区分,我们假定,在应对突发冲击采取宏观经济政策时,如果某一经济指标对某一经济政策能够在一年以内产生明显的响应,或者某一经济政策对某一经济指标的变动在一年之内贡献程度比较高(>20%),即可认为这一经济指标对应对冲击的宏观经济政策比较敏感。根据这一标准,我们对上面分析的结果进行总结,如表4-9所示。

表 4-9 实证分析的结果一览表

经济指标＼政策	货币供应量(Money)		财政支出(PFE)		实际汇率(RER)	
	脉冲响应结果	方差分解结果	脉冲响应结果	方差分解结果	脉冲响应结果	方差分解结果
CPI	●	●	○	○	●	○
出口总值(Export)	●	◎	◎	○	○	○
社会消费品零售总额(SCST)	○	○	○	○	○	○
GDP	●	◎	●	○	○	○
固定资产投资完成额(INV)	●	●	○	○	○	○
全部在岗职工人数(Worker)	◎	◎	○	○	○	◎

注：● 敏感；◎ 比较敏感；○ 不敏感。

从表 4-9 可以发现，在选取的六个经济变量中，对货币供应量总体上比较敏感的经济指标有 CPI、出口总值、GDP 和固定资产投资完成额，有一定敏感性的是全部在岗职工人数；对财政支出除 GDP 外基本上没有敏感的经济指标；对实际汇率比较敏感的经济指标是 CPI。

这一结论从另一个角度也可以表述为：在应对突发冲击时，为了尽快实现既定的宏观经济目标，货币政策和汇率政策比较有效，而财政政策很难短期内奏效。但这并不意味着在应对突发冲击时不应该采用财政政策，因为应对突发冲击的目标是多重的，经济目标只是其中一个。事实上，财政政策在迅速稳定受冲击地区，使受冲击群体尽快安定下来方面所发挥的作用，其他政策难以替代。

要说明的是，在本节的研究过程中，一些经济指标对货币供应量反应比较敏感，不排除与在相关分析过程中，总是把货币供应量排在最前有关，因为在进行脉冲响应分析和方差分解分析过程中，各解释变量的综合性影响被归结到排序第一的变量上。

第二节 应对突发冲击的宏观调控效果的监测指标体系设计

在研究方法上，这一节我们还是采用脉冲—响应分析进而判断不同的经济指标对不同的宏观经济政策的敏感性。与前一节的研究不同之处体现在以下两点：其一，不再把三种主要的经济政策变量放在一个实证分析模型中,而是按政策手段的不同分别构建实证分析模型,这样可以部分地回避脉冲分析时,综合影响因素全部归于第一个变量带来的失真;其二,选取的宏观经济指标更多,虽然我们还是以狭义的货币供应量 M_1 作为货币政策的代表,财政支出作为财政政策的代表,人民币对美元的实际汇率作为汇率政策的代表,但是备选的指标较大幅度地增加了,这样可以扩大比较的范围,更好地选择出合适的监控指标。

一、货币政策监控指标分析

基于上一节研究的理由,我们依然选取狭义的货币供应量 M_1(MON)作为货币政策指标,备选的监测指标包括:社会消费品零售总额(SCST)、批发零售贸易业商品销售总额(WSST)、消费者价格指数(CPI)、工业品出厂价格指数(PPI)、原材料燃料动力购进价格指数(MFDP)、出口总值(Export)、进口总值(Import)、净出口(NEXP)、外商直接投资(当月实际利用外资金额 FDI)、外汇储备(Reserve)。所有数据均为 1997 年 1 月到 2011 年 9 月的月度数据,数据均来源于中经网统计数据库,消费者价格指数、工业品出厂价格指数和原材料燃料动力购进价格指数均以 1996 年为基期,基期指标值均为 100。

我们用 X11 季节调整方法对数据进行了处理,其中货币供应量(MON)由于是解释变量,外汇储备走势图中并没有发现明显的季节性特征,净出口(NEXP)数据中存在着负数,因此,这三个数据没有进行季节调整。

在估计 VAR 模型之前,我们首先要对变量进行平稳性检验并确定单整阶数。如果各变量是平稳的,则可以直接进行 VAR 模型的构建与估计;如果变量是非平稳时间序列,我们还需要检验各序列的单整阶数,在各序列都是同阶单整的情况下,再进行协整检验。因上一节我们已报告过 ADF 检验的结果,这里不再报告,直接对所选取的变量进行协整检验,而在此滞后期的选择是综合考虑 AIC、LR、FPE、SC 和 HQ 准则的基础上确定的。

建立 VAR 模型时,变量不能太多,主要原因在于变量太多时的 VAR 模型很难通过 OLS 和极大似然估计得到满意的估计结果,因此,我们分步骤地构建 VAR 模型进行指标的选取。

首先,我们试图用货币供应量(MON)、经调整后的消费者价格指数(CPIsa)、经调整后的工业品出厂价格指数(PPIsa)、经调整后的原材料燃料动力购进价格指数(MFDPsa)构建一个 VAR 模型,滞后期选择 24 期,协整检验的结果如表 4-10 所示。

表 4-10　序列协整检验

原假设	特征根	迹统计量(P 值)	λ-max 统计量(P 值)*
0 个协整向量	0.399220	120.8554(0.0000)*	77.95747(0.0000)*
至少 1 个协整向量	0.144315	42.89793(0.0009)*	23.84559(0.0202)*
至少 2 个协整向量	0.087113	19.05234(0.0139)*	13.94498(0.0561)
至少 3 个协整向量	0.032830	5.107366(0.0238)*	5.107366(0.0238)*

注：*表示在 5% 的显著性水平下拒绝原假设。

从表 4-10 的结果来看，虽然迹检验和最大特征值检验的结果不一致，但可以肯定的是所选取的 4 个变量之间是存在着协整关系的，因此我们可以构建 VAR 模型进而进行脉冲—响应分析了。我们对货币供应量（MON）施加一个标准差的冲击，观察至 24 期，三个价格指数的响应结果如图 4-9 所示。

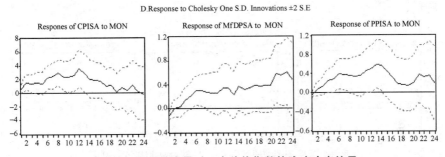

图 4-9　货币供应量对三个价格指数的脉冲响应结果

从图 4-9 中可以发现，在第 12 期的时候，CPISA 对货币供应量的一个正冲击产生最大的响应（$\theta_{24}^{(12)} = 0.352209$），此后 CPISA 对货币供应量的响应逐渐下降；在第 9 期的时候，原材料、燃料和动力购进价格（MFDPSA）对货币供应量的一个正冲击产生局部最大的响应（$\theta_{24}^{(9)} = 0.293127$），此后 MFDPSA 对货币供应量的响应有所增强；在第 13 期的时候，PPISA 对货币供应量的一个正冲击产生最大的响应（$\theta_{24}^{(13)} = 0.592511$），此后 PPISA 对货币供应量的响应逐渐下降。从这个结果来看，CPI 对货币供应量的反应更为迅速一些，而原材料、燃料和动力购进价格的反应程度更大，三个指标都可以提供转折信息。

接下来，我们试图用货币供应量（MON）、经调整后的出口总值（EXPORTSA）、经调整后的进口总值（IMPORTSA）、经调整后的外商直接投资（FDISA）、净出口（NEXP）和外汇储备（RESERVE）构建一个 VAR 模型，滞后期选择 24 期，协整检验的结果如表 4-11 所示。

表 4-11　序列协整检验

原假设	特征根	迹统计量(P 值)	λ-max 统计量(P 值)*
0 个协整向量	0.501161	258.8265(0.0000)*	111.2757(0.0000)*
至少 1 个协整向量	0.275510	147.5509(0.0000)*	51.56596(0.0002)*
至少 2 个协整向量	0.244670	95.98491(0.0000)*	44.89618(0.0001)*
至少 3 个协整向量	0.183214	51.08872(0.0001)*	32.38050(0.0009)*
至少 4 个协整向量	0.107078	18.70822(0.0158)*	18.12102(0.0117)*
至少 5 个协整向量	0.003663	0.587204(0.4435)	0.587204(0.4435)

注：*表示在 5% 的显著性水平下拒绝原假设。

从表 4-11 的结果来看，迹检验和最大特征值检验的结果一致，所选取的 6 个变量之间是存在着协整关系的，因此我们对货币供应量（MON）施加一个标准差的冲击，观察至 24 期，五个对外指标的响应结果如图 4-10 所示。

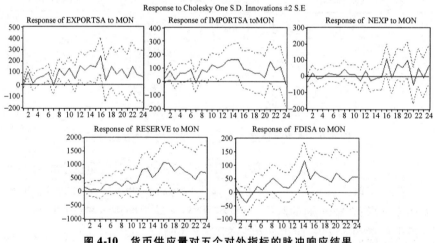

图 4-10　货币供应量对五个对外指标的脉冲响应结果

从图 4-10 中可以发现，对货币供应量施加一个正向冲击，净出口（NEXP）在前 15 期的影响比较小，并且这种反应或正或负，没有一个明显的响应方向，因此首先排除这一个指标。在第 16 期的时候，出口总值（EXPORTSA）对货币供应量的一个正冲击产生最大的响应（$\theta_{24}^{(16)}$ = 245.8119），此后它对货币供应量的响应逐渐下降；在第 14 期的时候，进口总值（IMPORTSA）对货币供应量的一个正冲击产生最大的响应（$\theta_{24}^{(14)}$ = 164.5632），此后它对货币供应量的响应逐渐下降；在第 16 期的时候，外汇储备（RESERVE）对货币供应量的一个正冲击产生最大的响应（$\theta_{24}^{(16)}$ =

1 065.451),此后它对货币供应量的响应总体上保持平稳下降;在第 14 期的时候,外商直接投资(FDI)对货币供应量的一个正冲击产生最大的响应($\theta_{24}^{(14)} = 116.5055$),此后它对货币供应量的响应总体上保持平稳。从这个结果来看,外汇储备反应相对比较迅速,但出口总值、进口总值和外商直接投资可以提供转折信息。

然后,我们试图用货币供应量(MON)、经调整后的社会消费品零售总额(SCSTSA)和经调整后的批发零售贸易业商品销售总额(WSSTSA)构建一个 VAR 模型,滞后期选择 24 期,协整检验的结果如表 4-12 所示。

表 4-12 序列协整检验

原假设	特征根	迹统计量(P 值)	λ-max 统计量(P 值)*
0 个协整向量	0.206337	61.82629(0.0000)*	35.35774(0.0003)*
至少 1 个协整向量	0.124465	26.46855(0.0008)*	20.33679(0.0049)*
至少 2 个协整向量	0.039284	6.131758(0.0133)*	6.131758(0.0133)*

注:* 表示在 5% 的显著性水平下拒绝原假设。

从表 4-12 的结果来看,迹检验和最大特征值检验的结果都表明所选取的 3 个变量之间存在着协整关系,因此我们对货币供应量(MON)施加一个标准差的冲击,观察至 24 期,这两个消费指标的响应结果如图 4-11 所示。

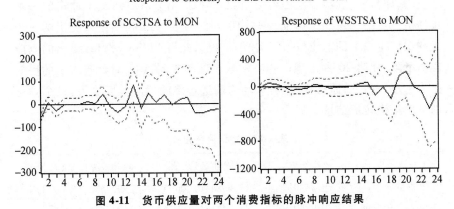

图 4-11 货币供应量对两个消费指标的脉冲响应结果

从图 4-11 中可以发现,在第 2 期,经调整后的批发零售贸易业商品销售总额(WSSTSA)对货币供应量的一个正冲击就产生一个显著的响应($\theta_{24}^{(2)} = 40.91180$),第 3 期,这种响应暂时下降,然后从第 4 期到第 14 期,这种响应总体上一直保持稳定($\theta_{24}^{(3)} = 32.93445$,$\theta_{24}^{(14)} = 27.87094$),此后反复变动;而经调整后的社会消费品零售总额(SCSTSA)在开始 1 期有所反复,此后呈现先上升后稳定的形态,在第 13 期产生最大的响应($\theta_{24}^{(13)}$ = 80.47382),此后它对货币供应量的响应逐渐下降。从这个结果来看,批发零售贸易业商品销售总额反应虽然比较迅速,但无法提供一个转折性信号,而社会消费品零售总额则可以较为明显地体现出这种转折。

二、财政政策监控指标分析

用财政支出(PFE)替换前文分析中的货币供应量,依次进行协整检验、构建 VAR 模型进行脉冲—响应分析,由于我国的财政支出具有明显的季节性特征,需要对财政支出进行 X11 季节调整。

首先,我们试图用调整后的财政支出(PFESA)、经调整后的消费者价格指数(CPIsa)、经调整后的工业品出厂价格指数(PPIsa)、经调整后的原材料燃料动力购进价格指数(MFDPsa)构建一个 VAR 模型,滞后期选择 24 期,协整检验的结果如表 4-13 所示。

从表 4-13 的结果来看,所选取的 4 个变量之间是存在协整关系,我们对财政支出(PFESA)施加一个标准差的冲击,观察至 24 期,三个价格指数的响应结果如图 4-12 所示。

从图 4-12 中可以发现,在第 13 期的时候,CPISA 对财政支出的一个正冲击产生最大的响应($\theta_{24}^{(13)}$ = 0.265469),此后 CPISA 对财政支出的响应逐渐下降;原材料、燃料和动力购进价格(MFDPSA)对财政支出冲击的一个正冲击产生的响应趋于增强;在第 10 期的时候,PPISA 对财政支出的一个正冲击产生最大的响应($\theta_{24}^{(10)}$ = 0.707429),此后 PPISA 对财政支出的响应逐渐下降,在第 20 期出现反弹。从这个结果来看,CPI 对财政支出的反应更为迅速一些,而原材料、燃料和动力购进价格的反应程度更大,三个指标都可以提供转折信息。

表 4-13 序列协整检验

原假设	特征根	迹统计量(P 值)	λ-max 统计量(P 值)*
0 个协整向量	0.442013	117.0984(0.0000)*	89.26326(0.0000)*
至少 1 个协整向量	0.098019	27.83518(0.0828)	15.78381(0.2377)
至少 2 个协整向量	0.069848	12.05137(0.1545)	11.07839(0.1503)
至少 3 个协整向量	0.006339	0.972982(0.3239)	0.972982(0.3239)

注:*表示在 5% 的显著性水平下拒绝原假设。

接下来,我们试图用调整后的财政支出(PFESA)、经调整后的出口总

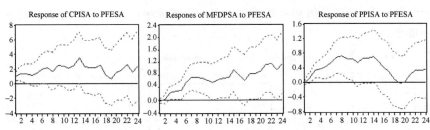

图 4-12　财政支出对三个价格指数的脉冲响应结果

值(EXPORTSA)、经调整后的进口总值(IMPORTSA)、经调整后的外商直接投资(FDISA)、净出口(NEXP)和外汇储备(RESERVE)构建一个 VAR 模型,滞后期选择 16 期,协整检验的结果如表 4-14 所示。

表 4-14　序列协整检验

原假设	特征根	迹统计量(P 值)	λ-max 统计量(P 值)*
0 个协整向量	0.388026	232.8598(0.0000)*	79.06144(0.0000)*
至少 1 个协整向量	0.319301	153.7984(0.0000)*	61.92630(0.0000)*
至少 2 个协整向量	0.296690	91.87209(0.0000)*	56.66508(0.0000)*
至少 3 个协整向量	0.110160	35.20701(0.0108)*	18.79086(0.1031)
至少 4 个协整向量	0.086772	16.41615(0.0362)*	14.61398(0.0440)
至少 5 个协整向量	0.011131	1.802171(0.1794)	1.802171(0.1794)

注:*表示在 5% 的显著性水平下拒绝原假设。

从表 4-14 的结果来看,虽然迹检验和最大特征值检验的结果不一致,但所选取的 6 个变量之间是存在着协整关系的,因此我们对财政支出(PFESA)施加一个标准差的冲击,观察至 24 期,五个对外指标的响应结果如图 4-13 所示。

从图 4-13 中可以发现,对财政支出施加一个正向冲击,出口总值(EXPORT)、净出口(NEXP)和外汇储备(RESERVE)没有明显的反应趋势;进口总值的反应总体上是正向的,但也是起伏不定,在第 3 期的时候,它产生一个较大的响应($\theta_{24}^{(3)} = 94.50609$),此后这种响应逐渐下降,到 13 期的时候,这种响应变成反向的,此后这种响应转为正向,在第 23 期的时候,又达到一个阶段性的正向响应最大值($\theta_{24}^{(23)} = 149.1388$),此后总体上响应减弱。在第 6 期,外汇储备(RESERVE)对财政支出的一个正冲击产生最大的响应($\theta_{24}^{(6)} = 6776.931$),此后这种响应虽有所起伏,但总体逐渐减弱;在第 6 期的时候,外商直接投资(FDISA)对财政支出的一个正冲击产生最大的响应($\theta_{24}^{(6)}=59.97267$),此后 PPISA 对财政支出的响应逐渐下降。从这个结果来看,进口总值和外商直接投资对财政支出的变化反应有比较明显的特征。

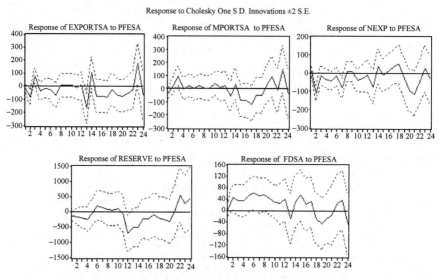

图 4-13 财政支出对五个对外指标的脉冲响应结果

然后,我们试图用财政支出(MON)、经调整后的社会消费品零售总额(SCSTSA)和经调整后的批发零售贸易业商品销售总额(WSSTSA)构建一个 VAR 模型,滞后期选择 24 期,协整检验的结果如表 4-15 所示。

表 4-15 序列协整检验

原假设	特征根	迹统计量(P 值)	λ-max 统计量(P 值)*
0 个协整向量	0.353429	84.8538(0.0000)*	66.71902(0.0000)*
至少 1 个协整向量	0.100254	18.13481(0.0196)*	16.16341(0.0248)*
至少 2 个协整向量	0.012802	1.971392(0.1603)	1.971392(0.1603)

注:*表示在 5%的显著性水平下拒绝原假设。

从表 4-15 的结果来看,所选取的 3 个变量之间存在着协整关系,因此我们对财政支出(PFESA)施加一个标准差的冲击,观察至 24 期,这两个消费指标的响应结果如图 4-14 所示。

从图 4-14 中可以发现,经调整后的社会消费品零售总额(SCSTSA)对财政支出的一个正冲击在 1 至 9 期基本没有响应,且后期时正时负,在第 6 期产生最大的正向响应($\theta_{24}^{(6)}=17.01951$),在第 19 期产生最大的正向响应($\theta_{24}^{(19)}=201.1973$);而经调整后的批发零售贸易业商品销售总额(WSSTSA)

对财政支出的一个正冲击在 1 至 11 期基本没有响应,且后期时正时负,在第 21 期产生一个正向的最大响应($\theta_{24}^{(21)} = 1\,261.410$),此后这种响应向相反的方向逐渐上升。从这个结果来看,社会消费品零售总额和批发零售贸易业商品销售总额反应虽然迟钝,但在后期可以比较明确地提供一个转折性信号。

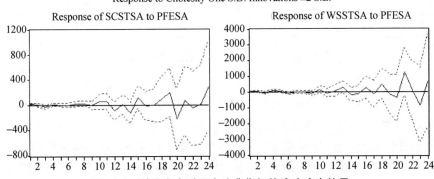

图 4-14　财政支出对两个消费指标的脉冲响应结果

三、汇率政策监控指标分析

用同样的方法,用人民币对美元的实际汇率(R)对不同指标进行分析,其中实际汇率是用人民币对美元的名义汇率与两国同期的 CPI 计算而得到的。

首先,我们试图用实际汇率(R)、经调整后的消费者价格指数(CPIsa)、经调整后的工业品出厂价格指数(PPIsa)、经调整后的原材料燃料动力购进价格指数(MFDPsa)构建一个 VAR 模型,滞后期选择 15 期,协整检验的结果如表 4-16 所示。

表 4-16　序列协整检验

原假设	特征根	迹统计量(P 值)	λ-max 统计量(P 值)[*]
0 个协整向量	0.215801	76.87413(0.0000)[*]	39.38106(0.0000)[*]
至少 1 个协整向量	0.124287	37.49307(0.0054)[*]	21.50020(0.0444)[*]
至少 2 个协整向量	0.070238	15.99287(0.0421)[*]	11.79795(0.1185)
至少 3 个协整向量	0.025562	4.194924(0.0405)[*]	4.194924(0.0405)

注:[*] 表示在 5% 的显著性水平下拒绝原假设。

从表 4-16 的结果来看,虽然迹检验和最大特征值检验的结果不一致,但所选取的 4 个变量之间是存在协整关系的,我们对实际汇率(R)施加一个标准差的冲击,观察至 24 期,三个价格指数的响应结果如图 4-15 所示。

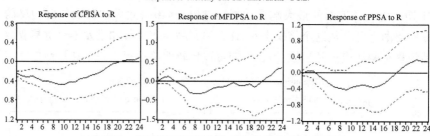

图 4-15 实际汇率对三个价格指数的脉冲响应结果

从图 4-15 中可以发现,在第 8 至 9 期的时候,CPISA、原材料、燃料和动力购进价格(MFDPSA)和 PPSA 三个指标对实际汇率的一个正冲击产生的响应都达到一个反向的最大值,此后都在响应方向上发生转折。但 CPI 一开始的变化会大一些,这可能是因为 CPI 中统计了部分进口商品价格的影响。

接下来,我们试图用实际汇率(R)、经调整后的出口总值(EXPORT-SA)、经调整后的进口总值(IMPORTSA)、经调整后的外商直接投资(FDI-SA)、净出口(NEXP)和外汇储备(RESERVE)构建一个 VAR 模型,滞后期选择 15 期,协整检验的结果如表 4-17 所示。

表 4-17 序列协整检验

原假设	特征根	迹统计量(P 值)	λ-max 统计量(P 值)*
0 个协整向量	0.279696	131.7217(0.0000)*	53.14926(0.0010)*
至少 1 个协整向量	0.172720	78.57242(0.0085)*	30.71724(0.1139)
至少 2 个协整向量	0.115475	47.85518(0.0500)*	19.87814(0.3497)
至少 3 个协整向量	0.100410	27.97704(0.0799)	17.14231(0.1654)
至少 4 个协整向量	0.064095	10.83473(0.2218)	10.73113(0.1682)
至少 5 个协整向量	0.000639	0.103602(0.7475)	0.103602(0.7475)

注:* 表示在 5% 的显著性水平下拒绝原假设。

从表 4-17 的结果来看,虽然迹检验和最大特征值检验的结果不一致,但所选取的 6 个变量之间是存在着协整关系的,因此我们对实际汇率(R)施加一个标准差的冲击,观察至 24 期,五个对外指标的响应结果如图 4-16 所示。

从图 4-16 中可以发现,对实际汇率施加一个正向冲击,出口总值、进口总值反应并不灵敏,因此首先排除这两个指标。在第 9 期的时候,净出口有一个正向的最大响应($\theta_{24}^{(9)} = 47.46569$),此后这种响应逐渐减弱。外汇储备(RESERVE)的响应特征最为明显,在第 3 期的时候,它产生一个局部最大的正向响应($\theta_{24}^{(3)} = 615.8413$),此后响应逐渐减弱,并在第 11 期增强;而外商直接投资(FDISA)的响应特征也较为明显,在第 7 期的时候,它

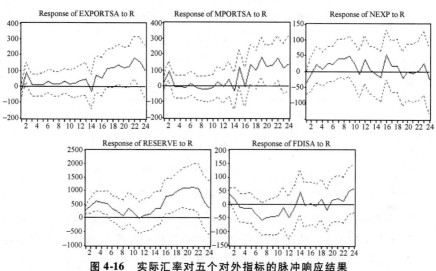

图 4-16　实际汇率对五个对外指标的脉冲响应结果

产生一个最大的反向响应($\theta_{24}^{(7)} = -57.09985$),此后响应转向。从这个结果来看,净出口、外汇储备和外商直接投资对实际汇率变化的反应有比较明显的特征。

然后,我们试图用实际汇率(R)、经调整后的社会消费品零售总额(SCSTSA)和经调整后的批发零售贸易业商品销售总额(WSSTSA)构建一个 VAR 模型,滞后期选择 15 期,协整检验的结果如表 4-18 所示。

表 4-18　序列协整检验

原假设	特征根	迹统计量(P 值)	λ-max 统计量(P 值)*
0 个协整向量	0.216928	57.08755(0.0000)*	39.61400(0.0001)*
至少 1 个协整向量	0.067014	17.47355(0.0249)*	11.23718(0.1427)
至少 2 个协整向量	0.037765	6.236370(0.0125)*	6.236370(0.0125)

注:*表示在 5% 的显著性水平下拒绝原假设。

从表 4-18 的结果来看,虽然迹检验和最大特征值检验的结果不一致,但所选取的 3 个变量之间是存在着协整关系的,因此我们对实际汇率(R)施加一个标准差的冲击,观察至 24 期,这两个消费指标的响应结果如图 4-17 所示。

从图 4-17 中可以发现,经调整后的社会消费品零售总额(SCSTSA)对实际汇率的一个正冲击在 1 至 12 期基本保持一个稳定的状态,而后期则时正时负,在第 22 期产生最大的正向响应($\theta_{24}^{(22)} = 85.25942$);而经调整后的批发零售贸易业商品销售总额(WSSTSA)对财政支出的一个正冲击在 1

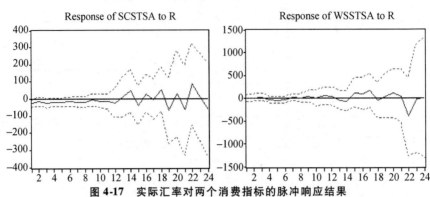
图 4-17　实际汇率对两个消费指标的脉冲响应结果

至 12 期基本没有响应,且后期时正时负,在第 22 期产生最大的负向响应($\theta_{24}^{(22)} = 406.5174$)。从这个结果来看,社会消费品零售总额虽然反应不是很迅速,但可以较明确地提供一个转折性信号。

四、各种政策监控指标的选择

根据上文的分析,我们把各类指标对各类政策的监控特征按明显与否,总结为表 4-19。结合前一部分分析的结果,全社会固定资产投资完成额对货币政策敏感,就业指标无论对哪一个政策均不敏感,因此,在应对突发冲击实施某种宏观调控措施时,必须对这些反应特征明显的指标进行监控,这种监控至少应该在响应方向、响应程度和响应时间三个维度(多长时间会作何响应)进行。

表 4-19　不同指标对不同政策作用反应的特征明显性

	CPI	PPI	MFDP	EXPORT	IMPORT	NEXP	RESVER	FDI	SCST	WSST
货币供应	●	●	●	●	●	○	◎	◎	◎	○
财政支出	●	●	●	○	◎	○	○	●	○	◎
实际汇率	●	●	○	○	●	◎	●	○	○

注:● 明显;◎ 比较明显;○ 不明显。

仍然存在的问题是:这些指标是分别指派给不同的政策,还是只要反应明显就应该作为某种政策的监控指标? 如果同时采用多种政策,从表 4-19 中我们发现,可以把净出口和外商直接投资指派给实际汇率政策;而把批发零售贸易业商品销售总额指派给财政政策,外汇储备对财政支出的敏感性由于作用机制比较间接,并不需要监控;而价格指数和全社会固定资产投资完成额更应该指派给货币政策。

第五章 我国现有应急预案及应对突发冲击的宏观调控效果评价

第一节 我国现有应急预案

从理论上讲,应急预案和应对突发冲击的宏观调控预案并不能等同,前者的范围比后者大。具体而言,一方面,"应对突发冲击"强调的是对外在冲击的应对,而"应急"要应对的可能是外在的冲击,也可能是内在的紧急情况;另一方面,我们讨论的"应对突发冲击的宏观调控预案"强调的是在应对突发冲击时的宏观经济调控预案,这些预案肯定属于应急预案,但应急预案包括的内容应该更为广泛,可能包括一些地区的、行业的和微观层面的预案内容。学术界以及在实际应对突发冲击时,更多地采用"应急预案"这样的表述,专门的"应对突发冲击的宏观调控预案"比较少,因此,有必要对突发冲击背景下的应急预案进行归纳,把其中应对突发冲击的宏观调控相关的内容提取出来进行梳理。

一、突发冲击应急预案现状

经济转轨、社会转型、利益重新调整,导致社会结构剧烈变动,加之各方面影响,使得不确定、不安全、不稳定因素不断增加。正是在这一背景下,2006年1月8日,国务院正式发布《国家突发公共事件总体应急预案》(以下简称《应急预案》)。它明确了各类突发公共事件的分级分类和预案框架体系,规定了国务院应对特别重大突发公共事件的组织体系、工作机制等内容,是指导预防和处置各类突发公共事件的规范性文件。

《应急预案》所称的突发公共事件,是指突然发生,造成或者可能造成重大人员伤亡和财产损失,生态环境破坏和严重社会危害,危及公共安全的紧急事件。《应急预案》将突发公共事件主要分成四类:

(1)自然灾害——主要包括水旱灾害、气象灾害、地震灾害、地质灾害、海洋灾害、生物灾害和森林草原火灾等；

（2）事故灾难——主要包括工矿商贸等企业的各类安全事故、交通运输事故、公共设施和设备事故、环境污染和生态破坏事件等；

（3）公共卫生事件——主要包括传染病疫情、群体性不明原因疾病、食品安全和职业危害、动物疫情，以及其他严重影响公众健康和生命安全的事件；

（4）社会安全事件——主要包括恐怖袭击事件、经济安全事件和涉外突发事件等。

按照各类突发公共事件的性质、严重程度、可控性和影响范围等因素，《应急预案》将突发公共事件分为四级，即Ⅰ级（特别重大）、Ⅱ级（重大）、Ⅲ级（较大）和Ⅳ级（一般）。

实施《应急预案》，建立健全社会预警体系和应急机制，对于提高预防和处置突发公共事件的能力，预防和减少各类突发公共事件及其造成的损失，保障公众的生命财产安全和维护社会稳定，促进经济社会全面协调的可持续发展，具有十分重要的意义。2007年8月30日，《中华人民共和国突发事件应对法》颁布，并于2007年11月1日正式施行；2009年3月20日，国家安全生产监督管理总局审议通过了《生产安全事故应急预案管理办法》（国家安全监管总局令第17号）并于2009年5月1日起施行。由此，全国范围内的应急管理形势进入了一个新的发展时期。

按照不同的分类标准，应急预案的分类情况也不同。除了按照应急管理的对象划分（《应急预案》）以外，按照应急预案的编制和执行主体还可以分为国家级应急预案、省级应急预案、县市级应急预案和社区、企业级应急预案；根据应急预案的功能和目标还可以分为总体应急预案、专项应急预案和部门应急预案。应急预案的不同划分标准是可以结合的，比如国家级应急预案可以有国家总体应急预案、国家专项应急预案和国家部门应急预案。另外，国家级应急预案也可以有自然灾害应急预案、事故灾难应急预案、公共卫生事件应急预案和社会安全事件应急预案。国家和各级政府制订的应急预案之间并不矛盾，地方政府制订的应急预案中规定了事故严重时上报上一级政府或者国家的程序，而在国家预案中也规定了地方政府的职责。

目前，全国应急预案体系包括国家突发公共事件总体应急预案1件，国家专项预案28件，国务院各部门预案86件，以及各级地方政府应急预案、企事业单位应急预案和举办大型活动应急预案等多层次、多种类预案总计240多万件,基本建立了横向到边、纵向到底的预案体系。① 同时,随着军队处置突发事件总体应急预案、军队参加抢险救灾条例等的颁布实施,人民军队对地方的支援不断加强。制订和修订应急预案已成为加强预防工作、建设我国应急管理体系的基础性工作,预案的操作性和实战性明显增强。

二、现有各类突发冲击应急预案的特点

对应急预案进行评估可以保障其实际操作性。针对不同领域和不同事项的应急预案的评估指标显然各不相同,但在动态综合评估工作中,有三个具有普适性的指标需要重点把握。

(1) 科学性。科学性是保证应急预案实际操作性的重要前提。动态评估应急预案的科学性需要综合考量各种因素,主要包括:对突发事件的科学认识,正确的减灾认识,科学的分类分级;各领域专家的实际参与;对突发事件的系统梳理,风险评估与脆弱点分析,应急预案体系的科学编制,计划预案的合理衔接;合理的应急组织体系,妥善的分工合作,指挥决策科学;处置程序严密且逻辑合理,处置迅速有序;资源布局合理,调度科学;信息及时准确,传递畅通;奖惩制度严肃科学;等等。

(2) 完整性。应急预案是针对突发性问题而设计的,对于问题周全的考虑是整个应急预案的出发点和落脚点。动态评估应急预案的完整性需要综合考量的因素主要包括:应急预案的组织体系完备,针对情形相对完备,应对措施周全等。

(3) 灵活性。灵活性可以提高对突发事件的处置效率,是应急预案实际操作性的重要保障。动态评估应急预案的灵活性需要综合考量的因素主要包括:根据突发事件级别的变化随即做出合理的调整和应对;根据自然条件的变化灵活处置;根据资源的消耗灵活处置;根据事件发展过程中产生的新情况灵活处置;对意料之外的情况有效处置等。

从我国应急预案的发展过程来看,总体也是朝着动态综合评估指标的方向发展的,主要经历了从单项的应急预案到国家成体系的应急预案的发展阶段。从单项的应急预案来看,最初是在一些企事业单位,特别是高危行业,如煤炭、化工企业等行业的相关法律法规都要求制订应急预案,有的叫"事故应急救援预案",有的叫"灾害预防与处理计划",它们跟现在的应

---

① 钱春弦.中国应急预案体系基本建立各级应急预案逾240万件[N].http://news.xinhuanet.com/society/20 10-05/21/c_12128623.htm,2010年5月21日。

急预案有相似的地方,但也有不同。

同时,预案的制订向更加灵活的方向发展。根据国务院有关要求,交通运输部总结2008年抗击低温雨雪冰冻灾害和汶川特大地震抗震救灾经验,修订并公布了《公路交通突发事件应急预案》,2005年原交通部发布的《公路交通突发公共事件应急预案》同时废止。新公布的预案是交运部应对特别重大公路交通突发事件的规范性文件,也是全国公路交通突发事件应急预案体系的总纲和总体预案。与原预案相比,新预案明确了公路交通应急预案的定位,理清了应急预案体系,确定了应急管理机构的组成和职责,丰富了应急运行机制,提高了预案的可操作性和执行力,强化了应急保障能力建设。

我国在应对重大突发冲击的宏观调控过程中,应急预案从无到有、从局部到全面,发挥了越来越重要的作用,但我们也发现存在很大的不足,主要有以下几点:

1. 政府应对突发事件的管理缺乏有效的协调机制

总的说来,20世纪80年代及以前,我国基本上没有较为系统全面的应对突发冲击的宏观调控预案。直到20世纪90年代,逐步开始制订调控预案。从在2003年"非典"之后,我国逐渐认识到应对突发冲击的宏观调控预案体系的重要性,并开始逐步建立我国的突发冲击宏观调控预案体系。"非典"期间我国政府及时出台了《突发公共卫生事件应急处理条例》及司法解释、《传染性非典型肺炎防治管理办法》,并发布了一系列的预案,初步建立了我国的公共卫生事件调控预案与防治体系,使防治工作有法可依,并在随后的禽流感疫情中发挥了重要的作用。2006年1月,我国政府颁布了《国家自然灾害救助应急预案》,2007年11月1日《中华人民共和国突发事件应对法》开始施行,2008年5月1日《中华人民共和国政府信息公开条例》开始施行。可以说,我国应对突发冲击的宏观调控预案建设已经初步形成体系,但这些预案往往将责任分割于各部门、各地方和各产业,而强调各部门之间协调的整体性宏观调控预案制订相对滞后,当然在当前国家部门分割的体系下,协调不同的部门可能十分困难。虽然《中华人民共和国突发事件应对法》已正式实施,明确了我国要建立统一领导、综合协调、分类管理、分级负责、属地管理为主的应急管理体制,但是2008年的雪灾和近年来多次地震所暴露出的问题表明,现有的应急体制还亟待进一步完善。

目前,不论是国家层面还是地方层面或者是部门的各类应急预案,都只针对特定的突发事件,而"复合性突发事件"很容易扩大突发事件所造成的消极影响。尽管是低级别的突发事件,如果两种以上同时发生,可能就会导致预警级别的提高。我国目前的预案是分级的,国家级预案的启动要涉及两个以上的省份,地域上划清楚了,但破坏性是复杂发散的。因为突发冲击往往具有一定的不可预测性,发生时又具有很大的破坏性,有时很难具体归口到某一部门,这就需要有专门机构来协调各部门共同应对。特别是当突发冲击造成重大破坏性损失时,单个地方政府或部门也难以应对,需要有更高级别的调控预案体系发挥作用。在这方面,宏观调控预案体系的建设要予以充分考虑。

2. 预案设计重事后管理,轻事前预防

"非典"疫情中暴露出我国公共卫生体系建设方面的薄弱,2008年冰雪灾害则暴露出我国南方电网建设、电煤储运、交通运输、道路建设等方面的隐患。就已有的宏观调控预案来看,预案的设计往往强调事后的应急管理,即发生了突发冲击之后的救援与重建。但许多突发冲击的预防机制或许更重要,它可以有效地控制突发冲击的发展蔓延,从而避免不必要的损失。在这一方面,我国的宏观调控预案设计还存在不足。当然,这需要宏观调控部门进行通盘考虑,本着前瞻性原则,加强预防体系和预防机制的建设。

3. 在制订的部分预案的内容还不完善

在制订的时候,宏观调控预案应该尽可能地把突发冲击的各种情况都考虑到,内容上不能有漏洞,要有包括针对各类突发冲击的专门预案,在这方面我们还有待加强。比如,2008年低温雨雪冰冻灾害以前,我国没有一部专门的国家级雪灾专项调控预案。汶川地震时虽然有地震等自然灾害预案,但是却缺乏能够应对如此巨大破坏性的巨灾调控预案。这都导致我们在实际执行预案时,出现了许多意想不到的情况。因此,预案内容的制订要求全面、灵活、具有可操作性,在这方面我们还有待加强。

第二节 我国应对突发冲击的宏观调控效果评价

一、我国应对重大突发冲击的宏观调控案例

(一) 案例选取原则

在选取案例时,要充分考虑这些案例的类型,以便我们对宏观调控的特点和效果进行总结与评价。因为不同类型的突发冲击具有不同的特点,在选取案例时应从每一种类型中选择比较典型的事件,以凸显出不同类型突发冲击的差异性和特殊性,从而便于区分和辨析不同类型突发冲击宏观调控的不同特点和效果。如最近30年,我国发生的一系列突发冲击基本可以分为三类:自然灾害、公共卫生事件和经济事件。每一类突发冲击都具有不同的特点,针对不同类别突发冲击的特点,所采取的宏观调控工具和手段也有很大的差异。

此外,突发冲击案例的选取还应基于影响面的考虑,突出全国性的特点。如果在影响性上只集中于某些区域,所反映出的数据只能说明地区性的问题,而不能用来评估对全国的整体影响。如自然灾害类选择2008年雪灾、汶川地震这样在全国范围内都有很大影响的事件,更能全面反映国家宏观调控的特点和效果。

(二) 各种类型的突发冲击简介

1. 自然灾害冲击

(1) 2008年低温雨雪冰冻灾害

从2008年1月中旬到2月上旬,我国南方地区连续遭受四次低温雨雪冰冻极端天气的袭击,总体强度为五十年一遇,其中贵州、湖南等地为百年一遇。这场极端灾害性天气影响范围广,持续时间长,灾害强度大。全国先后有20个省(区、市)和新疆生产建设兵团不同程度受灾。低温雨雪冰冻灾害给电力、交通运输设施带来极大的破坏,给人民群众生命财产和工农业生产造成重大的损失:交通运输严重受阻,京广、沪昆铁路因断电运输受阻,京珠高速公路等"五纵七横"干线近2万公里瘫痪;电力设施损毁严重,持续的低温雨雪冰冻造成电网大面积倒塌断线,13个省(区、市)输配电系统受到影响,170个县(市)的供电被迫中断,3.67万条线路、2018座变电站停运;电煤供应告急,由于电力中断和交通受阻,加之一些煤矿提前放假和检修等因素,部分电厂电煤库存急剧下降;农业和林业遭受重创,农作物受灾面积达2.17亿亩,绝收3076万亩,秋冬种油菜、蔬菜受灾面积分别占全国的57.8%和36.8%;工业企业大面积停产,电力中断、交通运输受阻等因素导致灾区工业生产受到很大影响;居民生活受到严重影响,灾区城镇水、电、气管线(网)和通信等基础设施受到不同程度的破坏,人民群众的生命安全受到严重威胁。①

我国政府立即启动应急预案,进行灾害重建预案建设,并相应采取了多种措施。

---

① 张平.国务院关于抗击低温雨雪冰冻灾害及灾后重建工作情况的报告[R].中华人民共和国全国人民代表大会常务委员会公报,2008年4月22日.

低温雨雪冰冻灾害影响范围广,其防范应对工作涉及多个地区和部门,多个行业和领域,从国家总体预案到专项预案,从国家部门预案到地方预案,应急预案体系在抗击雨雪冰冻灾害中发挥了重要作用。国务院应急办2007年12月11日就印发通知,要求有关地区和部门按照预案要求,认真检查落实各项应对措施,对薄弱环节加强整改,并组织对相关落实情况进行了督查。此后,根据灾害发生发展情况及气象部门的趋势分析,先后9次发布预警信息,发出有关通知。2008年1月14日,发改委启动跨部门协调机制,部署增产和抢运电煤工作。2008年1月18日,铁路部门提前5天进入春运,公安、交通部门相继启动交通应急管理。中国气象局建立了低温雨雪冰冻等专业动态监测预报系统和预警发布机制,各级气象部门提前24小时到72小时做出预报,并加强实时监测,加密观测频次,对重点省份实行一对一监测预报。交通、铁道、民航、公安、电力监管等部门纷纷启动应急预案,成立指挥机构,及时派出工作组深入灾区一线指导工作。民政、财政部门、红十字会迅速开展灾害救助。发展改革、商务部门全力提供物资保障,满足市场供应,平抑市场价格。农业部门及时指导农民开展抗灾救灾和生产自救活动。

灾害重建预案。2008年2月25日,国务院批准了煤电油运和抢险抗灾应急指挥中心组织制订的《低温雨雪冰冻灾后恢复重建规划指导方案》,对灾后重建的基本原则、总体目标和重点领域进行了总体规划,灾后重建工作迅速全面展开。应急预案的建设和有效使用,使灾害应对工作更加有备、从容、有序,大大减少了人民群众可能遭受的生命和财产损失。

加大财政资金的投入。优化金融服务,加大信贷支持力度。截至2008年4月22日,中央财政筹措恢复重建资金295.37亿元,紧急下拨中央自然灾害生活救助资金18.24亿元,安排救灾综合性财政补助资金10亿元,增拨重灾省份城乡低保对象临时补助7.1亿元。根据2008年3月26日国务院常务会议的决定,在2008年中央财政安排"三农"投入5 625亿元、基建投资739亿元的基础上,再增加中央财政性资金252.5亿元,用于农业和粮食生产,继续向受灾地区倾斜。[①] 2008年1月31日,中国人民银行紧急下发《关于抗御严重雨雪冰冻灾害做好金融服务工作的通知》(以下简称《通知》),要求加大对抗灾救灾必要的信贷支持力度,尽快下达安排一季度分支机构贷款指导计划,保证符合条件的贷款及时发放到位。

---

① 中国网.国务院向人大常委会报告雪灾抗灾及重建工作[N]. http://www.china.com.cn/news/txt/2008-04/22/content_14997317_2.htm,2008年4月22日.

根据《通知》,中国人民银行将紧急安排50亿元支农再贷款,重点用于向重灾区的中小金融机构发放支农救灾小额贷款。2008年1月29日,中国银监会向贵州、湖南、湖北、江西等17个受灾省区市银监局发出慰问信,同时要求其敦促辖内银行业金融机构克服困难,全力做好金融服务和保障工作,确保当地经济金融平稳正常运行。各金融机构全力开展抗灾救灾服务工作,不仅加大了信贷投入,而且以开展应急贷款、捐款等多种方式支援救灾工作。

2003年"非典"之后,刚刚建立起来的应急预案体系在这场历史上罕见的大范围低温雨雪冰冻灾害中,经受了一次实战检验,充分发挥了规范各方行动、有序调动资源、促进协调联动等重要作用。同时,应急预案体系也面临了一些严峻考验:各地工作进展不平衡,有的地方预案在应对类似此次持续低温雨雪冰冻灾害等几十年、上百年一遇的小概率突发事件方面,还有待完善;有些预案没有得到全面落实,一些地方应急体制不健全、机制不完善,特别是基层单位应急准备不足、先期处置能力较低。

(2) 2008年汶川地震

汶川地震是中华人民共和国自成立以来影响最大的一次地震,震级是继1950年8月15日西藏墨脱地震(8.5级)和2001年昆仑山大地震(8.1级)后的第三大地震,直接严重受灾地区达10万平方公里。这次地震危害极大,共遇难69 227人,受伤374 643人,失踪17 923人。2008年9月4日,国务院新闻办公室就四川汶川地震及其灾损评估情况举行发布会,公布了相关损失数据:汶川地震造成的直接经济损失达8 451亿元。[①] 汶川大地震引发的损失除了个人财产损失之外,还包括灾区的基础设施。受灾地区的企业厂房、设备受到严重损坏,同时由于交通、城市管网、供电等基础设施损毁惨重,即使受损较轻的企业也无法进行正常的生产经营活动。对汶川地震的宏观调控包括应急机制的启动以及财政政策和金融政策的调控。

为做好地震应急、抗震救灾工作,确实履行好救助系统在突发公共事件应急管理中的职责。2008年5月12日,总参谋部立即命令有关部队迅速展开抗震救灾工作,总参谋部指示有关抗震救灾部队,紧急灾情和有关情况可直接向设置在北京的指挥部报告,以减少指挥环节。2008年5月13日,总指挥温家宝再次召开国务院抗震救灾指挥部会议进行全面部署。

[①] 央视网.国新办就四川汶川地震及灾损评估情况举行发布会[N].http://news.cctv.com/china/20080904/10 2102.shtml.2008年9月4日.

2008年5月12日,成都市救助管理站迅速启动重特大事故、自然灾害、突发事件应急预案,细化抗震救灾应急方案;成立成都市救助管理站地震应急联动管理领导小组和领导小组办公室,作为成都市救助管理站地震应急联动管理工作的指挥决策机构,负责研究制定救助站地震应急管理工作方针、政策和规划,在救助站职责范围内,处理由地震引起的各类突发公共事件,指导全市救助系统开展地震应急救助管理工作。按照统一指挥、分级分类处置的原则,根据救助业务的工作特点,明确各部门抗震救灾的工作任务。

财政政策包括:① 财政部门及时下拨抗震救灾资金。汶川地震发生后,财政部连夜召开部长办公会议,专门研究部署支持做好抗震救灾工作,迅速启动财政一级应急预案,及时拨付抗震救灾资金。截至2008年8月14日12时,各级财政部门共投入抗震救灾资金644.1亿元。中央财政投入574.12亿元,其中:应急抢险救灾资金250.92亿元,灾后恢复重建资金323.2亿元;地方财政投入69.98亿元。同时调整政府预算,筹集恢复重建基金。2008年6月24日,十一届全国人大常委会第三次会议听取和审议了国务院关于提请审议2008年中央预算调整草案的议案。② 转移支付政策对口支援受灾地区。在汶川震灾后恢复重建对口支援方案中,19个省份将对口支援四川省18个县(市),以及甘肃省、陕西省受灾严重地区。各支援省市每年对口支援实物工作量按不低于本省市上年地方财政收入的1%考虑,连续支援3年。③ 出台社会保障政策,保障受灾人员的基本生活。根据国务院决定,民政部、财政部、住房和城乡建设部等部门抓紧研究制定了中央临时生活救助、后续生活救助、倒损房屋恢复重建等政策。临时生活救助政策规定,中央财政对因灾"三无"人员(无房可住、无生产资料和无收入来源的困难群众)按每人每天补助10元钱和1斤成品粮,"三孤"人员(孤儿、孤老、孤残)每人每月补助600元的标准给予补助,补助期限为3个月。为此,中央财政共安排四川、陕西、甘肃、重庆、云南五省市临时生活救助资金82.74亿元。截至2008年年底,中央财政共下达汶川地震受灾群众生活救助资金417.94亿元,共救助受灾困难群众922.44万人,包括"三无"人员891.33万人和"三孤"人员31.11万人。[1] 2008年7月10日,四川省人民政府出台了《关于支持汶川地震灾后恢复重建政策措施的意见》(以下简称《意见》),决定实施失业救助、扩大养老保险支付

---

[1] 潘跃等.2008年中央财政下达汶川地震生活救助金417.94亿[N]. http://www.gov.cn/ztzl/kzjz/content_11 95460.htm,2009年1月5日.

范围、缓缴核销社会保险费以及建立临时生活救助等一系列社会保障措施,保障受灾困难人员的基本生活。在扩大养老保险支付范围方面,参加城镇企业职工基本养老保险的职工和个体参保人员,因灾非因工致残完全丧失劳动能力并符合规定的,可办理领取基本养老金手续;因灾非因工死亡的,丧葬费和一次性抚恤金纳入基本养老保险统筹基金支付范围。《意见》还提出缓缴、核销社会保险费。如因灾停产、歇业期间,单位和职工经批准可缓缴社会保险费,缓缴期间不征收滞纳金、不计利息,参保人员享受相应的社会保险待遇;因灾关闭破产企业欠缴的基本养老保险费,按国家有关规定适用破产财产清偿,不足部分按规定予以核销。《意见》还要求凡符合城乡低保条件的人员纳入保障范围,做到应保尽保、分类施保,并建立临时生活救助制度,"三无"受灾人员实施定期定量的临时救助。同时还要求继续实施对"三孤"人员的救助政策,提高农村五保对象和城市"三无"人员的供养标准。④ 落实对受灾地区和受灾行业的税收优惠政策。2008年5月19日,财政部、国家税务总局发出《关于认真落实抗震救灾及灾后重建税收政策问题的通知》,强调要认真贯彻落实好现行税收法律、法规中可以适用于抗震救灾和灾后重建的有关税收的优惠政策,主要包括企业所得税、个人所得税、房产税、契税、资源税、城镇土地使用税、车船税、进出口税收等。国务院2008年6月30日发布实施的《国务院关于支持汶川地震灾后恢复重建政策措施的意见》,出台了对受灾地区的税收优惠政策,共包括促进企业尽快恢复生产、减轻个人税收负担、鼓励社会各界支持抗震救灾和灾后恢复重建、促进就业四大类别十四条具体政策。

  金融政策包括:① 金融系统反应迅速,积极配合地方政府做好金融稳定工作。2008年5月13日,中国人民银行印发了《中国人民银行关于做好抗震救灾工作的紧急通知》,明确提出了十条政策措施,要求人民银行各司局、直属事业单位和各分支机构,及时启动相关业务系统的应急预案,认真做好抗震救灾信贷支持和金融稳定工作。2008年5月19日,中国人民银行会同银监会联合发布了《关于全力做好地震灾区金融服务工作的紧急通知》,决定对受地震灾害影响的重灾省市实施恢复金融服务的特殊政策。各大银行也紧急动员,纷纷推出针对受灾机构和受灾群众的特色应急金融服务。② 加大对受灾地区的信贷投入。2008年5月13日,中国人民银行行对受灾严重的四川、甘肃两省分别安排增加支农再贷款额度33亿元和22亿元,集中用于解决辖内商业银行和农村信用社等金融机构的支付头寸和流动性需求,支持及时增加抗灾救灾和灾后重建信贷投入。同时决定对受灾严重的成都、绵阳等六市(州)地方法人金融机构存款准备金率暂不上调(此前,为继续收缩流动性,中国人民银行曾宣布,从2008年5月20日起,全国存款类金融机构存款准备金率上调0.5个百分点)。2008年5月14日,中国人民银行成都分行下达支农再贷款额度15亿元,并对成都、绵阳两市各增加再贴现限额5亿元。同日,中国人民银行兰州中心支行对陇南市中心支行增加支农再贷款限额3亿元。随后,中国人民银行又多次向各灾区分支行增加支农再贷款限额,全力用于支持抗震救灾和灾后重建信贷投入。各金融机构也加大了对灾区的信贷投入,根据四川省银监局数据显示,截至2008年5月19日,各银行机构发放的灾后重建贷款已达35.89亿元[①],其中食品制造医药、电力、水利、农业、水泥、钢筋等行业获得信贷重点支持。

汶川地震发生后,国务院和各级人民政府采取的各种宏观调控措施,在抗灾救灾和灾后重建的过程中发挥了巨大的作用,保障了抗灾救灾和灾后重建工作的顺利进行。根据四川省政府2009年5月7日通报的汶川特大地震灾后重建情况,截至2009年5月4日,四川省永久性农房重建已开工124.8万户,完成重建任务的98.8%,农房的维修加固已于2008年年底基本完成,全省城镇住房已维修加固71.9万套,占总数的50.7%;已开工新建城镇永久性住房13.8万套,占总数的43.9%;纳入国家规划的39个重灾县(市、区)已开工建设学校2 448所,占需恢复重建数的73.3%;已开工建设医疗卫生机构800个,占需恢复重建数的46.1%;全省调剂宅基地1.2万亩、调整耕地2.3万亩,已实现市(州)内安置的,占应安置户数的99.7%。[②]

2. 公共卫生事件冲击

(1) 2003年"非典"事件

2003年年初,我国广东省首先发生传染性"非典"型肺炎(以下简称"非典")。2003年1月,广东省河源市、中山市发生两起医院和家庭聚集性不明原因肺炎病例,广东省卫生厅及时派出临床医学和流行病学专家进行临床和流行病学调查。经回顾性调查,最早的病例发生在2002年11月16日。2003年1月至2月期间,广西、湖南、四川三省分别有少数输入性病例报告。据卫生部统计,截至2003年8月16日10时,我国内地累计报

---

① 21世纪经济报道.特殊金融政策灾区落地,百亿重建贷款进行时[N]. http://finance.sina.com.cn/china/hgjj/20080522/01254895307.shtml,2008年5月22日.
② 四川省政府.汶川特大地震灾后重建情况[R]. http://www.chinanews.com/gn/news/2009/05-07/1680855.shtml,2009年5月7日.

告非典型肺炎临床诊断病例5 327例,治愈出院4 959例,死亡349例。①

"非典"在河源市发生后,有关部门从社会稳定的惯性思维出发,对疫情采取了隐瞒态度,在很大程度上造成了疫情的扩大趋势,并引发了社会恐慌,甚至使我国的国际形象受到损害。面对严峻的"非典"疫情,党中央、国务院果断采取了一系列宏观调控手段,逐步有效抑制了疫情的扩散。主要政策有:

① 健全法律法规。为了有效预防和控制"非典"的发生与流行,根据《传染病防治法》和《突发公共卫生事件应急条例》,卫生部2003年5月13日,发布了《传染性非典型肺炎防治管理办法》,将"非典"列入《传染病防治法》法定传染病管理,防治工作原则是预防为主、防治结合、分级负责、依靠科学、依法管理;规定了各级卫生行政部门、各级疾病预防控制机构、医疗机构、各级卫生监督机构在"非典"防治工作中的职责;规定了"非典"疫情报告、通报和公布的责任、方式、时限,预防控制、医疗救治措施以及卫生行政部门的监督指导和违反规定应承担的法律责任。

② 财政政策。2003年4月23日,国务院从年度财政预备费中拨出20亿元成立"非典"防治基金;2003年5月2日,财政部发出紧急通知,规定对农民和城镇困难群众中的"非典"患者实行免费医疗救治,救治费用由救治地政府负担;国务院决定自2003年5月1日起到2003年9月30日,对受"非典"影响比较严重的行业减免行政事业性收费;财政部紧急通知决定从2003年5月1日起到2003年9月30日,对受"非典"影响比较大的餐饮、饭店、旅游、娱乐、民航、公路客运、水路客运、出租汽车等行业减免城镇公用事业附加、城市教育费附加等15项政府性基金;2003年5月11日,财政部、国家税务总局发出通知,决定对航空业、旅游业、饮食业等受疫情直接影响的行业在2003年5月1日到2003年9月30日期间实行税收优惠政策;2003年5月13日,财政部再次发出紧急通知,决定对受"非典"疫情影响严重的中央民航和旅游企业的短期贷款给予财政贴息。2003年5月16日,国家旅游局、财政部联合发文,决定暂时退还旅行社部分质量保证金。税收方面的举措还有:2003年4月29日,财政部和国家税务总局发布《关于纳税人向防止"非典"型肺炎事业捐赠税前扣除问题通知》。

③ 金融政策。2003年5月20日,中国人民银行公布七项货币信贷措施,受"非典"疫情影响较大的行业、地区、企业和个人可获得贴息贷款、较

---

① 人民网.内地非典划句号[N].http://www.people.com.cn/GB/paper447/9936/912255.html,2003年8月17日.

低贷款利率等强有力货币信贷政策的支持。受"非典"疫情影响较大的市县,各金融机构可适当调整当地分支机构的贷款规模、存贷比例和相关绩效考核指标限制;对民航、旅游等受"非典"影响较大的行业积极发放财政贴息贷款;对部分有市场但因"非典"影响,经营暂时萎缩、资金临时周转困难的企业,商业银行将积极提供短期流动资金贷款,适当下调贷款利率;认真贯彻落实下岗失业人员再就业小额担保贷款政策,积极发放再就业小额担保贷款。① 从这次针对"非典"的宏观调控来看,政府动用的多层次、全国性的财政补贴、税收减免等手段,为改革开放以来所罕见。同时,货币信贷政策的跟进,也逐步成为以后应对突发冲击的常用宏观调控手段之一。

2003年6月2日,全国首次出现无新发病例报告,此后再无新增病例;6月13日,世界卫生组织将广东从"近期有当地传播"的名单上删除;6月24日,世界卫生组织宣布解除对北京的旅行警告,并从"近期有当地传播"的名单上删除,这标志着北京和全国防治"非典"的斗争取得了阶段性胜利。同时,"非典"冲击使宏观管理层认识到了我国突发冲击应急管理的薄弱,加快应急管理体系的建设刻不容缓。2003年5月9日,国务院根据《中华人民共和国传染病防治法》和有关法律的规定,在总结前阶段防治"非典"工作经验教训的基础上,借鉴国外的有益做法,制定并颁布《突发公共卫生事件应急条例》;2003年5月12日,卫生部以卫生部令的形式发布了《传染性"非典"型肺炎防治管理办法》,完善了疫情信息报告制度和预防控制措施;2006年1月8日,国务院发布《国家突发公共事件总体应急预案》;2007年8月30日,国务院发布《中华人民共和国突发事件应对法》,标志着我国针对突发冲击应对管理框架体系初步形成。

(2) 2003年及后续年份的禽流感

自2003年东南亚一些国家发生禽流感以来,中国周边多数国家陆续发生了禽流感疫情或从候鸟体内检测出人感染高致病性禽流感(H5N1)亚型禽流感病毒。中国卫生部追溯诊断2003年11月底的一个不明原因发热、肺炎病例为H5N1确诊病例。这是中国内地目前已知最早的经实验室确诊的人禽流感病例,也是在该轮禽流感疫情中全球发现最早的人禽流感病例。2004年,中国内地共有16个省份发生50起高致病性禽流感疫情;2005年,中国内地有13个省份发生32起疫情,其中青海发生1起候鸟疫

---

① 徐海军.落实扶持受"非典"影响旅游企业政策工作评述[R]. http://weixiaoan.blog.sohu.com/109026824.html,2003年5月27日.

情;2006 年,中国内地共有 7 个省份发生 10 起疫情。候鸟疫情涉及青海、西藏两个省区。根据世界卫生组织(WHO)2009 年 1 月公布的数据显示,自 2003 年 H5N1 疫情出现以来,全球已诊断出 392 例人感染禽流感的病例,其中 248 人死亡。在中国,共出现了 31 例人感染禽流感的病例,其中 21 人死亡。禽流感疫情对我国经济产生了较大影响,据国务院应急管理办公室统计,仅 2004 年 1 月 27 日至 7 月 28 日的半年时间内,禽流感疫情对禽肉进出口造成的直接经济损失就达 100 亿元人民币。禽流感病毒仍是对人类健康的一个现实威胁。尤其是对于我国来说,高致病禽流感的防控困难更大:

一是候鸟迁徙给我国防控工作带来严重隐患。全球八条候鸟迁徙路线有三条经过我国,候鸟迁徙路经省份多、涉及范围广,迁徙途中与禽类接触频繁,可能造成家禽感染,引发疫情。

二是我国家禽饲养量大。我国是世界第一养禽大国,家禽饲养量达 142.32 亿只,占世界总量的 20.83%。其中,水禽饲养量 37.35 亿只,占世界的 76%,发生和传播禽流感的几率较高。

三是我国家禽饲养以散养为主,饲养条件差、管理粗放、防疫难度较大。由于上述困难的存在,我国完全预防高致病性禽流感疫情的发生是不现实的。①

2004 年疫情发生后,我国采取了一系列措施有效地控制了疫情。主要包括:

① 建立协调机制。2004 年 1 月 20 日,农业部防治禽流感工作领导小组成立。2004 年 2 月 3 日,国务院成立了全国防治高致病性禽流感指挥部,下设七个工作机构,负责统一领导、指挥和协调全国禽流感防治工作。各省(区、市)也相应成立了防治指挥部和领导小组,负责本区域的禽流感防治工作。

② 建立较灵活性的预案。禽流感疫情发生后,国务院及时颁布了《全国高致病性禽流感应急预案》。按照预案规定,全国迅速建立了高致病性禽流感预测预警机制,启动了疫情零报告和日报告制度,及时掌握疫情信息。在高致病性禽流感期间,还建立了疫情发布制度,每日对社会公开发布疫情信息,让人民群众及时了解疫情动向,做好防范准备。国务院还制定了《全国高致病性禽流感疫情处置技术规范》,包括疫情报告、诊断、病

---

① 国务院应急管理办公室.全国防治禽流感疫情情况[R]. http://www.gov.cn/yjgl/2005-08/09/content_21395.htm,2005 年 8 月 9 日。

毒分离等各方面的工作,保证各项工作有序进行。同时对疫区发布封锁令和解除封锁等也作了详细规定,疫区从封锁到解除都有章可循。

③ 建立和完善了国家级和省级动物防疫物资储备制度。更规范地储备相应的防治高致病性禽流感应急物资。重点储备防护用品、消毒药品、消毒设备、疫苗、诊断试剂、封锁设施和设备等。

④ 财政政策。国家将高致病性禽流感防治资金纳入国家财政预算,扑杀病禽和同群禽由国家给予合理补贴,强制免疫疫苗费用由国家承担。相关职能部门严格落实各项工作措施,对发生的每起疫情,农业部直接派出专家组和工作组赴现场督促处理,对未发生疫情的省份的免疫情况和应急工作准备情况也进行了检查。国务院还专门派出督查组,分赴有关省区督促、检查和指导防治工作。在经费投入上,中央财政从 2005 年的预算总预备费中安排了 20 亿元,并设立了高致病性禽流感防控基金。国务院还出台了九项家禽业发展扶持政策,通过免征所得税、减免政府性基金和行政收费、增加流动资金贷款和财政贴息、救济困难农民等措施,促进家禽业持续健康地发展。有关部门还增加防疫经费投入,大力推进动物防疫体系建设,加快实施动物防疫重大工程项目,加大基层动物防疫设施建设力度,全面增强动物疫病免疫预防、应急反应和重点疫病控制为主的公共服务能力。

⑤ 金融政策。中国人民银行也多次下发通知,要求各金融机构全面落实疫情防控的有关政策规定。已经发生禽流感疫情地区的金融机构要按照"特事特办、急事急办"的原则,在贷款审批发放和资金调配清算等方面为疫情防控开辟方便快捷的通道;尚未出现疫情地区的金融机构要积极做好应急准备。通知要求,在疫情发生期间,各相关金融机构对重点家禽养殖企业、禽产品加工企业、禽流感疫苗定点生产企业加大流动资金贷款支持;对已经发放但尚未到期的流动资金贷款,要视企业实际困难适当延长还款期限,具体条件由贷款银行决定;对已经到期并发生流动资金贷款拖欠的受损企业,贷款银行免收贷款罚息;对上述三类企业应对禽流感疫情所需流动资金贷款,应及时给予必要的支持,确保疫情发生期间企业维持运转和基本生产的资金需要。同时,自 2005 年 11 月 1 日至 2006 年 6 月 30 日,国家财政按现行一年期流动资金贷款利率的一半对符合相关条件的防疫贷款给予贴息支持。《通知》同时明确,人民银行各分行、营业管理部、各省会(首府)城市中心支行对遭受禽流感疫情损失严重的地区,根据实际需要适当调增再贷款、再贴现限额;人民银行总行将根据实际需要对禽流感疫区内已经加入全国同业拆借市场的各商业银行授权分行持有的有价证券加大证券回购操作力度,及时满足其防控疫情的资金头寸调剂需求。

⑥ 国际合作。我国政府积极加强与联合国粮农组织、世界卫生组织、世界动物卫生组织等有关国际组织和周边国家的合作,积极开展科研方面的国际合作。

在应对禽流感的冲击过程中,应急机制发挥了重要作用。预案启动及时有效,应急保障充实可靠,为禽流感的防控工作打下了良好的基础,我国禽流感疫情得到了较好的控制。通过对外交流与合作,既提高了我国的防治工作水平,又得到了国际社会的理解和支持,树立了我国政府良好的国际形象。

3. 经济事件冲击

(1) 1988 年抢购风潮

计划经济时代,我国实行严格的价格管制,所有商品均实行政府统一定价,并用发放票证的方式解决商品短缺的问题。到 20 世纪 80 年代初,国家允许在完成计划的前提下,企业自销部分产品,其价格由市场决定。这样就产生了国家指令性计划的产品按国家规定价格统一调拨,企业自行销售的产品价格根据由市场所决定的双轨制。价格双轨制在一定程度上调动了企业和个人的生产积极性,活跃了市场,繁荣了社会经济。但同时也导致"官倒"现象的产生,一些掌握资源的人,通过各种途径拿到商品,再按高出其两三倍甚至更多的市场价出售,赚取差价,严重干扰了市场经济的运行。为了改变这种不正常的价格机制,政府决定实行"价格闯关",全面取消价格管制。1988 年 3 月,上海调整 280 种商品的零售价,这些商品大都属于小商品或日常生活必需品,价格涨幅在 20%—30% 之间。这一消息传出后,部分地区的民众出于对涨价的担忧,开始抢购商品,从而刮起 1988 年的第一波抢购狂潮。国营商场的肉、蛋、糖等副食品在很短的时间内就被抢购一空。上海在数日之内,商场里的食盐、食油、肥皂等日用消费品即告售罄。1988 年 5 月,国家决定放开 4 种主要副食品的零售价格,抢购之风又起,绝大部分商品的价格都随着抢购风潮而直线飙升。1988 年 7 月 28 日,国家决定对 13 种名烟名酒放开市场价格。自当天起,全国各大城市就出现了抢购名烟名酒的风潮。随后,抢购狂潮迅速席卷全国中小城市和部分乡村地区。1988 年 7 月,我国物价指数到达了 19.3%,创下改革开放以来的最高纪录;1988 年 8 月,我国社会商品零售总额达到 636.2 亿元,比上年同期增加 38.6%,扣除物价上涨因素,约增加 13%。①

---

① 人民网. 中国共产党 80 年大事记(1988 年)[R]. http://www.people.com.cn/GB/shizheng/252/5580/5581/20010612/487255.html.

为了应对这一复杂而又危险的局面,政府采取了一系列调控措施。

① 宏观调控与微观调控相结合,多种政策搭配的调控手段。1988年9月24日,国务院发出《国务院关于清理固定资产投资在建项目、压缩投资规模、调整投资结构的通知》(以下简称《通知》)。《通知》指出,为了抑制通货膨胀,为价格、工资改革创造条件,也为国民经济的发展保持必要的后劲,国务院决定开展一次全社会固定资产投资的清理工作。通过全面清理在建项目,做到大幅度压缩投资规模,进一步调整投资结构。这次清理对象包括全社会固定资产投资项目。1988年9月26日—30日,中共十三届三中全会在北京举行。全会批准了中央政治局提出的治理经济环境、整顿经济秩序、全面深化改革的指导方针、政策和措施。其主要措施包括:第一,压缩全社会固定资产投资,对重点企业采取倾斜政策;对涉外项目采取保护政策,合理调整投资结构。第二,控制消费基金的过快增长,特别要坚决压缩社会集团的购买力。第三,采取一系列措施稳定金融,严格控制货币发行并开辟多种渠道吸收社会游资,引导购买力分流。第四,克服经济过热的现象,放缓工业增长速度。

② 建立总体调控预案。1988年10月24日,国务院发布《关于加强物价管理严格控制物价上涨的决定》(以下简称《决定》)。《决定》指出,目前市场价格尚未完全稳住,一些商品的价格涨势未减。国务院要求进一步采取坚决有力的措施,加强物价管理,整顿市场秩序,严格控制物价上涨,确保1989年的物价上涨幅度明显低于1988年。为此,国务院作出了"坚决稳定群众生活基本必需品的价格"等九条规定。

通过一系列行之有效的调控政策,治理整顿取得了十分显著的效果。首先,通货膨胀得到控制,社会总供需矛盾趋于缓和;其次,产业结构调初见成效:农业、能源和交通等国民经济的薄弱环节得到加强,生产性投资比重上升,楼堂管所等非生产性投资得到有效控制;再次,流通领域的混乱状况有很大改观,党政机关所办公司绝大多数与机关脱钩或被撤销,流通领域内公司泛滥的状况得到控制;又再次,国民经济开始走上良性发展轨道,粮食生产1989年、1990年连续两年获得丰收,工业生产在1990年下半年逐步恢复到正常年份的增长速度;最后,市场供应充足,物价稳定,民众的消费心理趋向正常。不过,本次宏观调控也不可避免地牺牲了经济增长速度,经济增长率从1988年的11.3%下跌到了1990年的3.8%。

(2) 茧丝价格波动

2003年,茧丝价格呈马鞍形走势,蚕茧的质价出现背离状态。2003年1—7月份弱势超跌下滑,到7月中下旬干茧吨价2.7—3万元、丝吨价

10—11万元,跌入低谷。自2003年8月开始,茧丝价格超常上窜,到10月中下旬仅仅3个月时间,干茧吨价上跳到5.5—6万元/吨,上涨速度创下历史纪录;生丝恢复到17.3—18.5万元/吨,可与国际价格接轨。进入11月以来,市场价格又处于下跌的振荡期。短短1个月,茧价回落到5万元/吨,形成"高进低不抛"的压库现象,丝价回落到15.2—15.5万元/吨,已经接近15万元/吨的风险低限值。2005—2006年茧丝价格更是呈现出"过山车"般的走势。从2005年年初开始,茧丝价格狂飙不止,厂丝的价格从年初的每吨17万元/吨涨到2006年3月上旬的34万元/吨,为历史最高点。茧价飞涨,蚕农养蚕的积极性猛增,2006年春蚕养殖规模迅速扩大。然而2006年4月以后,白厂丝价格却快速下滑,两个月内价格"缩水"了三分之一,大大低于蚕农们的心理预期;但是,进入2006年7月,由于自然灾害引起的秋茧减产,导致生丝价格开始迅速回升,干茧价格从7月初的6.6万元/吨左右上涨到9月底的8.9万元/吨左右;而生丝价格从7月初的20万元/吨左右上涨到9月底的27万元/吨左右,短短的3个月,涨幅达35%。2007年国内茧丝行情波动仍然频繁,1—5月间市场极度低迷,中国茧丝绸交易市场与广西大宗茧丝交易市场生丝(3A商检丝)盘面价格一度跌破了17万元/吨;2007年5月茧丝行情开始触底反弹,生丝盘面价格在短短几周内便上升至年度最高的19万元/吨,随后茧丝价格进入横盘调整时期;7—10月茧丝价格便逐渐下滑,10—11月中旬干茧价格一度迫近4万元/吨,生丝价格则击破了17万元/吨的心理底线。对比2006年10月的茧丝价格(干茧8万元/吨,生丝25—28万元/吨),干茧价格下跌幅度达50%以上,生丝下跌幅度也接近40%,此后茧丝价格在较长时间内一直处于低迷状态。①

为了维护茧丝市场价格的稳定,政府采取了多种调控措施。

① 建立协调机构。国务院在1996年3月15日成立国家茧丝绸协调小组,下设国家茧丝绸协调小组办公室(简称国家茧丝办)负责协调小组的日常工作。2003年在国务院机构改革中,茧丝办得以保留,继续负责茧丝绸业宏观管理工作。国家茧丝办是一个联系农工商贸的总协调部门,在合理确定蚕茧收购价格、生丝储备,促进生产省(市)成立贸工农集团公司等方面做了一些工作,对缓解丝绸行业困难发挥了一定作用。

② 茧丝收储制度。国家茧丝绸协调办公室按照《国家厂丝储备工作规程》启动应急调控预案,2004年年初茧丝价格开始迅速回升,行业

---

① 中国丝绸年鉴编委会.中国丝绸年鉴[M].杭州:丝绸杂志社,2002—2007各年版.

普遍反映,后市的上涨势头将会更猛。为稳定价格,维护春茧收购秩序,茧丝办按照年初制订的调控计划,根据市场行情,适时抛售了储备厂丝,使茧丝价格稳步回升,并在春茧收购前一直稳定在合理区间,有效地控制了市场价格和维护了收购秩序,同时还顺利地完成了调库任务。2006年年底,国家茧丝绸协调办公室在认真听取和研究各方面意见的基础上,适时启动了厂丝调控。通过中国茧丝绸交易市场平台收储厂丝,部分储备入库。

③ 对企业的价格引导。2004 年,经国家统计局批准同意,商务部下发了《全国茧丝绸行业市场监测报表》,并建立由国家茧丝办统一负责、各有关省(区、市)商务主管部门分级管理的茧丝绸行业监测系统运行体制。报表系统由商务部市场运行调节司(国家茧丝办)负责,用以加强茧丝绸行业的监测、信息收集和分析工作,定期发布行业生产与价格形势分析,尤其是在鲜茧收购季节启动了日监测报表制度,以引导行业平稳运行。商务部市场运行调节司以该监测系统数据为依据,从 2006 年 1 月 1 日起发布茧丝价格指数,并于每月 1 日、11 日和 21 日发布茧丝价格指数。可以说,茧丝绸行业市场监测统计工作初步起到了及时反映行业经济运行情况的作用。

我国政府对茧丝价格波动的调控取得了一定的成效,维持了茧丝价格的合理波动。从长远来看,初步建立了调控预案,并开发了收储制度等调控工具,为茧丝市场的长期平稳发展起到了积极作用。但是,我们同时也应该看到,相应的调控措施还存在一些不足,必须持续探索更加有效的调控措施。

二、应对各类突发冲击的宏观调控特点及效果评价

(一) 根据不同类型的冲击采取适应的调控手段

自然灾害冲击具有发生突然,事前难以预测、避免,事后冲击巨大等特点。应对此类突发冲击的宏观调控,多以事后的直接调控为主。公共卫生事件冲击具有事前能够预见、预防,事后波及范围广、难控制和冲击持续时间长(一般在 6 个月以上)等特点。应对此类突发冲击的宏观调控应以直接调控为主,以间接调控为辅,综合运用安全调控、卫生调控和心理调控等手段。经济事件冲击具有事前难以预见,事后冲击巨大,短期内对国民经济影响更直接、损害更巨大,长期中潜在危害难以估计,以及冲击持续时间长(一般在 1 年以上)等特点。针对此类冲击的宏观调控应以间接调控为主,直接调控为辅。

（二）宏观调控措施从以直接调控为主发展到直接调控与间接调控相结合

在面对自然灾害冲击时，我国采取了政府统筹、财政调控、金融调控、市场调控和其他积极性措施。这些措施的实施加强了基础设施建设，有针对性地强化了各区域抵御冲击的能力；完善了市场的资源调配能力，加强了各地区间的联系；建立了各种非营利组织和民间团体的援助机制。在"非典"和禽流感疫情传播阶段，我国政府为稳定遭遇疫情冲击的经济所采取的政策和调控手段还是相当有效的，无论是对于恢复受损失企业的生产还是保证疫区经济的运行都起到了积极的作用。

（三）宏观调控措施从单一、被动发展到全面、主动

从我国遭遇"非典"冲击所采取的宏观调控来看，事前预防的宏观调控效果不太理想，这导致事后实施冲击控制的宏观调控困难重重，效果也大打折扣。在当"非典"还没有在全国蔓延，仅局限在个别区域的时候，国家没有果断采取措施，阻止疾病的蔓延。而且，当时我国也缺乏应对公共卫生事件的法制体系和应急预案，最终导致"非典"这类局部冲击演变为全国性冲击，造成巨大的经济损失。如果能及时迅速采取有效的措施，最后的经济损失会小得多。当然，在我国政府认识到疫情的严重性之后，所采取的措施还是积极有效的，也阻止了疫情的进一步传播与扩散。而且，"非典"也使我国政府认识到建立公共卫生防治体系及调控预案的重要性，并抓紧了这方面的建设与完善工作，而这一防治体系和调控预案在随后的禽流感疫情中就发挥了重要的作用。调控措施也从单一的政府干预发展到国际合作等多方位、全面的宏观调控。

（四）宏观调控措施从一次性和阶段性发展为具有连贯性和稳定性

不论是哪一种冲击，它总有产生发展的过程，并且伴随着一系列的子冲击，所以调控措施也要与其相适应、相结合，保持连贯性和稳定性。如1998年特大洪水灾害、2008年的低温雨雪冰冻灾害和汶川地震，在灾害发生初期，我国政府都能迅速地进行直接调控，使用社会安全调控手段和卫生调控手段；事发中期重在稳定和减弱冲击对实体经济的影响，主要配合使用直接调控和间接调控手段，具体包括财政调控手段、金融调控手段、市场调控手段和调动社会其他各方面的积极性等；事发后期，重在重建，这一阶段的宏观调控以间接调控为主，主要包括体制建设与优化、完善市场等几个方面，以促进灾区的重建，从而恢复灾区实体经济的增长潜力。从调控效果来看，我国政府还是能够及时、合理、迅速地采取各种措施，以最大限度地降低冲击对实体经济的影响，减少此类冲击带来的经济损失。

我国的宏观调控措施在面对突发冲击时发挥了重要作用,但同时我们也应该看到,我国的宏观调控仍存在很大的不足:一般较为重视宏观调控的短期实效性,缺乏长期调控的配套措施;另外,我国宏观调控预案的不完善以及调控手段的单一也限制了我国宏观调控的主动性和有效性。

第三节 应对突发冲击的宏观调控发展趋势

随着我国社会的发展,对突发冲击认识的不断深化,以及应对经验的逐渐积累,我国政府应对突发冲击的宏观调控经历了一个适应社会发展并逐步趋于成熟的过程。20 世纪 80 年代,我国政府应对突发冲击的宏观调控基本采用行政的调控手段,并以直接调控工具为主,这一时期,我国基本上没有应对突发冲击的宏观调控预案和相关应对经验,应对突发冲击的宏观调控比较滞后。20 世纪 90 年代,应对突发冲击的宏观调控逐渐受到重视,调控手段和工具趋于多元化,通过应对突发冲击的宏观调控实践,应急预案也逐渐从无到有、从局部到全面。这一时期,我国应对突发冲击的宏观调控能力逐渐增强,调控方式注重直接调控与间接调控相结合,同时调控预案得到了很大的改善。21 世纪以来,随着政府职能的转变。中央与地方合作的加强,尤其是以 2006 年 1 月 8 日国务院正式发布《国家突发公共事件总体应急预案》为标志的总体应急预案的建立,我国应对突发冲击的宏观调控得到了长足的发展,调控体系的建设使我国应对突发冲击的宏观调控更加科学和统筹兼顾,调控措施趋于连贯和稳定。我国在应对突发冲击的工作中积累和形成了以下几点基本经验:① 加强协调。在法律法规不够完备、没有专门工作机构的情况下,及时组建指挥部,短时间内形成统一高效的组织协调体系,整合地方、部门资源,采取坚决有力的措施,逐步有效地控制突发冲击的影响。② 坚持依法防治,严格规范行为。在防治工作中,重视加强制度建设,促进防治工作的规范化、制度化、法制化;及时出台相应的法律法规,使应对工作有法可依;严格依法办事,保证应对工作的顺利进行。③ 信息公开,措施透明。及时通过新闻媒体宣传党和政府关于应对突发冲击的方针、政策和措施,展现我国政府负责任的形象,消除社会恐慌,使群众在知情的情况下积极参与,使国际社会从道义、资金、物资和技术等方面给予支持和帮助,为有效开展应对工作创造良好的社会环境。

我国应对突发冲击的宏观调控在这些实践中不断探索前行,调控体系逐步健全,调控能力、调控水平和调控成效在认真学习借鉴、科学总结经验中不断提高。结合我国应对突发冲击宏观调控中的问题以及宏观调控的整体发展趋势,我国宏观调控应当着力推进宏观调控的科学化与一体化。

所谓宏观调控的科学化与一体化,简而言之,就是以先进的宏观调控理念为指导,制定切合实际的策略,运用科学的方式与方法,将宏观调控预案和宏观调控措施相结合,从而在突发冲击发生时能有效缓解并应对,确保国民经济和社会公众生活能平稳协调地运行与发展。

立足于我国的实际状况,当前着力推进宏观调控科学化与一体化应特别强调实现以下四个方面:

1. 调控理念上,以科学发展观为指导

深入贯彻落实科学发展观,以保障人民群众生命财产安全为根本,以提高预防和处置突发事件能力为重点,统筹考虑应对突发冲击,综合运用行政、法律、科技、市场等多种手段,着力加强监测预警、防灾备灾、应急处置、恢复重建等能力建设,推进应急减灾由减轻灾害损失向减轻风险转变,全面提高风险管理水平;健全保障体系,提高全社会风险防范意识和灾害应对能力。总之,针对各类突发冲击,要按照科学发展观的要求,从经济发展与社会发展等多方面来认识,避免各种短视的调控行为,把宏观调控放在落实科学发展观、建设和谐社会等战略目标的框架下来把握。这也为应对突发事件的宏观调控提供了一条新思路。

2. 中央与地方加强协调配合

施蒂格勒(1957)在《地方政府功能的有理范围》一书中提出地方政府存在的两条原则:第一,地方政府更能识别管辖区内公众的需求,能够按照有利于公众的方式去组织本地区经济;第二,地方政府成为财政政策主体以后,更有利于实现本地区的收入分配公平。因此,在合理的范围内,仍然需要发挥地方政府的调控职能。其关键在于如何协调中央和地方政策的关系,保证集权和分权政策的协调。

市场经济基础下的地方政府合作机制离不开法律制度的建设和规范。而我国现行的宪法和地方政府组织法只规定了各级政府管理本行政区域内经济、教育、文化、卫生等事务的权限,在面对突发冲击中的合作还需要进一步加强。

3. 合理运用多种政策工具,提高政策的针对性

政策工具包括直接调控、间接调控,这就需要根据突发冲击的类型和特点采取多种政策工具,把握好政策调控的力度,并随着突发冲击的发展,结合相应的调控预案采取灵活的调控手段。一般来说,直接宏观调控能够第一时间减轻突发冲击作用于经济体的程度,缩短其作用于经济体的时

间,大大削弱突发冲击对经济体的损害,最大限度地挽回经济损失。从我国的具体国情来看,财政政策是采用频率较高的直接调控手段,但其决策的正确性和反应的速度备受质疑。间接宏观调控的主要功能是降低突发冲击发生的概率,增强经济体防范和抵御冲击的能力,但这种间接的调控能否有效应对各类突发冲击还存在争议。因此,我国在应对突发冲击时,首先应该基于短期目标,利用我国政治体制的优势,使用直接调控手段,迅速阻断突发冲击对经济影响的蔓延势头;待局势得以控制,冲击力度减弱时,则应基于提高恢复力的长期目标,采用间接调控措施,建立一个完整有效的抗冲击体系。这样搭配着使用直接调控和间接调控,才能够优势互补、扬长避短,提高宏观调控预案的整体实效性。

4. 建立应急预案,保持宏观调控工作的前瞻性

通过分析我国应对多种类型突发冲击的调控措施,可以看到建立应急预案具有重大的指导意义。因此需要按照系统论科学指导思想和应急管理的实际需求推进应急预案的建立。

多年来,我国在应急预案编制实施方面积累了许多经验,已具规模,这些存量资源可以为应急预案体系的建设提供坚实的基础,今后我国应急预案体系的充实和完善都是对原有体系的扬弃和发展。首先,在对我国应急预案体系充分调研分析的基础上,按照我国突发冲击应对管理的愿景框架,对现存的应急预案资源进行解析、聚类和凝练;其次,对每类应急预案的形式与内容做初步的调整、衔接;最后,依据应急预案体系的实际状况和突发事件应急管理的新需求,编制新的应急预案体系,建立修订框架和具体实施方案。无论是体系设计还是预案修改,都必须依托于现有预案体系,以保持前后体系之间的连续性和兼容性。

在明确应急预案体系建设的愿景目标和理清凝练现有应急预案体系的基础上,编制突发冲击应急预案体系中长期发展规划,按照先急后缓的原则分步实施。当前应急预案管理工作的重点,首先应是应急预案体系总体框架和国家应急准备战略的制定;然后,再逐步开展国家总体预案修改及地方政府和企事业单位应急预案编制指南工作;最后,按照体系系统性和全面性的思想,制定出类似事件管理系统、重要基础设施保护计划和工作连续性计划等其他一些种类重要的预案或规范。这样,应急预案体系的形成将使我国应急管理工作进入一个新的历史阶段。

第六章 我国各产业与各经济区域受突发冲击影响的 IMPLAN 分析

近年来,在我国受到的各种突发冲击的过程中,不同的产业表现不尽相同,如南方雪灾给交通运输业带来了很大冲击,而西南大旱首当其冲受到重创的是当地的农业。我们无法就哪一个产业更容易受到哪一种冲击给出一个全面的结论,因为突发冲击往往是超出人们预期之外的事件。这一事件的发生,往往通过影响人们的经济决策、经济行为进而影响到经济结果。这种影响不仅仅是一种直接的毁损,往往其间接的冲击也非常大,它可能影响整个受冲击地区的经济秩序和经济效率。因此,无论哪个地区发生突发冲击,这个地区几乎所有的产业都会受到影响,虽然对有些产业可能产生正面影响。

既然所有的产业都有可能受到突发冲击的影响,那我们必须弄清所有这些影响的累积影响。我们必须明确,这种累积不是单纯地将各产业所受的影响加总,因为不同的产业之间是存在着广泛的投入—产出关系,一个产业受到直接冲击,其他产业也会在不同程度上受到间接冲击和引致冲击。从这个角度上讲,这种累积影响要比各产业受到的直接影响之和要大得多。

由于各产业在国民经济体系中的地位不一样,不同的产业相对于某一产业而言其重要性是各不相同的。当某一产业受到某种突发冲击时,可能给其他产业造成的间接冲击比较小;而另外一些产业受到冲击时,可能给其他产业造成的间接冲击比较大。因而我们有必要把这些对其他产业造成间接冲击较大的产业挑选出来,事先进行合理筹划,全力保障这些产业的安全,那么一旦受到突发冲击时,整个国民经济受到的冲击才会比较小。

不同产业在受到突发冲击后对本产业和其他相关产业造成的影响不一样。同样地,不同的地区在遭受突发冲击后,给本地和全国其他地区带来的经济影响也是不一样的。在我国,不同地区的经济基础不一样,与其他地区之间的经济联系也各不相同。如果某地受到突发冲击,该地经济肯定会受到影响,与之有密切联系的地区可能也会受到较大冲击,而与之经济联系松散的地区可能受到的冲击比较小。

本章研究的主要目的就是运用合适的方法,模拟出不同产业、不同地区在受到某种程度的突发冲击时的直接影响、间接影响、引致影响和经济总影响,并在此基础上提出若干政策建议,以保证我国经济在受到突发冲击时具有更高的安全性。

第一节 我国各产业受突发冲击影响的 IMPLAN 分析

本部分研究包括三个组成部分:第一部分是 IMPLAN(Impact Analysis for Planning)模型的建立,主要是基于我国 2007 年 135 部门的投入—产出表建立合适的 IMPLAN 模型;第二部分是运用所建立的 IMPLAN 模型对不同产业的冲击严重程度进行多角度的度量;第三部分是在第二部分研究的基础上进一步提出相关政策建议。

一、建立 IMPLAN 模型

(一) IMPLAN 模型简介

IMPLAN 是一种经济冲击评估软件系统。这一系统最初由美国联邦突发事件管理处(Federal Emergency Management Agency)和土地管理局(Bureau of Land Management)合作开发,现在其产权为明尼苏达 IMPLAN 集团(MIG)所拥有。

该系统以区域经济作为研究对象,根据产业分类建立数据矩阵模型,基于这一模型,可以通过改变某区域的相关经济变量进而预测突然的需求或供给冲击给宏观经济带来的直接影响、间接影响和引致影响的量化结果,以供决策者参考。

IMPLAN 系统最先是由美国开发并利用的,其主要的数据库结构是以美国的经济情况为蓝本设计的,比如:它按 NAIC 分类法将经济体系划分为 528 个不同的产品部门,并选取了关键的 21 个经济指标。将 IMPLAN 系统应用于我国存在的最大问题表现在两个方面:其一,我国的产业部门划分同美国相比显得简单和粗略,且不同级别的统计部门以及各地区的具体统计口径存在差异;其二,即便是现有的数据,涉及 IMPLAN 系统中的 21 个关键指标相关的数据也不完整。如作为 IMPLAN 数据库中核心部分的投入-产出表,中国国家统计局编制的《2000 年中国投入产出表》只包含 17 个产品部门,《2002 年中国投入产出表》扩大到了 122 个产品部门,《2007

年中国投入产出表》扩大到了 135 个产品部门。再如就业方面,由于我国长期以来采用的是城镇登记失业率的统计方法,这使得我国(包括农村地区)的整体就业人数和平均薪酬的数据无法较精确地获得。

但是,IMPLAN 系统具有科学、灵活、精干的特点,只要能将相关的数据输入其中,不改变其主要的数据库结构,依然可以获得比较好的预测结果。虽然我国在当前的运用过程中可能会遇到一些暂时性的问题,但是还是有必要用现行的数据进行尝试:其一,我们可以更多地积累经验;其二,在遇到某些突发冲击时,至少有一个便利的系统来较精确地评估和预测其量化的经济影响,进而政府、企业及其他经济主体可以以之为依据更科学地进行决策。

我们依据我国 2007 年 135 个部门的投入产出表,同时结合《2008 年劳动统计年鉴》,尝试地建立我国 135 个部门的 IMPLAN 应用模型。

(二) 具体的操作步骤

在将 IMPLAN 系统应用于我国 135 个部门的具体操作中,应该注意以下原则:其一,不能改变 IMPLAN 系统中各表的名称和结构,包括表的名称、各表中的行和列名称与代码;其二,用 Access 打开区域模型文件,从中将相关的表格结构复制到 Excel 表格中来,然后在 Excel 中将相关的数据调整完毕,再将 Excel 表格中的数据复制到原来的模型文件中去,这主要是因为用 Excel 进行数据整理时更为方便一些;其三,除了数据的精确性外,还要注意单位的统一。

1. 对直接消耗系数相关表格的处理

(1) 用 IMPLAN 系统自带的美国 Larimer 县的数据文件,建立一个区域模型(命名为 *),作为我们下面修改的基础。

(2) 用 Access 程序打开上一步建立的 *.iap 模型文件。

(3) 删除文件内包含的名为 US Absorption table、US Absorption Totals table 和 US Byproducts table 的三个数据表。

(4) 从 ?? NAT509.IMS 文件(?? 代表模型中数据的年份)导入以上三个数据表至 iap 模型文件中。

(5) 删除本步骤中涉及的三个数据表中所有的信息。

(6) 将这三个空白的数据表全部复制为 EXCEL 格式。

(7) 将 2007 年我国 135 个部门的直接消耗系数矩阵转换成 US Absorption table 中的格式并导入进去。

(8) 建立对角线上均为 1 的副产品矩阵,并更新 US Byproducts table。如果是产业×商品类型的投入产出数据,则可直接使用其中的数据更新

US Byproducts table,具体说来,即简单地把这个表格的第三列全部改为"1",第一列和第二列为产业代码和商品代码,保持不变。

(9) 在 US Absorption table 的基础上修改完成 US Absorption totals table。具体说来,即把各产业对每个产业的直接消耗系数求和得到的 135 个数据(2007 年我国投入产出表已直接提供),更新到 US Absorption totals table 中的第二列即可。

2. 对 SA 类表格的处理

(1) 用 Access 程序打开 *.iap 模型文件。

(2) 将模型中所有以 SA 开头的文件打开,并将这些数据表全部带格式导出为 EXCEL 格式,删去全部内容,注意:各表格中的行和列的名称和代码均不要删除,也不可更改。

(3) 处理 SAFinal Demands 表,这个表中的第一列"Type Code"不要改动,但我国当前的投入产出表数据只能改变其中五项,即 10001(农村消费)、10002(城镇消费)、11001(政府消费)、14001(固定资产形成总额)和 14002(存货增加),其他各项全部记为"0",这里要注意两点:其一,所有的单位都要换算成"百万元";其二,如果投入产出表上有部分负值,也记为"0"。

(4) 处理 SACommodity Sales 表,即把步骤(3)中那些用"0"处理掉的负值填到相应的表格中,其余各项均记为"0",代码与步骤(3)相同。

(5) 处理 SAValue Added 表,这个表中每个产业均有四项数据需要填写,代码分别为 50001(劳动者报酬)、60001(营业盈余)、70001(固定资产折旧)和 80001(生产税),数据全部从投入产出表上得到,单位统一换算成"百万元"。

(6) 处理 SAForeign Exports 表,即录入各部门的出口数据,数据从投入产出表上得到,单位统一换算成"百万元"。

(7) 处理 SAEmployment 表,由于我国的投入产出表上无法得到各部门的就业数据,只能依据对应年份的《中国劳动统计年鉴》来进行处理,如 2007 年的投入产出表,就应该查阅 2008 年的《中国劳动统计年鉴》。但是这里存在两个问题:其一,劳动统计年鉴上的数据是城镇数据,并不是全国数据;其二,投入产出延长表是 135 个部门的,而劳动统计年鉴并不是划分为 135 个部门的,两个资料之间的部门很难对应。针对第一个问题,我们采用的办法是用各省的劳动报酬(这个数据可以从投入产出表上得到)去除以对应省份各产业的城镇平均薪酬(这个数据可以从劳动统计年鉴上得到),这样就可以估算出各省份各产业的就业人数。针对第二个问题,由于我们的数据采集是以 135 个部门为划分依据的,因此能从劳动统计年鉴上直接采用的平均薪酬数据就直接采用;如果劳动统计年鉴的部门划分标准与投入产出延长表上不一致,则需要把那些相关的小部门综合起来计算一个平均薪酬,或者是不同的小部门都采用劳动统计年鉴上对应的大部门的平均薪酬,这样就估算出了各产业的就业人数,将其填入 SAEmployment 表,单位统一为"人"。

$$EC = \frac{\sum_{i=1}^{n}(x_i w_i)}{\sum_{i=1}^{n} x_i} \tag{6-1}$$

(8) 处理 SAOutput 表,直接将投入产出表中的总产出数据填入其中即可,数据单位统一为"百万元"。

3. 对 RPC 类表格的处理

(1) 处理 Observed RPCs 表,第三列"Observed RPC"的计算公式为:

$$RPC = (进口)/(中间使用 + 最终使用) \tag{6-2}$$

(2) 处理 RPC method 表,前三列均不改动,第四列"FIMP"即用步骤(1)中的 RPC 数据代入即可;第五列"US Comm Emp"为全国各产业的就业人数,数据可以从劳动统计年鉴上获得;第六列"Method"全部改为"Observed";第七、八、九、十、十一列的系数均填为"0";第十二列"Local Comm Emp"填入本地区各产业就业的人数(这里是相对于全国数据而言,与第五列数据一样);第十三列"Local Comm EC"填入我国各产业的总薪酬,数据可以从劳动统计年鉴上获得;第十四列"Total Local Emp"填入我国总就业人数,这里是将估算出的各产业人数加总获得;第十五列"Total US Emp"填入全国总就业人数,数据与第十四列相同;第十六列"Local Land Area"填入本地区国土面积(由于是全国数据,实际上就是我国面积),数据可查阅地理相关资料;第十七列"Land Area"填入我国国土总面积(同第十六列);第十八列"RPC"填入步骤(1)计算出来的各部门的 RPC 数据;第十九列"Foreign Import Proportions"全部填为"1"。注意:这个表格中人数的单位全部统一为"人",国土面积则统一为"平方公里"。

4. 对一般信息的处理

(1) 用 Access 程序打开 *.iap 模型文件。

(2) 删除 SATransfers table 中的所有数据。

(3) 用新的代码代替 Type Codes table 中原有的产业/商品代码。

(4) 更新 General Information 中的相关信息。

完成以上步骤之后,退出 Access 程序,然后用 IMPLAN Pro 程序打开修改过的 *.iap 文件。如果能够正常打开,那么应该能够用 IMPLAN Pro 软件得到各种乘数。

5. 设置模型结构

(1) 打开 IMPLAN Pro 程序,在"File"里点击"Open existing model",再查找到 *.iap 文件并打开,如图 6-1 所示。

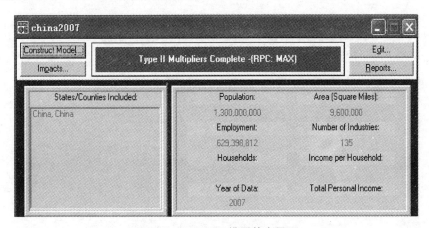

图 6-1 IMPLAN 模型基本界面

(2) 在图 6-1 中点击左上角的"Construct Model",出现图 6-2,在图 6-2 中选中"Multipliers"项及项下的"Type Ⅱ",这样就可以得到所有社会部门间的各种乘数了。

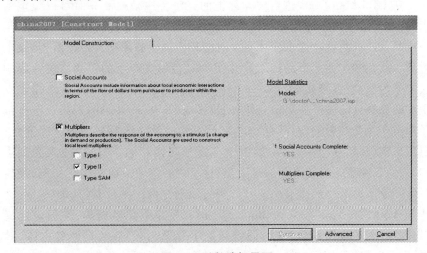

图 6-2 乘数选择界面

(3) 在图 6-2 中继续点击"Advanced",出现图 6-3。在图 6-3 中选择第 3 项"Trade Flows",并选中"Regional Purchase Coefficient"项及项下的"Maximum"或"Average"(由于我们研究的是一个国家,这两个选择没有区别,如果是多地区模型则是有区别的),然后点击"Continue",界面会出现"模型构造完毕"的字样,此时在图 6-1 中的红色区域就会显示"Type Ⅱ Multipliers Complete-[RPC:MAX]"。

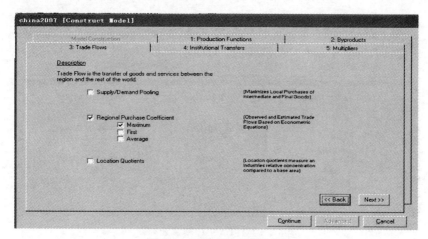

图 6-3　区域采购系数选择

二、各产业受冲击反应严重程度的度量

在 IMPLAN 模型中进行突发冲击的经济反应模拟测算时可以设定两大类冲击:就业需求冲击和产品需求冲击。具体而言,就业冲击是设定某一或某些产业的就业需求变化多少时会相应产生的影响,需求冲击是设定对某一或某些产业的产品需求变化多少时会相应产生的影响。这些影响主要分为三类:直接影响(Direct Results),指某次冲击使某产业总需求发生变动而导致的该产业产出变化;间接影响(Indirect Results),指由于直接受冲击产业受到影响,对其他与之有上下游关系的产业造成的产出变化;引致影响(Induced Results),指由于直接和间接影响,居民的收入受到影响,进而影响进一步传染至居民支出,这又对各产业造成总需求影响,最后对各产业产出产生的影响。引致影响可以通过两个乘数获得,即"Type Ⅱ Multipliers"和"Type SAM Multipliers",前一个乘数比较简单,它假定总支出是总收入的线性函数,这个假设只关于总量,并不涉及具体各主体(政府、企业和居民)之间的结构关系,因此,它只能得到一个总的引致影响;后一个乘数比较复杂,它是建立在社会部门间投入产出矩阵的基础之上的,

这些部门间广泛地存在着税收、储蓄、交易和转移支付关系,理论上只要可以获得数据,我们就可以方便地通过这些乘数计算出细化到各个部门的引致影响。一方面,本部分的研究主要关注某行业受到冲击后的总影响;另一方面,我国当前的许多数据很难取得(如部门间的转移支付数据),因此,我们通过"Type Ⅱ Multipliers"这个乘数来计算引致影响,这也是前文中我们在构建模型结构时选择这个乘数的原因(如图6-2所示)。

(一)就业需求受冲击的影响

在 IMPLAN Pro 的主界面中,点击"Impacts",选择"Create/Edit"选项,就会出现冲击分析界面,如图6-4所示。点击界面右下方的"Create",分别针对每一个产业建立135个"Groups",每个群"Group"里只包括一个事件"Events",即在"Employment"项下输入"100",其他项均不改变,"Value"项会自动生成。全部135个群建立完毕后,对每一个群进行分析("Analyze"),会产生对应的135个结果("Results"),每个结果中包括三大项结果:附加值冲击(Value Added)、就业冲击(Employment)和总产出冲击(Output),每大项结果中又都包括直接影响、间接影响、引致影响和总影响四个栏目。

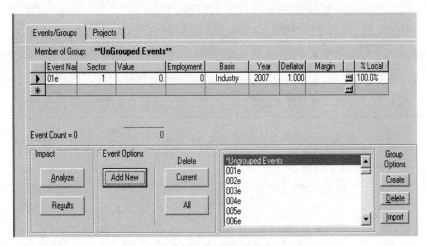

图6-4 冲击分析界面

1. 一个部门就业需求变动100人对附加值的影响

附加值是产出扣除投入之后的部分,这一部分占总产出的比重越高,意味着我们用较少的投入创造出了较多的产出。从一定意义上讲,高附加值的产业是社会需求比较旺盛的产业,是一个国家产业结构调整的方向。一个部门就业需求变动100人对各行业附加值的影响见附表1。表6-1是一个部门就业需求变动100人时,各产业附加值受直接影响的前10位行业。

表 6-1 一个部门就业需求变动 100 人,产业附加值受直接影响的前 10 位的行业

排序	行业	代码	影响
1	废品废料	091	119 378 000
2	管道运输业	101	64 361 144
3	装卸搬运和其他运输服务业	102	42 715 436
4	电信和其他信息传输服务业	105	31 816 134
5	烟草制品业	024	30 459 920
6	航空运输业	100	26 055 282
7	房地产业	113	24 005 146
8	银行业、证券业和其他金融活动	111	22 775 758
9	水上运输业	099	16 889 030
10	石油和天然气开采业	007	16 710 860

从表 6-1 中可以看出,就业需求变动 100 人对产业附加值影响最大的行业主要集中在运输、烟草、房地产和金融几大领域。

表 6-2 是一个部门就业需求变动 100 人时,各产业附加值受间接影响的前 10 位行业,此处要说明的是这个"间接影响"是指某产业就业需求变动 100 人后,所有 135 个产业附加值受间接影响之和。[①] 间接影响越大说明这一产业的就业需求变动对整个国民经济的附加值影响越大,从表 6-2 可以看出,这些行业主要集中在运输、金属冶炼、石油和电力领域。

表 6-2 一个部门就业需求变动 100 人,产业附加值受间接影响的前 10 位行业

排序	行业	代码	影响
1	航空运输业	100	51 263 581
2	管道运输业	101	47 310 487
3	钢压延加工业	059	40 901 950
4	装卸搬运和其他运输服务业	102	37 732 182
5	炼铁业	057	34 994 360
6	电线、电缆、光缆及电工器材制造业	079	33 523 071
7	石油及核燃料加工业	037	31 728 120
8	有色金属冶炼及合金制造业	061	29 348 598
9	电力、热力的生产和供应业	092	29 171 608
10	其他食品加工业	017	27 130 095

---

① 间接影响也包括本产业所受的间接影响,因为本产业内部也存在着投入产出关系。同理,引致影响也包括本产业所受的引致影响。

表 6-3 是当一个部门的就业需求变化 100 人后,所有 135 个行业附加值因为整个国民经济的总收入减少而受到的引致影响,从表中可以发现,这些行业主要集中在废品废料、运输业、金属冶炼、电线电缆和石油及核燃料加工等行业,其中最为显著的是废品废料业,100 人的就业需求变化,引致影响竟高达 3 亿多元;其次是管道运输业、装卸搬运和其他运输服务业和航空运输业等,这一方面说明这些行业人均产值比较大,另一方面说明其他各行业与这行业的关系十分密切,其附加值受到这些行业较大的影响。

表 6-3 一个部门就业需求变动 100 人,产业附加值受引致影响的前 10 位行业

排序	行业	代码	影响
1	废品废料	091	301 779 752
2	管道运输业	101	169 968 899
3	装卸搬运和其他运输服务业	102	133 479 368
4	航空运输业	100	106 724 018
5	钢压延加工业	059	77 659 169
6	炼铁业	057	71 570 029
7	电线、电缆、光缆及电工器材制造业	079	65 566 445
8	其他食品加工业	017	59 756 992
9	有色金属冶炼及合金制造业	061	59 095 032
10	石油及核燃料加工业	037	58 868 890

表 6-4 是一个部门就业需求变动 100 人时,各产业附加值受总影响(直接影响、间接影响和引致影响之和)的前 10 位行业。从表 6-4 可以发现,在部门就业需求变动 100 人时,运输、金属冶炼、石油、电力等部门造成的附加值影响最大,基于产业结构调整的角度而言,这些产业具有重要地位。

表 6-4 一个部门就业需求变动 100 人,产业附加值受总影响的前 10 位行业

排序	行业	代码	影响
1	废品废料	091	441 677 111
2	管道运输业	101	281 640 530
3	装卸搬运和其他运输服务业	102	213 926 986
4	航空运输业	100	184 042 881
5	钢压延加工业	059	131 252 529
6	炼铁业	057	118 677 839
7	电线、电缆、光缆及电工器材制造业	079	108 188 083
8	石油及核燃料加工业	037	100 667 215
9	电力、热力的生产和供应业	092	100 434 035
10	有色金属冶炼及合金制造业	061	97 725 391

2. 一个部门就业需求变动 100 人对就业的影响

某一部门就业需求变动 100 人,直接影响就是这 100 人,所以此处只讨论间接影响、引致影响和总影响。一个部门就业需求变动 100 人对各行业就业的影响见附表 2。表 6-5 是部门就业需求变动 100 人时,各行业就业受间接影响的前 10 位,这些行业主要集中在食品、饮料、农产品加工业,这说明这些行业的就业对其他各行业的就业而言相当重要。

表 6-5　一个部门就业需求变动 100 人,产业就业受间接影响的前 10 位行业

排序	行业	代码	影响
1	其他食品加工业	017	1 669
2	液体乳及乳制品制造业	019	1 375
3	屠宰及肉类加工业	015	1 084.1
4	方便食品制造业	018	1 080.5
5	调味品、发酵制品制造业	020	1 080.2
6	谷物磨制业	011	1 039.3
7	植物油加工业	013	967.3
8	制糖业	014	917
9	饲料加工业	012	840.1
10	毛纺织和染整精加工业	026	813

表 6-6 是某一部门就业需求变动 100 人,由此引起居民总收入的变动,进而引起居民对各行业产品的需求的变动,再引起各行业就业人数变动的总和,从表中可以看出废品废料、运输业、金属冶炼、电线电缆等行业受就业需求变动的引致影响最明显。

表 6-6　一个部门就业需求变动 100 人,产业就业受引致影响的前 10 位行业

排序	行业	代码	影响
1	废品废料	091	9 271
2	管道运输业	101	5 221.6
3	装卸搬运和其他运输服务业	102	4 100.6
4	航空运输业	100	3 278.7
5	钢压延加工业	059	2 385.8
6	炼铁业	057	2 198.7
7	电线、电缆、光缆及电工器材制造业	079	2 014.3
8	其他食品加工业	017	1 835.8
9	有色金属冶炼及合金制造业	061	1 815.5
10	石油及核燃料加工业	037	1 808.5

表 6-7 是某一部门就业需求变动 100 人时,各行业就业受总影响的前 10 位,可以看出这些行业主要集中在废品废料、运输业、食品、饮料及金属冶炼业,这说明这些行业对我国的就业拉动具有重要意义,从就业的角度而言,应该尽量避免这些行业受到冲击。

表 6-7 一个部门就业需求变动 100 人,产业就业受总影响的前 10 位行业

排序	行业	代码	影响
1	废品废料	091	9 488.7
2	管道运输业	101	5 922.2
3	装卸搬运和其他运输服务业	102	4 724.3
4	航空运输业	100	4 156.1
5	其他食品加工业	017	3 604.8
6	液体乳及乳制品制造业	019	3 200.9
7	钢压延加工业	059	2 970.2
8	炼铁业	057	2 722.1
9	方便食品制造业	018	2 671.1
10	调味品、发酵制品制造业	020	2 660

3. 一个部门就业需求变动 100 人对总产出的影响

某一部门就业需求变动 100 人时,其对各行业产出的影响见附表 3,其中导致本部门产出变动最多的行业如表 6-8 所示,这说明,这些行业的人均产出非常高,这些行业主要是废品废料、运输业、金属冶炼和石油、电子计算机等。

表 6-8 一个部门就业需求变动 100 人,产业产出受直接影响的前 10 位行业

排序	行业	代码	影响
1	废品废料	091	147 610 608
2	管道运输业	101	127 890 968
3	航空运输业	100	105 261 248
4	装卸搬运和其他运输服务业	102	97 586 904
5	钢压延加工业	059	71 790 952
6	电子计算机制造业	084	66 859 320
7	石油及核燃料加工业	037	65 900 936
8	炼铁业	057	63 619 240
9	电线、电缆、光缆及电工器材制造业	079	61 742 096
10	有色金属冶炼及合金制造业	061	55 184 604

表 6-9 是某一部门就业需求变动 100 人时,间接对所有行业造成的产出变动之和,从表中可以发现,这些行业主要集中在运输、金属冶炼、电力、汽车等领域,这说明这些行业对其他行业产出而言具有重要作用。

表 6-9　一个部门就业需求变动 100 人,产业产出受间接影响的前 10 位行业

排序	行业	代码	影响
1	航空运输业	100	165 328 873
2	管道运输业	101	137 716 352
3	钢压延加工业	059	126 817 183
4	电线、电缆、光缆及电工器材制造业	079	117 155 348
5	装卸搬运和其他运输服务业	102	116 785 513
6	炼铁业	057	96 234 166
7	电力、热力的生产和供应业	092	87 296 664
8	汽车制造业	074	87 084 236
9	化学纤维制造业	047	86 856 612
10	有色金属冶炼及合金制造业	061	82 673 627

表 6-10 是某一部门就业需求变动 100 人时,对所有行业造成的引致影响之和,从表中可以发现,这些行业主要集中在废品废料、运输、金属冶炼、食品饮料制造等领域。

表 6-10　一个部门就业需求变动 100 人,产业产出受引致影响的前 10 位行业

排序	行业	代码	影响
1	废品废料	091	777 954 245
2	管道运输业	101	438 160 698
3	炼铁业	057	344 352 886
4	装卸搬运和其他运输服务业	102	344 094 789
5	航空运输业	100	275 122 510
6	液体乳及乳制品制造业	019	250 684 564
7	钢压延加工业	059	200 196 669
8	电线、电缆、光缆及电工器材制造业	079	169 022 918
9	其他食品加工业	017	154 046 800
10	有色金属冶炼及合金制造业	061	152 340 342

表 6-11 是某一部门就业需求变动 100 人时,对各产业产出的直接、间接和引致影响之和,从表中可以看出,废品废料、运输、金属冶炼、食品饮料等行业要尽可能少受到冲击,否则会对经济产生较大影响。

表 6-11 一个部门就业需求变动 100 人,产业产出受总影响的前 10 位行业

排序	行业	代码	影响
1	废品废料	091	965 414 208
2	管道运输业	101	703 768 018
3	装卸搬运和其他运输服务业	102	558 467 206
4	航空运输业	100	545 712 631
5	炼铁业	057	504 206 292
6	钢压延加工业	059	398 804 804
7	液体乳及乳制品制造业	019	356 542 855
8	电线、电缆、光缆及电工器材制造业	079	347 920 362
9	石油及核燃料加工业	037	293 360 295
10	有色金属冶炼及合金制造业	061	290 198 573

（二）产品需求受冲击的影响

1. 一个部门产品需求变动 100 万元对附加值的影响

当某一部门产品需求变动 100 万元时,对各行业附加值的影响见附表 4,其中导致各产业附加值直接变动最大的产业如表 6-12 所示,从表中可以看出主要是房地产、废品废料、金融和社会福利业等行业,这说明这些行业的附加值具有较明显的需求拉动特征。当需求变小时,这些行业的产业附加值损失最为明显。

表 6-12 一个部门产品需求变动 100 万元,产业附加值受直接影响的前 10 位行业

排序	行业	代码	影响
1	房地产业	113	833 810
2	废品废料	091	808 736
3	银行业、证券业和其他金融活动	111	793 277
4	社会福利业	129	770 970
5	林业	002	684 829
6	水利管理业	121	677 724
7	电信和其他信息传输服务业	105	669 598
8	农业	001	648 882
9	铁路运输业	096	643 000
10	烟草制品业	024	624 028

表 6-13 是某一部门产品需求变动 100 万元时,造成的产业附加值受间接影响（所有产业所造成的间接附加值损失之和）的前 10 位,这些行业主要集中于农副产品加工业和食品加工业,这说明这些行业是其他各行业附加值的重要基础,对这些行业的产品需求减少,会造成其他各行业的附

加值较大幅度地下降。

表 6-13　一个部门产品需求变动 100 万元，产业附加值受间接影响的前 10 位行业

排序	行业	代码	影响
1	屠宰及肉类加工业	015	775 780
2	饲料加工业	012	738 014
3	其他食品加工业	017	730 212
4	谷物磨制业	011	723 440
5	水产品加工业	016	710 123
6	植物油加工业	013	708 690
7	液体乳及乳制品制造业	019	697 119
8	制糖业	014	687 979
9	方便食品制造业	018	679 875
10	调味品、发酵制品制造业	020	675 127

表 6-14 是某一部门产品需求变动 100 万元时，造成的各行业附加值受引致影响（所有行业所造成的附加值引致影响之和）的前 10 位，这些行业主要集中于废品废料、畜牧业、林业和渔业等，这说明这些行业对我国居民总收入有较大影响，一旦这些行业受到冲击，所有行业部门的产品需求进而附加值将会受到较大影响。

表 6-14　一个部门产品需求变动 100 万元，产业附加值受引致影响的前 10 位行业

排序	行业	代码	影响
1	废品废料	091	2 044 431
2	畜牧业	003	1 877 117
3	林业	002	1 859 500
4	渔业	004	1 858 895
5	农业	001	1 839 300
6	社会福利业	129	1 814 413
7	银行业、证券业和其他金融活动	111	1 797 930
8	社会保障业	128	1 766 999
9	农、林、牧、渔服务业	005	1 746 800
10	餐饮业	110	1 658 057

表 6-15 是某一部门产品需求变动 100 万元时，产业附加值受总影响（直接影响、间接影响和引致影响之和）的前 10 位，包括废品废料、畜牧业、林业和渔业等，从整个国民经济的附加值增加角度考虑，确保这些行业不受冲击至关重要。

表 6-15　一个部门产品需求变动 100 万元，产业附加值受总影响的前 10 位行业

排序	行业	代码	影响
1	废品废料	091	2 992 177
2	畜牧业	003	2 828 970
3	渔业	004	2 798 583
4	林业	002	2 786 478
5	农业	001	2 771 171
6	社会福利业	129	2 765 985
7	银行业、证券业和其他金融活动	111	2 753 460
8	社会保障业	128	2 675 999
9	农、林、牧、渔服务业	005	2 656 317
10	屠宰及肉类加工业	015	2 596 075

2. 一个部门产品需求变动 100 万元对就业的影响

某一部门产品需求变动 100 万元，对各行业就业的影响见附表 5，表 6-16 反映了某一部门产品需求变动 100 万元时，就业人数直接变动最多的前 10 位行业，这表明这些行业的就业对产品需求更灵敏，从表中可以发现，这些行业主要集中在林业、农业、畜牧业和渔业。从这个角度而言，提高对这些行业的产品需求，可以明显地拉动这些行业的就业。

表 6-16　一个部门产品需求变动 100 万元，产业就业受直接影响的前 10 位行业

排序	行业	代码	影响
1	林业	002	65
2	农业	001	63.8
3	畜牧业	003	47.8
4	渔业	004	39
5	农、林、牧、渔服务业	005	28
6	社会保障业	128	21.6
7	社会福利业	129	20.6
8	环境管理业	122	17.7
9	公共管理和社会组织	135	17.2
10	教育	126	16.9

表 6-17 是某一部门产品需求变动 100 万元，产业就业受间接影响的前 10 位，从表中可以看出，这些行业主要是农副产品加工业和食品加工业，这和表 6-16 的结论是一致的，如果对这些行业的需求增加，那么必然

地对农、林、牧、渔等产业的产品需求增加,进而农、林、牧、渔等产业的就业就会被较大程度地拉动。

表 6-17　一个部门产品需求变动 100 万元,产业就业受间接影响的前 10 位行业

排序	行业	代码	影响
1	屠宰及肉类加工业	015	54
2	谷物磨制业	011	50.7
3	植物油加工业	013	46.8
4	饲料加工业	012	45.3
5	其他食品加工业	017	44.9
6	制糖业	014	41.7
7	液体乳及乳制品制造业	019	37.3
8	毛纺织和染整精加工业	026	35
9	水产品加工业	016	34.7
10	方便食品制造业	018	33.6

表 6-18 是某一部门产品需求变动 100 万元,产业就业受引致影响的前 10 位,从表中可以看出,这些行业主要是废品废料、畜牧业、渔业和林业,对这些行业产品需求的增加,可以较大程度上提高居民收入,进而使对其他行业的产品需求增加,从而各行业就业人数将明显增加。

表 6-18　一个部门产品需求变动 100 万元,产业就业受引致影响的前 10 位行业

排序	行业	代码	影响
1	废品废料	091	62.8
2	畜牧业	003	57.7
3	渔业	004	57.1
4	林业	002	57.1
5	农业	001	56.5
6	社会福利业	129	55.7
7	银行业、证券业和其他金融活动	111	55.2
8	社会保障业	128	54.3
9	农、林、牧、渔服务业	005	53.7
10	屠宰及肉类加工业	015	50.9

表 6-19 是某一部门产品需求变动 100 万元时,对就业总体影响(直接、间接和引致影响之和)最大的前 10 位行业,从表中可以看出,这些行业主要是畜牧业、农业、林业和肉类加工业,让它们尽可能地少受冲击,对我国的就业有重要意义。但我们要对这些行业区别看待,对农、林、牧、渔等产业的需求增加会拉动就业,一方面许多行业是以其产品为原材料的,对

这类产品需求增加,正好说明其他以之为原材料的行业正在扩张;另一方面,我国是一个农业大国,这些行业的需求增加,这些行业的从业人员收入增加,进而对其他行业的需求增加,其他行业的就业也会因此而增加。

表 6-19　一个部门产品需求变动 100 万元,产业就业受总影响的前 10 位行业

排序	行业	代码	影响
1	畜牧业	003	134.1
2	农业	001	130.6
3	林业	002	130.5
4	屠宰及肉类加工业	015	109.9
5	渔业	004	109.6
6	谷物磨制业	011	105.8
7	饲料加工业	012	99.7
8	植物油加工业	013	99.3
9	农、林、牧、渔服务业	005	98.7
10	其他食品加工业	017	97

3. 一个部门产品需求变动 100 万元对总产出的影响

某一产业部门产品需求变动 100 万元对各行业产出的影响见附表 6,表 6-20 是某一部门产品需求变动 100 万元,产业产出受间接影响的前 10 位行业,主要集中在汽车制造、纺织业等领域,这说明这些行业对其他行业有较强的拉动作用,对我国当前而言,这些行业的健康发展,不仅对其本身有重要意义,对其他行业的发展也有重要意义。

表 6-20　一个部门产品需求变动 100 万元,产业产出受间接影响的前 10 位行业

排序	行业	代码	影响
1	汽车制造业	074	2 128 827
2	皮革、毛皮、羽毛(绒)及其制品业	031	2 083 512
3	纺织制成品制造业	028	2 000 639
4	棉、化纤纺织及印染精加工业	025	1 983 021
5	针织品、编织品及其制品制造业	029	1 975 863
6	纺织服装、鞋、帽制造业	030	1 957 792
7	起重运输设备制造业	066	1 901 588
8	屠宰及肉类加工业	015	1 897 990
9	电线、电缆、光缆及电工器材制造业	079	1 897 495
10	农林牧渔专用机械制造业	071	1 889 606

表 6-21 是某一部门产品需求变动 100 万元,各产业产出受引致影响

的前 10 位,主要集中在废品废料、畜牧业、林业和渔业,这和前文分析的对就业的引致影响的结果是一致的,因为某一行业的产出增加,在短期不存在明显的技术进步的前提下,往往意味着该行业的就业人数增加。

表 6-21　一个部门产品需求变动 100 万元,产业产出受引致影响的前 10 位行业

排序	行业	代码	影响
1	废品废料	091	5 270 314
2	畜牧业	003	4 838 996
3	林业	002	4 793 582
4	渔业	004	4 792 021
5	农业	001	4 741 509
6	社会福利业	129	4 677 351
7	银行业、证券业和其他金融活动	111	4 634 862
8	社会保障业	128	4 555 124
9	农、林、牧、渔服务业	005	4 503 053
10	餐饮业	110	4 274 285

表 6-22 是某一部门产品需求减少 100 万元,各产业产出总影响的前 10 位,主要集中在屠宰及肉类加工业、畜牧业、食品加工等领域。这表明这些行业对我国经济发展而言有重要意义,对这些行业产品需求的增加,可以拉动我国总产出较大幅度地增加。

表 6-22　一个部门产品需求变动 100 万元,产业产出受总影响的前 10 位行业

排序	行业	代码	影响
1	屠宰及肉类加工业	015	7 169 479
2	畜牧业	003	7 023 889
3	其他食品加工业	017	6 856 219
4	饲料加工业	012	6 855 726
5	液体乳及乳制品制造业	019	6 805 800
6	皮革、毛皮、羽毛(绒)及其制品业	031	6 776 859
7	水产品加工业	016	6 769 818
8	方便食品制造业	018	6 763 882
9	餐饮业	110	6 738 055
10	谷物磨制业	011	6 706 893

三、提高我国产业抗冲击能力的政策建议

前文的分析是按照直接影响、间接影响、引致影响和总影响四个类别进行的,此处,我们也分别就受直接影响、间接影响、引致影响和总影响偏

大的产业提出政策建议。

（一）对于受直接影响偏大的产业的政策建议

不同产业就业需求变动100人或产品需求变动100万元对本产业的直接影响是不一样的，比如，对附加值的直接影响而言，金融、运输、烟草、房地产等产业的直接影响要明显大一些。对于这类产业，一方面要尽可能地保障它们的安全，尽最大努力让它们免受冲击，或者是遭受冲击后能尽快恢复到正常发展的状态。要做到这一点，一方面必须将这些产业按安全性原则合理布局，并且做好产业安全防控预案，一旦受到冲击，应及时启动防控预案；另一方面，如果政策目标是附加值增加、就业人数增加或总产出增加，相应地应在附加值直接影响最大、就业直接影响最大或总产出直接影响最大的产业方面采取激励措施，最后的总结果不一定是最大的，但见到成效应该是最快的，因为直接影响的时滞从理论上应该小于间接影响、引致影响。

（二）对于受间接影响偏大的产业的政策建议

不同的产业受到冲击后，由于其他产业与这一产业有投入产出关系（产业内部也存在），因此其他产业也会受到影响。间接影响偏大，说明这些产业与其他产业之间的投入产出关系比较密切，进而说明这些产业在整个国民经济结构中处于重要的地位。同样地，一方面我们要保障这些产业的安全，否则不单单是这些产业受冲击——这种冲击可能不严重——其他产业可能会因为这一产业受冲击而损失很大；另一方面，如果我们的目标是中期的附加值增加、就业人数增加或总产出增加，可以相应地在附加值间接影响最大、就业间接影响最大或总产出间接影响最大的产业方面采取激励措施，可能这些产业本身受直接影响不是很大，但是经过一段时间，它们将带动其他产业一起更好地实现政策目标。

（三）对于受引致影响偏大的产业的政策建议

不同的产业受到冲击后，这些产业受到的直接影响和对其他产业造成的间接影响会影响到居民的收入，进而影响居民的支出，从而对各产业产品的需求产生影响，最终影响到各产业的附加值、就业和总产出，这就是引致影响。受引致影响偏大的产业对居民的收入而言非常重要，是一个经济体收入总量的主要构成部分。对于这类产业，一方面由于其密切关系到居民收入总量，保障其安全的重要性不言而喻；另一方面，如果我们的目标是中期的附加值增加、就业增加或总产出增加，可以相应地在受附加值引致影响最大、就业引致影响最大或总产出引致影响最大的产业方面采取激励措施，可能这些产业本身受直接影响不是很大但是经过一段时间，它们将通过提高居民收入拉动其他产业一起更好地实现政策目标。

（四）对于受总影响偏大的产业的政策建议

不同产业受到突发冲击后，由于受直接影响、间接影响和引致影响各不相同，它们最终造成的总影响也不同，受总影响偏大说明这些产业从较长时间来看，在整个国民经济中较为重要。对于这类产业，一方面要合理规划，保障安全；另一方面，从经济的长期发展考虑，对受总影响偏大的产业要格外重视，它们是附加值增加、就业增加和总产出增加目标实现的主要政策着力点。

此外，在受到突发冲击后，不同产业造成的直接影响、间接影响、引致影响的程度不一还可以为应对突发冲击提供某种产业差异应对的思路：对于那些受直接影响偏大的产业，往往要及时处理，以避免受冲击产业的更大损失；而对于那些受间接影响和引致影响偏大的产业，在短期处理速度上可能可以相对滞后一些，但从长期应对的角度来看，也应该是应对的重点。总之，为实现短期目标，对受直接影响偏大的产业要重视；为实现中长期目标，对受间接影响、引致影响偏大的产业也要充分重视。

第二节 我国各经济区域受突发冲击影响的 IMPLAN 分析

要研究突发冲击对不同地区的经济影响，必须要解决的一个问题是我国分为多少经济区域才是合适的。从某个角度而言，如果每个省区（含直辖市、自治区、特别行政区）的数据都能得到，这无疑是比较理想的结果，因为经济区域划分得越细致，某些关系才可能看得更清晰。但经济区域划分又不需要太细，一方面基于统计工作量的考虑，另一方面部分地区间的经济特征非常相似，划分过细可能会使问题更为烦琐。因此，"从宏观经济统计与分析和国家区域发展规划和政策制定与实施的角度出发，新的经济区域划分应该在保持省、自治区和直辖市的行政区划完整的基础上，以全覆盖和不重复为原则，并与目前通行的区域划分相衔接。"[1]基于这样的原则，由国家信息中心编写的《中国区域间投入产出表》把我国内地划分为八大经济区域：

东北区域——黑龙江、吉林和辽宁；

---

[1] 国家信息中心编.中国区域间投入产出表[M].北京:社会科学文献出版社.2005年1月，第5页.

京津区域——北京和天津；

北部沿海区域——河北和山东；

东部沿海区域——江苏、浙江和上海；

南部沿海区域——福建、广东和海南；

中部区域——山西、河南、安徽、湖北、湖南和江西；

西北区域——内蒙古、陕西、宁夏、甘肃、青海和新疆；

西南区域——四川、重庆、广西、云南、贵州和西藏。

此外，由市村真一和王慧炯主编的《中国经济区域间投入产出表》也提出了一个大经济区域的划分法，提出把我国内地划分为七大经济区域，与上述的八大经济区域的划分法的区别主要体现在：第一，前者把北京、天津、山东、河北和内蒙古统一划归为"华北区"；第二，内蒙古不归入"西北区"，其他的划分与后者除区域名称略有差别外都相同。① 由许宪春和李善同主编的《中国区域投入产出表的编制及分析(1997)》也将我国分为八大经济区域，与《中国区域间投入产出表》的区别主要体现在：第一，前者将北京、天津、山东与河北统称为"北部沿海地区"；第二，将陕西、山西、河南和内蒙古统称为"黄河中游地区"；第三，将湖北、湖南、江西和安徽统称为"长江中游统称地区"；第四，西藏被归入"西北地区"。②

本节采用国家信息中心编写的《中国区域间投入产出表》的八大经济区域划分方法，一方面，这种划分方法能保证各经济区域内部的差异比较小，而区域间的差异比较大；另一方面，本节采集的数据均来自于这本著作，因此有必要与它的经济区域划分方法保持一致。

本节研究主要包括三个组成部分：第一部分是 IMPLAN 模型的建立，主要是基于我国 1997 年八大经济区域的投入产出表建立合适的 IMPLAN 模型；第二部分是运用所建立的 IMPLAN 模型对不同地区的受冲击严重程度进行多角度的度量；第三部分是在第二部分研究的基础上进一步提出相关政策建议。

一、建立 IMPLAN 模型

由于在前一部分的研究中，我们已经较详细地介绍了 IMPLAN 模型及具体的操作步骤，因此本部分的研究主要说明建立地区间 IMPLAN 模型的

---

① 市村真一,王慧炯主编.中国经济区域间投入产出表[M].北京:化学工业出版社.2006 年 11 月,第 126 页.

② 许宪春,李善同等.中国区域投入产出表的编制及分析[M].北京:清华大学出版社,2008 年,第 4 页.

方法。

IMPLAN系统一般是建立在产业基础之上的,还没有发现在既有的研究成果中将IMPLAN系统运用于地区间分析。因此,对IMPLAN系统进行地区间冲击影响的分析本身就是一种全新的尝试。

我们设想,如果把各个经济区域视为一个特殊的"行业",只要能找到各经济区域间的投入产出数据,依然可以建立IMPLAN模型。当前可以找到的中国区域间投入产出表主要有三个版本:其一是由国家信息中心编写的《中国区域间投入产出表》,这个表是我国1997年的区域间投入产出表;其二是市村真一和王慧炯主编的《中国经济区域间投入产出表》,这个表是我国1987年的区域间投入产出表;其三是许宪春和李善同主编的《中国区域投入产出表的编制及分析(1997)》,这个表同样也是我国1997年的区域间投入产出表,由此我们能找到的最近的区域间投入产出表只能是1997年的。在两个1997年的中国区域间投入产出表中,我们选择了国家信息中心编写的版本,主要是考虑到国家信息中心的数据可能更有优势一些。

《中国区域间投入产出表》中包括两张表,一张是8区域8部门的表,另一张是8区域17部门的表。由于我们是把一个经济区域视为一个"行业",来研究各区域经济投入产出总数间的关系,因此这个表分为多少个部门对我们此处的研究影响不大。事实上,用两张表计算出来的各项目总数是一致的。经整理得到的类似行业间投入产出表的区域间投入产出表如附表7所示。

在整理出这张区域间投入产出表后,我们按以前的做法,将相关数据输入IMPLAN模型,并对模型进行了调试。在调试过程中,我们发现总是失败。经仔细分析,估计是出口数据出了问题,因为表中的"消费合计"(包括农村居民消费、城镇居民消费和政府消费支出)、"资本形成合计"(包括固定资产形成和存货增加)与"出口"相加不等于"最终使用合计"。因此我们调整了"出口"数据,让三者加总之和与"最终使用合计"相等,再调试终于取得了成功。

二、各产业受冲击反应严重程度的度量

如上一节所分析的思路一样,我们计划在IMPLAN模型中模拟就业需求冲击和产品需求冲击,我们通过"Type II Multipliers"这个乘数来计算这两类冲击的直接影响、间接影响和引致影响,具体建立事件组进行分析的步骤见前一部分的研究成果,本部分直接对结果进行分析。

(一) 就业需求受冲击的影响

1. 一个区域就业需求变动100人对附加值的影响

从表6-23可以看出,就业需求变动100人,区域附加值受直接影响排名前三的经济区域分别是京津区域、东部沿海区域和南部沿海区域,这说明这些地区每个工人的附加值相对于其他区域而言是比较大的。从表6-24可以看出,就业需求变动100人对各区域造成的间接影响最大的三个区域依次是京津区域、东部沿海区域和东北区域,这表明这三个区域的就业对所有区域的附加值而言其关联度最强。从表6-25可以看出,就业需求变动100人对各区域造成的附加值引致影响排名前三的经济区域分别是京津区域、东部沿海区域和南部沿海区域,这表明这三个区域的就业对所有区域的收入影响较大,进而对各区域的附加值造成较大的影响。从表6-26可以看出,就业需求变动100人对各区域造成的附加值总影响排名前三的经济区域分别是京津区域、东部沿海区域和南部沿海区域,这表明这三个区域的就业对全国的附加值较为重要。

表6-23 一个区域就业需求变动100人,区域附加值受直接影响的排序

排序	区域	代码	影响
1	京津区域	002	2 742 652
2	东部沿海区域	004	1 908 678
3	南部沿海区域	005	1 732 767
4	东北区域	001	1 382 057
5	北部沿海区域	003	1 257 196
6	西北区域	007	894 521
7	中部区域	006	728 012
8	西南区域	008	650 699

表6-24 一个区域就业需求变动100人,区域附加值受间接影响的排序

排序	区域	代码	影响
1	京津区域	002	4 150 905
2	东部沿海区域	004	3 479 685
3	东北区域	001	2 275 876
4	南部沿海区域	005	2 138 331
5	北部沿海区域	003	1 451 244
6	西北区域	007	1 121 234
7	中部区域	006	887 213
8	西南区域	008	810 609

表 6-25　一个区域就业需求变动 100 人，区域附加值受引致影响的排序

排序	区域	代码	影响
1	京津区域	002	8 638 466
2	东部沿海区域	004	6 895 608
3	南部沿海区域	005	4 849 794
4	东北区域	001	4 501 757
5	北部沿海区域	003	3 852 105
6	西北区域	007	2 648 936
7	中部区域	006	1 999 153
8	西南区域	008	1 896 875

表 6-26　一个区域就业需求变动 100 人，区域附加值受总影响的排序

排序	区域	代码	影响
1	京津区域	002	15 532 023
2	东部沿海区域	004	12 283 971
3	南部沿海区域	005	8 720 892
4	东北区域	001	8 159 690
5	北部沿海区域	003	6 560 545
6	西北区域	007	4 664 691
7	中部区域	006	3 614 378
8	西南区域	008	3 358 183

2. 一个区域就业需求变动 100 人对就业的影响

从表 6-27 可以看出，区域就业需求变动 100 人，对各区域造成的就业间接影响最大的三个区域依次是东部沿海区域、京津区域和东北区域，这表明这三个区域的就业对全国各区域就业的拉动作用比较明显。从表 6-28 和表 6-29 可以看出，区域就业需求变动 100 人，对各区域造成的就业引致影响和总影响最大的三个区域都是京津区域、东部沿海区域和南部沿海区域，这表明这三个区域对所有区域的收入影响很大，进而明显影响各区域就业（引致影响），同时这三个区域对全国就业的影响也是最显著的（总影响）。

表 6-27 一个区域就业需求变动 100 人，区域就业受间接影响的排序

排序	区域	代码	影响
1	东部沿海区域	004	238.5
2	京津区域	002	222.0
3	东北区域	001	172.6
4	南部沿海区域	005	158.4
5	北部沿海区域	003	143.1
6	西北区域	007	118.8
7	西南区域	008	112.9
8	中部区域	006	108.5

表 6-28 一个区域就业需求变动 100 人，区域就业受引致影响的排序

排序	区域	代码	影响
1	京津区域	002	850.9
2	东部沿海区域	004	679.2
3	南部沿海区域	005	477.7
4	东北区域	001	443.4
5	北部沿海区域	003	379.4
6	西北区域	007	260.9
7	中部区域	006	196.9
8	西南区域	008	186.8

表 6-29 一个区域就业需求变动 100 人，区域就业受总影响的排序

排序	区域	代码	影响
1	京津区域	002	1 172.9
2	东部沿海区域	004	1 017.7
3	南部沿海区域	005	736.1
4	东北区域	001	716.0
5	北部沿海区域	003	622.5
6	西北区域	007	479.7
7	中部区域	006	405.4
8	西南区域	008	399.7

3. 一个区域就业需求变动100人对总产出的影响

从表6-30可以看出,就业需求变动100人,区域产出受直接影响排名前三的经济区域分别是京津区域、东部沿海区域和南部沿海区域,这说明这三个区域的人均产出相对于其他区域而言是比较大的。从表6-31可以看出,就业需求变动100人对各区域造成的间接影响最大的三个区域依次是京津区域、东部沿海区域和东北区域,这表明这三个区域的就业对各区域的产出而言其关联度最强。从表6-32和表6-33可以看出,就业需求变动100人对各区域造成的产出引致影响和总影响最大的三个经济区域都是京津区域、东部沿海区域和南部沿海区域,这表明这三个区域的就业对各区域的收入影响较大,进而对各区域的产出造成较大的影响(引致影响),同时这三个区域对全国总产出的影响也最大(总影响)。

表6-30 一个区域就业需求变动100人,区域产出受直接影响的排序

排序	区域	代码	影响
1	京津区域	002	8 173 763
2	东部沿海区域	004	6 409 858
3	南部沿海区域	005	5 194 403
4	东北区域	001	3 926 560
5	北部沿海区域	003	3 508 362
6	西北区域	007	2 144 329
7	中部区域	006	1 921 968
8	西南区域	008	1 550 719

表6-31 一个区域就业需求变动100人,区域产出受间接影响的排序

排序	区域	代码	影响
1	京津区域	002	12 130 498
2	东部沿海区域	004	10 959 176
3	东北区域	001	6 478 053
4	南部沿海区域	005	6 273 871
5	北部沿海区域	003	4 927 082
6	西北区域	007	2 851 716
7	中部区域	006	2 399 896
8	西南区域	008	2 017 763

表 6-32 一个区域就业需求变动 100 人，区域产出受引致影响的排序

排序	区域	代码	影响
1	京津区域	002	24 009 027
2	东部沿海区域	004	19 162 074
3	南部沿海区域	005	13 479 111
4	东北区域	001	12 511 805
5	北部沿海区域	003	10 706 217
6	西北区域	007	7 362 231
7	中部区域	006	5 556 277
8	西南区域	008	5 272 014

表 6-33 一个区域就业需求变动 100 人，区域产出受总影响的排序

排序	区域	代码	影响
1	京津区域	002	44 313 288
2	东部沿海区域	004	36 531 108
3	南部沿海区域	005	24 947 385
4	东北区域	001	22 916 418
5	北部沿海区域	003	19 141 661
6	西北区域	007	12 358 276
7	中部区域	006	9 878 141
8	西南区域	008	8 840 496

（二）产品需求受冲击的影响

1. 一个区域产品需求变动 100 万元对附加值的影响

从表 6-34 可以看出，产品需求变动 100 万元，区域附加值受直接影响排名前三的经济区域分别是西南区域、西北区域和中部区域，这说明这三个区域单位货币的附加值相对于其他区域而言是比较大的。从表 6-35 可以看出，产品需求变动 100 万元对各区域造成的间接影响最大的三个区域依次是东北区域、东部沿海区域和西北区域，这表明这三个区域的产品需求对各区域的附加值而言其关联度最强。从表 6-36 可以看出，产品需求变动 100 万元对各区域造成的附加值引致影响排名前三的经济区域分别是西北区域、西南区域和东北区域，这表明这三个区域的产品需求对各区域的收入影响较大，进而对各区域的产出造成较大的影响。从表 6-37 可以看出，产品需求变动 100 万元对各区域造成的产出总影响排名前三的经

济区域分别是西北区域、西南区域和东北区域,这表明这三个区域的产品需求对整个国家的附加值而言较为重要。

表 6-34 一个区域产品需求变动 100 万元,区域附加值受直接影响的排序

排序	区域	代码	影响
1	西南区域	008	419 611
2	西北区域	007	417 156
3	中部区域	006	378 784
4	北部沿海区域	003	358 343
5	东北区域	001	351 977
6	京津区域	002	335 543
7	南部沿海区域	005	333 583
8	东部沿海区域	004	297 772

表 6-35 一个区域产品需求变动 100 万元,区域附加值受间接影响的排序

排序	区域	代码	影响
1	东北区域	001	579 611
2	东部沿海区域	004	542 865
3	西北区域	007	522 883
4	西南区域	008	522 731
5	京津区域	002	507 833
6	北部沿海区域	003	499 163
7	中部区域	006	461 626
8	南部沿海区域	005	411 661

表 6-36 一个区域产品需求变动 100 万元,区域附加值受引致影响的排序

排序	区域	代码	影响
1	西北区域	007	1 235 322
2	西南区域	008	1 223 222
3	东北区域	001	1 146 489
4	北部沿海区域	003	1 097 978
5	东部沿海区域	004	1 075 782
6	京津区域	002	1 056 853
7	中部区域	006	1 040 159
8	南部沿海区域	005	933 658

表 6-37　一个区域产品需求变动 100 万元,区域附加值受总影响的排序

排序	区域	代码	影响
1	西北区域	007	2 175 361
2	西南区域	008	2 165 564
3	东北区域	001	2 078 077
4	北部沿海区域	003	1 955 484
5	东部沿海区域	004	1 916 419
6	京津区域	002	1 900 229
7	中部区域	006	1 880 569
8	南部沿海区域	005	1 678 902

2. 一个区域产品需求变动 100 万元对就业的影响

从表 6-38 和表 6-39 可以看出,产品需求变动 100 万元,区域就业受直接影响及其对各区域就业造成的间接影响排名前三的经济区域都是西南区域、中部区域和西北区域,这说明这三个区域同样的产品需求相对于其他区域而言更能拉动就业(直接影响),同时这三个区域的产品需求对各区域的就业而言其关联度最强。从表 6-40 可以看出,产品需求变动 100 万元对各区域造成的就业引致影响排名前三的经济区域分别是西北区域、西南区域和东北区域,这表明这三个区域的产品需求对各区域的收入影响较大,进而对各区域的就业造成较大影响。从表 6-41 可以看出,产品需求变动 100 万元对各区域造成的就业总影响排名前三的经济区域分别是西南区域、西北区域和中部区域,这表明这三个区域的产品需求对整个国家的就业而言较为重要。

表 6-38　一个区域产品需求变动 100 万元,区域就业受直接影响的排序

排序	区域	代码	影响
1	西南区域	008	64.5
2	中部区域	006	52.0
3	西北区域	007	46.6
4	北部沿海区域	003	28.5
5	东北区域	001	25.5
6	南部沿海区域	005	19.3
7	东部沿海区域	004	15.6
8	京津区域	002	12.2

表 6-39 一个区域产品需求变动 100 万元,区域就业受间接影响的排序

排序	区域	代码	影响
1	西南区域	008	72.8
2	中部区域	006	56.4
3	西北区域	007	55.4
4	东北区域	001	44.0
5	北部沿海区域	003	40.8
6	东部沿海区域	004	37.2
7	南部沿海区域	005	30.5
8	京津区域	002	27.2

表 6-40 一个区域产品需求变动 100 万元,区域就业受引致影响的排序

排序	区域	代码	影响
1	西北区域	007	121.7
2	西南区域	008	120.5
3	东北区域	001	112.9
4	北部沿海区域	003	108.2
5	东部沿海区域	004	106.0
6	京津区域	002	104.1
7	中部区域	006	102.5
8	南部沿海区域	005	92.0

表 6-41 一个区域产品需求变动 100 万元,区域就业受总影响的排序

排序	区域	代码	影响
1	西南区域	008	257.8
2	西北区域	007	223.7
3	中部区域	006	210.9
4	东北区域	001	182.4
5	北部沿海区域	003	177.5
6	东部沿海区域	004	158.8
7	京津区域	002	143.5
8	南部沿海区域	005	141.8

3. 一个区域产品需求变动 100 万元对总产出的影响

从表 6-42 可以看出,产品需求变动 100 万元对各区域造成的间接就业影响排名前三的经济区域依次是东部沿海区域、东北区域和京津区域,这说明这三个区域的产品需求与各区域产出的关联度最强。从表 6-43 可以看出,产品需求变动 100 万元对各区域造成的产出引致影响排名前三的经济区域分别是西北区域、西南区域和东北区域,这表明这三个区域的产品需求对各区域的收入影响较大,进而对各区域的产出造成较大的影响。

从表 6-44 可以看出,产品需求变动 100 万元对区域造成的产出总影响排名前三的经济区域分别是东北区域、西北区域和西南区域,这表明这三个区域的产品需求对全国总产出而言更为重要。

表 6-42 一个区域产品需求变动 100 万元,区域产出受间接影响的排序

排序	区域	代码	影响
1	东部沿海区域	004	1 709 738
2	东北区域	001	1 649 804
3	京津区域	002	1 484 078
4	北部沿海区域	003	1 404 383
5	西北区域	007	1 329 888
6	西南区域	008	1 301 179
7	中部区域	006	1 248 666
8	南部沿海区域	005	1 207 814

表 6-43 一个区域产品需求变动 100 万元,区域产出受引致影响的排序

排序	区域	代码	影响
1	西北区域	007	3 433 350
2	西南区域	008	3 399 722
3	东北区域	001	3 186 455
4	北部沿海区域	003	3 051 629
5	东部沿海区域	004	2 989 937
6	京津区域	002	2 937 329
7	中部区域	006	2 890 931
8	南部沿海区域	005	2 594 930

表 6-44 一个区域产品需求变动 100 万元,区域产出受总影响的排序

排序	区域	代码	影响
1	东北区域	001	5 836 259
2	西北区域	007	5 763 238
3	西南区域	008	5 700 901
4	东部沿海区域	004	5 699 675
5	北部沿海区域	003	5 456 012
6	京津区域	002	5 421 407
7	中部区域	006	5 139 597
8	南部沿海区域	005	4 802 744

三、根据经济区域特点提高我国经济抗冲击能力的政策建议

前文分析了我国各经济区域遭受就业冲击与产品需求冲击的不同结果,这些结果是从附加值、就业和总产出三个方面来分别加以论述的。根据分析结果,我们可以在政策方面得出以下启示。

(一)以提高附加值为目标的相关政策建议

附加值的重要性不言而喻。单位产品的附加值越大,说明产品中的物质投入越少,即用更有限的投入创造出了更大的产出,资源使用得越充分、有效。如果政府的政策目标之一是提高附加值,那么增加在京津地区、东部沿海地区和南部沿海地区的就业就是一个好的途径,原因在于这些地区人均附加值水平比较高,这得益于这些地区较多分布着知识和技术密集型企业。同时,在总需求政策方面,应该更多地向西北区域、西南区域和东北区域进行倾斜,这些区域的单位货币产出的附加值比较高,对其他区域的附加值拉动,以及对全国的附加值总量而言都具有重要意义。从这个角度讲,国家积极实施西部大开发战略和振兴东北老工业基地的政策是具有重大意义的。具体来看:在扶持方式上,可以直接采取结构性的政策倾向(如直接财政补贴),加大对西部和东北地区的转移支付力度;在货币政策方面,可以对当地主要贷款银行规定较低的存款保证金率,以提供更低利率的地区发展专项贷款等。除了这三个区域之外,东部沿海区域的产品需求对附加值的间接影响比较大,也应该引起重视,中部区域单位货币的附加值也是比较大的,因此,这两个区域应该是政策倾向的第二梯队。

(二)以提高就业为目标的相关政策建议

我国当前的失业统计主要采用的是"城镇登记失业率"这一指标,这一指标的相关数据长期以来由于不是调查数据可能失真为社会各界包括理论界所质疑。如有报导称:"人力资源社会保障部公布 2008 年四季度末城镇登记失业率为 4.2%,而据中国社会科学院近日的一项调查显示,我国城镇经济活动人口的失业率大概是 9.4%。"①

从我国各区域之间的就业关系来看,京津区域、东部沿海区域、南部沿海区和东北区域的就业变化对各区域的就业影响较大,这些区域的就业对我国整体的就业水平拉动作用明显,应该鼓励这些区域的企业扩大规模,鼓励外商在这些区域投资。

---

① 经济参考报.人保部与社科院两部门失业率统计数据相差了 5.2% [N].2009 年 1 月 21 日.

从产品需求的角度来看,西南区域、中部区域、西北区域和东北区域的产品需求扩大对拉动当地和全国的就业作用显著,因此,可以对这些区域实行倾向性的总需求政策,拉动当地的总需求,如直接给予财政补贴,扩大当地的政府投资与政府消费,加大对当地的转移支付力度,以及倾向性的货币政策扶持等。

(三) 以经济增长为目标的相关政策建议

从就业拉动经济增长的角度来看,京津区域、东部沿海区域、南部沿海区和东北区域的就业对经济增长的拉动作用明显,因此应该采取相应的措施拉动这些区域的就业,如鼓励当地企业规模扩大、鼓励外商直接投资等。

从产品需求拉动经济增长的角度来看,西北区域、西南区域和东北区域的总需求对当地和全国的经济增长都有重要意义,另外,东部沿海区域和京津区域对各区域的产出间接影响比较大。因此对上述区域,特别是西部区域和东北区域的总需求倾向政策尤其重要。

从上面的分析结果来看,东南沿海区域(包括东部和南部沿海区域)和京津区域由于工业化程度比较高、产品附加值大、经济实力比较强,扩大其区域就业对提高附加值拉动、拉动就业和促进经济增长都有重要意义;但是不能没有效率地扩大就业,应该一边扩大就业,一边加快产业结构升级,做到强者更强。而对于中、西部区域(包括西南区域和西北区域)和东北区域,政府更应该加大总需求扶持力度,在财政和货币政策方面,采取结构性的调控手段,扩大当地的总需求。这对全国的附加值、就业和经济增长目标的实现都具有重大意义。

第七章 我国各产业和各经济区域受突发冲击的脆弱性及对策

在第六章中,我们讨论了我国不同产业在遭受突发冲击后的影响,通过应用 IMPLAN 系统,我们分别测算出了产品需求和就业需求受到一定程度的突发冲击时,各产业在附加值、就业和总产出三个方面的直接、间接、引致影响和总影响。但是要进一步判断产业的脆弱性,这一分析仍然有必要继续下去。因为即便某一行业受到某种冲击时,可能产生的影响是巨大的,但并不能就此判断这一产业是脆弱产业。判断产业脆弱与否的另一个关键点在于这一产业受冲击的可能性(概率)有多大。

经济的脆弱性问题是一个讨论已久的问题,关于什么是"脆弱性"存在不同的观点。据查证,"脆弱性"这一概念是由地质学者 Timmenrman 于 1981 年率先提出的①,此后,"脆弱性"频繁地出现在自然生态系统和人文社会系统两大领域。在人文社会系统有关"脆弱性"的论述与研究中,联合国救灾组织(1982)认为,脆弱性是一种损失度,即某一或一系列要素在某一强度自然现象发生时遭受损失的程度。Downing(1991)也持有类似的观点,他认为脆弱性是一种损失的度量。这类观点只关注了灾害的严重性,没有关注致灾的可能性,因此是有失偏颇的。② 刘燕华(2007)提出,脆弱性主要有三层含义:内在的不稳定性、对干扰和变化的敏感性及受损失的难复原性。③ 曲波、丁琳(2007)对区域经济脆弱性进行定义,认为区域经济发展脆弱性是"衡量区域经济发展水平的一种度量,指某个地区经济自我发展能力差、对外部经济条件改变反应敏感、在外部条件发生不利变化时经济替代能力弱"。比较刘燕华和曲波等人的定义可以发现,这两个定义都反映出主体内在基础薄弱的问题(稳定性差、自我发展能力差)、主体对外部冲击的敏感性,以及主体对外部冲击的恢复能力

---

① 曲波,丁琳.对区域经济脆弱性内涵的理论阐释[J].当代经济,2007(2):62—63.
② Downing,T. E,1991, "Velnerability to hunger in Africa:A climate change perspective", *Global Environmental Change*,Vol.1,No.5,pp.365—380.
③ 刘燕华,李秀彬.脆弱生态环境与可持续发展[M].商务印书馆,2007年.

弱。张俊香等(2010)引用黄崇福(2001)的观点时指出:"社会经济系统的脆弱性分析,就是依据致灾因子的强弱和社会经济系统的特性,对可能的破坏程度进行预测"。[①] 这个观点比较全面,首先,它注意到了受冲击的可能性(致灾因子的强弱);其次,它注意到了受冲击的严重性(破坏程度);最后,它说明了造成这种破坏程度的原因(致灾因子和社会经济系统的特性)。

我们这里讨论的是不同产业面对突发冲击所表现出的脆弱性问题,受张俊香等(2010)的论述的启发,我们认为这种脆弱性是两种力量的合力:其一是突发冲击对不同产业造成的影响的严重程度,其二是这一产业受到突发冲击的可能性有多大。毫无疑问,那些很容易受到冲击,并且受到冲击后会有严重影响的产业就是面对突发冲击更脆弱的产业。

本章的研究将首先测算出不同产业受突发冲击影响程度的系数,然后测算出不同产业受突发冲击的可能性系数(概率),再将这两个系数相乘得到每个产业受到某种冲击后在某一经济指标方面的重合系数,我们在第一节中用这一重合系数来衡量不同产业面对这种突发冲击的脆弱性。由于各地区在面临突发冲击时各自的承受能力不同,所以在本章中我们参照产业脆弱性的衡量在第二节计算出各地区受突发冲击的脆弱性系数,并据此提供相应的政策建议。需要指出的是,由于数据的可得性限制,我们计算出的各地区脆弱性系数依据的是1997年各地投入产出数据。尽管十几年来,我国各地区的经济发展速度存在较大的差异,地区经济结构也随之发生了较大的变化,这一数据已经难以反映我国地区间经济结构;但作为一种思路和方法,这部分分析还是有必要的。在应对突发冲击时,如果经济系统具有较强的反弹力,那么突发冲击引发危机的可能性会大大降低,本章的第三节初步讨论了突发冲击的反弹力问题,并提出通过去脆弱性来增强反弹力,进而防范危机的发生。

第一节 我国各产业面对突发冲击的脆弱性分析及政策建议

一、不同产业受突发冲击影响程度的系数测算

在我们前面的研究中,我们应用IMPLAN系统测算了产品需求变动

[①] 张俊香,卓莉,刘旭拢.广东省台风暴潮灾害社会经济系统脆弱性分析——模糊数学方法[J].自然灾害学报,2010,19(1):116—121.

100万元及就业需求变动100人对各产业的附加值、就业和总产出的直接影响、间接影响、引致影响和总影响。我们将以前面的研究结果为基础,测算不同产业受突发冲击影响的严重程度。

首先,我们面临的一个问题,即产业受到突发冲击后,产生的经济影响用什么来衡量才具备综合性?在前面的分析中,我们测算了直接、间接和引致影响,但这三者都不能概括突发冲击影响的总规模,很难让人们形成对突发冲击影响的总体印象。在这里,我们选择这三个影响的总和,即总影响作为不同产业受突发冲击后的影响度量,以便于人们理解,也有利于对产业受突发冲击影响综合程度的分析。这样一来,当产品需求变动100万元及就业需求变动100人时,每一个产业均有附加值、就业和总产出三序列的总影响。

接下来面临的一个问题即如何测算影响程度的系数?如果直接选用影响的绝对值,那么由于数据比较大且没有一个基点,观察过程中将很难清晰。因此,我们将对附加值、就业和总产出三个序列的总影响进行处理,将最小的总影响设定为100,其他产业受冲击影响程度的系数可由式(7-1)得到:

$$S = \frac{I_j}{I_{\min}} \times 100 \qquad (7\text{-}1)$$

式(7-1)中,I_j表示第j个产业受某种冲击所造成的某序列总影响,$I_{\min}$表示某序列总影响中最小的取值。

附表8是就业需求变动100人时,各产业在附加值、就业和总产出三个序列的影响系数,其中各产业造成的影响数据详见我们附表1、2、3。附表9是产品需求变动100万元时,各产业在附加值、就业和总产出三个序列的影响系数,其中各行业造成的影响数据详见附表4、5、6。

二、不同产业受突发冲击可能性的系数测算

不同的产业受突发冲击的可能性的研究是一个很复杂的问题,有两种方法可以得到这一概率:其一是历史分析法,即把一个时间段(如过去50年)已发生的若干次突发冲击全部收集起来,然后对每次受冲击的产业进行分析,最后得到不同产业受冲击的概率;其二是估计法,即以一定的数据为基础,估计各产业受冲击的概率。第一种分析方法的优点在于用事实进行分析,说服力强,但缺点也很明显:一方面,收集突发冲击的时间跨度是一个问题,特别是当前产业结构变化速度很快,设定的时间跨度太大——有些产业可能从有到无,另一些可能从无到有——这样就缺乏整个时间跨

度内的可比性。另一方面,即便选取了一个合适的时间跨度,关于突发冲击的选取又成为一个问题,因为从定性的角度对突发冲击进行界定不是很困难,但具体到数据收集时不可避免地会有一个定量标准的问题,即造成了什么程度影响的突发冲击才会被考虑进来,而低于此影响程度的则不考虑,回答这一问题是十分困难的。

基于这一考虑,我们采用估计法来测算不同产业的突发冲击可能性系数。由于基于 IMPLAN 系统的冲击包括两大类:产品需求冲击和就业需求冲击,并且这个软件是基于一个静态的一般均衡模型(总需求与总产出总是相等的,劳动力市场总是均衡的)。所以,产品需求冲击和就业需求冲击实际上也对应着产品产出冲击和劳动供给冲击。事实上,受到突发冲击后,往往反映在某一特定产业上也的确是产出或劳动供给方面的影响,如厂房受损、产出变小,或员工发生伤亡、劳动供给减少等。

我们认为,可以用每个产业产出占总产出的比重作为该产业受到产品需求冲击的概率;用每个产业就业人口占总就业人口的比重作为该产业受到就业需求冲击的概率。之所以这样估计是基于这样一种考虑:如果每次突发冲击都是相互独立的,只要时间跨度足够长、突发冲击的次数充分多,那么依据伯努利大数定律,某产业受到产品需求冲击的概率即该产业产出占总产出的比例;某产业受到就业需求冲击的概率即该产业就业人口占总就业人口的比例。这种方法的优点是避免了突发冲击的选取标准问题,缺点是它是一个静态的研究框架,一旦选定了某一年的投入产出表,并将其数据输入 IMPLAN 系统,所得到的数据均反映的是这一年的相关情况,而无法动态地反映一个时间段内产业结构的发展变化情况。计算各产业受就业需求冲击的可能性系数和受产品需求冲击的可能性系数的具体方法分别如式(7-2)公式(7-3)所示:

$$PE_j = \frac{E_j}{\sum_{i=1}^{135} E_i} \tag{7-2}$$

$$PO_j = \frac{O_j}{\sum_{i=1}^{135} O_i} \tag{7-3}$$

式(7-2)中,PE_j 为第 j 个产业受就业需求冲击的可能性系数,E_j 为该产业的就业人数,由于我们采用的是 2007 年的投入产出表,该表编制的是 135 个部门的相关情况,因此求和式中上限为 135;式(7-3)中,PO_j 为第 j 个产业受产品需求冲击的可能性系数,O_j 为该产业的产出。

2007 年所有 135 个部门受就业需求冲击和产品需求冲击的可能性系

数见附表 10，其中用于计算产品需求冲击的可能性系数的各产业产出数据直接取自《2007 年的中国投入产出表》，而就业相关数据则复杂一些，原因在于劳动统计年鉴存在两个问题：其一，劳动统计年鉴上的数据是城镇数据，并不是全国数据；其二，投入产出延长表是 135 个部门的，而劳动统计年鉴并不是划分为 135 个部门的，两个资料之间的部门很难对应。针对第一个问题，我们采用的办法是用劳动报酬（这个数据可以从投入产出表上得到）去除以各产业城镇平均薪酬（这个数据可以从劳动统计年鉴上得到），这样就估算出各产业的就业人数。针对第二个问题，由于我们的数据采集是以 135 个部门为划分依据的，因此能从劳动统计年鉴上直接采用的平均薪酬数据就直接采用；如果劳动统计年鉴的部门划分标准与投入产出延长表上不一致，则需要把那些相关的小部门综合起来计算一个平均薪酬，或者是不同小部门都采用劳动统计年鉴上对应大部门的平均薪酬，这样就估算出了各产业的就业人数。

三、不同产业脆弱性的系数测算

前文已经测算出了不同产业受突发冲击影响程度的系数和受冲击的可能性系数，我们把各产业各序列受冲击影响程度的系数与该产业受冲击的可能性系数相乘，即得到不同产业的脆弱性系数，如式(7-4)和式(7-5)所示：

$$\mathrm{WE}_j = S_j \times \mathrm{PE}_j \qquad (7\text{-}4)$$

$$\mathrm{WO}_j = S_j \times \mathrm{PO}_j \qquad (7\text{-}5)$$

式(7-4)中，WE_j 为第 j 个产业的就业需求脆弱性系数，S_j 为该产业受就业需求冲击的影响程度系数，PE_j 为该产业受就业需求冲击的可能性系数。式(7-5)中，WO_j 为第 j 个产业的产品需求脆弱性系数，S_j 为该产业受产品需求冲击的影响程度系数，PO_j 为该产业受产品需求冲击的可能性系数。S_j 中包括附加值、就业和产出三个序列的影响程度系数。附表 11 和附表 12 分别是各产业在附加值、就业和产出三个序列方面受就业需求冲击和产品需求冲击的脆弱性系数。

从各产业脆弱性系数的函数表达可以看出，该系数不仅能度量各产业在受到突发冲击时所表现出的脆弱程度，同时也反映出该产业在受到正向拉动时的敏感性。

四、相关政策建议

由于在 IMPLAN 系统中，各产业受到突发冲击的影响，也是基于不同产业的就业人数占总就业人数的比重以及不同产业的产出占总产出的比重测算出来的,前文中敏感性的测算实际触发了 IMPLAN 系统内的一种逆运算。因此,对就业需求冲击和产品需求冲击而言,各产业在附加值、就业和总产出三方面的脆弱性取值并不相同,但是排序却是相同的。表 7-1、表 7-2 和表 7-3 列出了我国 135 个部门中受就业需求冲击和产品需求冲击时分别在附加值、就业和总产出方面表现最为脆弱的十大行业。

表 7-1 受冲击时附加值方面前十大脆弱行业

行业	代码	就业需求冲击附加值脆弱性	产品需求冲击附加值脆弱性
建筑业	095	48.12026884	13.472921490
农业	001	25.33513304	7.093440713
批发零售业	108	24.63609391	6.897721884
电力、热力的生产和供应业	092	21.50683789	6.021576666
钢压延加工业	059	19.24969752	5.389616016
畜牧业	003	16.91268278	4.735286091
汽车制造业	074	16.86006531	4.720552885
银行业、证券业和其他金融活动	111	15.77994212	4.418135034
公共管理和社会组织	135	14.66074803	4.104779308
金属制品业	063	12.44261618	3.483943150

表 7-2 受冲击时就业方面前十大脆弱行业

行业	代码	就业需求冲击就业脆弱性	产品需求冲击就业脆弱性
建筑业	095	26.91932190	15.041777580
农业	001	25.48225293	14.249526990
畜牧业	003	17.10253230	9.567760872
批发零售业	108	12.35634346	6.914551522
电力、热力的生产和供应业	092	9.901941764	5.530821582
钢压延加工业	059	9.296679456	5.189593431
公共管理和社会组织	135	9.167031844	5.123098468
汽车制造业	074	8.658374090	4.834306578
餐饮业	110	7.780666675	4.348403108
教育	126	7.483834212	4.185602456

从表 7-1 可以看出,无论是受到就业需求冲击还是产品需求冲击,在附加值方面表现得最为脆弱的是建筑业,其次是农业、批发零售业及电力、热力的生产和供应业等。换言之,这些行业容易受到破坏性的冲击,限制对这些行业的冲击对我国产业附加值的稳定具有重要意义;如果增加这些

行业的就业机会或对其的产品需求,则对我国产业附加值的快速增长作用明显。特别要说明的是,无论是受到就业需求冲击还是产品需求冲击,建筑业的脆弱性都明显地超出排名第二的农业,这表明对这一行业必须合理规划,保障产业安全。

表 7-3 受冲击时总产出方面前十大脆弱行业

行业	代码	就业需求冲击产出脆弱性	产品需求冲击产出脆弱性
建筑业	095	61.44414321	13.78413214
电力、热力的生产和供应业	092	26.52682484	5.950920137
农业	001	25.8623256	5.801849537
钢压延加工业	059	25.31642196	5.679384087
批发零售业	108	25.02915438	5.614939608
汽车制造业	074	23.5020833	5.272362844
畜牧业	003	18.17554977	4.077429141
金属制品业	063	16.52189994	3.706456959
公共管理和社会组织	135	15.5525149	3.488988886
银行业、证券业和其他金融活动	111	14.91889488	3.346844083

从表 7-2 中可以看出,一旦受到就业需求冲击或产品需求冲击时,就业方面最为脆弱的行业依次是建筑业、农业、畜牧业等。与附加值方面脆弱性前 10 位行业相比,多了餐饮业和教育两大行业,少了金属制品业及银行、证券和其他金融活动行业。这表明,餐饮业和教育两大行业对于就业方面的意义比较显著。保证这些排名靠前的行业不受到就业需求和产品需求方面的负面冲击,或者增加这些行业的就业机会和对其产品的需求,对保持我国就业水平持续稳定地增长有重要意义。

对比表 7-1 和表 7-3 可以发现,受到就业产品冲击或需求冲击后,总产出方面的脆弱性前 10 位行业与附加值方面的脆弱性前 10 位行业相同,但是具体的顺序有所差异。从表 7-3 中可以看出,基于经济增长较快增长的考虑,保证建筑业,电力、热力的生产和供应业,农业,钢压延加工业,批发零售业和汽车制造业不受到负面冲击,或者加强对这些行业的外部正向拉动,将具有明显的作用。要强调的是,建筑业的重要性又一次显现出来,至少在当前,这一行业对我国经济增长的贡献相当大。在我国产业结构没有十分显著地发生变化之前,保证这一行业的安全与稳定发展,是十分必要的。

具体而言,基于我国经济安全稳定增长的目标,我们对我国产业体系的发展提出四点政策建议,即合理规划、安全运营、适当刺激和结构升级。

合理规划方面,应该根据我国的宏观经济发展目标,结合我国各地区受突发冲击的性质与频率特征,对各产业区别对待:将那些最敏感的产业布局在最安全的区域。从汶川地震和舟曲泥石流的惨痛教训中,我们应该可以充分认识到产业安全布局的重要性。

安全运营方面,具体包括两点建议:其一,任何产业内的企业在运营过程中都要以安全平稳为基本目标,争取少出事故,不违规危险生产,尽可能地减少运营的突然中断。其二,我们建议由国家统计局牵头,成立一个产业间信息平台:针对不同产业间的投入产出关系,在产业投入产出关系链条上的各个环节,将一些主要企业(特别是针对那些极具脆弱性的产业)的信息进行处理加工;一旦某一企业受到冲击,相关的作为投入方的企业和作为购入方的企业可以迅速依据这些信息行动,部分阻断突发冲击的传导,减少突发冲击的间接影响和引致影响。

适当刺激方面,是指有针对性地适当加大对脆弱度高的产业的刺激力度。如果那些脆弱性产业受到冲击,固然更容易造成更大的损失;但如果对这些产业进行适当地刺激,促使其增加就业,提高总需求,则更容易获得更大的效益。因此,应该有选择地对那些代表了我国产业发展方向且更脆弱的产业进行适当刺激,这里主要是指总需求刺激,因为总需求增加了,一般可以间接地刺激该产业的就业,最后获得较全面的政策效果。

结构升级方面,是指通过产业结构调整降低对脆弱度高的产业的依赖程度,增强国家经济的整体安全。我们提出该建议的思路是:要降低某一产业的脆弱性,可以从两方面入手,一是降低该产业的影响程度系数,二是降低该产业受冲击的可能性系数。前者由于产业间的投入产出关系短期内很难发生大的改变,因此政策可行性较差;而后者虽然也需要较长时间,但是相对而言,政策可操作余地要大一些。降低某产业受冲击的可能性系数,即降低该产业产出占总产出的比重,或降低该产业就业人数占总就业人数的比重。一个比较好的办法是提高那些受冲击的可能性系数较低的产业在这两方面的比重,这样一来,原本比重很大的产业的比值就降低了。换言之,在我国的产业结构中,要摆脱对某几个产业的过度依赖,而应该推动我国产业结构的丰富与优化,对那些代表了时代发展方向(如高技术、环保等产业)而比较薄弱的产业,要加快其发展速度。这不仅是经济发展的问题,对经济安全也具有重大意义。

第二节 我国各经济区域面对突发冲击的脆弱性分析与政策建议

一、不同地区受突发冲击影响程度的系数测算

与前一节的分析一样,我们将对各地区受就业需求或产品需求冲击时的附加值、就业和总产出三个序列的总影响进行处理,将最小的总影响设定为100,其他地区受突发冲击的影响程度系数由式(7-6)得到:

$$AS_j = \frac{AI_j}{AI_{min}} \times 100 \tag{7-6}$$

式中,AI_j 表示第 j 个地区受某种冲击所造成的某序列总影响,AI_{min} 表示某序列总影响中最小的那一个地区的取值。

表7-4是就业变动100人时,各地区在附加值、就业和总产出三个序列的影响系数,其中各地区造成的影响数据详见我们前面研究中的数据。表7-5是地区需求变动100万元时,各地区在附加值、就业和总产出三个序列的影响系数。

表7-4 就业变动100人时,各地区三序列的影响系数

地区	代码	附加值影响系数	就业影响系数	总产出影响系数
东北区域	001	242.9793135	179.1343508	259.2209532
京津区域	002	462.5127040	293.4450838	501.2534138
北部沿海区域	003	195.3599610	155.7418064	216.5224779
东部沿海区域	004	365.7921858	254.6159620	413.2246426
南部沿海区域	005	259.6907911	184.1631223	282.1944040
中部区域	006	107.6289767	101.4260696	111.7374070
西北区域	007	138.9052056	120.0150113	139.7916587
西南区域	008	100	100	100

表7-5 地区需求变动100万元时,各地区三序列的影响系数

地区	代码	附加值影响系数	就业影响系数	总产出影响系数
东北区域	001	123.7759560	128.6318759	121.5192607
京津区域	002	113.1828421	101.1988717	112.8814486
北部沿海区域	003	116.4739812	125.1763047	113.6019742
东部沿海区域	004	114.1471528	111.9887165	118.6753864
南部沿海区域	005	100	100	100
中部区域	006	112.0118387	148.7306065	107.0137613
西北区域	007	129.5704574	157.7574048	119.9988590
西南区域	008	128.9869212	181.8053597	118.7009135

二、不同地区受突发冲击可能性的系数测算

如前所述,用各地区就业人数占全国总就业人数的比重以及各地区的产出占全国总产出的比重来测算不同地区受突发冲击的可能性系数是不合适的。原因在于我国幅员辽阔、地域特点明显,不同地区的社会、人文情况各异,不同地区的经济、文化发展水平不一,特别是在自然灾害和公共卫生事件的发生方面,地区间差异是很大的。因此,最好的办法是用历史数据的统计结果来观察不同地区受突发冲击的可能性,但由于数据的可得性较差,且突发冲击的界定标准不易确定,这一方法可能有待日后采用了。在本部分研究中,我们依然简单地采用各地区就业人数和产出分别占全国的总就业人数和总产出的比重来作为各地区受突发冲击的可能性系数的估计值。

计算各地区受就业需求冲击和受产品需求冲击的可能性系数具体的方法分别如式(7-7)和式(7-8)所示:

$$APE_j = \frac{AE_j}{\sum_{i=1}^{8} AE_i} \tag{7-7}$$

$$APO_j = \frac{AO_j}{\sum_{i=1}^{8} AO_i} \tag{7-8}$$

式(7-7)中,APE_j 为第 j 个地区受就业需求冲击的可能性系数,AE_j 为该地区的就业人数,由于我们采用的是1997年的地区间投入产出表,该表编制的是8个经济区域的相关情况,因此求和式中上限为8;式(7-8)中,APO_j 为第 j 个地区受产品需求冲击的可能性系数,AO_j 为该产业的产出。

表7-6为1997年所有8个经济区域受就业需求冲击和产品需求冲击的可能性系数。

表7-6 不同产业受冲击可能数系数

地区	代码	受就业冲击可能性系数	受需求冲击可能性系数
东北区域	001	0.07789315	0.097438856
京津区域	002	0.01810051	0.047133927
北部沿海区域	003	0.12757061	0.142585626
东部沿海区域	004	0.11334025	0.231447925
南部沿海区域	005	0.08997796	0.148899245
中部区域	006	0.28584802	0.175025814
西北区域	007	0.08221881	0.056167267
西南区域	008	0.20505068	0.101301338

数据来源:许宪春,李善同.中国区域投入产出表的编制及分析(1997).清华大学出版社,2008年3月.

三、不同地区脆弱性的系数测算

前文已经测算出了不同地区受突发冲击的影响程度系数和可能性系数,我们把各地区各序列的两个系数相乘,即得到不同地区的脆弱性系数,如式(7-9)和式(7-10)所示。

$$AWE_j = AS_j \times PAE_j \quad (7-9)$$
$$AWO_j = AS_j \times PAO_j \quad (7-10)$$

式(7-9)中,AWE_j为第j个地区的就业需求脆弱性系数,AS_j为该地区受就业需求冲击的影响程度系数,PAE_j为该地区受就业需求冲击的可能性系数;式(7-10)中,AWO_j为第j个地区的需求脆弱性系数,AS_j为该地区受产品需求冲击的影响程度系数,PAO_j为该产业受产品需求冲击的可能性系数。AS_j中包括各地区附加值、就业和产出三个序列的影响程度系数。表7-7和表7-8分别是各地区在附加值、就业和产出三个序列方面受就业需求冲击和产品需求冲击的脆弱性系数。

表7-7 不同地区受就业需求冲击的脆弱性系数

地区	代码	附加值脆弱性	就业脆弱性	产出脆弱性
东北区域	001	18.92642483	13.95333938	20.191537350
京津区域	002	8.371717713	5.311506872	9.072944477
北部沿海区域	003	24.92219015	19.86807784	27.62190542
东部沿海区域	004	41.45897954	28.8582380	46.83498628
南部沿海区域	005	23.36644849	16.57062267	25.39127775
中部区域	006	30.76552967	28.99244094	31.93991633
西北区域	007	11.42062003	9.867490822	11.49350315
西南区域	008	20.50506780	20.50506780	20.50506780

表7-8 不同地区受产品需求冲击的脆弱性系数

地区	代码	附加值脆弱性	就业脆弱性	产出脆弱性
东北区域	001	12.06058760	12.533742890	11.840697790
京津区域	002	5.334751859	4.769900265	5.320545999
北部沿海区域	003	16.60751554	17.84834177	16.19800862
东部沿海区域	004	26.41912401	25.91955609	27.46717196
南部沿海区域	005	14.88992454	14.88992454	14.88992454
中部区域	006	19.60496329	26.03169552	18.73017072
西北区域	007	7.277618461	8.86080226	6.74000794
西南区域	008	13.066547730	18.41712622	12.02456138

四、相关政策建议

如上节所述，由于本节的测算方法触发了 IMPLAN 系统内的一种逆运算，因此，对就业需求冲击和产品需求冲击而言，各地区在附加值、就业和总产出三方面的脆弱性取值并不相同，但排序却是相同的。表 7-9、表 7-10 和表 7-11 列出了我国 8 个经济区域受就业需求冲击和产品需求冲击时分别在附加值、就业和总产出方面的脆弱性排名。

表 7-9　受冲击时附加值方面的地区脆弱性排序

地区	代码	就业需求冲击的附加值脆弱性	产品需求冲击的附加值脆弱性
东部沿海区域	004	41.45897954	26.41912401
中部区域	006	30.76552967	19.60496329
北部沿海区域	003	24.92219015	16.60751554
南部沿海区域	005	23.36644849	14.88992454
西南区域	008	20.50506780	13.06654773
东北区域	001	18.92642483	12.06058760
西北区域	007	11.42062003	7.277618461
京津区域	002	8.371717713	5.334751859

表 7-10　受冲击时就业方面的地区脆弱性排序

地区	代码	就业需求冲击的就业脆弱性	产品需求冲击的就业脆弱性
中部区域	006	28.99244094	26.03169552
东部沿海区域	004	28.8582380	25.91955609
西南区域	008	20.5050678	18.41712622
北部沿海区域	003	19.86807784	17.84834177
南部沿海区域	005	16.57062267	14.88992454
东北区域	001	13.95333938	12.53374289
西北区域	007	9.867490822	8.86080226
京津区域	002	5.311506872	4.769900265

表 7-11　受冲击时总产出方面的地区脆弱性排序

地区	代码	就业需求冲击的产出脆弱性	产品需求冲击的产出脆弱性
东部沿海区域	004	46.83498628	27.46717196
中部区域	006	31.93991633	18.73017072
北部沿海区域	003	27.62190542	16.19800862
南部沿海区域	005	25.39127775	14.88992454

（续表）

地区	代码	就业需求冲击的产出脆弱性	产品需求冲击的产出脆弱性
西南区域	008	20.50506780	12.02456138
东北区域	001	20.19153735	11.84069779
西北区域	007	11.49350315	6.74000794
京津区域	002	9.072944477	5.320545999

从表7-9可以看出,无论是受到就业需求冲击还是产品需求冲击,在附加值方面表现得最为脆弱的是东部沿海区域,其次是中部区域、北部沿海区域和南部沿海区域等。换言之,确保这些区域不受到破坏性的冲击,对我国各地区的附加值保持稳定有重要意义;如果这些区域的就业机会或总需求增加,则对我国附加值的快速增长作用显著。特别要说明的是,无论是受到就业需求冲击还是受到产品需求冲击,东部沿海区域的附加值脆弱性都明显地超出排名第二的中部区域,这表明东部沿海区域在我国整体的生产体系中,生产效率更高一些,保证这一区域生产的安全与稳定有重要意义。

从表7-10中可以看出,受到就业需求或产品需求冲击时,就业方面表现最为脆弱的依次是中部区域、东部沿海区域、西南区域和北部沿海区域等,这些区域就业人口众多,劳动密集型产业较为集中。保证这些排序靠前的区域不受到就业需求和产品需求方面的负面冲击,或者增加这些区域的就业和总需求,对保持我国就业水平持续稳定地增长有重要意义。

对比表7-9和表7-11可以发现,受到就业需求冲击或产品需求冲击后,各区域总产出方面的脆弱性排序与附加值方面的脆弱性排序相同。从表7-11中可以看出,基于经济较快增长的考虑,保证东部沿海区域、中部区域和北部沿海区域不受到负面冲击,或者加强对这些区域进行外部的正向拉动,应该有比较明显的正面作用。但是,这些表也部分地反映了一个事实:我国的经济重心依然在沿海区域和中部区域,西部区域发展明显滞后。京津区域之所以排名最后,主要原因在于其就业人数和产出占全国就业人数和总产出的比重较小,因此不具有代表性,这也表明我国的区域划分有必要进一步改进。

具体而言,基于我国经济稳定增长的目标,我们就我国区域经济发展提出三点政策建议:稳定东部、发展中部、刺激西部。

之所以稳定东部,特别是沿海经济带,是因为这些区域的经济实力雄厚、自我发展机制比较成熟,只要不受到外部较大的冲击,国家宏观调控指引下的市场经济机制本身就可以促进该区域经济的稳步增长。当然,如果对这些区域采取经济刺激政策,获益也会更明显,但是这样一来,经济资源将更加集中于东部沿海区域,这对我国的经济安全及各区域协调发展都是不利的。

中部区域人口众多,农业和劳动密集型产业所占比重大,对我国的产出和就业都具有重要意义。特别是在就业方面,中部区域的就业形势如果进一步好转,对中国和谐社会的构建意义重大。促进中部区域的发展,势必成为我国经济未来较长时间内稳步增长的重要保证。

西部区域的经济或许可以用"水平不高、联系不紧"两个词来描述,该区域国土面积很大,但在全国的就业和产出中所占的比重都较小。从投入产出的角度来看,西部区域与我国其他经济区域的联系也不太紧密,不能够更深入地融入到国家经济的发展进程中来。因而,如何完善西部区域的基础设施,优化产业结构,加强与东、中部地区的经济联系,是西部地区发展的三个现实问题。

第三节　突发冲击反弹力与危机防范

一、突发冲击反弹力概念的引入

反弹力(resilience)的概念被广泛运用于各种学科的研究,在物理学、工程学生态学、心理学和社会学等学科中都有着重要的应用。《牛津高阶词典》这样定义"resilience":它是指人或物在受到不良事件冲击或伤害之后,恢复到事件发生之前状态的能力。在剑桥高级词典中"resilience"被定义为能够迅速回到以前条件的能力。反弹力的概念来源于物理学,在物理学中有一个关于单摆运动的著名实验。在单摆运动实验中,给单摆施加一定的力后,单摆会以最低点为平衡点,向两边不停地做单摆运动;在单摆每次到达两边最高点以后,会回到中间的平衡位置。使单摆回到平衡位置,且方向指向平衡点的力就是反弹力。

1973年,美国生态学家Holling创造性地把"反弹力"引入生态学的研究中,他把反弹力定义为:生态系统受到干扰后回到稳定状态的能力。"反弹力"理论为研究生态学提供了一个新的视角,这种视角不再需要人们去精确预测未来的不确定性,而是要人们通过关注生态系统以提高吸收或者适应未来各种不确定性伤害的能力来减少生态破坏带来的损失。[1]

---

[1] Holling, C. S., 1973, "Resilience and stability of ecological systems", *Annual Reviews Ecological System*, Vol.4, pp.1—23.

反弹力在心理学中也有着极为广泛的运用,在心理学中"resilience"被译为"心理弹性",根据 Werner(1993)的观点,心理弹性是指人们在应对生物、心理、社会、家庭和环境等逆境时的能动反应。① 一般认为,反弹力越强的人越能够从逆境中走出来,也越容易获得成功。

反弹力还被广泛运用于灾害学的研究,Bruneau 等(2003)认为,公众对地震灾害的反弹力(community seismic resilience)是指社会团体减少灾害损失的能力,包括控制灾害发生时破坏力的能力、灾害重建恢复的能力和防止未来灾害发生的能力;还提出公众对地震灾害的反弹力是可以改变的,政府可以通过提高基础设施(包括建筑物、交通设施等)的质量、实施正确的应对突发情况的政策和执行有效的重建计划等方法,增强公众对地震灾害的反弹力。② Adger 等(2005)将反弹力加入到沿海灾害问题的研究中,他认为反弹力是指社会生态系统吸收频发灾害冲击(如飓风、洪水等),从而保持实质结构的过程和反映。反弹力反映了一个复杂系统的自我组织能力、学习能力和适应能力。③

此外,Greenberg 等(2007)建议美国政府在应对自然灾害时应重视提高灾区的反弹力,要关注怎样让灾区迅速地恢复到以前的状态,并将一些灾区提高反弹力的先进方法引入其他灾区,进而最大限度地减少各种灾害带来的损失。④ Roberts(2009)将反弹力定义为社会避免或减少灾难损失的能力,这种能力受经济、政治组织形式、政治环境和信息获取能力的影响。他认为群体的反弹力可以通过建设更好的基础设施(如抗震性建筑物、防洪墙和应急雷达系统等)来提高,但是公共部门的反弹力(包括政府部门)就复杂得多,有些几乎不可改变;还有些是经过长期积淀形成的格局,不易改变。⑤

(一)突发冲击与反弹力:定性分析

根据其他学科对反弹力的定义以及突发冲击问题的特点,我们将突发

---

① Werner, E., 1993, "Risk, resilience, and recovery: perspectives from the Kauai Longitudinal study", *Development and Psychopathology*, No. 5, pp. 503—515.
② Bruneau, M., S. Chang and R. Eguchi, 2003, "A framework to quantitatively assess and enhance the seismic resilience of communities", *Earthquake Spectra*, Vol. 19, No. 4, pp. 733—752.
③ Adger, W., H. Neil, P. Terry and C. Folke, 2005, "Social-ecological resilience to coastal disasters", *Science*, Vol. 309, No. 5737, pp. 1036—1039.
④ Greenberg, M., M. Lahr and N. Mantell., 2007, "Understanding the economic costs and benefits of catastrophes and their aftermath: a review and suggestions for the U. S. federal government", *Risk Analysis*, Vol. 27, No. 1, pp. 83—96.
⑤ Roberts, A., 2009, "Building resilience: macrodynamic constraints on governmental response to crises", Suffolk University Law School Research Paper, No. 09—23.

冲击反弹力定义为：目标群体（政府、组织、国家、城市等）受到突发冲击以后最大限度地减少损失以及迅速恢复正常状态的能力。不难看出这种能力包括两个方面：一是突发冲击发生时最大限度减少损失的能力，我们称之为群体的免疫力；二是突发冲击发生后迅速恢复正常状态的能力，也就是目标群体遭受冲击以后的康复力。从定性角度分析，我们认为影响突发冲击反弹力的要素主要包括两点：

第一，突发冲击发生时的应急系统的有效性。应急系统一般在突发冲击发生时起到关键性的作用。应急系统越有效，目标群体对特定冲击的免疫力就越强，突发冲击反弹力也就越大。此处我们以自然灾害为例来说明应急系统的结构，自然灾害的应急系统主要由以下几个部门组成：宣传教育系统、医疗卫生系统、供水供电系统、应急指挥系统、救灾救援系统等（如图7-1所示）。应急指挥系统的策略越恰当，各部门运作效率越高，各部门之间的合作越默契，整个应急系统就越有效。在突发冲击发生前（ex-ante）评估应急系统有效性时，可以把应急系统分为若干个部分，进行细分的有效性评估；在突发冲击发生后（ex-post）评估应急系统有效性时，可以从灾后人员伤亡、冲击扩散面、经济直接损失和间接损失等方面来分别进行评估。

一般而言，频繁遭受某种突发冲击的群体针对这种特定冲击的反弹力是很高的，因为群体都是有学习能力和适应能力的，通过经验学习可以提高群体对特定突发冲击的适应性，进而提高其反弹力。例如，频发地震的地方，由于群体适应性的原因，反弹力不断提高，地震的损失不断减少。但是也有例外，Mirza（2003）在研究亚非拉及一些小的岛屿国家自然灾害发生对其经济的影响时就发现，这些国家虽然屡遭灾害，但损失函数却没有减小的趋势。这些发展中国家往往不能够从极端天气灾害中恢复过来，它们由于经济发展落后、财政收入有限等原因，主要依靠世界银行借款和国际援助来进行救灾，本国对突发冲击应急系统的投入过少。[①] 我们认为，政府重视本国应对突发冲击的应急系统的投入，并对其有效性进行评估和做出改进是突发冲击反弹力的提高的关键，这是硬实力。应急系统的有效性越强，越能吸收突发冲击的作用力，也越能适应未来各种不确定性冲击带来的伤害。

第二，突发冲击发生后重建能力的大小。重建能力的大小由人力、财

---

① Mirza, M., 2003, "Climate change and extreme weather events: can developing countries adapt?" *Climate Policy*, Vol. 3, No. 3, pp. 233—248.

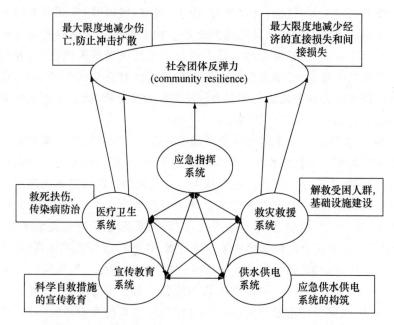

图 7-1 影响自然灾害类突发冲击应急系统有效性的因素

资料来源:Bruneau, M., S. Chang and R. Eguchi, 2003, "A framework to quantitatively assess and enhance the seismic resilience of communities", *Earthquake Spectra*, Vol. 19, No. 4, pp. 733—752。

力、技术等综合因素来决定,它也是决定突发冲击反弹力大小的关键要素之一;重建能力越强,群体针对特定突发冲击的恢复力就越强,突发冲击反弹力也就越大。一个完整的重建系统构成如表 7-12 所示。

表 7-12 重建系统构成单位及主要功能

构成单位	主要功能
中央政府	制订重建方案,统筹规划,资源整合
地方政府	执行中央命令,协调管理各部门工作
能源和水供应部门及建筑部门	建筑、道路、供能设施等基建的重建
医疗卫生部门	防止传染病扩散,生理和心理救援
保险金融部门	为重建提供金融支持
非营利性组织	灾区援助物资、志愿者的投送
商业机构	企业恢复计划,市场重建
个人	社会关系恢复,家庭重建

资料来源:Nakagawa, Y. and R. Shaw, 2004, "Social capital: a missing link to disaster recovery," *International Journal of Mass Emergencies and Disasters*, March 2004, Vol. 22, No. 1, pp. 5—34。

重建能力的大小直接影响着突发冲击反弹力的大小,尤其是在非常规(rare)突发冲击发生的时候。所谓非常规突发冲击,是指这种冲击的类型、规模、趋势等特点,在历史上的某个阶段鲜有出现,超出了群体的预期和经验范围。在面对非常规突发冲击的时候,应急系统的有效性往往大打折扣。如果一座城市历史上鲜有地震发生,一旦地震来袭,很可能会造成非常大的损失。因为在非常规突发冲击发生的时候,应急系统不能够对冲击的程度和范围予以正确地估计;在面对这样的危机时,应急系统的作用就会大大削弱,甚至毫无作用。因此,在遭遇非常规突发冲击的作用时,重建能力的大小往往直接决定了突发冲击反弹力的大小。

此外,在对突发冲击反弹力的大小进行评估的时候一定要建立在特定群体和特定冲击的背景下。不同群体针对特定突发冲击的反弹力大小各有不同,同一群体对不同突发冲击的反弹力大小也是不同的。以天气灾害为例,Raddatz(2009)发现,在各种气象灾害中,干旱对所有国家的总产出水平的影响最大,平均各国累积损失约合1%的人均国内生产总值。而在其所研究的亚非拉国家中,低收入国家的总产出水平对气象灾害的反映程度比高收入国家强烈得多,尤其是对干旱灾害的反映程度又比其他灾害更为强烈。[1]

(二) 突发冲击反弹力定量模型

突发冲击对财富会有两个方面的影响:一是影响财富存量,如地震爆发后房屋被摧毁及人员伤亡,这是对历史上已经形成的物质财富的影响,自然灾害中损毁的房屋、桥梁,恐怖袭击中损毁的建筑物都属于财富存量的损失;二是影响财富增量,主要指因生产设施的毁坏造成的生产能力的变化,这将改变未来产出的大小,即改变未来GDP的那一部分。需要指出的是,突发冲击对财富增量的影响不一定都是有害的,一些剧烈程度小的灾害会有利于经济增长,而巨灾对经济增长通常都有负面影响(Fomby等,2009)。[2]

根据突发冲击影响财富的两个方面,我们分别从存量和增量两个角度对突发冲击反弹力进行剖析。我们设存量阶段的反弹力为R_A,增量阶段的反弹力为R'_A,总反弹力为R,则有:

$$R = R_A + R'_A \tag{7-11}$$

---

[1] Raddatz, C., 2009, "The wrath of ggd: macroeconomic costs of natural disasters", World Bank Policy Research Working Paper, No. 5039.

[2] Fomby, T., Y. Ikeda and N. Loayza, 2009, "The growth aftermath of natural disasters", World Bank Policy Research Working Paper, No. 5002.

图 7-2 是对突发冲击过程的剖析图,为了更简便地分析突发冲击作用的全过程,我们作了两点假设:第一,只考虑单个冲击作用,没有其他冲击相伴随,即平衡阶段是可持续存在的,且单个冲击的作用力是可以直接识别的,没有噪声影响;第二,冲击阶段和重建阶段是可分的,即 t_1 大小确定,不考虑重建阶段仍伴有冲击作用的过程,这样有利于对免疫力和恢复力的识别。

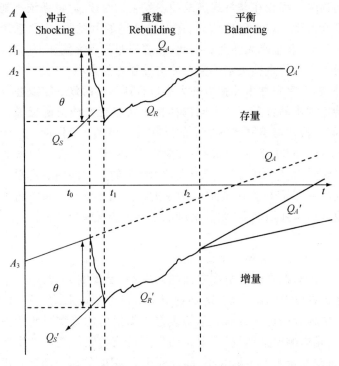

图 7-2 突发冲击过程剖析图

资料来源:M., Carter, P., Little, T., Mogues, W., Negatu, 2005, "Shocks, sensitivity and resilience: tracking the economic impacts of environmental disaster on assets in ethiopia and honduras", Staff Paper, No. 489, University of Wisconsin Working.

Carter 等(2005)设计了一个计算环境冲击(environmental shock)大小的模型,也是从存量和增量两个方面来解剖冲击力的大小[①],本文与其剖析过程有两点不同:第一,我们根据突发冲击具有不确定性和随机性的特点,用不规则曲线来表示冲击过程中存量和增量的变化;在重建过程中,由

---

① Carter, M., P. Little, T. Mogues, W. Negatu, 2005, "Shocks, sensitivity and resilience: tracking the economic impacts of environmental disaster on assets in ethiopia and honduras", University of Wisconsin Working Paper.

于资源和经验有限等原因,存量和增量的变化往往呈螺旋式上升,我们也用不规则一线来表示;第二,本文给出了突发冲击反弹力大小的几何意义,由此可以得到评估反弹力大小的最基本模型;并将此模型与突发冲击问题的研究联系在一起,对群体或系统的长短期影响进行了区分。

我们将反弹力的作用过程分为三个阶段:t_0 到 t_1 为冲击阶段(shocking period),t_1 到 t_2 为重建阶段(rebuilding period),t_2 以后的为平衡阶段(balancing period)。Carter 将最后一个阶段称为恢复阶段(recovery period),我们认为称之为平衡阶段更为准确,因为平衡阶段达到的存量 A_2 不一定与突发冲击之前的 A_1 相等,这是很重要的。这也就是说,重建阶段最后的平衡点不是以是否达到突发冲击前的总量来判断,而是以是否达到长期稳定平衡状态来判断,A_2 可能大于 A_1,也可能小于 A_1,最特殊的情况下才会等于 A_1。A_2 的大小由决定反弹力大小的第二个因素,也就是重建能力的大小来决定。

θ 表示突发冲击的破坏力,破坏力越大,冲击阶段的曲线会越陡峭;Q_A 表示突发冲击作用前的存量和增量函数(显然存量 $Q_A = A_1$);Q_S 表示冲击阶段存量和变量的变化函数;Q_R 表示重建期存量和变量的变化函数。根据前文对突发冲击反弹力的定义及其影响因素分析,我们可以得到:

存量部分反弹力

$$R_A = \int_{t_0}^{t_2} (A_1 - Q_S - Q_R) d_t \qquad (7\text{-}12)$$

增量部分反弹力

$$R_A' = \int_{t_0}^{t_2} (Q_A - Q_S' - Q_R') d_t \qquad (7\text{-}13)$$

由式(7-11)、(7-12)、(7-13)可得:

总反弹力

$$R = R_A + R_A' = \int_{t_0}^{t_2} (A_1 - Q_S - Q_R + Q_A - Q_S' - Q_R') d_t \qquad (7\text{-}14)$$

通过式(7-14),我们把一个评估反弹力大小的问题,转化为了求直线 t_0、t_2 与 Q_A、Q_S、Q_R 所围成部分的面积的问题。

突发冲击反弹力的定量分析对突发冲击的研究至少有以下两点启发:

第一,突发冲击长短期的划分。通过我们对突发冲击作用过程的剖析,我们发现突发冲击一般都可以分为三个阶段,即冲击阶段、重建阶段和平衡阶段。在进入平衡阶段以后,群体回到平衡状态,突发冲击的短期影响结束,从平衡阶段以后都是突发冲击的长期影响。结合图形,不难得出:

突发冲击的短期影响

$$E_S = R = \int_{t_0}^{t_2}(A_1 - Q_S - Q_R + Q_A - Q'_S - Q'_R)d_t \quad (7-15)$$

突发冲击的长期影响

$$E_L = \int_{t_2}^{+\infty}(Q_A - Q'_A)d_t \quad (7-16)$$

结合突发冲击反弹力的概念,我们从反弹力的分析角度出发定义突发冲击的长短期:从突发冲击爆发开始经过冲击阶段、重建阶段,一直到到达平衡点前的整个反弹力作用的时间段为短期;而进入平衡阶段以后,不再有反弹力作用的时间段为长期。需要注意的是,不能误认为存量变化就是短期影响,增量变化就是长期影响,或者认为突发冲击的短期影响只有存量变化而没有增量的变化,这两种观点都是错误的。从图 7-2 可以看出,增量在短期影响范围内(即 $t_0 \sim t_2$)也在发生变化。

第二,什么样的突发冲击才会有长期影响。由式(7-16)可知,求突发冲击的长期影响实际上就是求 t_2、Q_A 和 Q'_A 围成面积的大小,只要 Q'_A 与 Q_A 不重合,突发冲击就会有长期影响。也就是说,如果突发冲击的作用力大到减去反弹力作用以后还能够改变增量原有的路径,它势必就会有长期影响;或者是反弹力作用过小,不能够完全吸收突发冲击的作用力,也会造成长期影响。举例说明,我们认为汶川地震对中国宏观经济的长期影响有限,因为整个四川省 2008 年的 GDP 占当年全国总 GDP 的比重不到 4%,不足以撼动 GDP 的长期增长趋势。同样的道理,次贷危机对美国 GDP 的长期增长有负面影响,因为次贷危机的发生不仅对美国的金融系统产生了破坏性影响,更重要的是影响还扩散到了实体经济面,打破了经济发展的结构均衡,这些势必都会侵蚀 GDP 的增长,改变其增长路径,从而影响经济发展。

二、危机产生机制:突发冲击反弹力视角

在进行了突发冲击反弹力的定性分析与定量分析以后,我们还须解决以下几个问题:突发冲击是否必然会引起危机(自然灾害、金融危机、社会危机等),反弹力的大小与危机的发生有无关系,突发冲击通过怎样的放大机制导致危机的发生等,这些问题的解决有利于更好地分析突发冲击的作用机制及其对应政策的设计。

(一)突发冲击只是危机发生的必要条件

尽管危机从种类、数量、规模上来说各不相同,但从构成元素来看一般都包括两个部分:一是致灾因子(triggering agents),二是脆弱性(vulnerability)。危机是致灾因子和脆弱性相互作用的结果(McEntire,2001)。致灾因子可能起源于自然环境、人类活动或者是两者的结合;可能是突然爆发的,也可能是缓慢积聚的;可能是有意的致灾活动(如恐怖袭击、战争等),也可能是其他活动(运输、工业活动等)无意致灾。我们认为,突发冲击就是 McEntire 描述的致灾因子,它是外生力量推动危机发生的扳机(trigger);一旦突发冲击的作用显现,脆弱的群体或系统,会导致突发冲击的放大或扩散,并最终走向危机。

但必须要说明的是,突发冲击只是危机发生的必要条件。并不是充分条件,危机是否发生同脆弱性还有十分紧密的关系。如 Cutter(1996)就明确指出,环境的脆弱性是各种灾害发生的前提条件[1],Fara(2001)在研究纳米比亚的干旱灾害导致农民损失的问题时,提出自然灾害的爆发并不"自然",它是由于纳米比亚的社会经济发展的不平衡而导致的。而非洲国家社会经济发展的不平衡正是它们脆弱性的根源,也是为什么这些国家致灾损失惨重的原因。[2] Pelling(2002)在研究小的岛屿国家时也指出,脆弱性是导致小的岛屿国家容易遭受自然灾害沉重打击的根本原因。[3]

结合突发冲击的特点,我们认为脆弱性应是群体或系统的内部属性,它是风险性、和突发冲击反弹力的函数,与突发冲击发生的概率无关。风险性是指由于群体或系统的固有性质,如地理位置、系统特点等,导致群体或系统暴露在突发冲击下的程度以及对突发冲击的易感染程度,如金融系统的高风险性是由其具有的高杠杆率、高负债率的特点来决定的。突发冲击反弹力则是群体或系统从突发冲击中减少损失和重建的能力(如图 7-3 所示)。

风险性越高,而反弹力越低,脆弱性就越高(如表 7-13 所示)。一旦出现反弹力比较低,而风险性又比较高的情况,群体或系统出现危机的概率就很高。脆弱性比较高的群体或系统,在突发冲击作用下十分危险,因为这种脆弱性给突发冲击作用力的放大和影响范围的扩散提供了很好的存活条件,恰似细菌的培养皿,一粒细菌掉进了适合它生长的培养皿中,细菌的繁殖速度就会加倍。例如,极不发达国家的经济发展极易受天气变化的影响。因为这些国家的经济主要依靠农业、采木业、旅游业和水利业,而这

---

[1] Cutter, S. L., 1996, "Vulnerability to environmental hazards", Vol. 20, No. 4, pp. 529—539.

[2] Fara, K., 2001, "How natural are 'natural disasters' vulnerability to drought of communal farmer in southern Namibia", *Risk Management*, Vol. 3, No. 3, pp. 47—63.

[3] Pelling, M. and J. I. Uitto, 2001, "Small island developing states: natural disaster vulnerability and global change", *Environmental Hazards*, Vol. 3, No. 2, pp. 49—62.

图 7-3　脆弱性是风险性与反弹力的函数

资料来源：Briguglio, L., G. Cordina, N. Farrugia and S. Vella, 2006, "Economic vulnerability and resilience: concepts and measurements", World Institute for Development Economic Research Working Paper。

些产业都具有天气敏感性(climate-sensitive)和水敏感性(water-sensitive)的特点，这些国家的产业结构就决定了它们对天气变化和气象灾害具有高度的敏感性。另外，小岛屿发展中国家的经济又极易受到国外市场力量的影响，这些国家的经济具有很强的外向性，开放程度极高，进口依赖性强。一旦国外市场出现较大波动(这种波动是小岛屿发展中国家所不能控制的)，如不可知的贸易变化、汇率变化等，这些国家的经济就极易受到影响。因此，决策者必须对群体或系统的脆弱性大小有所评估，并对脆弱性比较大的部分进行去脆弱化(anti-vulnerability)处理。

表 7-13　脆弱性与风险性、突发冲击反弹力大小的关系

		突发冲击反弹力	
		大	小
风险性	高	脆弱性低	脆弱性高
	低	脆弱性非常低	脆弱性低

(二) 提高突发冲击反弹力是防范危机的根本手段

这里必须提出的是，群体或系统的风险性是由其本身固有特点决定的，是很难改变的；但是突发冲击反弹力的大小，是可以改变的。提高群体或系统的突发冲击反弹力可以降低其脆弱性，从而防范危机的发生。在防范危机发生的过程中，理论上存在两种方法：一是防止突发冲击的发生，二是增强群体的突发冲击反弹力。但是由于突发冲击本身具有不确定性和随机性的特点，有些突发冲击已经被证明不可被精确预测(如地震)。因此，增强群体或系统的突发冲击反弹力从而去脆弱化才是防范危机的根本方法。

突发冲击反弹力由两个部分构成：突发冲击发生时最大限度减少损失

的能力即免疫力,以及突发冲击发生后迅速恢复平衡状态的能力,也就是恢复力。决策者可以从提高免疫力与康复力两个方面着手分别制定策略对群体或系统进行去脆弱化处理:免疫力的提高能够减少群体或系统的制损点,减少风险暴露,如政府对国有银行的注资以及对不良资产的剥离改造正是国家为了防范和降低金融危险,提高国有银行系统对银行危机的免疫力所采取的重要去脆弱化措施;而康复力的提高则有利于减少决策时间和重建资源整合,如政府对突发事件宏观调控预案的建立及其完善正是为了加快对各种类型突发事件的反应速度、减少决策时间,而采取的有针对性地提高国家面对各种突发事件的康复力的重要去脆弱化手段。

在引入突发冲击反弹力概念以后,我们防范危机的措施可以从单一的防范突发冲击发生为主,转变为以提高群体或系统突发冲击反弹力为主,辅之以对突发冲击的预警和防范。前者要求决策者全面贯彻风险管理意识,及时发现内部隐性风险,并对制损点进行去脆弱化处理,进而减少风险暴露,这是对群体或系统的内部结构风险的控制部分,是静态的;后者要求决策者构建强有力的指标监控系统,加强对结构外部风险因素的控制,及时预警突发冲击,并阻断其传染路径,这是危机防范的外部风险控制部分,是动态的。采取这种二维动静结合、内外部风险防范相的危机预警手段,不仅可以对具有同样性质、同样细节的危机加以防范,对未知类型的危机也能够有效应对,从而大大提高危机预警系统的有效性。

第八章　应对突发冲击的宏观调控的手段选择与力度模拟

当某一国家或地区受到突发冲击时，往往其部分行业首先遭受冲击，然后通过行业之间的投入产出关联逐渐传递放大，从而对总产出造成全面影响。而不同地区由于其经济结构的差异性，在受到突发冲击时其整个宏观经济产出遭受影响也是不一样的。如果能够在突发冲击影响放大之前就能预知此类突发冲击会带来的总产出损失，将会大大提高宏观经济调控的执行效率。同时，不同地区、不同行业之间的抗冲击能力也有差异，如果能够预先对此有所了解，那么对于实施长期的宏观调控政策将更为有利。

为此，我们在设计应对宏观调控的预案时引入 IMPLAN 系统，可以将突发冲击造成的影响在一定程度上定量化，同时可以实现突发冲击的模拟，提高宏观调控预案的针对性。IMPLAN 是一种经济冲击评估软件系统，这一系统包括软件和数据库两部分软件通过使用所研究地区的数据，在进行必要的计算后建立模型。它还为使用者提供一个界面，在这一界面下可以通过改变一个地区的经济描述变量的值，建立假想冲击情景。该系统以区域经济作为研究对象，根据行业分类建立数据矩阵模型，通过矩阵模型得出的乘数可以用来预测突然的需求或供给变动对宏观经济冲击的大小。

由于 IMPLAN 系统是根据分析选用更好更有效的调控政策，并不能直接形成适合应对突发冲击的调控措施内容和备选措施，所以我们在第一节中将先研究适合应对突发冲击的调控手段与阻断措施，而后在第二节中应用 IMPLAN 系统对应对突发冲击的具体宏观调控措施的力度进行模拟。

第一节 应对突发冲击的宏观调控手段与阻断措施

一、应对突发冲击的宏观调控手段的选择

(一) 直接宏观调控手段

到目前为止,在一国受到某种突发冲击时,政府的直接调控手段依然是最主要的应对措施,近年来较大的突发冲击,如"9·11"恐怖袭击事件、东南亚金融危机、"非典"事件、汶川地震、美国次贷危机及其发展演变而成的全球性的金融危机,政府也依然是主导性的应对主体。对历次突发冲击后政府的各种应对措施进行归纳,我们认为所有的宏观经济调控手段大致可以分为需求调控手段和供给调控手段两类。依据经济学理论,需求调控手段调节的是总需求,供给调控手段调节的是总供给,但当前的宏观经济管理实践表明,这两类手段日益融合,为各国政府综合性使用。

1. 需求调控手段

一国政府在应对某种突发冲击时,在总需求方面一般有两类目标:其一是总量目标,其二是结构目标。总量目标指的是政府通过相应手段来影响需求总量使之朝预想的方向发展到合适的位置;结构目标指的是政府通过相应手段来影响总需求结构,使之形成合适的结构。调节需求总量的政策我们称为需求增减型政策,调节需求结构的政策我们称为需求转换型政策。其中,需求增减型政策主要包括财政政策和货币政策;而需求转换型政策主要包括汇率政策和直接管制政策。

(1) 财政政策。财政政策是一国政府通过调节税收与支出来影响经济体的有效需求,力求实现物价稳定和经济增长。财政政策主要有两大类:一类是财政收入政策,另一类是财政支出政策。财政收入政策又包括税收政策和公债政策,财政支出政策主要包括政府购买政策和转移支付政策。进一步地,政府购买政策又可细分为政府投资政策和政府消费政策,转移支付政策可细分为社会福利保障支出政策和财政补贴支出政策,这种细分如图8-1所示。

当一国面临某种突发冲击时,所有的财政政策工具均是可供选择的调控手段,如可以进行增税或者减税的、发行特别国债、增加或控制政府投资、增加或减少政府消费、向主要的受冲击对象采取倾斜性的转移支付政策等。从近年来各国应对突发冲击的具体实践来看,各种财政政策工具往往搭配着使用。据中华人民共和国审计署的审计公告披露,截至2008年

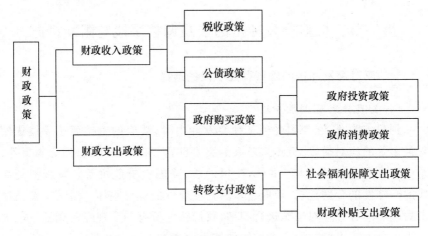

图 8-1 财政政策细分图

11月月底,四川、甘肃、陕西、重庆和云南5个地震受灾省市收到中央及地方各级财政性救灾资金共计1 166.48亿元,已支出480.17亿元,其中:综合财力补助支出20.41亿元,民政救济支出266.07亿元,卫生支出13.22亿元,物资储备和调运支出13.13亿元,基础设施抢修支出79.7亿元,公安、教育、广电等支出49.63亿元,其他支出38.01亿元。① 由这些支出项可以看出,这里面既有政府购买支出,也有转移支付支出,支出项目多样化。

(2)货币政策。货币政策是一国央行为了特定的经济目标而采取的调节货币供应量和信用条件的一切方针、措施的总和。当一国受到某种突发冲击时,政府往往会针对这种冲击设定一定的经济目标,为达到这一目标,货币政策是重要的备选方案之一。货币政策主要分为三大类:其一是数量政策,其二是方向政策,其三是其他。数量政策是人们熟知的一般货币政策,主要包括存款准备金率、再贴现机制和公开市场操作;方向政策主要是一些选择性的货币政策手段,如证券信用交易的法定保证金率、消费信贷控制和不动产信贷控制等;其他则主要指直接信用控制和间接信用控制,直接信用控制如信用分配、最高利率限制和流动性比率等,间接信用控制如道义劝告、金融检查和公开宣传等,这种细分如图8-2所示。

当一国面临某种突发冲击时,该国央行可以综合采取上述的货币政策来实现应对目标。如可以调节法定存款准备金率和再贴现率来调控信贷、

---

① 中华人民共和国审计署.审计署关于汶川地震抗震救灾资金物资审计情况公告(第4号)[EB/OL].http://www.audit.gov.cn/n1057/n1072/n1282/1727814.html.2008年12月31日.

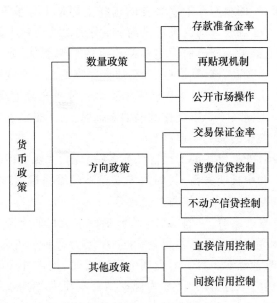

图 8-2　货币政策细分图

通过公开市场操作来调节货币供应量、通过首付比例和最长期限等来调控消费信贷和不动产信贷，或者直接动用强制性力量进行直接信用控制，当然也可以进行窗口指导和公开宣传来进行间接信用控制。

面对经济性的突发冲击时，货币政策工具往往被更广泛地采用，出现其他类型的突发冲击时，货币政策也是重要的调控手段之一。近年来的一些应对实践能很好地说明这一点。2007年2月，美国次贷危机爆发，美联储采取了多项宽松性货币政策，如直接向金融机构注资、以拍卖的方式加大流动性投放量和降息等。2008年5月12日，我国汶川地区发生里氏8.0级大地震，同年6月7日，中国人民银行决定上调存款类金融机构人民币存款准备金率1个百分点，于2008年6月15日和25日分别按0.5个百分点缴款，而地震重灾区法人金融机构暂不上调。[①] 由此可见，在面对非经济性的突发冲击时，货币政策也是可选的政策手段之一。

（3）汇率政策。在应对突发冲击时，调节汇率的目的主要有两个方面：其一，调节商品和劳务的国内和国外的需求结构；其二，调节货币和资本市场的国内和国外的需求结构。前者主要影响经常项目，后者主要影响金融和资本项目。汇率政策主要包括汇率制度的选择和外汇市场的干预。

---

① 中国人民银行.中国人民银行决定上调存款准备金率[EB/OL].http://www.pbc.gov.cn/detail.asp? col = 443 &ID = 2166.2008 年 6 月 7 日.

一般而言,一国政府在汇率制度的选择上都是十分慎重的,不会轻易变更。但是,在受到较大的突发冲击时,特别是在受到较大的经济金融类事件的冲击时,如果一国政府无力维持原有的汇率制度,或者维持原有的汇率制度成本比较高,该国政府可能会放弃原来的汇率制度而选择新的汇率制度。发生于20世纪90年代的东南亚金融危机充分地验证了这一点。当时泰国的外汇储备不足以支撑汹涌的泰铢抛盘,不得已于1997年7月2日放弃了维持多年的固定汇率制。

一国政府对外汇市场的干预往往有多种目的,主要包括防止汇率短期波动幅度过大和中长期失衡、与国内宏观经济政策搭配、使本币贬值以改善国际收支状况、筹集外汇或调整储备等。

在应对突发冲击时,一国采取汇率政策的主要目的有两个:其一,维持经常项目及金融和资本项目稳定,防止汇率因为受到冲击而大幅波动;其二,通过贬值改善经常项目。当受到突发冲击时,国内外经济主体的预期发生了变化,他们的行为改变(如大规模的资本流入/流出)可能会导致一国汇率面临较大的升值或贬值压力,受冲击国以及与受冲击国贸易和资本往来密切的国家为了避免这种压力变为现实,往往会在外汇市场上采取一定措施来缓解或消除这种压力。如果因为受到某种突发冲击使一国经济面临衰退压力,有必要通过本币贬值来扩大外需时,一国当局可能会对外汇市场进行干预以达到贬值的目的。

(4) 直接管制政策。财政政策、货币政策和汇率政策生效的时滞一般比较长,在受到某些较猛烈的突发冲击而亟须立即控制局势时,直接管制政策就成为政府的必然选择了。直接管制政策主要包括对金融市场的管制,对价格的管制、对进出口贸易的管制和对外汇交易的管制。直接管制政策的最大优点是时滞短,一般可以立竿见影,但它的缺点在于会扭曲市场配置资源的机制,造成社会福利的净损失。基于这一考虑,直接管制政策往往在短期内使用,当局势基本稳定之后,就应该改用其他的宏观调控手段了。

在上述的四类直接管制政策中,对金融市场的管制主要指对利率的限制、对信贷的限制和对资金流动的限制,这些政策当前已经被划入到货币政策当中去了,并且除了少数特殊情况之外,一般不会采用这些政策。

对价格的管制在某些情况下是必要的,受到突发冲击后,对某些商品的需求可能会猛增或供给大量减少(如粮食、药品、饮用水),如果不对价格进行管制,囤积居奇的现象可能会发生;如果市场存在局部垄断的力量,价格非正常上涨的形势可能会更加恶化,从而给应对突发冲击造成更大的困难。2003年,"非典"疫情爆发,国家食品药品监督管理局于当年4月22日发布紧急通知,明确要求加强防治"非典"药品价格监管,"对违反政府价格规定的,特别是趁机囤积居奇、哄抬物价、扰乱市场秩序的不法经营者,要依法处理,从重处罚"。①

对进出口贸易的管制主要包括关税管制和非关税管制,管制的主要目的有两点:其一,为了避免进出口贸易在受到突发冲击后出现大幅度的波动,进而保证本国经济不出现大的震荡;其二,为了防止不符合进口标准的商品进入本国,如2003年美国出现"疯牛病"案例后,日本、韩国等美国牛肉进口国都纷纷对美国牛肉实施进口管制。

在受到某些突发冲击之后,对外汇交易的管制是必要的,这种管制包括三大方面:对货币兑换的管制、对汇率的管制,以及对外汇资金收入和运用的管制。其中,由于对汇率的管制(如复汇率制)对市场扭曲太大,导致黑市交易盛行,现在已经较少采用了;但另外两方面的管制,在某些情况下还是可以采用的。如在受到某种冲击之后,短时间内会出现大量资本外流,从而对本国的汇率和货币体系造成大的冲击,此时采取对货币兑换的管制措施可以暂时延缓资本外流;但是采取这一手段的同时,必须采取其他的手段力争在短期内改变经济主体的预期,使他们在取消管制之后不再出现大规模的货币兑换和资本外流。再如受到某种突发冲击之后,某国外汇储备流失很快,出于外汇储备安全的考虑,适当地收紧结售汇制度也是必要的。20世纪90年代,东南亚金融危机爆发,马来西亚政府为避免大量资本外流,于1998年9月1日宣布实行严格的外汇管制政策,内容包括:对外资对外往来资金账户的资金调动需经政府批准,所有金融资金交易只能通过马来西亚政府授权的金融机构进行,外资投资需在马来西亚滞留一年以上方能撤资汇出国,实施钉住汇率(1美元兑3.8马元),等等。②

2. 供给调控手段

供给调控手段的着眼点在于一个经济体不同价格水平下的总供给,它主要包括四大类政策:收入政策、指数化政策、人力政策和经济增长政策。其中,收入政策和指数化政策主要针对的是通货膨胀(物价水平),人力政策针对的是失业,经济增长政策致力于投入的增长和转化效率的提高。

(1) 收入政策和指数化政策。收入政策是通过控制工资与物价来抑制通货膨胀的政策。之所以称为收入政策,是由于这一政策的控制重点是

---

① 国家食品药品监督管理局.关于加强防治非典型肺炎药品监督和管理工作的紧急通知(特急)[EB/OL].http://www.sda.gov.cn/WS01/CL0195/9826.html.2003年04月22日.
② 翁世淳.论全球国际收支失衡下的中国金融安全[J].海南金融,2007(8):9—11.

工资。当一国受到某种突发冲击时,冲击本身或者为应对冲击而采取的政策措施有可能导致物价上涨,因此,必要的时候可以采用收入政策来应对通货膨胀压力。

如果通货膨胀难以抑制,事实上已经出现了较大幅度的物价上涨,此时除了继续采取收入政策外,还应该采用指数化政策。指数化政策是定期地根据通货膨胀率来调整各种收入的名义价值,使其实际价值保持不变。指数化措施主要包括工资指数化、税收指数化和利率指数化三大类。理论上,完全指数化后的工资、税收和利率其名义价值可能会发生变化,但实际价值保持不变,这样通货膨胀的财富分配作用可以被适当地削弱。

2007年,爆发于美国的次贷危机逐渐演变为席卷全球的金融危机。为了应对这场危机,世界主要经济体大多采用扩张性的财政政策和货币政策来刺激经济,而这种政策拉高了人们的通货膨胀预期。由于预期的通货膨胀具有自我维持的特点,各国在实施这种政策的同时,有必要采用指数化政策,特别是对于无收入来源的群体、低收入群体和养老金领取者,否则随着通货膨胀不断加剧,这些弱势群体的生活将愈加艰难。2005年以来,随着物价水平的上涨,我国已五次上调养老金,这可以部分地理解为一种指数化政策。

(2)科技政策手段。从应对突发冲击的角度而言,科技政策往往并不单纯地以提高经济增长率为目的;这种政策的另一个重要的目的,是为了鼓励某一方面的科技进步以应对眼前的危机或预防将来的危机。如"非典"期间,我国政府和企业投入巨资对"非典"病毒进行研究,试图找到治疗或预防的良方。为此国家成立了全国防治非典型肺炎指挥部科技攻关组,将"非典"疫苗的研制工作确定为其首要任务之一,把我国疫苗生产研究领域的优势力量整合在了一起,这些优势力量既包括来自各相关领域的专家、学者,也包括来自全国各地的物资、设备,更有来自不同所有制的生产单位。再加,2009年上半年甲型H1N1流感席卷全球,各国政府和制药企业也纷纷投入巨资研制疫苗。由此可见,当一国遇到某种具体的突发冲击时,政府有必要有针对性地鼓励相关科技的研发,短期内这些科技进步可以应对危机,长远来看这些科技进步必将有利于国家整体经济的增长。

(3)产业政策手段。一般而言,产业政策是指一国基于长期发展的角度,由一国中央或地方政府制定的、主动干预产业经济活动的各项政策的总和。但从应对突发冲击的角度而言,产业政策包括两层含义:其一,短期内为应对眼前的突出困难而对某些产业的引导和干预;其二,为了将来避免这类突发冲击或遭受这类冲击时的损失尽可能地小而对不同的产业进行引导。

2008年5月，我国汶川地区发生里氏8.0级地震，灾区损失惨重。为了让灾区尽快地从废墟中恢复，我国各级政府进行了紧急动员，生产灾区重建所需物资（如震后急需的帐篷），为此浙江、天津等地的企业加足马力生产，国家领导人还亲临湖州相关企业视察。这种行为可视为短期内对产业的引导和干预。

2008年年初，我国南方遭遇特大雪灾，输电线路出现大面积损坏，温家宝总理在部署灾后重建工作时，就要求相关部门吸取教训，在电网建设方面应该考虑更多的因素，确保输电线路安全。这种行为是为将来受到这类冲击时损失尽可能地小而对相关产业做出的有利引导。

（4）人力政策手段。人力政策的目的在于改善劳动市场结构，以减少失业。它主要包括以下四项内容：其一，加强人力资本投资；其二，完善劳动市场；其三，增强人才流动性；其四，调节最低工资标准。一国在受到突发冲击时，往往会面临失业问题，这种失业问题既有可能是一定工资水平下，劳动力供给超过劳动力需求；也可能是结构性失业，劳动力市场的结构性特征无法与市场需求相匹配。

从应对突发冲击的角度而言，上述四类政策都是备选的方案。如2007年爆发于美国的次贷危机经过一系列的传导机制演变为全球性的金融危机，我国也未能幸免：出口受挫，国内经济面临着较大的困难。突出表现之一就是失业率上升，特别是在沿海一带出口企业务工的广大农民工群体纷纷返乡，这给内地农民工输出省份的就业带来了很大压力。为了应对这种压力，中央和地方各级政府在返乡农民工再就业方面采取了一系列措施，如农民工技能再培训、各地人才市场加强信息收集与匹配工作从而促进就业等。实际上，还可以采取其他一些手段，如降低最低工资等。

（二）间接宏观调控手段

政府的直接调控手段虽然能够动用较多的政府资源来应对突发冲击，但是直接调控手段也存在着较大的缺陷，主要表现在三个方面：其一，政府应对突发冲击的能力有限；其二，面对突发冲击，尤其是比较特殊的突发冲击时，由于决策的经验和信息相对较少，决策十分困难；其三，由于时滞和政策执行的效率问题，直接调控的预期结果难以保证。2008年5月，我国四川汶川地区发生了里氏8.0级地震，据统计，地震造成的直接损失达8 451亿元[1]，而国家审计署的审计情况公告显示，截至2008年11月底，中

---

[1] 中国新闻网. 汶川地震造成直接经济损失8 451亿元四川最严重[N]. http://www.chinanews.com.cn/cj/kon g/news/2008/09-04/1370942.shtml. 2008年9月4日.

央和地方各级财政安排抗震救灾资金1 287.36亿元,18个中央部门单位、31个省(自治区、直辖市)和新疆生产建设兵团共接受救灾捐赠款物折合人民币640.91亿元,全国共有4 559.7万名党员缴纳"特殊党费"97.3亿元。① 这三项加总共计2 025.57亿元,仅弥补了直接损失的23.97%,虽然政府财政补助额绝对值很大,但仅占直接损失的15.23%,应该说政府的应对压力相当大。2003年"非典"疫情爆发,由于这种病毒的传播速度极快,以前也没有比较成熟的应对方案,各国政府在应对这一突如其来的冲击时,显得十分被动,很难在短期内拿出比较有效的宏观调控措施来。如前文所述,直接调控手段中除了直接管制能立竿见影之外,其他各项调控手段均有长短不一的政策时滞,并且即便一国政府制订了比较完善的应对方案,在实施过程中,各职能部门可能会误解、故意扭曲、延缓拖沓以致政策执行效率低下。因此,仅依赖政府的直接调控手段来应对突发冲击是远远不够的。

如前所述,间接调控手段并不是由政府直接处于应对突发冲击的第一线,而是通过构建一种更富有抗冲击能力的体系,或者培养一种市场的力量来应对冲击。这样,我们可以把间接调控手段分为两大类:系统优化手段和市场应对手段。前者致力于提高经济体的"免疫力",使经济体尽可能少地遭受突发冲击;后者致力于提高经济体的"自我治疗"能力,即便受到冲击,市场也会迅速地自动应对这种冲击。

1. 系统优化手段

为使一国经济体系更富有抗冲击能力,至少需要在三个方面进行努力:优化经济结构、优化金融体系和优化国际往来关系格局。优化的目标是使经济系统内部的冲击不发生或者少发生,以及受到经济系统外部的冲击(如自然灾害等)时,经济系统受到的损失尽可能的小。

(1)优化经济结构。这里的优化经济结构包括的范围比较广泛,我们认为,要增强一国经济的抗冲击能力,必须优化其所有权结构、产业结构和区域经济结构。

优化所有权结构包括三个层面:其一,所有权必须清晰;其二,各种性质的所有权所占的比重应该合理;其三,不同性质的所有权应该在行业和地域上有所侧重。

建立社会主义市场经济的首要前提是所有权必须清晰,按照一般的经

---

① 中华人民共和国审计署.审计署关于汶川地震抗震救灾资金物资审计情况公告(第4号)[EB/OL].http://www.audit.gov.cn/n1057/n1072/n1282/1727814.html.2008年12月31日.

济学理论,只要所有权清晰,而不管这种所有权的具体归属如何,市场都会找到这种资源唯一的最优配置方式。反之,如果所有权不清晰,那么市场资源的配置可能产生低效率,社会福利面临净损失,各种经济主体之间的矛盾就有可能产生、发展、激化,最后一旦出现某种导火索,经济系统内部的突发冲击就有可能发生。

现在一个基本的共识是,公有权多一点还是私有权多一点并不是社会性质和经济发展快慢的决定性标志。但是在构建更具抗冲击能力的经济系统方面,公有权和私有权之间的比重应该合理。公有权不能太少,太少就无法在应对突发冲击时迅速集中各种经济资源;私有权也不能太少,太少则作为公共资产代理人的政府压力太大,将无法广泛地调动私人资源自主应对突发冲击。因此,各种性质的所有权所占比重要优化。

公有权和私有权除了在比重方面应该优化外,它们在行业和地域上还应该有所侧重。因为不同的行业、不同的地区遭受突发冲击的类型和程度是有差别的。比如在地震多发的地区,私人部门可能不愿意投资某些固定资产要求较高的行业,公共部门就应该多投资一些;而在那些私人投资很踊跃的地区,公共部门的介入可以少一些。行业上也应该有所侧重,对于那些关系国计民生的重要生产部门,公共部门的介入应该多一些,对于那些社会有需要,但是私人部门因为担心风险较高而不愿介入的行业,公共部门也应该多介入一些,这样发生突发冲击时,损失的程度才有可能减少。

优化产业结构指的是政府应该从整个经济系统安全的角度来规划产业结构。近年来,一系列的经济系统内部的突发冲击绝大多数是和产业结构的不合理相关,甚至有些突发冲击的根本原因就在于产业结构不合理。如20世纪90年代的东南亚金融危机,表面上看是一次金融危机,实际上主要原因之一就在于危机爆发区域的各国产业结构不合理。再如20世纪80年代的拉丁美洲债务危机,很重要的原因就在于政府贷款的产业投向存在较大偏差。我国是一个大国,在产业结构上既要有重点、有层次,也要全面系统,不能过于依赖国外。这样的经济系统在遭受国内外的突发冲击时才有可能保证受损范围和程度比较小。

从提高抗冲击能力的角度而言,优化区域经济结构的原因在于不同的地区有可能发生的突发冲击的类型和程度是不一样的。以我国为例,自然灾害在我国的分布是有地域特征的,而一些公共卫生冲击(如鼠疫)也是有地域特征的。社会安全事件从某个角度来看也有地域特征,如近年来在我国的新疆、西藏等少数民族聚居区,社会安全事件发生的频率和严重程度都比其他地区更引人注目。基于这一考虑,区域经济结构有必要依据不同地区可能发生突发冲击的特点来进行优化:对于某些自然灾害多发区,固定投资较多的企业尽可能选址在一些相对安全的地区,对国家全局意义重大的产业最好避免布局在这些地区;而在少数民族聚居区,尽可能地多发展劳动密集型产业,这样一方面可以更多地吸纳当地民众就业,降低冲突发生的可能性,另一方面,即便受到冲击,其恢复速度也比资本密集型产业要快得多。

(2) 优化金融体系。从培育抗冲击能力的角度而言,优化金融体系至少有两方面的重要意义:一方面,可以降低金融体系内部的突发冲击发生的概率;另一方面,当遭受金融体系外部的突发冲击时,比较有韧性的金融体系可以保证金融体系整体上正常运行,从而保证恢复重建工作能顺利进行。近一个世纪以来,金融体系内部发生了多次大的金融危机,如1929—1933 年的"大萧条"、1987 年 10 月 19 日的"黑色星期一"、20 世纪 80 年代的拉丁美洲债务危机、20 世纪 90 年代的东南亚金融危机、2007 年爆发于美国的次贷危机以及由其发展演变而成的全球性的金融危机等。在这些冲击当中,金融体系不健全都是重要的原因之一。而在受到金融体系外部的冲击时,金融体系本身可能会遭受损失,如金融场所毁损、金融传输数据中断等,这样金融体系将难以正常运转。此外,金融体系内部的主体在受到冲击后,可能会采取一些非理性的避险行为或投机行为,这有可能使外部的冲击延伸到金融体系内部来,从而不仅会使金融体系受损,还会使应对外部冲击的各种措施因为金融系统运转的低效而难以及时发挥作用。

优化金融体系以培育更强的抗冲击能力应该在四个方面进行努力:金融主体合格、金融工具适当、金融运营规范和监管机制健全。

金融主体合格有两层含义:其一,金融系统内部的各类金融中介机构应该具有较为严格的金融从业资质;其二,金融系统内部的各主体应该对金融市场比较了解,从而保证各种金融活动的理性开展。相比而言,第一点比较容易实现,第二点则比较困难,因为人们的投、融资活动受到的影响因素很多,在受到突发冲击时,不确定性又会使得各类投资者预期发生较大变化,很难保证行为理性。

金融工具适当指的是各类金融工具在完成特定的投、融资主体之间的资金融通时,不要仅仅从交易自身的收益和风险来考虑,还要考虑这种金融工具是否会引发系统性风险。在美国的次贷危机中,我们可以很清晰地看到,市场中没有一个主体想让这个市场发生大的危机,但事实上他们创造出来的一系列金融衍生工具最后聚集了大量的风险;随着美国房屋价格的下跌、次贷违约率上升,这些被放大了的风险集中爆发,引发了全球性的金融危机。因此,金融工具的创新并不是越多越好,而应该保持适当,而所谓"适当"则应该以能保证经济实体的金融活动正常开展,同时不引发金融系统性风险为标准。

金融运营规范是指一国金融管理当局应该制定比较合理的金融市场规则,引导和规范金融主体的行为,保证金融体系的正常运转。这种规则可能以法律的形式出现,也可能以金融系统各专门行业协会的管理办法出现。自改革开放以来,由于金融市场规则不是很完备,相当部分的金融突发冲击都是由于运营不规范所致,如1997年的"琼民源"事件、2000年的通海高科事件、南方证券事件、湖北中融实业有限公司骗贷事件等,都和金融机构运营不规范有关。

金融监管是各国一直以来都十分重视的一个问题,特别是自20世纪70年代开始的全球金融自由化浪潮,各国纷纷放松金融管制以来,金融危机发生的频率及造成的损失都更引人关注。当前各国除了在反思国内的金融监管问题之外,还正在寻求有效的国际金融监管协作的有效方法。没有有效的监管,很难保证各项市场规则得到严格遵守,很难保证各类金融主体能够规范化运营,进一步地,很难避免金融系统内部的突发冲击在某一特定时刻爆发。

(3) 优化国际经济往来格局。从培育更强的抗冲击能力的角度考虑,优化国际经济往来格局的主要目的是避免国外的突发冲击通过特定的传导路径蔓延到国内来。举例来说,A 国和 B 国贸易往来极为频繁,以致双方的依赖性很强,当 A 国受到某种严重的突发冲击之后,可能会大幅度减少对 B 国的进口,其结果就是 B 国的经济面临严峻的挑战。优化国际经济往来格局包括三个方面:优化国际贸易格局、优化国际金融格局和优化国际直接投资格局。

优化国际贸易格局的主要目的是为了减小对部分或者个别国家的贸易依赖性,特别是出口依赖性,从而有效地避免相应的贸易风险,如进口国的经济风险、汇率风险等。这样,即使某个进口国受到突发冲击,也不会对本国经济造成很大的影响。

优化国际金融格局包括三方面内容:其一,在国际货币市场上,广泛地发展不同的外国市场,同时,与主要货币的离岸市场加强联系,并且在交易对手,交易货币等方面分散化,以规避风险;其二,在国际金融资本投资市场上,引导国内金融主体分散投资,避免对一个国家的投资比重过大,投资的金融工具也要多样化,避免在某几类金融工具的使用上比重过大;其三,在国际储备的管理上,实现币种多样化、期限多样化和金融资产多样化,避免持有某国的某一种金融资产比重过大,同时加强黄金等贵金属的储备。

优化国际直接投资格局在我国当前的意义尤其明显。这里要优化的格局既包括东道国格局,也包括产业格局。优化东道国格局指的是避免对某一国的直接投资占总对外直接投资的比重过大,以避免该国受突发冲击时,对本国直接投资带来的巨大影响,甚至影响到国内经济;优化产业格局是指慎重选择对外直接投资的行业,挑选合适的产业进行投资以保证本国经济的稳定与安全。在这一点上,美国、日本等国的做法值得我们借鉴,如美国很早就开始广泛地投资世界主要的产油国,控制了大量的石油生产,以避免石油价格波动对本国的冲击;日本的钢铁企业也较早地在澳大利亚和巴西等国投资铁矿石公司,以避免国际铁矿石价格的波动对本国的冲击。

2. 市场应对手段

市场应对手段主要指政府通过引导和规范某些市场力量的发展,从而在受到突发冲击时,这些市场力量可以自发地应对这种冲击。即便这种力量在某些情况下可能无法解决全部的问题,但至少可以缓解政府应对的压力。市场应对手段主要包括保险手段和金融工具手段。

(1) 保险手段。如果在受到突发冲击前,人们在保险公司购买相应的保险,当投保人受到投保范围内的突发冲击时,保险公司将按投保人的保险金额进行理赔。由于突发冲击是一个小概率事件,并且某次突发冲击中实际受冲击对象占潜在的受冲击对象的比重可能比较小,如果潜在的受冲击对象中有较大比例的主体都投保的话,那么保险公司理赔的金额将比较大,这可以很好地解决实际受冲击投保人的财务困难,使其尽快从受冲击状态中恢复正常,而政府的压力也相应地减轻了。

有些场合将这种保险称为"巨灾保险",但我们认为"巨灾"无法覆盖突发冲击的全部范围,"重大冲击保险"的说法在我们看来更为合适。但是这种重大冲击保险的实践存在着许多难题:第一,哪些冲击可以被列为"重大冲击"?第二,谁来提供这种保险产品,是政府还是保险公司?第三,这种保险产品是自愿购买,还是强制购买?第四,这种保险是公益性质还是营利性质?第五,这种保险的费率如何确定?第六,一旦某次突发冲击非常严重,保险人理赔能力不足,如何补救?

虽然这种保险存在以上难题,但是我们认为,还是很有必要进行尝试;并且在起步阶段,最好由政府主导,借鉴国外已有的经验稳步推行。

(2) 金融工具手段。金融工具有较好的避险功能,那么能否通过金融工具来规避突发冲击的风险呢?实践证明是可行的。世界一些国家或机构尝试发行过"灾难债券",比如,在2006年德国足球世界杯之前的2003年,国际足联发行了面值相当于2.6亿美元的灾难债券,以便应对2006年德国世界杯取消的风险。如因自然灾害和恐怖活动导致比赛取消,发债收入可以为国际足联需要退还的销售收入提供赔偿。[①] 灾难债券在多个国家已经成功发行,并取得了很好的效果,但除此之外,我们认为还有许多金融工具可以尝试,至少灾难期权和重大冲击保险资产衍生产品理论上是存在可行性的。

灾难期权是指由政府或专门的金融机构针对某种重大突发冲击设计出一种期权,由公众出售给发行机构,如果这种突发冲击在期权的行权日前没有发生,卖权公众获得期权费;如果这种突发冲击在到期日之前发生了,卖权公众将支付一定金额给买权机构,买权机构用这笔款项应对该突发冲击。我们认为,这种期权的最大难题在于如何计算期权费以及如何保证卖权公众在突发冲击发生时支付相应的金额。

重大冲击保险资产衍生产品也是值得尝试的金融工具之一。假设前文所述的重大冲击保险成为现实,保险公司可以将这些保险资产打包切割成若干等分,发行资产支撑证券,由投资银行、对冲基金或部分公众购买。这样操作至少有两方面的意义:其一,保险公司可以部分地转移重大冲击风险;其二,有利于重大冲击保险的市场化定价。

除了灾难债券、灾难期权和重大冲击保险资产衍生产品这些工具外,人们还可以设计出更多的金融工具来应对突如其来的各种冲击。其设计思路是一定的,即通过市场手段,让更多的人集中力量来应对突发冲击,而不仅仅是政府和受冲击主体。

除了系统优化手段和市场手段这两种间接调控手段之外,还可以由政府培育一种社会化的抗冲击能力,如加强居民对各种冲击的认识、动员社会成员捐款等,但是这些属于非经济性手段且作用比较有限,因此,我们没有展开讨论。

(三)手段选择的原则

我们列出了政府应对突发冲击的直接调控和间接调控的主要手段,但是在采用这些手段时,应该依照什么标准进行取舍呢?由于突发冲击难以事先准确预测,且每一次冲击都各有特点,因此,很难找到一个精确的答案来回答这一问题,我们只能提出一些应对手段选择的原则,在具体的突发

---

① 中国保险报.保险网中的"大力神"[N]. http://service.founder.com.cn/paper/zgbxbs/html/2006-05/26/content_34781.htm.2006年5月26日。

冲击发生时,结合实际情况进行选择。

1. 间接调控手段优先原则

直接调控手段需要政府动用较多的资源,这对政府而言是很大的压力,并且当冲击的确很猛烈时,政府可能力量不够。此外,正因为政府直接调控需动用的资源多、影响面广、影响力强,政府在决策的时候会十分慎重,决策时滞较长;且即便决策之后,具体的操作实施也可能存在扭曲。因此,增强经济体系抗冲击能力,培育市场自身的应对能力应该处于优先的位置。这是一个长期的过程,并且有一些手段还需要大胆尝试,但间接调控手段的优点也是明显的。它可以减轻政府的应对压力,降低经济系统内部的冲击的发生概率降低,使一国受到经济系统外的冲击后在经济方面能够尽快地恢复与重建。

2. 多手段结合原则

在应对一些大的突发冲击时,只采用一种手段很难迅速控制住局面;而应对突发冲击时,必须反应迅速以避免这种冲击的发展和变异,因此应该大胆决策,综合采用多种手段来应对,即便有些方面超过了必需的程度也比任由突发冲击蔓延要好。多手段结合,既可以是政府采用多种直接调控手段,也可以是直接调控手段和间接调控手段相结合。要说明一点,即便间接调控手段很有效,基本能自发应对某一突发冲击,政府也不应该放弃应对的主导权。

3. 环境适应原则

环境适应原则包括两层含义:其一,突发冲击本身各有特点,即便是同一类型的突发冲击,如20世纪90年代的东南亚金融危机和2008年爆发的全球性的金融危机,在许多方面也存在着相当大的差异,因此,冲击不同,选择的手段应该不同。其二,突发冲击发生地区的经济、社会、政治环境不同,选择的手段也应该有所区别。

4. 手段可微调原则

突发冲击是不断发展变化的,如果政府的宏观调控政策取得了一定的效果,冲击力量正在减弱,应对的重点也可能会发生变化。此时,应对的手段应该不断微调,甚至在某些情况下应对的手段也有必要发生变化。如果政府的宏观调控政策没有有效地阻断突发冲击的发展或变异,局势还会进一步恶化。此时,也有必要在应对手段的力量上有所加强,或者采用更直接的手段。因此,在应对突发冲击的各个阶段,政府应该适时地微调所采用的手段,这是一种动态应对的思想,绝不能仅凭着静态预案犯教条主义的错误。

5. 手段优化原则

这里的手段优化并不是指在某次应对过程中,优化某些手段;而是指政府每应对一次突发冲击,都应该从中总结经验教训,对直接调控和间接调控的手段进行优化。因为人们对突发冲击的认识是不断发展、深化的,每一次冲击总会有新问题出现,并且,随着社会的不断发展,突发冲击也会具有一些新的特征。基于这一考虑,依据新情况,不断优化调控手段和重新部署调控策略是十分必要的。

二、应对突发冲击的宏观调控阻断措施

(一)突发冲击的分类

根据突发冲击对总需求和总供给的影响,可划分为总需求冲击和总供给冲击。总需求冲击对经济的影响,通常是短期的,但国外学者的研究表明,总需求冲击有时也会对产出造成长期影响。总供给冲击对经济的影响通常是长期的。一般而言,在经济未达到充分就业的情况下,在长期内企业有可能通过增加或减少要素投入,来改变商品和服务的总供给量。此时企业会基于对未来一段时期内市场对商品和服务的需求来进行综合判断,以决定其投资和生产行为。由于突发冲击往往会影响企业的长期生产经营决策,进而使整个社会的潜在生产能力发生改变,所以我们将总供给冲击定义为使商品或服务的供给在一段时间内增加或减少的突发事件。典型的总供给冲击包括技术冲击和能源价格的突然变化。同样,我们也可将总供给冲击划分为正面冲击和负面冲击两类。

这一部分侧重于从宏观调控的角度来研究政府所采取的调控措施如何阻断突发冲击对宏观经济的负面影响,从而使经济受到的冲击最小。所以我们依据突发冲击对宏观经济的影响,分别从总需求冲击的宏观调控阻断效应和总供给冲击的宏观调控阻断效应进行分析。当然,现实生活中有些突发冲击可能会同时影响总供给与总需求,此时的宏观调控可以将供给管理政策与需求管理政策结合起来,同时注重总量调控与结构性调控,以达到最优的调控效果。

(二)总需求冲击的宏观调控阻断措施分析

1. 应对总需求冲击的宏观调控目标

突发事件往往会对宏观经济产生负面冲击,因而政府宏观调控的目标在于阻断突发冲击的负面效应传导路径,减少经济非正常波动,使本国(本地区)经济能够在长期内稳定增长。一般而言,总需求在短期内受到的冲击更大,并且相对于供给而言,个人和企业(更广的范围内也包括政府部门)的需求对冲击的反应也更为迅速。如果这些影响的发展扩散不能被有多少阻断,则可能影响宏观经济的稳定。

2. 应对总需求冲击的宏观调控阻断措施的理论分析

当总需求冲击发生时,国内外的需求总量和需求结构在短时间内往往会发生急剧变化。无论这种冲击对经济带来的影响是短期的还是长期的,政府减少经济非正常波动、维护经济稳定的宏观调控目标并不会有太大差异。突发冲击发生时,一国国内需求的变动往往是缘于两个方面的变动:一方面是个人和企业购买能力的改变;另一方面是个人和企业购买意愿的改变。这两方面的变动既影响需求总量,也会在特定的冲击中影响特定商品和服务的需求,以及金融领域中的投资需求结构。在开放经济中,国外对本国商品和服务需求的改变还会影响一国的进出口贸易总量和结构;国外经济主体购买能力的改变也会通过国际金融市场渠道影响资本流动(如造成国外 FDI 存量的减少)。这两方面都可能对一国的国际收支平衡造成不利影响。

社会总需求可以用一定时期内社会货币的购买力总额来表示,它等于该时期内货币供给量与货币流通速度之积。如果突发冲击造成全社会或社会部分成员的购买力下降(通常表现为财富价值的缩水或收入的下降),常常会带来投资需求和消费需求的减少,并通过乘数放大效应,给一国经济增长带来更大的不利影响。此时,政府可以通过一些需求管理措施来对需求总量进行调节。现代宏观经济学的奠基者凯恩斯认为,尽管财政政策和货币政策对经济的影响机制不同,但它们都可以用来对社会的总需求进行调节,使之匹配于经济社会的总供给(或潜在生产能力),从而使经济摆脱通货膨胀和经济危机等困扰。

引发总需求冲击的另外一个重要原因在于经济主体购买意愿的改变。这种意愿的改变主要是由于突发冲击对经济主体的预期和经济行为决策造成重大影响。在投资方面,负面的突发冲击会改变投资者的风险偏好,进而造成投资需求的减少。投资者风险偏好的改变会引起资本的流动,并进一步引起金融资产价格的显著变化。金融资产价格的波动又会通过企业融资成本的变化影响到投资,通过个人金融资产价值的变化影响到私人消费,通过对外部门国际竞争力的变化影响到进出口。此外,突发冲击的危害性和不确定性会削弱消费者和投资者对未来经济的信心,导致消费者和投资者对未来经济的悲观预期,进而影响到经济主体的行为决策,最后的结果必然是整个社会经济活动的减少。消费者信心和投资者对未来经济的预期很大程度上取决于突发冲击的持续时间和在未来卷土重来的几率。而突发事件的突发性和公共性则使得这种悲观预期和经济行为通过当代社会的复杂网络在整个社会之中传播,从而造成短期总需求(消费、投资、出口)的减少。最终,突发事件导致的直接总需求冲击又通过乘数效应进一步传导、放大,形成更大的总需求冲击。同时,由于突发冲击吸引了大众的注意力并增加了社会的敏感度,媒体对公众的影响在灾难发生时被加强了。根据行为经济学的理论,经济主体在悲观预期的影响下作出经济决策时,还可能因为羊群效应而彼此模仿、传染,导致总需求冲击效应的进一步放大(唐文进和屠卫,2007)。[1]

显然,在应对总需求冲击时,短期内政府的宏观调控应充分重视媒体和权威机构所发布信息的作用,利用舆论来正确引导经济主体的预期和行为决策。在负面冲击发生时,要重建人们的消费信心和投资信心,必须使人们对未来的经济前景有良好的预期。所以,从长期来看,如果政府能够投入更多的资源用于完善社会保障体系、教育体系和医疗体系建设,人们对未来不确定性的悲观预期将会降低;无论突发冲击是否发生,其消费意愿和投资意愿都会增强。从财政政策方面来看,政府宣布减税、增加财政支出、增加财政补贴、发放消费券等都可以在短期内直接提高个人和企业的购买能力,或刺激社会的投资需求。扩张性的货币政策也可以在长期启动经济方面起到一定效果。比如,下调利率可以降低企业的融资成本,刺激企业投资需求;增加对企业的贷款和对居民的消费贷款,可以直接提高企业和居民的投资和消费能力;疏通储蓄向投资转化的渠道,建立多层次的资本市场,可以更有效地引导和增加投资需求。同时,财政政策和货币政策的实施要与其他政策和措施协调配合。比如,政府可以实施扶植新的增长产业政策;调整收入分配政策,以提高居民的可支配收入,刺激消费。如果某些时候需要对总需求结构进行调整,则可以在采取上述措施时,有针对性地选择对象或者特定行业实施结构性宏观调控。

另外值得一提的是,总需求冲击也包括国外对本国商品和服务需求的减少。虽然我们无法直接影响国外经济主体的购买能力,但是我们可以从改变出口产品结构以适应国外消费需求的改变、加快技术改造以降低出口产品成本等方面入手来间接影响国外经济主体的购买意愿。此外,如果国外需求萎靡不振导致国内出口创汇能力降低,进而造成企业利润减少、大批工人失业,又会导致国内需求的进一步萎缩。面对这种情形,政府应果

---

[1] 唐文进,屠卫.基于长期递归识别法的突发公共事件总需求冲击分析[J].中南财经政法大学学报,2007(4):39—44.

断采取措施,从总供给的结构调控入手,将原来用于提供出口产品和服务的资源(包括劳动力)迅速转移到其他能够产生较好效益的领域。这样,在突发冲击发生时一国的就业率就不会有太大的降低,国内企业和个人的收入也不会突然锐减。当然,这种资源的转移仍然是需要时间,也需要政府正确的引导。

总之,如果一国政府拟采取宏观调控措施来阻断突发冲击的负面影响传导途径时,应从提高经济主体的购买能力和购买意愿这两个方面着手。在需求总量的调节上,要注意不仅仅是通过对投资需求,更重要的是通过对国内消费需求的有效影响来实现。因为在我国目前的经济发展和技术水平上,以投资需求为主的需求扩张,将比消费需求更多地转化为对国外的需求(龚敏和李文溥,2007)。① 基于中国的国情,农民在中国人口中所占的比例很高,要拉动内需,应当切实提高农民收入,而不仅仅依靠"家电下乡"之类的短期补贴所带来的效应。除了减轻农民税费负担外,还应该给外出务工农民创造更多获取更高收入的就业机会,加强对外出务工农民的就业培训,加大对农业的科技、信贷和保险扶持力度。

3. 案例分析:2008年全球金融危机

2008年的全球金融危机源自于美国的次贷危机。它是指由于美国次级抵押贷款借款人违约增加,与次贷有关的金融资产价格大幅度下跌所导致的全球金融市场的动荡和流动性危机。在这一危机中,高度市场化的金融系统相互衔接产生了特殊的风险传导路径,即低利率环境下的快速信贷扩张,加上独特的利率结构设计使得次贷市场在房价下跌和央行持续加息后出现偿付危机,按揭贷款的证券化和衍生工具的快速发展,加大了与次贷有关的金融资产价格下跌风险的传染性与冲击力,而金融市场国际一体化程度的不断深化又加快了金融动荡从一国向另一国传递的速度。在信贷市场发生流动性紧缩的情况下,次贷危机最终演变成了一场席卷全球的金融危机。

我国对外开放的程度较高,并且随着金融一体化进程的加快,我国金融市场与世界金融市场的联动性明显增强,全球金融危机必然会对我国经济产生较大的影响。股市、楼市价格双双下滑,沿海中小型企业相继破产,全国就业形势日益严峻……截至2009年5月,我国CPI和PPI连续6个月呈现负增长,我国经济也出现了紧缩的迹象。这场百年一遇的全球金融危机对中国的冲击,主要表现为外部需求的急剧收缩,这导致经济增长减速、

---

① 龚敏,李文溥.中国经济波动的总供给与总需求冲击作用分析[J].经济研究,2007(11):32—44.

企业生产经营困难、失业人数增加,结构性矛盾进一步凸显。我国政府果断采取了一系列调控措施,试图阻断危机的负面影响。

全球金融危机发生后,我国实施的是适度宽松的货币政策。具体的措施如下:① 2008 年 7 月调减公开市场对冲力度,相继停发 3 年期中央银行票据、减少 1 年期和 3 个月期中央银行票据发行频率,引导中央银行票据发行利率适当下行,保证流动性供应;② 2008 年 9 月、10 月、11 月连续 4 次下调基准利率,3 次下调存款准备金率;③ 2008 年 10 月 27 日开始,各商业银行在发放个人住房抵押贷款时,对购买首套住房的借款人实行利率下浮的空间从原来的 15% 增加到 30%,最优惠的贷款利率仅为基准利率的 70%;④ 取消了对商业银行信贷规划的约束;⑤ 坚持区别对待、有保有压,鼓励金融机构增加对灾区重建、"三农"、中小企业等贷款投放;⑥ 加强对外经济合作与协调(如中、日、韩之间的货币互换等);在与某些国家(如巴西)之间进行国际贸易时考虑用本币计价。

可以看出,政府实行上述货币政策措施可以在一定程度上阻断金融危机带来的负面冲击。央行下调存款准备金率和贷款基准利率,目的是增加市场的货币供应量,降低企业和个人的资金成本,以刺激投资需求与消费需求。个人住房贷款利率下浮空间加大,降低了居民借款的利息成本,在一定程度上可以提高居民首次购买普通自住房和改善型普通住房的积极性。取消对商业银行的信贷规划约束,将极大增强商业银行自主经营的灵活性,商业银行可以在追求利润最大化的目标下对优质项目和优质客户发放更多的贷款;加上对一些行业和企业的信贷支持,我国的信贷规模可以在短期内迅速扩大。其他一些措施则可逐步扩大人民币的国际影响。投资需求和消费需求的增长、信贷规模扩大,以及充足的货币供应,都可以保证我国经济朝预期目标下稳定增长。

此外,为了刺激国内萎缩的投资需求与消费需求,政府实施了积极的财政政策。政府制定的具体的措施包括:① 减少税收,下调证券交易税和取消利息税;② 促进对外贸易,增加出口退税;③ 加强公共财政的社会保障和医疗等方面的支出,保持社会经济发展环境的稳定;④ 加大政府支出。2008 年 11 月 5 日,国务院常务会议确定了当时进一步扩大内需、促进经济增长的十项措施:一是加快建设保障性安居工程。加大对廉租住房建设的支持力度,加快棚户区改造,实施游牧民定居工程,扩大农村危房改造试点。二是加快农村基础设施建设。加大农村沼气、饮水安全工程和农村公路建设力度,完善农村电网,加快南水北调等重大水利工程建设和病险水库除险加固,加强大型灌区的节水改造。加大扶贫开发力度。三是加快铁路、公路和机场等重大基础设施建设。重点建设一批客运专线、煤运通道项目和西部干线铁路,完善高速公路网,规划中西部干线机场和支线机场建设,加快城市电网改造。四是加快医疗卫生、文化教育事业发展。加强基层医疗卫生服务体系建设,加快中西部农村初中校舍改造,推进中西部地区特殊教育学校和乡镇综合文化站建设。五是加强生态环境建设。加快城镇污水、垃圾处理设施建设和重点流域水污染防治,加强重点防护林和天然林资源保护工程建设,支持重点节能减排工程建设。六是加快自主创新和结构调整。支持高技术产业化建设和产业技术进步,支持服务业发展。七是加快地震灾区灾后重建各项工作。八是提高城乡居民收入。提高2009年粮食最低收购价格,提高农资综合直补、良种补贴、农机具补贴等标准,增加农民收入。提高低收入群体等社保对象的待遇水平,增加城市和农村低保补助,继续提高企业退休人员基本养老金水平和优抚对象生活补助标准。九是在全国所有地区、所有行业全面实施增值税转型改革,鼓励企业技术改造,减轻企业负担1 200亿元。十是加大金融对经济增长的支持力度。取消对商业银行的信贷规模限制,合理扩大信贷规模,加大对重点工程、"三农"、中小企业技术改造和兼并重组的信贷支持,有针对性地培育和巩固消费信贷的增长点。

  我们也可以对上述财政政策实施的效果做一个理论上的分析。按凯恩斯对货币需求的划分,社会保障体系的健全会使人们的消费信心、投资信心增强,减少对未来的悲观预期,这可以在一定程度上降低预防性货币需求,减少储蓄,有利于消费需求和投资需求的扩大。而2008年11月我国政府公布的4万亿的财政刺激计划[①],将促使公共基础设施项目建设方面的固定资产投资规模大幅度增长,这将在未来几年里持续刺激国内需求,缓解金融危机带来的经济下滑。减少税收、提高城镇居民和农民收入、增加出口退税,都可以在一定程度上刺激消费需求、投资需求和出口需求。加强创新和结构调整,可以促使我国经济潜在的生产能力提高,使我国经济走上一个良性增长轨道。

  从实践来看,面对金融危机给我国经济带来的巨大冲击,我国政府通

---

  ① 国务院规模或达4万亿元的经济刺激计划涉及诸多行业领域。一方面政府在铁路、机场、电站等基础设施上有投入;另一部分资金则投入到节能环保等民生领域,同时扶持中小企业,调动民间资本投资。4万亿投资的具体构成主要包括,近一半投资将用于铁路、公路、机场和城乡电网建设,总额1.8万亿元;用于地震重灾区的恢复重建投资1万亿元;用于农村民生工程和农村基础设施3 700亿元;生态环境3 500亿元,保障性安居工程2 800亿元,自主创新结构调整1 600亿元,医疗卫生和文化教育事业400亿元。预计4万亿经济刺激每年将拉动经济增长约1个百分点。

过上述宏观调控措施进行阻断,应该说取得了较好的效果。中国经济加速下滑的趋势已经在 2008 年年底开始放缓,各项经济数据已经出现明显好转。2009 年第一季度的统计数字,反映出经济发展方向的关键数据——电力和运输部门的统计数字经过数月下降之后略有回升[①];银行贷出的资金达到了创纪录的水平,第一季度人民币新增贷款达 4.58 万亿元,几近完成政府工作报告中全年 5 万亿信贷增量的目标,充分体现出金融对经济的支持;投资显示了复苏的迹象[②];由于对新车购买者实行补贴并下调了汽车购置税,第一季度汽车销售与去年同期相比增长了近 3.9%。[③] 另外,据央行网站消息,中国人民银行发布 2009 年第一季度全国城镇储户问卷调查结果显示,第一季度居民储蓄意愿回落明显,消费和投资意愿回升。这些都反映了中国政府的政策是及时、正确和果断的。

表 8-1　2009 年第一季度国家政策一览

3 月 25 日:汽、柴油价格上调
2 月 26 日:十大产业振兴规划出齐,房地产落选
2 月 25 日:物流产业调整振兴规划通过
2 月 25 日:有色金属产业振兴规划通过
2 月 19 日:石化产业振兴规划通过
2 月 19 日:轻工业振兴规划获通过
2 月 18 日:电子信息产业振兴规划通过
2 月 11 日:船舶工业振兴规划通过
2 月 06 日:养老保险有望随劳动者跨省市转移
2 月 04 日:纺织品、服装制造业振兴规划通过
2 月 02 日:农业补贴将增加
2 月 01 日:纺织品、服装出口退税率提至 15%

---

① 2009 年第一季度,全国发电量累计完成 7 811.02 亿千瓦时,日均同比下降 1.89%,降幅比去年第四季度减少 2.84 个百分点。今年 3 月的数据也体现出降幅逐步趋缓的态势。3 月全国发电量完成 2 867.29 亿千瓦时,同比下降 0.71%,日均发电量较 1—2 月环比增长 10.38%。铁道部数据显示,今年第一季度,全国铁路旅客发送量完成 38 211 万人,同比增长 3.8%;全国铁路货运总发送量完成 76 624 万吨。3 月份,货物运输顶住下滑压力,共完成发送量 26 521 万吨,环比日均增加 20 万吨。来源:中国投资咨询网 http://www.ocn.com.cn。

② 2009 年 1—3 月,全社会固定资产投资完成 28 129.1 亿元,比上年同期增长 28.8%,增幅同比提高 4.2 个百分点。其中,城镇投资完成 23 562 亿元,增长 28.6%,提高 2.7 个百分点;农村投资完成 4 567.1 亿元,增长 29.4%,提高 11.1 个百分点。数据来源:中央政府门户网站(www.gov.cn)。

③ 数据可见:http://www.sxgov.cn/node/node_5380.htm。

（续表）

1月21日：中央地方联动酝酿新一轮楼市振兴方案
1月14日：汽、柴油价格小幅度下调
1月14日：汽车车辆购置税下调
1月14日：钢铁汽车振兴规划通过
1月05日：中央对央企下达五条限令

资料来源：http://www.sxgov.cn/node/node_5380.htm。

　　国家通过制定产业振兴规划，拟对供给结构进行调整。从长远看，振兴纺织装备制造业、钢铁汽车业、有色金属产业、物流产业等可以优化我国的产业结构，此外，这些拟培育的新兴产业潜在市场大、对其他产业带动能力强、吸收就业多、综合效益好，可以增强我国经济发展的后劲。

　　财政支持新能源和节能环保等新兴产业发展，不断加大对新能源投资的力度，在增加投资需求、拉动经济增长的同时，可以改善中国的能源供给结构，减轻环境负担，增强我国能源安全性，使我国经济进入良性增长轨道。

　　中国针对总需求冲击及时地制定了一系列策略，既包括需求管理，也包括供给管理，迅速地阻断了突发事件的持续冲击。但是我们应当清醒的认识到，政府固然可以通过增加对铁路、道路等公共基础设施的投资来增加政府开支，从而拉动投资需求，但财政扩张政策要受到财政收入增长和财政赤字规模的可承受力的制约，并且财政直接投资拉动经济需求的链条较短，作用也有限。从20世纪90年代的经验来看，固定资产投资规模的快速扩张容易引起未来银行不良资产的大幅增加。所以下一步，要拉动中国经济增长，关键在于调动企业投资的积极性和居民消费的意愿。因此，在执行财政刺激计划时，要确保新增的投资需求所带来的新生产力不是过剩的，能够通过新增的消费得到吸收。这需要相关政策措施的配合：要不断增加最终消费者的财富（或购买力）；进一步完善社保、医保、教育体系；努力拓展消费金融服务领域，给商业银行以必要的政策支持，为引导消费需求服务。此外，中国在加大对农民和低收入者补贴以刺激消费的时候，也应通过税收等手段，引导中高收入人群增加房屋、汽车等耐用消费品的消费。政府要努力丰富住房供给体系，在保障人民基本需求的同时，鼓励高收入人群购买高品质的商品房，以政府指导下的房地产业良性发展带动经济的增长。

(三) 总供给冲击的宏观调控阻断措施分析

1. 应对总供给冲击的宏观调控目标

不少学者的研究(龚敏和李文溥,2007[①];刘伟和苏建,2007[②])都表明,在改革开放的过程中,中国的宏观经济逐步融入了全球化的经济环境,中国与世界经济联动性的增强也增加了宏观调控的不确定性,如果仅重视需求管理,局限性将越来越突出。他们主张,宏观经济政策必须转向以供给管理为主。因此,面对总供给冲击时,政府的应对就显得尤为重要。

在突发冲击发生时,其对总供给产生的冲击往往是长期的。突发冲击影响总供给,主要是通过对生产率(或潜在生产能力)的影响而实现。如果突发冲击对生产率的影响是正面的,就说明突发冲击对宏观经济有长期促进作用;如果这种影响是负面的,就说明突发冲击对宏观经济有长期负面影响。一国经济增长的速度,从根本上来说,取决于一国的潜在生产能力。因而,政府在应对总供给冲击时的宏观调控目标,应当是保证一国生产效率(或潜在生产能力)以某一速度稳定增长,以适应一国经济增长目标的需要。这就意味着在突发冲击发生时,要将其对生产效率的负面影响(进而对宏观经济的长期负面影响)降至最低。此外,要实现经济的长期稳定增长,社会总供给必须与社会总需求在总量与结构上保持均衡。对供给的管理主要体现在对供给总量和供给结构的调控上。

2. 应对总供给冲击的宏观调控阻断措施的理论分析

生产率的增长主要由实物资本、人力资本、自然资源和生产技术所决定。大量的实证研究表明,实物资本存量的积累是产出增长的必要条件,产出的快速增长与实物资本存量的快速增长相伴随。突发冲击可以直接损毁实物资本或通过影响投资来影响实物资本的积累,进而对长期经济增长造成影响。比如,金融危机期间企业借贷能力的削弱和资本结构的刚性会对经济增长带来显著的负面影响;恐怖袭击或国内小规模冲突的爆发通常只会对很小部分的实物资本存量造成破坏,但这些事件的发生意味着社会或政治不稳定性因素的增加,经济环境的不确定性会抑制投资的增长,并最终影响实物资本的积累。

突发冲击对人力资本的影响主要通过两种方式:第一,突发冲击可能造成人力资本载体,即劳动者数量的减少;第二,突发冲击可能会对教育产生影响。现有的经济环境是人力资本积累的重要因素,金融或经济危机会

---

① 龚敏,李文溥.中国经济波动的总供给与总需求冲击作用分析[J].经济研究,2007(11):32—44.

② 刘伟,苏剑.供给管理与我国现阶段的宏观调控[J].经济研究,2007(2):4—15.

造成经济环境的恶化和生活水平的下降,无论是企业还是个人都会减少对人力资本的投资。

自然灾害往往会对一国自然资源存量造成影响,如洪水会影响土地的肥沃程度,而重大生产安全事故造成的环境污染则可能会对自然资源造成重大破坏。

技术创新是资本主义经济增长的主要源泉。突发冲击可能改变技术创新的外部环境,促进或阻碍技术进步。从政府的角度来看,有些国家因为财政短缺,用于灾后重建的资金挤占了科学研发投入,进而影响技术进步;从投资主体来看,突发冲击也可能影响投资者的风险收益评价,造成风险投资的减少,进而对技术进步造成负面影响;从金融部门来看,突发冲击可能使银行和非银行金融机构资金贷出和资产管理业务更加慎重,导致企业研发与创新所需资金不同程度地短缺。

上面我们从生产率增长的四个方面分析了突发冲击负面影响的传导途径。政府在进行宏观调控时,必须注意同时从上述四个方面来阻断突发冲击对宏观经济的负面影响。

对于突发冲击对实物资本的直接损毁,政府无法在事后改变,只能通过一些措施防止突发冲击的再次发生。面对自然灾害,政府可通过加大投入购买新的设备或开发新的技术来预警,并在灾害发生前将部分实物资本尽量转移(当然也必须考虑到转移的成本与实物资本价值的比较,如果转移成本过高,则不如重建;某些实物资本不易转移,只能在以后的重建过程中注意防灾能力的提高)。在金融危机期间,政府则可以通过货币当局投放较多的流动性,降低利率,降低企业的借贷成本,并通过扩大信贷规模来提高企业的借贷能力。同时,和应对需求冲击一样,政府应努力提高经济环境的稳定性,以促进投资的增长和实物资本的积累。

要阻断突发冲击对人力资本的影响,应注意自然灾害的预警和公共卫生体系的建设,减少人员伤亡和疾病的迅速蔓延;同时政府要加大对教育设施的投入和教育体系的建设,以从长远提高一国国民的综合素质;在经济不景气的时候应该由政府出面,尽可能地提供更多的就业培训机会,增加对人力资本的投资。

对技术创新而言,财政充裕的国家应该在面对负面冲击时拿出更多的资源来推动创新,并引导社会资本投入高新技术的研发。同时应配合相应的货币政策,如结构性的信贷优惠政策来加大对高科技企业的扶植力度。政府还可以通过加大对资本密集度高的高新技术产业的税收优惠,提升产业结构。通过扩大研发方面的投入,全力建设国家创新体系,提升国家和企业的自主技术创新能力、培育自己的民族品牌,同时建立自己的国际销售渠道等措施,实现从传统的以国内要素低供给价格为基础的价格竞争战略向自主创新基础上的品质竞争战略转化。

政府应加大对自然资源的保护力度,加强自然灾害的预防预警体系建设,同时应加快对可再生资源的开发利用,同时注意政策引导,减少高能耗、高污染的项目。在安全生产方面,要加强监督管理,防止重大生产安全事故的发生所带来的对自然资源的负面冲击。

总之,在面对总供给冲击时,为了实现稳定的经济增长,财政政策的主要目标应该是通过对教育、科研和基础设施等方面的投资,迅速提高我国经济社会的供给能力。政府还可以通过税收政策来调节激励包括企业和劳动者在内的生产者的积极性,以实现对供给的短期调节。如 2003 年针对"非典"冲击,我国政府对航空、旅游等行业实行了阶段性减税。同时政府还可以配合工资政策、原材料和能源价格政策等对总供给冲击进行调节。如实行工资补贴、降低企业应缴纳的社会保障费用等可以提高劳动者的积极性;对原材料和能源价格进行适当控制,可以影响相关企业的生产成本,进而调整供给结构。但应当注意,虽然原材料和能源价格政策关系到企业的生产成本,但政府在这方面的价格限制或补贴不宜过多,否则企业长期以偏低费用使用资源不利于效率的提升。此外,还可以通过货币政策,以货币供应量的变动影响利率,以利率的变化来影响生产成本,最终以生产成本的变动影响总供给。

实际上,任何一个短期供给管理政策都会对宏观经济产生长远的影响。以货币政策为例,当利率降低时,之前投资收益率较低而不值得投资的项目可能会变得值得投资,这就会导致投资质量的下降,在未来的某一时刻如果经济受到不利冲击,与这些投资相关的项目和企业就会面临财务危机,在宏观层次上就面临金融危机的威胁。另外,与需求管理政策相比,供给管理政策具有更强烈的产业性和区域性特征,因此,供给管理政策的实施往往会引起经济的产业结构和地区结构的变化,而这些又会对宏观经济进一步产生较为深远的影响(刘伟和苏建,2007)。[1] 所以,一国政府在进行总供给方面的调控时,应该注意短期宏观调控措施与长期宏观发展战略的协调。

3. 案例分析:2008 年南方低温雨雪冰冻灾害

自 2008 年 1 月 10 日以来,中国 14 个省(区、市)陆续遭遇了历史罕见

---

[1] 刘伟,苏剑.供给管理与我国现阶段的宏观调控[J].经济研究,2007(2):4—15.

的暴雪和低温冰冻袭击。雪灾造成部分地区电力中断、交通系统大面积瘫痪、农产品与食品价格暴涨、供水供气难以维持的困难局面。

雪灾对电力、食品等物资的供给产生影响,致使2008年2月居民消费价格同比涨幅攀升至8.7%。根据国家统计局测算,在2月2.6%的CPI环CPI比涨幅中,1.03个百分点归因于低温雨雪冰冻的气候影响,扣除雪灾因素后的环比涨幅约为1.6%,同历年春节当月环比涨幅相比仍然偏高。农业部调查结果显示,受雪灾影响较大的主要是蔬菜,以及长江流域的油菜、果树,特别是柑橘,对粮食生产总体影响不大,因为冬季的粮食生产主要是小麦,而小麦主产区黄淮海地区受雪灾影响较小。2月,鲜菜价格同比上涨46.0%,涨幅较上月提高32.3个百分点,成为拉动CPI高位上升的主导因素;同月,肉禽及其制品价格同比上涨45.3%,涨幅较上月提高4.1个百分点,其涨幅走高主要受春节因素拉动。尽管国际粮价继续高涨,但国内粮食价格走势总体平稳,2月粮食价格同比上涨6%,涨幅较上月提高0.3个百分点(如图8-3所示)。

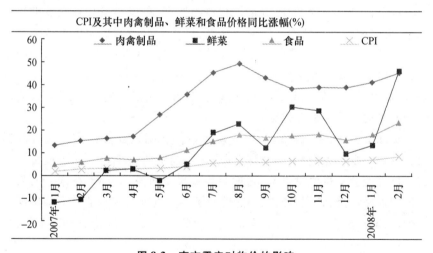

图 8-3　南方雪灾对物价的影响

资料来源:根据国家统计局各月度统计数据整理,http://www.stats.gov.cn/tjsj/zxfb/200803/t20080311_12437.html。

针对雪灾带来的对电力、交通、食品等行业供给的冲击,2008年1月31日,中国人民银行印发《关于抗御严重雨雪冰冻灾害做好金融服务工作的紧急通知》(银发〔2008〕36号),引导和协调金融机构合理摆布资金投入结构、进度和节奏,加大对抗灾救灾必要的信贷支持力度,并紧急安排50亿元支农再贷款;加强发行基金调运管理,保证市场现金供应,做好灾后恢复生产和春耕备耕的各项金融服务工作。国家发改委等部门全面清理涉及鲜活农产品销售环节收费、指导地方加强价格监管等措施。各地区积极落实政策,有针对性地采取措施,稳定市场供应和价格。

一是做好价格应急监测。有关省份均紧急启动了价格应急监测预案,江苏对6类40个品种主副食品实行"一日一报",对列入提价申报和调价备案的商品价格也实施了跟踪监测。

二是清理收费。各地积极采取措施落实国家全面清理鲜活农产品销售环节收费的政策,从1月26日起均已对整车运输鲜活农产品的车辆免收车辆通行费。

三是保障供应。湖南对高速公路和普通公路堵车路段,采取移动售货车的办法,保证方便面、矿泉水、饼干、面包等食品供应;沈阳市对占全市50%以上的主要蔬菜批发户提前发放每吨80—150元的补贴;武汉市积极组织投放粮食、蔬菜、猪肉等储备,平抑主要副食品价格。

四是对部分商品价格实行差率控制和限价。长沙市对雪灾期间的蔬菜价格实行差率管理;对交通拥堵、旅客滞留路段的部分商品实行临时最高限价。

五是加强市场巡查和价格监督检查。湖南省各级物价部门组织了300多个检查小组,1 000多名干部到重点区域、重点市场、高速公路服务区和国道沿线进行检查;武汉市物价部门出动检查人员742人次,检查集贸市场321家、商业网点487家、长途客运144家。

六是妥善安排困难群众生活。陕西省延安、汉中、西安等市动用价格调节基金,对城乡低保户每人每月增加6元的肉价补贴。

从政府采取的上述措施来看,加大对民众的补贴、对某些商品实行临时最高限价等措施都可以在一定程度上稳定市场需求;加大灾区信贷投放和保证现金供应,既可以稳定流通市场,又可以使企业和农民获得扩大生产必需的资金,从长远上保证商品的供给。事实证明,上述措施在短期内平抑了物价,并在较短时间内增大了紧缺物资的供给,保证了商品流通市场的稳定。政府的宏观调控及时地阻断了雪灾给我国经济带来的不利影响。

但我们同时也应该看到,雪灾给我国带来的总供给冲击是暂时的,并且由于中国的生产能力较强(可以说很多产品长期以来都处于供大于求的状态),所以总供给很快得到恢复。我们在理论分析时所讲的供给调整,是着眼于提高生产效率(潜在生产能力),采取的措施要从实物资本、劳力资本、自然资源和技术进步等方面着手,这些指的都是长期调整时应该采取的措施。一般而言,一国的总供给遭受长期冲击,只有在发生战争或者革命时期政治体制发生剧变才会出现,现实中的例子并不多,在此我们不再讨论。但是值得一提的是,任何针对短期总供给冲击的宏观调控措施也有可能对长期供给产生影响。

第二节 应对突发冲击的宏观调控措施的力度模拟

一、基于 IMPLAN 模型调整宏观调控措施的原理

应用 IMPLAN 模型调整宏观调控措施应该是一个动态的调整过程,可以从突发冲击发生前的预案设计、冲击发生时的预案修改以及政策实施后的影响进行追踪。这三个过程是一个循环往复、相互影响、相互依赖的过程,如图 8-4 所示。

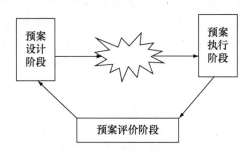

图 8-4 应对突发冲击的宏观调控预案实施图解

在突发冲击发生前,我们需要利用 IMPLAN 评价历史上的突发冲击对中国宏观经济的影响以及政策实施的效果,分析我国各地区的脆弱性行业,从而设计出应对下一次突发冲击的理想宏观调控方案;在突发冲击发生时,我们应用 IMPLAN 模型监控此次突发冲击对宏观经济总体的影响以及对各个行业的间接影响和引致影响,根据具体情况对预案进行修正。比如,因为经济环境的变化或者其他一些外在因素的影响,使得之前制定的宏观调控预案在本次突发冲击的应对中未能发挥很好的效应,此时我们就要根据 IMPLAN 系统的定量分析结果,进行实时跟踪、动态调整;在突发冲击发生后,我们还需要利用 IMPLAN 模型进一步追踪本次突发冲击对宏观经济的后续影响,以及已经实施的宏观调控政策对宏观经济的影响,而本次对宏观调控效果的分析又可以进一步修正预案,从而为应对下一次突发冲击作准备。下面将具体从这三个层面展开,介绍如何应用 IMPLAN 系统调整宏观调控预案。

(一) 突发冲击发生前的预案设计

这一部分预案的设计主要建立在对历史数据和当前宏观环境分析的基础上,具体在 IMPLAN 模型的应用上主要表现在三个方面:一是通过建立区域 IMPLAN 模型为实施区域差异化的宏观调控政策提供依据;二是通过全国 IMPLAN 系统评估历史上突发冲击对宏观经济的影响以及历史上宏观经济政策的效应,从而为选择合适的宏观调控政策提供依据;三是通过 IMPLAN 模型评估突发冲击对中国不同行业的影响,以及在实施针对某一行业的宏观调控时会对其他行业带来怎样的影响,从而为实施行业差异化的宏观调控政策提供依据。

1. 区域 IMPLAN 模型的应用

为了能够对中国不同地区的抗冲击能力有一个定量的认识,我们可以通过 IMPLAN 系统针对中国的重点省市分别建立 IMPLAN 模型。为了提高预案实施的效率,在对不同省市进行 IMPLAN 模型分析前我们可以首先统计各个省市历年来发生突发冲击的频率,并做一个大致的分类;然后分析每一种突发冲击对宏观经济的影响,再将这种影响代入到不同省市的 IMPLAN 模型上;最后根据 IMPLAN 模型的输出结果分别调整应对各类突发冲击的宏观调控预案。

具体来说,在预案的设计过程中我们可以统计某一地区历年来的主要突发冲击对宏观经济的直接影响;然后利用 IMPLAN 系统分析出每一类突发冲击会对该地区的哪些行业造成冲击,并且会对全国总产出造成什么样的影响;最后借鉴对历次宏观调控的政策效果的评价结果,选择针对该类冲击最合适的宏观调控方案。也就是说,在总的宏观调控预案之下,我们可以利用 IMPALN 模型的定量分析结果建立地区宏观调控预案,再与基于经济理论的定性分析相结合,从而实现应对突发冲击的结构性宏观调控。而当某一地区发生具体的突发冲击时,一方面可以调动预案中事先设定的宏观调控预案,另一方面又可以利用 IMPLAN 模型在获得早期直接损失的数据后对宏观调控预案进行调整。

此外,不同地区对产出、就业等变量的冲击反应有所不同,当我们实行宏观调控政策时可以预先考虑各个地区对不同种类冲击的反应。比如,某些地区在受到就业冲击时可能会对总产出带来很大的影响,或者某些地区的某些行业相比于其他行业其人力资本受到冲击时对总产出的影响相对较大,那么我们在针对该地区实行宏观调控政策时就要有所顾忌,或者当该地区该行业受到突发冲击而导致重大的人力资本损失时,我们就应当重点从补充人力的角度实施调控手段,如通过福利补贴的方式促进人口向该行业的流动、长期注重后备人才的培养等。

2. 全国 IMPLAN 模型的应用

设计一个全国性的 IMPLAN 模型可以让我们从全局角度把握历次突发冲击对中国经济产生了什么样的影响。其中,最直接的作用就在于可以通过模拟测试的方法发现中国存在哪些脆弱性行业,以及中国的行业结构是否合理,即是否存在某些行业在受到突发冲击时会对总产出产生异常大的损失。

在预案设计中应用全国性的 IMPLAN 模型可以从长期和短期两个角度为宏观调控预案的设计提供信息和依据。一方面,从短期政策制定角度来看,分析历次突发冲击对中国宏观经济的影响,对制定总的宏观调控预案具有重要意义。我们可以通过 IMPLAN 模型来筛选出在应对突发冲击方面比较有效的宏观调控方案,并分门别类地安排在总体宏观调控预案中,当再次遭遇类似的突发冲击时,可以首先从国家层面出台相关的政策,然后再具体根据不同地区的特点分别细化实施。另一方面,从长期政策制定的角度来看,IMPLAN 模型的主要作用在于研究中国是否存在行业脆弱性,以及当中国某一行业遭受突发冲击时,会有哪些相关行业受到损失。在此基础上,我们首先可以通过产业政策的调整来增强中国整个经济体抵御突发冲击的能力,同时可以建立中国突发事件的一个统计数据库,根据历史数据来研究中国哪些行业容易受到突发冲击,从而可以有针对性地实施宏观调控方案来增强这些行业的抗冲击能力。

(二) 突发冲击发生时预案的执行

当突发冲击发生时,我们需要立即启动已有的宏观调控方案,然而宏观调控的力度和范围的局限则需要我们结合对突发冲击的影响的实施监测进行修正。IMPLAN 模型作为一个专业的突发冲击分析软件,其对影响的估算可以作为宏观调控预案修正的一个重要参考。IMPLAN 模型在突发冲击中的应用主要体现在两个方面:一是在获得此次突发冲击的直接损失数据时对突发冲击进行评估,预测最终此次冲击会对宏观经济的总的影响,然后调整宏观调控预案;二是评估即将出台的宏观调控政策,评估预测其对宏观经济的影响,并同突发冲击可能对宏观经济产生的影响相对比。

一般当突发冲击发生时,国家统计局等相关部门会首先发布人员伤亡、经济总产值损失等一手资料,但是这些资料并不能全面说明突发冲击对宏观经济的总体影响。冲击还会通过行业之间的投入产出效应不断传递到各个相关行业,而 IMPLAN 模型则可以让我们在得到最终总影响的数据前首先估算出该突发冲击对宏观经济的总影响,从而起到一个预测的作用。然后,我们可以依此去调整预先设定的宏观调控方案。同时当某一行业遭受冲击时,我们还可以通过 IMPLAN 模型评估出受间接影响的一些行业。如此一来,当我们不方便针对某一行业实施过度调控时,就可以通过分别调整其关联性较大的行业达到同样的目的,而这些都可以通过 IMPLAN 模型实现,将具体的政策目标和效果定量化。

对即将出台的宏观调控政策进行模拟测试,主要在于使该宏观调控政策能够与突发冲击对宏观经济的影响相吻合。从定性的角度分析,我们或许能够判断出某一财政政策或者货币政策会对经济产生什么样的影响,但是这种影响却很难预先定量化。而借助 IMPLAN 模型我们则可以在一定程度上判断出宏观经济政策的具体影响,从而更好地修正和执行宏观调控预案。比如,我们可以预先估计出该宏观调控政策会对各个行业的就业、产出等变量造成多大的直接冲击,然后我们将评估数据代入 IMPLAN 模型,预先评估出该宏观经济政策最终会对总产出带来什么样的影响。最理想的结果就是调控政策的正面效应刚好抵消突发冲击带来的负面效应,既不会因为调控不足而对经济造成损失,也不会因为调控过度而产生一些长期的不利影响。当然,现实中不可能完全达到这样的一种均衡,我们只能尽量去预测和模拟现实,从而将损失降到最小。

(三) 政策实施后的跟踪评估

宏观调控预案的实施是一个动态的过程,我们宏观调控预案实施后还需要根据政策的执行效果不断地进行后续调控。这里就需要我们利用 IMPLAN 模型不断地对政策进行后续评估,根据所得到的最新的直接影响的数据调整预案,开始实施新一轮的政策调控。

宏观调控预案的后续评估要特别注意经济调控手段的短期影响和长期影响之间的权衡。短期影响可以通过 IMPLAN 模型进行评估,当然这需要首先通过一些其他手段来大致确定某一项宏观调控可能会对哪些行业造成多大程度的直接冲击;然后再利用 IMPLAN 模型评估出最后的总冲击影响。而在新一轮政策出台时,我们既要考虑新的经济调控手段会对经济产生什么样的影响,还要考虑前一轮经济政策还会有什么样的后续影响,因此 IMPLAN 模型在后续的使用中一定要注意定性分析以及同其他一些分析工具结合使用,单纯使用 IMPLAN 模型可能很难得到理想的评估结果。

利用 IMPLAN 模型完成宏观调控政策的评估后还需要不断分析历次评估的结果,然后对预案进行修正,从而为下一次应对突发冲击启动的宏观调控预案做准备。

二、宏观调控政策的 IMPLAN 模拟案例

基于 2007 年中国的投入产出表,我们构建了最新的全国 IMPLAN 模型,结合所建立的各省份的地区 IMPLAN 模型,下面将以西南干旱和汶川地震为例对我国突发冲击后实施的财政政策进行评估。下面两个案例中都将分三个步骤应用 IMPLAN 模型对宏观调控政策进行模拟调整:第一步是为该突发冲击选择适合的 IMPLAN 系统,如是采用全国 IMPLAN 模型,或是采用某个地区的 IMPLAN 模型;第二步是对政府针对该突发冲击已经采用的财政政策的实施效果进行评价;第三步是根据各突发冲击的直接经济损失估算各突发冲击所造成的各行业直接经济损失,再利用 IMPLAN 模型估算出能够抵消各行业直接经济损失的最佳财政支出。

(一) 2009 年秋季到 2010 年春季的西南干旱的政策冲击模拟

2009 年秋季以来,中国西南地区降雨少、来水少、蓄水少、气温高、蒸发大、墒情差,致使广西、重庆、四川、贵州、云南五省(自治区、直辖市)遭受旱灾。其中,云南、贵州、广西等省(自治区)降水较常年同期偏少五成以上,部分地区降雨偏少七至九成,主要河流来水创历史新低,水库蓄水较常年同期偏少两成以上,土壤含水量普遍仅为 20% 左右,旱情极为严峻。云南全省、贵州大部、广西局部持续受旱时间超过 5 个月,这对群众生活、工农业生产都造成了严重影响,损失十分严重。截至 2010 年 3 月 17 日 15 时,广西、重庆、四川、贵州、云南 5 省(自治区、直辖市)共计 5 104.9 万人因旱受灾,饮水困难人口达 1 609 万人,饮水困难的牲畜 1 105.5 万头;农作物受灾面积 4 348.6 千公顷,其中绝收面积 940.2 千公顷;因灾直接经济损失 190.2 亿元。截至 3 月 30 日,全国耕地受旱面积 1.16 亿亩,其中作物受旱 9 068 万亩,重旱 2 851 万亩、干枯 1 515 万亩,待播耕地缺水缺墒 2 526 万亩;因旱饮水困难人口 2 425 万人、大牲畜 1 584 万头。

西南特大旱情发生以后,国家减灾委、民政部共启动 6 次国家救灾应急响应,其中,二级响应一次、三级响应一次、四级响应四次;派出 6 个工作组紧急赶赴灾区,协助开展抗旱救灾工作。截至 2010 年 4 月 2 日,财政部、民政部累计拨付中央旱灾救灾资金 2.2 亿元,帮助解决受灾群众口粮、饮水等基本生活困难。中央组织部从代中央管理的党费中给云南等省(自治区、直辖市)共下拨党费 500 万元,用于帮助灾区党员群众抗旱救灾,解决生产生活困难;中国红十字会总会向西南旱灾地区红十字分会下拨救灾资金 263 万元,用于粮食、饮用水和抽水设备等灾区急需物资的采购。

由于西南干旱涉及较多的省份,我们在下面的分析中采用最新的2007年的IMPLAN全国模型,如此更有利于得出相对更为精确的结果。

接下来,我们将国家的财政支出作为一个整体的总需求冲击,然后假设各个行业受到冲击的概率等于其产出占全国总产出的比重(如附表13所示),以此来模拟评估财政支出对宏观经济产出的影响,从而可以同先前的突发冲击的负面影响相对比,以便于宏观经济政策的进一步调整。

现在我们重点分析财政部的2.2亿元拨款对总产出的影响。我们首先利用INPLAN模型分析190.2亿元的直接经济损失给西南地区带来的影响,从附表14所示可以看出在没有财政补贴的情况下190.2亿元的直接经济损失会给全国总产出、总就业和总附加值带来的冲击。

在国家财政部提供2.2亿元的直接拨款后,相当于总需求受到了2.2亿元的正面冲击,我们再看抵扣2.2亿元的总需求冲击后,188亿元的直接经济损失会给全国总产出带来什么样的影响(如附表15所示)。

通过附表14和附表15的对比分析可以看出,国家实施的2.2亿元直接拨付的财政政策在不同行业投入产出的作用下可以拉动总需求13.26亿元、带动就业1.38万人次,作为初期投入可以取得较好的效果。由于政策一般是滚动实施的,为了提高预案的实施效果,我们还可以在突发冲击发生后的不同阶段,对政策的实施效果进行滚动评估。

下面再具体估算各个行业应投入多少财政支出,才能够比较好得抵消各个行业受到的初始直接冲击。我们这里依然采用我国2007年的投入产出数据来估算西南地区各个行业受冲击的概率,来得出西南地区各行业的直接经济损失。其结果如附表16所示。下面以农业为例,从附表16中可以看出,西南地区农业受到的直接经济损失为5.73亿元,那么我们这里就要考虑应该如何对西南地区的农业财政支出作出调整才能够刚好抵消这5.73亿元的直接经济损失。通过IMPLAN系统的数据模拟,我们就可以实现这一功能,要获得对农业5.73亿元的总的正面冲击,那么通过不断输入数据,我们发现对农业投入3.89亿元的直接财政支持时,可以达到目标。其他行业的财政支持政策也可以按照这一方法进行模拟调整,以估算出来的数据作为财政支出的政策的参考值,表8-2为模拟冲击中受灾最严重的10个行业的财政支出最优估计值,在现实应用中便可以根据实际收集到的各细分行业的直接经济损失估算调整各个行业的最佳财政支出。

表 8-2　西南干旱中受灾前五的行业财政支出调整最优估计值

行业名称	直接经济损失	最优财政支出值
建筑业	14.57	14.11
电力、热力的生产和供应业	7.32	4.33
批发零售业	6.70	5.68
钢压延加工业	6.60	5.54
农业	5.73	3.89
合计	190.2	31.56

(二) 汶川地震后财政政策的冲击模拟

汶川地震是自中华人民共和国成立以来影响最大的一次地震,震级是继 1950 年 8 月 15 日西藏墨脱地震(里氏 8.5 级)和 2001 年昆仑山大地震(里氏 8.1 级)后的第三大地震,直接严重受灾面积达 10 万平方千米。这次地震危害极大,共遇难 69 227 人,受伤 374 643 人,失踪 17 923 人。其中,四川省有 68 712 名同胞遇难,17 921 名同胞失踪,学生 5 335 人次。2008 年 9 月 4 日,国务院新闻办公室就四川汶川地震灾损评估情况举行发布会,公布了相关损失数据:汶川地震造成的直接经济损失 8 451 亿元人民币。其中四川受灾最严重,占到总损失的 91.3%;甘肃的损失比重为 5.8%,陕西为 2.9%。2008 年 9 月,针对汶川地震范围类别的评估基本完成,四川、甘肃、陕西三省的极重灾区和重灾区数量分别是 39 个、8 个和 4 个。51 个灾区县的总面积达 13 万多平方公里,地震引发的次生灾损面积尚在准确丈量之中。在这些损失中,除了个人财产之外,还包括灾区的基础设施。受灾地区的企业厂房、设备受到严重损坏,同时由于交通、城市管网、供电等基础设施损毁惨重,即使受损较轻的企业也无法进行正常的生产经营活动。

汶川地震发生后,随着抗震救灾工作的开展,中央和地方各级财政部门投入的救灾资金数字逐步上升。截至 2008 年 8 月 14 日 12 时,各级财政部门共投入抗震救灾资金 644.1 亿元。其中,中央财政投入 574.12 亿元,包括应急抢险救灾资金 250.92 亿元,灾后恢复重建资金 323.2 亿元;地方财政投入 69.98 亿元。

同样,我们先看汶川地震 8 451 亿元的直接经济损失会给全国的产出、就业和附加值带来什么样的影响。由于汶川地震属于地域性比较强的突发冲击,因此我们在这里的政策评估中选用四川省的 IMPLAN 模型,其评估结果如附表 17 所示。

接下来我们考虑各级财政的总支出 644.1 亿元会对最后的直接经济

损失产生什么样的递减作用,即 8 451 亿元的直接经济损失扣除 644.1 亿元的财政支出后的 7 806.9 亿的元直接损失会带来什么样的影响,其结果如附表 18 所示。

对比附表 17 和附表 18 可以看出汶川地震 644.1 亿元的财政总支出共计带来了 1 444.45 亿元的总需求冲击,可以提供 222 万的就业岗位,很大程度上弥补了汶川地震 8 451 亿元的直接经济损失。当然由于本节无法确定 644.1 亿元财政支出具体的行业流向,因此只能按照各行业占总行业的比重来估算总需求的增加对总产出的影响,这必然会带来一定的误差,但是也能够在一定程度上影响宏观经济政策的效果,尤其是全国的财政政策。

下面我们可以再根据汶川地震中四川省受到直接冲击的行业的损失值,通过利用 IMPLAN 系统估算政府在这些行业投入多少才可弥补原来这些行业的直接损失冲击。为了使得估算的数据更为精确,我们在这里要应用四川省的地区 IMPLAN 模型,采用试错的方法估算出一个最大限度上能够弥补四川省经济损失的财政支出,从而将这个值作为财政支出政策调整的参考值,而各行业的受冲击概率依然用各行业产出占总产出的比重来表示,如附表 19 所示。

本次汶川地震受影响较大的行业如下:① 房地产业,此次地震造成大量城市和农村居民住房及城镇非住宅用房倒塌或损毁,给房地产业带来了严重的经济损失,直接损失高达 3 463.4 亿元。① ② 农林牧渔业,汶川地震造成大片农田、农房等农业基础设施被摧毁,大量畜禽死亡、大批林木和林地损毁,灾区农业生态系统遭到严重破坏,直接损失达 364.86 亿元。③ 旅游业,四川省是我国著名的旅游大省,但处于地震灾区的许多旅游景区都遭受了较大冲击,包括九寨沟国家级自然保护区、四川黄龙风景名胜区、四姑娘山风景名胜区、卧龙国家级自然保护区、青城山—都江堰风景区等著名景区景点;加之人们对地震的恐惧心理会直接导致受灾旅游区旅游人数的减少,此次地震对四川省旅游业造成了较大影响,直接损失统计为 553.69 亿元。④ 化学化工,地震造成灾区化工企业的厂房、设备等遭到损毁,另外灾区多家矿场受灾,矿山、矿井被损,造成 120 亿元的经济损失。⑤ 通信系统,此次地震使灾区通信基础设施包括电信局所、移动通信、小灵通基站、光电缆、通信电杆等严重损毁,直接经济损失为 60.2 亿元。⑥ 电力系统,汶川地震导致电力系统的基础设施严重损毁,水电站、配电

---

① 直接损失数据均来自"5·12"汶川特大地震四川省灾害损失统计评估报告。

设备损毁,电网断电,导致经济损失 430.2 亿元。⑦ 交通运输业,本次地震导致灾区交通基础设施包括高速公路、干线公路、农村公路、部分铁路设施、桥梁、隧道等损毁十分严重,直接损失 583.3 亿元。

下面首先利用 IMPLAN 四川模型估算在汶川地震中受灾最严重的 5 个行业要抵消各行业的直接损失,需要对该行业投入多少财政支出;此外再估算如果要刚好抵消 8 451 亿元的直接经济损失,又需要总计投入多少财政支出。其结果如表 8-3 所示。

表 8-3　汶川地震中受灾严重的行业财政支出调整最优估计值

行业名称	直接经济损失(亿元)	最优财政支出值(亿元)
农业	364.86	280.62
化学工业	120.0	103.51
交通运输设备制造业	583.3	504.50
通信设备、计算机及其他电子设备制造业	60.2	54.53
电力、热力的生产和供应业	430.2	402.69
房地产业	3 463.4	3 403.33
旅游业	553.69	552.13
合计	8 451.0	3 166.31

根据 IMPLAN 模型的分析结果,国家财政支出在减少突发冲击对国家经济的损失方面起到了重要作用,能够很大程度上减少突发冲击带来的直接经济损失,但是 IMPLAN 模型由于其本身模型上的缺陷,其计算结果只能作为调整政策方案的一项指标,并不能完全依赖模型的分析结果。此外,受统计数据的限制,我们在案例分析部分无法获取财政支出的具体流向,这对最后的结果产生了很大的影响。

总之,IMPLAN 模型在宏观调控预案的设计、执行与评价都起到了重要作用,我们要充分利用 IMPLAN 模型对冲击的量化和预测作用优化应对突发冲击的宏观调控预案。

第九章 应对突发冲击的宏观调控预案的基础理论与一般性设计

第一节 应对突发冲击的宏观调控预案设计的相关理论

近年来,各类突发冲击逐渐成为社会"非常态"中的"常态",不仅传统的自然灾害如雪灾、洪涝、地震等频频发生,一些新型的突发冲击如恐怖袭击、疫情传播、生态灾难的突然"造访"也往往令政府和社会公众措手不及。在我国当前改革开放向纵深发展的关键时期,对突发冲击的宏观调控任重道远,国务委员马凯(2009)在谈到当前我国应急管理的严峻形势时指出:我国正处于工业化、城镇化快速发展时期,各种传统的和非传统的、自然的和社会的风险与矛盾交织并存,公共安全和应急管理工作面临的形势更加严峻。一是自然灾害处于多发频发期,近年来极端气候事件频发,中强地震呈活跃态势,自然灾害及其衍生、次生灾害的突发性和危害性进一步加重加大;二是安全生产形势严峻,生产安全事故总量居高不下,重特大事故时有发生;三是公共卫生事件防控难度增大,食品药品生产经营中市场秩序混乱、源头污染严重、监管力量薄弱等问题尚未得到根本解决;四是社会安全面临新的挑战,各种利益关系错综复杂,维护社会稳定的任务艰巨,国家安全面临的形势也更加复杂和严峻。①

事实证明,突发冲击已经严重威胁和影响到社会稳定、经济发展和公众的生命财产安全。政府能否制定切实可行的宏观调控预案,对指导应对行动、统一调配资源、防范冲击造成的危机进一步蔓延至关重要。由于自然灾害和社会危机时有发生,我国应对突发冲击的实践并不缺乏,但将应对突发冲击作为一种自觉的、综合的实践则是自2003年"非典"事件爆发后才开始的。

"非典"事件之后,我国学界明显加强了应对突发冲击管理体系的研

---

① 马凯.落实科学发展观,推进应急管理工作[J].求是,2009(2):32—35.

究,主要工作是围绕"一案三制"("一案"指应急预案,"三制"指应对突发冲击的体制、机制和法制)来展开的。2006年1月,国务院正式发布《国家突发公共事件总体应急预案》,这标志着我国应对突发冲击的宏观调控预案的框架体系初步形成。宏观调控的预案是事前的行动计划,对响应主体、响应程序和响应规则在突发冲击发生之前即作出安排,直接决定应急响应的行动方案与行动后果,在"一案三制"中处于优先地位。但目前各地的预案编制工作进展并不理想,显现出分级不清晰、分类混乱、数目虽多但对危险源的覆盖不够全面、相关预案衔接困难等特点(王子洋,2010)。[1] 由于缺乏详细周密且具有针对性的应对措施,在受到突发冲击时也就不能及时实施有效的防御措施,容易错过制止危机蔓延的最有利时机,从而给一个地区甚至整个国家带来不可估量的损失,有时这种影响会持续几十年甚至上百年。为了确保最大限度地减少损失,就需要制定一整套完备的预案体系,提高政府保障公共安全和应对突发冲击的能力,维护国家安全和社会稳定(原军良和原源,2008)。[2] 本节的研究目的在于通过梳理宏观调控预案设计的相关理论,为设计符合我国国情的宏观调控预案体系奠定基础。

一、应对突发冲击的宏观调控预案设计的理论基础

(一)应对突发冲击的宏观调控预案设计的理论背景

突发冲击通常又被称为紧急事件(侧重于强调处置事件的紧迫性、时间性)、危机事件(侧重于强调事件的规模和影响程度),一般是指突然发生并危及公众生命财产安全、社会秩序和公共安全,需要立即采取措施加以应对的重大事件。应对突发冲击的理论,在学术界更多地表述为应急管理(emergency management)理论,它是指政府应对突发冲击的一系列举措,包括预防、准备、响应、恢复、重建、倡议和立法等,目的是为了减少人员伤亡、降低财产损失、控制破坏程度,以尽可能快的速度和小的代价终止紧急状态,恢复到正常状态。应对突发冲击是一项复杂的系统工程,需要一套科学合理、协调有力的运行体系以保证应对措施高效、有序地展开。而预案设计的好坏在应对突发冲击的过程中无疑起着关键作用。

突发冲击一般具有突发性、紧急性、高度不确定性、影响的社会性、非

---

[1] 王子洋,程晓卿等.国家级应急预案体系构建特点分析与两维度铁路应急预案体系构建方法[J].物流技术,2010(4):47—49.
[2] 原军良,原源.加强公共安全应急管理体系建设[J].理论探索,2008(4):122—124.

程序性决策等几个基本特征(Farazmand,2001①;薛澜等,2003②):① 突发性和紧急性,即政府所面临的环境达到了一个临界值和既定的阈值,政府亟须在高度压力下快速做出决策,但通常缺乏必要的训练有素的人员、物资和时间。② 高度不确定性,即在突发冲击的初始阶段,常常无法用常规性规则进行判断,信息严重不充分、不及时、不全面,并且其后的衍生和可能涉及的影响没有经验性知识可供指导。③ 影响的社会性,即突发冲击对一个社会系统的基本价值和行为准则架构产生严重威胁,其影响和涉及的主体具有社群性。④ 非程序化决策,即政府应急管理部门必须在有限的时间、信息和可动用资源(客观上标准的"有限理性")的条件下寻求"满意"的处理方案,迅速地从正常情况转换到紧急情况(从常态到非常态)。因此,为应对突发冲击建立的应急管理体系也必然是一个具有多主体、多因素、多角度、多变性特征的开放而复杂的系统。2001 年"9·11"恐怖袭击、2003 年"非典"事件、2005 年"卡特里娜"飓风、2008 年南方低温雨雪冰冻灾害和汶川特大地震、2010 年海地地震和玉树地震等造成了大量的人员伤亡和财产损失,从侧面印证了应对突发冲击的研究与实践中存在着不足。这迫使我们必须重视相关理论研究,为应对突发冲击的实际工作提供原理和方法。正如 McEntire 所言,应急管理现状仍然保留着过去的痕迹,但毫无疑问正在发生着显著的变化。③ 过去学者一般都是从社会学(心理学、社会行为学)和地理学(地质学、气象学)两门学科的角度来研究灾害,但随着突发冲击范围的扩大,越来越多的超出这两门学科范围的问题逐渐凸显。毋庸置疑,应急管理相关理论的创建和发展是非常重要和有意义的,但有几个主要的认识论问题阻碍了这一理论的继续发展(刘铁民,2011)④,主要可以归纳为以下几个方面:

1. 理论主题

目前,学者对于理论概念的争论主要集中在"灾难"和"应急管理"这两个主题上。关于什么是"灾难",学术界至今尚未得出一个统一明确的结论,其原因在于"灾难"这一概念覆盖面广,具有复杂的物理特点和社会

---

① Farazmand, A., 2001, *Handbook of Crisis and Emergency Management*, New York: Marcel Dekker, Inc.
② 薛澜,张强,钟开斌.危机管理:转型期中国面临的挑战[J].中国软科学,2003(4):58—61.
③ 王永明,刘铁民.应急管理学理论的发展现状与展望[J].中国应急管理,2010(6):24—30.
④ 刘铁民.突发事件应急预案体系概念设计研究[J].中国安全生产科学技术,2011(8):5—13.

特征,很难进行简单的描述和概括。Quarantellli(1995)指出,"除非我们明确地获得对定义本身最起码的共识,否则我们将无法继续讨论过去一直讨论的有关灾难特点、条件和后果的话题"。① 另外一个有争议的话题则是应急管理。学者们主要是在应急管理主体这一问题上争执不下,计雷、池宏(2006)等人认为,应急管理的主体应该是"突发事件",是指"在一定区域内突然发生、规模较大且对社会产生广泛负面影响的,对生命和财产构成严重威胁的事件和灾难"。② 另外,作为一门新兴学科,"应急管理"这一名称也存在一些争议,但目前还没有找到一个合适的词来替代它,且由于对"应急管理"这一名词的较普遍认可,其他替代词很难被接受。

2. 研究重心

应急管理的研究重心到底是普遍发生但风险不大的事故,还是极少发生但是影响重大的事故?这是一个必须明确的问题。回顾应急管理领域关注点的发展历程,可以发现这两类事故是交织在一起的。在应急管理理论产生的早期,主要关注的是美国和苏联在冷战时期潜在核战争带来的风险,后来转移到事故灾难(三里岛事故、博帕尔泄漏和切尔诺贝利事件),然后是自然风险(洛马普列塔地震、安德鲁飓风、美国中西部水灾和北岭地震),目前现代恐怖主义的危害比冷战时期的威胁更大,学术界的研究重心似乎又绕回社会安全的原点(Alexander,2002)。③ 过去,我们更加关注灾害的物理特性,现在我们不断认识到"风险不一定会产生灾害"。反而是脆弱性经常会产生风险,由此引出"脆弱性"这一新的概念。多数学者也都开始强调脆弱性在应急管理研究中的重要性,李湖生(2009)等提出应该重视社会脆弱性的形成机制。④ 但由于过去"脆弱性"概念一直局限于贫困化问题和政治边缘化问题,因此在该领域"脆弱性"概念还未完全被接受。

3. 研究范畴

应急管理研究中究竟涉及哪些影响因素?大多数学者认为既存在一些共性因素,同时也不能忽视其个别因素。此外,应急管理研究中哪个阶段更重要?比较统一的观点是应急管理是一个系统的过程,其中的每一个

---

① Quarantelli, E. L., 1995, "What is a disaster?," *International Journal of Mass Emergencies and Disasters*, Vol. 13, No. 3, pp. 221—229.
② 计雷,池宏,陈安等. 突发事件应急管理[M]. 北京:高等教育出版社,2006:106—116.
③ Alexander, D. 2002, "From civil defense to civil protection and back again.", *Disaster Prevention and Management*, Vol. 11, No. 3, pp. 209—213.
④ 李湖生,刘铁民. 突发事件应急准备体系研究进展及关键科学问题[J]. 中国安全生产科学技术,2009(6):5—10.

环节都是不可或缺、至关重要的。历史经验表明,我们过去一直在犯这样一个错误(被动地应对灾害),这种情况必须得到纠正(McEntire,2004)。①

最后,应急管理的支撑学科是什么?随着研究的深入,学者们已经开始逐步认识到传统应急管理理论的局限性,纷纷借用其他学科领域的现有理论来完善应急管理理论。传统的应急管理领域的学者通常将该学科定位为地理学和社会学两个学科的交叉领域,但随着突发事件发展的多元化和复杂化,关于经济学、管理学、心理学、现代技术和工程实践等知识的运用在应急管理中同样需要,因此,应急管理理论不仅仅要把握其起源学科的理论知识,还要结合其他领域的既有成果,否则应急管理理论很难得到进一步发展。

4. 发展模式

目前关于应急管理发展模式的观点可谓是"百家争鸣"。发展模式其实是对应急管理原则的一种具体体现。面对的现实情况不同,目标不同,也就必然导致发展模式的差异化。在美国,综合应急管理(comprehensive emergency management,CEM)是统一指导应急管理的首要模式,但随着技术风险重要性的逐步凸显,CEM也逐渐显现出其自身的局限性。如Britton(1999)提出,政策和研究人员认为,单纯的CEM不可能使公众免受于自然或技术风险。② 有学者提出"抗灾社区"(disaster resistance unity),国内学者称之为"平安社区"。此外,还有学者建议把"反弹力"(resilience)作为应急管理的主要指导原则,Webster定义"抗逆力"为"面对不幸时的恢复或者快速调整能力"。③ Geis(2000)却质疑道,"我们是想快速'恢复',还是不允许事故发展到灾难性状况呢?"。④

刘铁民(2010)指出,建立一个完善而系统的应急管理理论体系的重要性是不言而喻的。我们决不能丢弃以前的应急管理理论,但是以前的理论必须得到进一步的完善,以满足未来的需求。⑤

---

① McEntire, D. A. 2004, "The status of emergency management theory: issues, barriers, and recommendations for improved scholarship", The 2004 Annual Emergency Management Higher Education Conference, National Emergency Training Center.

② Britton, N. R. 1999, "Whether the emergency manager?", International Journal of Mass Emergencies and Disasters, Vol. 17, No. 2, pp. 223—235.

③ 王永明,刘铁民.应急管理学理论的发展现状与展望[J].中国应急管理,2010(6):24—30.

④ Geis, D. 2000, "By design: The disaster resistant and quality of life community", Natural Hazards Review, Vol. 1, No. 3, pp. 151—160.

⑤ 刘铁民.突发事件应急预案体系概念设计研究[J].中国安全生产科学技术,2011(8):5—13.

任何理论都无法在闭塞中前行,应急管理理论同样如此。Geis 认为"一切都是相互联系的,要有一个全面的、整体的方法"。① 因此,加强对应急管理的综合研究,改善全社会应急管理体系和能力应该成为今后应急管理理论工作开展的着力点。

(二) 应对突发冲击的宏观调控预案设计的主要基础理论

在现代社会,应急管理正逐渐发展成为一门由管理科学、工程科学、信息科学、生命科学、基础自然科学、经济学、社会学、心理学、法学、历史学等学科交叉融合而形成的综合性学科。正因为如此,关于其理论内容的阐述也是视角不一,结论迥异。通过对国内外相关文献的梳理,本节选取经济学、管理学和心理学三个比较具有代表性的视角对应对突发冲击的宏观调控预案的基础理论进行分析。

1. 经济学视角

经济学理论体系的核心假设包括理性经济人、充分信息、完全竞争、连续性等。所以,对于非连续性、非常态和不确定性强的突发事件的研究者来说,经济学理论一直是被排斥在外的。但自从 20 世纪 30 年代拉尔夫·苏特提出"经济学帝国主义"(economic imperialism)一词开始,经济学分析工具开始介入其他领域的研究。较早的如贝克尔、布坎南、威廉姆森等人分别将经济学分析工具深入到诸如人类行为、公共选择、制度分析等领域;之后如赫维奇、奥斯特罗姆等人分别将机制设计、经济治理理论纳入经济学范畴。近年来,经济学分析工具与方法也不断介入应急管理研究,成为应急管理理论不可或缺的一部分。②

(1) 经济学中的风险理论。最早进入应急管理研究领域的,当属风险理论。提及经济学领域中的风险理论,就绕不过弗兰克·奈特,他认为不可度量的风险是利润的来源,风险、不确定性导致企业的产生。制度经济学者认为制度同样是不确定性与风险的产物(哈罗德,1999)。③ 乌尔里希·贝克、吉登斯等人提出更全面的"风险社会"理论,构成应急管理的风险理论基础。他们认为,随着人类活动频率的增加、范围的扩大、系统性的增强,其决策和行动的影响力大增,风险结构从自然风险占主导演变成人为风险占主导。资本主义制度确立以来,与市场有关的一系列制度为风险

---

① Geis, D. 2000, "By design: the disaster resistant and quality of life community", *Natural Hazards Review*, Vol.1, No.3, pp.151—160.
② 李洺,薛澜.应急管理理论与实践的经济学视角[N].光明日报,2011年3月25日.
③ 哈罗德·德姆塞茨著;梁小民译.企业经济学[M].中国社会科学出版社,1999:1—17.

行为提供了激励,各种公共制度则为人类安全提供了保护。①

(2) 机制设计理论。赫维茨、马斯金、迈尔森等人的经济机制设计理论的核心是,在自由选择、自愿交换的分散化决策条件下,如何通过经济机制(法律、法规、政策、资源配置等规则)设计,使参与者的个人利益和设计者所要达到的设计目标一致。由于应急管理的行动效率要求高、决策资源与时间高度受限,这使得应急管理机制构成应急体系的主要内容,机制设计也显得尤为重要。应急管理主要包括监测预警、信息沟通、决策协调、分级响应、社会动员、资源配置、国际协调等机制。通过对机制设计理论的应用,形成有效的激励,已成为应急管理研究的关键。

(3) 应急管理与资金融通。应急管理是一项耗资巨大的系统工程,资金来源、资金运用形式复杂。尤其是财政、保险与各类性质的基金等资金融通手段的综合运用,是应急管理的一个重要内容。我国事故灾难中不计成本、不惜代价的资金运用方式,以及财政支出独撑危局的资金来源渠道,使应急管理资金融通模式的可持续性面临考验。为此,要建立并完善商业保险、政策性保险、巨灾保险、再保险等保险机制,使得按大数法则分布的风险,在不同人群、目标之间实现分摊。同时,借鉴欧盟互助基金(EUSF)和德国的横向转移支付政策,建立财政风险准备金、转移支付、税收优惠等政策机制。加强对企业、非政府组织、公众参与事故灾难捐助资金、慈善资金的管理,提高资金的监管效率。

(4) 应急管理与应急产业。应急产业是与突发事件预警、预防、救援、处置活动等相关产品和服务的集合,包括各种救援飞机、消防设施、救援设备、自救装备、演练培训服务、避难场所建设等。如日本"3·11"地震中普遍使用的家庭应急产品,就包括了应急食品、生活用品和自救装备三类。但即便在发达国家,应急产品也常常滞后于事故灾难的需求,屡屡发生因设备、设施原因贻误时机,甚至救援失败的现象。因此,需要通过制定产业政策,编制产业发展目录,制定各类产品的国家标准,指导应急产业的发展。通过完善产品使用与配备的强制要求,加强公益宣传与推广,开展应急教育与培训,在全社会拓展应急产品和服务的市场。当然,也需要制定税收、投资、贸易等优惠政策,鼓励对应急产业的投资。

(5) 灾后重建与宏观经济政策。突发事件属于偶发性、非持续性、非系统性风险,大部分突发事件很难进入主流经济学的分析视野。但是,一

---

① 夏玉珍,郝建梅.当代西方风险社会理论:解读与讨论[J].学习与实践,2007(10):120—128.

些特别重大的事故灾难的发生及其灾后重建,对宏观经济的影响及其政策选择,已经成为经济分析的重点,并被纳入专门的应急管理研究。灾难爆发所产生的短期影响不用多讨论,但关于对灾后重建的经济效果学者却常常看法不一。灾后重建具有宏观需求的拉动作用,但这取决于该国的经济状况(如通货膨胀还是通货紧缩)、刺激政策的实施空间、相机抉择政策的实施方式等条件。因此,灾后重建需要具体问题具体分析,并综合运用财政支出、税收减免、公债发行等方式,刺激经济恢复和增长,弥补灾害损失。

2. 管理学视角

具有管理学背景的学者一般将应急管理视为一种特殊的管理活动来经营。代表人物 Coombs(2001)认为,应急管理的研究不能过分强调危机应对策略的选择,即应对组织在危机后"说什么"和"做什么",因为这种策略选择本身就属于管理的过程。① 从管理学的角度出发,宏观调控预案的设计又可以细分为宏观调控管理的组织结构和宏观调控预案的实施内容两个方面。

(1)宏观调控管理的组织结构。美国是世界上最为重视应急管理的国家之一,它的应急管理体系具有的一个鲜明的特点就是组织机构完备、职能明确。除了处于第一层次的联邦应急机构外,全美各州及各州管辖的地方政府均设有相应的应急管理办公室,分别处在应急管理组织体系的第二、第三层次。每一个层次的管理机构都有一个在非常时期具有相当职权的运行部门——应急运行调度中心,不同层次中心的职能大致相同。澳大利亚也设立了一套三个层次承担不同职责的政府应急管理体系,包括联邦政府层面、州和地区政府层面及社区层面。日本则建立起了以内阁首相为最高指挥官,由内阁官房来负责总体协调、联络,并通过安全保障会议、阁僚会议及内阁会议、中央防灾会议等决策机构制定危机对策,由警察厅、防卫厅、海上保安厅、消防厅等各省厅、部门根据具体情况予以配合的高度严密、科学高效的组织体系。②

(2)宏观调控预案的实施内容。突发事件通常遵循一个特定的生命周期。每一个级别的突发事件,都有产生、发展和衰退的阶段,需要有针对性地采取不同的应急措施(Coombs,1995)。③ 王强(2004)指出,现代公共

---

① Coombs W. T., 2001, "Teaching the crisis management/comunication course", *Public Relations Review*, No.27, pp.89—101.
② 徐学群,胡继平.日本的危机管理:决策和协调体制[N].学习时报,2003年2月17日.
③ Coombs, W. T., 1995, "Choosing the right words: The development of guidelines for the selection of the 'appropriate' crisis response strategies", *Management Communication Quarterly*, No.8, pp.188—221.

行政可以区分为常态管理和非常态管理两个部分,公共危机管理属于非常态管理的范畴,是现代公共行政不可或缺的组成部分。但建构现代公共危机应急管理体系并不是传统行政管理体制在公共危机管理领域的翻版,而必须建立在整个管理体制不断变革的基础之上,必须与政府治理模式变革乃至经济、政治体制改革的进程相适应。要真正建立起现代意义上的公共应急管理体系,需要建构完善的制度系统(法律、法规和政策)、战略和目标系统、以政府为核心的多元反应结构(政府—公众—专家技术人员—经济社会组织—传媒—国际社会)、信息—技术系统和资源系统,需要加强应对各种宏观调控预案的研究,重视早期预警,不断提升全社会应急管理的意识、知识和能力。① 王郅强和麻宝斌(2004)指出,最高明的应急管理不在于事前管理方案的形成和爆发后的处理,而在于排除导致事件发生的各种可能性,从根本上防止事件的发生。其中一个必要的手段就是制订应急计划,即提前设想事件可能爆发的方式、规模,并且拟订出多套应急方案;事件一旦发生,可以立即根据实际情况优选方案。② 薛澜和钟开斌(2005)认为,由于产生原因、表现形式和应对措施方面的不同,在制定国家应急管理的总体预案和各分项预案时,需要把经济危机单独列出来,作为与突发社会安全事件并列的一大类突发公共事件,如果把经济危机并在突发社会安全事件中,只能是作为突发公共事件的后果之一来考虑,会导致很多弊病。③ 池宏等(2005)指出,突发事件的应急管理是管理主体对突发事件的介入和应对行动,因此,必须对突发事件(称之为客体)和管理者(称之为主体)这两个因素进行全面的研究和分析,把它作为研究突发事件应急管理的起点,从而明确突发事件的特性,使我们能够根据机理进行设计和调整预案。④ 周红和艾太强(2011)则是从公共危机管理与政府管理的角度来阐述应急管理的重要性。她指出,先进的危机管理理念可以得到公众的支持和认可,使他们在危难时刻紧密地团结在政府的周围,而危机的预防、应对和善后工作,更能影响公众对政府的信任,对于改善政府在公众心目中的形象具有重要意义。⑤

---

① 王强.公共危机应急反应管理体系:反思与重建[J].江海学刊,2004(2):90—93.
② 王郅强,麻宝斌.突发公共事件的应急管理探讨[J].长白学刊,2004(2):36—40.
③ 薛澜,钟开斌.突发公共事件分类、分级与分期.应急体制的管理基础[J].中国行政管理,2005(2):102—107.
④ 池宏,祁明亮,计雷,赵红.城市突发公共事件应急管理体系研究[J].中国安防产品信息,2005(4):32—35.
⑤ 周红,艾太强.公共危机管理状态下地方政府公信力的重塑[J].西北师大学报(社会科学版),2011(7):89—92.

3. 心理学视角

对于突发性公共危机事件的认识和应对措施,已经不仅仅停留在物质的层面,对于社会、文化和受害者心理等要素的考虑,成为灾害研究的重要领域(麻国庆,2011)。① 在宏观调控预案的设计中,社会公众应急心理是一个必须关注的因素。如加拿大政府就提倡"让每一个人明白在遇到紧急状况应该做什么"以及每年举办一次"应急宣传周"以消除公众的应急紧张情绪,提高公众自救、自助的能力。日本"3·11"地震爆发引发了"回家难"的热议。心理学专家分析,地震后,因通信不畅而不知家人安危的人无论如何都要回家。基于这一心理,东京积极研究"旱路不通走水路"的第二种交通手段作为应对方案,现有防灾用船泊码头61处,经营小型游船商家52个,小型游船约170艘,以解决灾难突然发生时"回家难"的问题。② 姚国章(2006)指出,当与公众关系密切的突发事件发生时,公众必然会对此产生相应的心理紧张情绪,如果这种情绪得不到应有的疏导和释放,会逐步向恐惧的方向发展。因此可以通过编印通俗读本、摄制和播放影像资料、知识讲座、网上宣传等多种形式,向公众传播预防、避险、自救、互救、减灾等专门知识,让公众产生一定的心理免疫,做到在突发事件发生时能处变不惊、沉着应对。③ 范维澄(2007)认为,面对突发公共事件的不同阶段(事前、事中和事后),要理解领导者、决策者的决策心理和行为,以及公众对灾害的认知和心理,从而推断由这些心理所导致的非常规行为特征,并确定其评估指标。④

如前所述,应急管理是一门由管理科学、工程科学、信息科学、生命科学、基础自然科学、经济学、社会学、心理学、法学、历史学等学科交叉融合而形成的综合性学科。但是,众多与应急管理相关的学科的简单拼凑,并不等同于应急管理学,应急管理学需要有自己独特的研究视角(Thomas,2004)。⑤ 这也是宏观调控预案设计的相关理论可以进一步深入发展的方向。

---

① 麻国庆.危机管理的社会学和人类学视角——从日本的经验谈起[N].南方网,http://www.southcn.com/nf lr/nydkt/kandian/200512010286.htm.
② 于青.新技术、新理念助力现代应急管理(2)[N].人民日报,2011年10月26日.
③ 姚国章.典型国家突发公共事件应急管理体系及其借鉴[J].南京审计学院学报,2006(5):5—10.
④ 范维澄.国家突发公共事件应急管理中科学问题的思考和建议[J].中国科学基金,2007(2):71—76.
⑤ Thomas, E. D. 2004. "Theories relevant to emergency management versus a theory of emergency management", The 2004 Annual Emergency Management Higher Education Conference, National Emergency Training Center.

(三) 应对突发冲击宏观调控预案设计的流程

Bowen(2008)提出了一个新的宏观调控预案的周期,可用于解释宏观调控预案的设计过程。① 宏观调控预案周期的内容如图 9-1 所示。

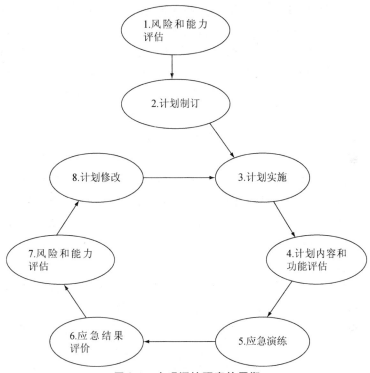

图 9-1　宏观调控预案的周期

1. 风险和能力评估

依据应急管理任务和目标确定的特定的标准,每个管辖区的应急规划人员应该评估本地的风险和能力。风险评估应覆盖所有经济、文化和社会因素,这些因素在紧急事件的敏感性如何,本区域内什么威胁比其他威胁更有可能发生。在明确一个区域主要面对什么威胁后,应急规划人员就应该考虑应急响应机制应该具备哪些功能。

2. 计划制订

应急规划人员应该根据第一步的信息制订一个计划,这个计划应该采取通用的方法处理该地区所面对的大部分自然和人为灾害。当然,这并不

---

① Bowen, A. A., 2008, "Are we really ready? the need for national emergency preparedness standards and the creation of the cycle of emergency planning", *Politics & Policy*, Vol. 36, No. 5, pp. 834—853.

是说更具体的计划是不必要的,而是中央和地方应急管理者应该有一个大体的计划,这个计划具有足够的灵活性来应对大部分灾害和突发冲击。

3. 计划实施

中央与地方管理机构应该努力确保计划能够被相关的政府官员所理解,确保所有部门的职员训练有素,确保与计划有关的部门和机构有必要的设备。这些要素可能是显而易见的,但计划实施得是否充分对计划能否最终取得成功有重要的影响。计划实施最重要的部分是与相关政府官员一起工作,帮助他们了解计划如何运行以及计划的合理运行需要什么。

4. 计划内容和功能评估

一旦计划被实施,就要评估计划和管理机构的应急实践内容及其功能。在实施过程中出现的任何问题,以及接下来要采取的应对措施都是评估的一部分。计划的内容应该随时更新以确保它们覆盖计划制订时的所有相关威胁。进行综述最好的方法是由第三方评估总体应急计划,这样有助于保证客观性,消除本位组织上的偏见。倘若评估表明有必要立即修改计划,那么就应该刻不容缓地采取行动。

5. 应急演练

计划被实施评估后,中央和地方的管理机构应该进行周期性的应急演练。计划演练是一种重要且有效的检测计划并发现那些没有被注意到或没有解决的问题的方法。演练可以是全面的多管辖区的练习、桌面演练和模拟演练。每次都进行全面演练是不必要的,最重要的演练是将来自不同部门的人聚集在一起,因为这些人很可能在真实的突发冲击中不得不在一起工作,而发挥领导作用的官员相互之间建立起良好的合作关系是很重要的。管理机构可以自由使用最适合他们的多管辖区练习、桌面演练和模拟演练的组合。

6. 应急结果评价

第六步到第八步是宏观调控预案的周期中最重要的但也是最容易忽视的步骤。第六步关注演练的结果,它涉及检查计划中什么起到了作用、什么没有发挥作用。这意味着演练之后,所有的主要部门聚在一起讨论在应急演练过程出现的所有问题,主要包括指挥、通信、物流、材料资源和培训等方面。

7. 风险和能力评估

这一步与第一步相同,反复操作是非常重要的。因为威胁和应对威胁的技术是不断变化的,所以重新评估目前的风险和管理机构的能力十分重要。重新评估应该包括与第一步相同的内容,密切关注在前面的步骤中可能需要解决的新问题。

8. 计划修改

根据演练结果的评价和目前风险和能力的重新估计,更新计划需要被修改的地方。应急管理者应该仔细回顾前面七个步骤收集到的所有信息,包括第三方的评估、从应急演练和行动结果报告中积累的经验教训、重新评估威胁和能力的结果。通过这些信息,应急管理者可以改善应急准备。更新计划之后,宏观调控预案的周期应该继续第三步,即计划实施。

(四) 应对突发冲击的宏观调控预案设计的指导方针

可用来识别指导方针的标准有很多种,标准不同,指导方针也会有差异。例如,Quarantelli(1982)[1]、Lindell 和 Perry(1992)[2] 及 Alexander(2003)[3]都提出了 10 条指导方针,而 Rockett(1994)[4]提出了 19 条。从某种程度来说,所选择的指导方针的数量取决于研究者或参与者,或依赖于研究所覆盖的范围。本节所定义的指导方针是以预案设计过程为导向的指导方针,许多学者在这一点上有共同的看法,跟随 Quarantelli(1982)[5]等人的研究,Perry 和 Lindell(2003)提出了 10 条宏观调控预案设计过程的指导方针,总结出了应对自然灾害和技术事故的准备方法,并可运用于其他外部冲击。[6]

第一条指导方针是宏观调控预案必须对潜在威胁和人们可能对此作出的反应有准确的认识。对威胁的准确认识依赖于全面的灾害评估和脆弱性分析,显然,缺乏恰当的方法会降低潜在威胁的可预测性,无效的方法易导致预测错误。例如,对健康产生危害的化学威胁,科学方法到目前为止很可能无法评估此类威胁的危害程度。本条指导方针旨在寻找目前可用的最优方法。一旦识别出一定区域内的潜在威胁,预案制定者和管理者可以更容易地认识到自身专业知识的不足,当他们对地质、气象或技术突

---

[1] Quarantelli, E. L. 1982., "Ten research-derived principles of disaster planning", *Disaster Management*, 2: 235.

[2] Lindell, M. K. and R. W. Perry., 1992, "Behavioral foundations of community emergency planning", *Hemisphere Publishing*, Washington.

[3] Alexander, D. E. 2003, "Towards the development of standards in emergency management training and education", *Disaster Prevention and Management*, Vol. 12, No. 2, pp. 113—123.

[4] Rockett, J. D., 1994, "A constructive critique of united kingdom emergency planning", *Disaster Prevention and Management*, Vol. 3, No. 1, pp. 47—60.

[5] Quarantelli, E. L. 1982., "Ten research-derived principles of disaster planning", *Disaster Management*, 2: 235.

[6] Perry, R. W. and M. K. Lindell, 2003, "Preparedness for emergency response: guidelines for the emergency planning process", *Disasters*, Vol. 27, No. 4, pp. 336—350.

发事件的具体情况缺乏准确认识的时候,他们倾与于向专业人员交流。

第二条指导方针是应鼓励突发事件的管理者做出适当的决策。在突发事件发生时,管理者作出的周密预案会促使公众对突发事件作出迅速的反应,而对突发事件的迅速反应是非常重要的。需要强调两点:其一,事前评估是非常关键的,评估过程要持续进行,即使是在受事件影响的过程中。很多研究将宏观调控预案等同于撤退预案或者其他突发事件反应方案的子方案,此类方案所关注的范围太狭窄以至于不能进行有效的突发事件管理。宏观调控预案应将事前评估和事后反应也包含在内。其二,以不正确的假设或不完整的信息为基础的迅速事后反应会导致不恰当的事后处理措施。突发事件管理者采取恰当的措施的前提是对威胁和反应原则有准确的认识。

第三条指导方针是预案的过程应重点强调事后反应的灵活性,从而在事后的处理过程中适应不断变化的抗灾需要。预案过程应重点关注反应原则而不是尽力使预案过程包含过多的具体细节。Carter(1991)认为具体预案包含太多的细节以至于让人感觉每种突发事件的应对方式都具有相同的重要性,从而导致应对突发事件时重点不明确[1];Frosdick(1997)认为要在预案中包含所有的细节几乎是不可能的[2];Hoetmer(2003)认为具体的细节会很快过时,实际上应不断地更新已完成的预案;如果预案中过多地涉及细节,书面的预案文件会显得过于庞大和复杂。[3]

第四条指导方针是预案要加强部门间的协调。Perry(1991)指出成功的灾难反应机制实质上依赖于有效的部门间协作。各部门为完成与某种灾难有关的任务共同努力,如事前评估、传播警告、保护公众等。[4] 要完成与突发冲击有关的全部任务需要各部门准确定位各自的职责、运作模式、协作系统的优缺点,并将有限的资源分配到不同区域。正如 Shelton 和 Sifers(1994)所提出的,所有这些方面都应编入预案,通过应急反应训练传达并通过演练测试。[5]

---

[1] Carter, N., 1991, "Disaster management: A disaster manager's handbook", *Asian Development Bank Publications*, Manila.

[2] Frosdick, S. 1997, "The techniques of risk analysis are insufficient in themselves", *Disaster Prevention and Management*, Vol.6, No.3, pp.165—177.

[3] Hoetmer, G., 2003, "Characteristics of effective emergency management organisational structures", Public Entity Risk Institute, Fairfax.

[4] Perry, R.W., 1991, "Managing disaster response operations", In T. Drabek and G. Hoetmer (eds.) *Emergency Management*. International City/County Management Association, Washington.

[5] Shelton, J. and S. Sifers., 1994, "Standardizing Training Assessment", *Military Review*, Vol.74, No.10, pp.5—13.

第五条指导方针是预案的设计过程应将各个地区的灾害包括在内,形成多事件的综合灾害管理方法。冷战期间,西方国家使用"双重作用"预案政策,这种政策可对突发事件进行识别并对其提供资助,此类预案可用于自然灾害或技术事故及原子弹袭击。冷战结束后,突发事件管理者用综合性或整体性突发事件管理来指导突发冲击预案的设计过程,定义预案是对可能威胁社会的各类冲击因素所做的准备。以上两种预案定义都以不同的灾害因素可能存在相似的反应机理为假设前提。Quarantelli(1992)指出以这种相似性为基础,相同的突发事件反应机制可有效地用于应对不同的灾害。突发事件反应机制的共性为人力资源、应对突发事件的程序、设施和装备的多次使用提供了机会。[1]

第六条指导方针是预案要包含演练部分。演练是完整的灾害预案中的一部分,相对于突发事件反应的有效性来说,认真地执行演练部分很可能会取得良好效益。另一个额外的收益是,演练过程还会成为对预案潜在问题的反馈的重要来源。

第七条指导方针是预案过程应对事故后反应进行测试。Alexander(2005)提出突发事件演练和练习为对预案运作细节的严格检查提供了机会。[2] 预案的测试还有其他作用,首先,测试使做出反应的机构相互联系并允许个体之间建立特定关系;其次,对预案、职工安置、人员训练、程序、设施、装备和材料同时进行综合性测试是演练的组成部分。

第八条指导方针是预案要适应环境的变化并适时引进新的或改进的装备以对突发事件做出更恰当的反应。预案在每次突发事件、每个训练周期和每次演练之后都应进行相应的完善,因为对突发事件做出反应的部分在经验、能力和装备方面都发生了变化,这些变化对整个预案系统会产生影响。实际上,预案过程的重点是设计一个内部反应系统,使得整个预案系统能进行相互识别和确认,并相互依赖(Tierney et al.,2001)。[3]

第九条指导方针是 Quarantelli 于 1982 年提出来的,他认为宏观调控预案的实施经常会面对冲突和阻力。[4] 公众不喜欢考虑潜在灾害的负面

---

[1] Quarantelli, E. L., 1992, "The Case for a Generic rather than Agent Specific Approach to Disasters", *Disaster Management*, Vol. 2, pp. 191—196.

[2] Alexander, D., 2005, "Towards the development of a standard in emergency planning", *Disaster Prevention and Management*, Vol. 14, No. 2, pp. 158—175.

[3] Tierney, K., M. K. Lindell and R. W. Perry., 2001, "Facing the Unexpected: Disaster Preparedness and Response in the United States", Joseph Henry Press, Washington.

[4] Quarantelli, E. L., 1982, "Ten research-derived principles of disaster planning", *Disaster Management*, Vol. 2, pp. 235.

影响,这种想法会抑制预案准备的进展。预案的反对者认为预案会消耗资源,而用于预案的资源就不能用于其他看似更为紧迫的社会问题。司法上和行政上强制执行预案是不足以克服阻力的,因而,只有公众接受预案的必要性并认可对预案资源的分配才能消除冲突。

第十条指导方针是 Quarantelli 于 1985 年提出的,即宏观调控预案必须明确计划和管理是不同的概念,真正的预案强调在事件过程中对预案进行修正。① 预案是准备工作的一部分,它需要识别潜在的灾害、可能产生影响的性质和遭受危害的地理区域。预案还要明确灾害发生过程中对应急反应部门的要求和这些部门为达到这些要求所需要的资源(人力资源、设施、装备和材料等)。对突发冲击反应的管理则涉及预案的执行效果,即为满足应急事件要求对预案设计阶段所进行的评估、修正、保护和协调等措施进行修正。

(五) 应对突发冲击的宏观调控预案的设计准则

在总结其他学者前期研究成果的基础上,Alexander(2005)针对应急预案的书写、修正、测试和使用提出了十八条准则。② 这十八条准则分别是:① 区域性的预案由地方政府编制,而跨区域的、全国的和国际的预案则由各级管理者合作编制;② 预案应由专业性的应急管理者编制;③ 应该只设计一个预案而不是几个,这一个预案能覆盖所有可能的突发冲击;④ 预案中使用的语言应尽量清晰、简洁、表达明确;⑤ 预案应与应急和灾害管理当局所颁布的法律法规保持一致;⑥ 预案在其范围、限制和管辖权的界定方面必须是明确的;⑦ 预案应尽量与其他各级政府及周围区域的预案兼容;⑧ 预案的首要目标是确保减少不必要的人员伤亡;⑨ 预案的第二个目标是将资源以最有效和最及时的方式分配给紧急需求;⑩ 编制预案之前应对所管辖的地理区域内突发冲击发生时可能发生的情况作尽可能详尽的评估;⑪ 应急预案应考虑城市和区域辖区内的预案规定,尤其是地区的危险性和关键设施的设置问题;⑫ 预案应对应急操作过程中使用的资源实施全面的审核并提供审核结果;⑬ 预案处理的是步骤而不仅仅是数量,即预案不应是资源的统计列表,而应详细描述有效地处理突发冲击所需的步骤;⑭ 预案应给风险管理和突发冲击操作活动的每一个参与者指定角色;⑮ 不管预案是否将重点放在前期的事后影响阶段,预案都应将"灾害

---

① Quarantelli, E. L., 1985, "Emergent citizens groups in disaster preparedness and recovery activities", University of Delaware Disaster Research Center, Newark.

② Alexander, D., 2005, "Towards the development of a standard in emergency planning", *Disaster Prevention and Management*, Vol. 14, No. 2, pp. 158—175.

周期"的所有阶段作为一个整体来考虑;⑯ 预案中描述的应对灾害的活动应包括一系列持续的措施,或者这些措施至少有助于灾害的预防;⑰ 预案应尽量涵盖私营部门如私人医院、企业、机场等;⑱ 预案应不断在其参与者中修改和传阅,并定期对预案进行测试。

同时,Alexander(2005)提出了应急预案设计的模板①,具体包括以下内容:

1. 范围和局限性

预案的范围和局限性标准明确列出了有效预案的最低要求,并可为判断一项预案是否满足要求提供依据。

2. 概念界定

(1) 相关部门:指政府中分管突发冲击的部门。

(2) 命令:指突发冲击管理中有关人、事和资源管理部门作出的处理突发冲击的指令。

(3) 关键机构:指命令中心、医院、学校或其他在灾害冲击中处于危险状态或对突发冲击管理起关键作用的机构。

(4) 突发冲击:指即将或已经发生的对公众、财产或环境产生威胁而需要合作、迅速应对的冲击。

(5) 突发冲击管理:针对特定的危害、风险、事件或灾害而采取的短期措施。

(6) 危害:指对人类生命、生活、土地使用、财产或活动产生自然、技术或社会威胁的现象。

(7) 相互援助:指某一地区对另一地区自发提供的援助。

(8) 准备工作:指为减轻即将发生的灾害所产生的影响而采取的短期措施,这些措施通常包括预警、紧急撤退和储存物资。

(9) 事前草案:指为完成任务或达到既定目标而采取的一系列步骤。

(10) 恢复工作:指冲击后基础服务部门恢复正常运作。

(11) 冲击响应:指公众为应对突发冲击所作出的迅速、短期的反应。

(12) 具体细节:指在对真实环境的观察基础上提出的一系列假设事件,通常用来详细描述突发冲击及其影响、应对措施等随时间的推移相应的变化。

---

① Alexander, D., 2005, "Towards the development of a standard in emergency planning", *Disaster Prevention and Management*, Vol.14, No.2, pp.158—175.

3. 准则的适用性

准则应用于多灾害、多部门的应急预案中,不直接用于区域性的合作预案或单部门的预案。

4. 突发事件预案的说明

(1) 预案框架必须是合法的。

(2) 机密性:预案必须明确指出保密部分和可以公开的部门,并指出谁在什么条件下可获得保密信息。

(3) 范围和权限:预案必须指明其所采取的措施和程序的范围,并明确使用预案机构的范围。

(4) 预案的细节基础:预案必须包括对可预见的灾害的详细描述,这必须建立在充分研究的基础上,提供充足的细节以使管理机构采取有效的应对措施。

(5) 预案的一般性特征:预案应包含一种一般性的方法,能够应对可能影响预案区域的任何威胁、灾害等突发冲击。

(6) 预案的功能性特征:预案必须详细说明应对突发冲击的程序或草案,而不仅仅列出资源或描述结构。

(7) 综合性:预案是由政策、策略和运作组成的整体,应明确分配各部门的职责。

(8) 预案的目录:预案应包括对事件影响的预测、针对即将产生的影响对公众进行预警、撤退程序、预警和动员程序、应对措施和草案、突发冲击指令系统和运作中心、通信系统草案、现场指挥和医疗岗位、撤退接待中心、等候区、等待区域、基本露营设施、分组地区、供给管理程序、仓储安排、设备供应和管理及资源和人力部署。

(9) 资源审核:预案必须查清所有可用的人力资源、设备、交通工具和消费品等资源,并确保这些资源得到有效的使用。

(10) 关键机构:在必要的情况下,预案应指定关键机构,包括关键的私人部门。

(11) 图表:预案应充分使用地图和图表解释灾害的位置、撤退路线、防卫等并根据图表详细描述指令、通信和管理过程的结构。

(12) 财政支持:宏观调控预案和应对措施的有效运行必须有充足的财政支持。

(13) 预案的传播:预案必须指明其传播机制,确保预案的使用者熟悉他们在预案运行过程中的角色和职责。

(14) 测试和修正:必须定期地对预案进行测试和更新;一般来说,为测试预案的有效性必须每年进行一次现场演练,并每六个月对预案进行一次全面的修正。

5. 预案与其标准的符合程度

一项预案要符合其标准应满足以下条件:具有合理性和完整性;能够预测并满足可预见的突发冲击的需要;能够确保所有可用的资源得到有效的利用;预案的书写和结构的安排能够确保预案在突发冲击中有效地运作;包含能够确保预案流通性的机制;包含使所有参与者明确自身职责的机制。

二、宏观调控预案设计的几个关键问题

(一) 宏观调控预案的编制与管理

目前,关于宏观调控预案编制的研究方向主要有两个,一个方向是定性的方法,它主要包括预案编制要素和指标的选取等程序化问题。如钟开斌和张佳(2006)提出,就基本内容而言,一个完整的宏观调控预案框架应该主要包括六大要件,即总则、组织指挥体系及职责、管理流程、保障措施、附则和附录,其中组织指挥体系及职责、管理流程和保障措施是宏观调控预案的重点内容,同时也是整个预案编制和管理的难点所在。[1] 崔永峰(2007)认为预案制订应具有较强针对性,即把重点放在易燃易爆或有毒的生产原料、半成品及产成品和位于大江大河、饮用水源地、自然保护区及农田生产用地周边的化工企业上。预案具有可操作性,具体来说要做到以下几点:建立健全体系,明确人员职责;明确就位时间,确保自身安全;装备准确可靠,指挥动态高效。预案内容要做到翔实、易懂、直观。[2] 于瑛英和池宏(2007)强调了可操作性是宏观调控预案的基本要求,把项目管理中的网络计划与应急预案相结合,将宏观调控预案的应对过程看做项目,应对步骤看做工序,并采用网络计划的形式来表示可操作性预案的应对过程。[3]

另一个方向是运用动态博弈模型分析突发冲击应急管理中"危机事件"与"危机管理者"之间的动态博弈过程,提出如何利用博弈模型生成预案。但就目前来看其研究成果还不太成熟,有待进一步发展完善。如Ranganathan(2005)通过建立多灾点的非合作博弈模型探讨公平合理调度

---

[1] 钟开斌,张佳.论应急预案的编制与管理[J].甘肃社会科学,2006(3):240—243.
[2] 崔永峰.如何制订突发性环境事件应急预案[J].环境管理,2007(3):57—58.
[3] 于瑛英,池宏.基于网络计划的应急预案的可操作性研究[J].公共管理学报,2007(2):100—107.

资源的方案,但其完全信息的假设与实际情况显然并不相符。① 姚杰等(2005)建立了应急决策者与突发事件的动态博弈模型,以期望成本最小来选择最优方案,但这与处理突发事件的弱经济性有明显出入。②

(二) 预案的启动

根据现有文献,我们认为冲击预案启动中的问题主要集中在预案启动时间和预案支持系统两个方面。在突发冲击下,宏观调控预案启动时间是预案管理运行模式中潜在的重要环节,何时启动前期处置方案和何时启动宏观调控预案是应对突发冲击的关键点。关于预案的启动时间在每一个宏观调控预案中都有明确的界定,但目前学者关于预案启动时间的研究少之又少。针对以上两点不足,加入信息不断更新及突发冲击持续时间为连续型的假设条件,研究预案何时启动是接下来研究可以进一步深入的方向。

根据目前预案形式的不同,预案支持系统可分为三种模式:一是传统的文本预案支持系统,如由国务院编写的《国家突发公共事件总体应急预案》;二是图文预案支持系统,主要是在文本预案的基础上,通过添加图片、视频和地图标绘的形式对应急响应提供支持;三是推演预案支持系统,这是目前应急领域功能最为强大的支持系统,其借助于计算机技术、通信技术、多媒体和智能技术等对应急响应过程提供支持,以完成对传统预案的编辑、自动生成、演示和管理等功能,实现宏观调控预案和应急响应之间迅速而准确的衔接(孙鉴坤和陈娟,2006)。③ 刘筱璇和薛安(2007)在现有推演预案支持系统的基础上进行技术的整合以及系统的优化设计,建立了一个由预案管理、预案自动生成、预案模拟演示、预案执行跟踪和预案评价五大模块构成的新的推演预案支持系统,以期运用数据库、3S、人工智能和最短路径算法等技术,实现预案的管理、生成、模拟和评估等功能。④

(三) 宏观调控预案演练

我国的各种宏观调控预案相对比较完善,但是缺乏职业的应急管理和应急救援队伍,且与多部门联合的综合性演练还比较少,在实践中应增加

---

① Ranganathan, N., U. Gupta, R. Shetty and A. Murugavel, 2007, "An automated decision support system based on game theoretic optimization for emergency management in urban environments", *Journal of Homeland Security and Emergency Management*, No.2. pp.125—156.
② 姚杰,计雷,池宏.突发事件应急管理中的动态博弈分析[J].管理评论,2005(3):54—57.
③ 孙鉴坤,陈娟.应急指挥决策系统的设计与分析[J].科技广场,2006(10):72—75.
④ 刘筱璇,薛安.突发公共事件应急预案支持系统的研究进展[J].中国安全科学学报,2007(9):87—91.

演练次数,以提高职业应急队伍的实战能力(杨睿,2010)。① 姜传胜等(2011)指出,虽然许多地方政府和各行业部门陆续依据《国务院应急办演练指南》(以下简称"国办指南")的架构出台了各自的演练指南,但都没有结合自己地域或行业特点对国办指南进行全面细化。针对这一情况,他从演练的实质、演练的分类、演练与预案和应急处置时间的一致性、演练评估以及演练的系统性五个方面进行了讨论分析,以期为解决实际问题提供某些可借鉴的思路。②

(四)宏观调控预案评估

根据已有文献来看,宏观调控预案评估可分为事前和事后评价两个阶段。

1. 事前评价

国内关于事前评价的文献是比较多的,主要分为内容评价、指标评价和预案演练评价三个方面。在内容评价方面,张勇等(2004)引入模糊综合评价方法对预案进行评估,将预案的完整性、可操作性、有效性、处置的快速性、在保证处置效果前提下的费用合理性以及预案的灵活性这六个因素作为评判因素。通过设定打分标准并组织专家打分给出预案一个综合的评价。③ 池宏和于瑛英(2007)提出了一个以宏观调控预案应对事件场景选择的合理性、宏观调控预案内容的合理性、宏观调控预案保障的充分性为评价预案可操作性的指标体系。④ 刘吉夫和朱晶晶(2008)采用故障树的分析方法,通过建立自然灾害类宏观调控预案的标准故障树,确定各基本事件的权重,并将待评价应急预案的基本事件与标准故障树进行对比,进而得到其需要加强和完善的薄弱环节,并从量化的角度出发得到待评价宏观调控预案的不完备度。⑤ 孙颖等(2005)针对突发冲击宏观调控预案多目标的特点,改进多属性决策的方法,集结多位专家对现有方案进

---

① 杨睿,毛英琴,杨升祥.政府应急管理能力建设的经验研究——以汶川、玉树抗震救灾为例[J].求知,2010(7):24—26.
② 姜传胜,邓云峰,贾海江,王晶晶.突发事件应急演练的理论思辨与实践探索[J].中国安全科学学报,2011(6):153—159.
③ 张勇,贾传亮,王建军.基于模糊综合评价方法的突发事件应急预案评估[J].中国管理科学,2004(12):87—90.
④ 池宏,于瑛英.基于网络计划的应急预案的可操作性研究[J].公共管理学报,2007(2):78—81.
⑤ 刘吉夫,朱晶晶.我国自然灾害类应急预案评价方法研究(I):完备性评价[J].中国安全科学学报,2008(2):122—125.

行评估。[1]

在指标评价方面,主要是对宏观调控预案的几个侧面进行深入分析,并在此基础上提出反映侧面的衡量指标,把这些指标组合起来构成指标体系。[2] 针对不同类型的预案,其指标选取也是不一样的。通用宏观调控预案标准主要是编制预案的一般标准及指导方针,如 Perry 和 Lindell(2003)等为宏观调控预案的编制提出了一些指导性的方针,并认为可以此为基础评价预案的价值。[3] Alexander(2005)针对目前预案的编制缺乏同质性、一致性和质量控制的问题,为预案编制提出了 18 条建议,以帮助预案编制部门把握预案编制的原则和预案应该包括的内容,从而使得人们对于预案好坏的评价有了一个可以参照的基准和模板。[4] 同时,关于与通用预案指标相对应的专项预案评价指标,如 Yuko(2003)等针对运输机构的应急预案评价进行了研究,并给出了评价运输机构应急准备和响应结果的考核指标。[5] Michael(1995)对社区危险设施风险进行了定性评估研究,评估社区对某一特定危险源是否有及时而有效的保护措施。他认为对社区预案的评价包括两个方面的内容:其一,预案中是否有对社区脆弱性区域的标识;其二,预案中是否有对这些区域发生危险时的详细响应措施。[6]

目前关于预案演练评价的研究主要集中在公共卫生方面。Kaji 和 Lewis(2007)将霍普金斯大学实践研究中心于 2004 年开发的专门用来评价医疗部门演练效果的工具应用于评价洛杉矶多家医院的应急演练。通过对演练结果数据的统计分析,他们发现该工具具有很高的内部一致性,这表明医院对于应急预案的建设是有效的。[7] 美国哈特福德医院专门成

---

[1] 孙颖,池宏,祁明亮,贾传亮. 基于改进的多属性群决策方法的突发事件应急预案评估[J]. 中国管理科学,2005(13):66—68.

[2] 郭子雪,张强. 基于直觉模糊集的突发事件应急预案评估[J]. 数学的实践与认识,2008(22):32—36.

[3] Perry, R. W. and M. K. Lindell, 2003, "Preparedness for emergency response: guidelines for the emergency planning process", *Disasters*, Vol. 27, No. 4, pp. 336—350.

[4] Alexander D., 2005, "Towards the development of a standard in emergency planning", *Disaster Prevention and Management*, Vol. 14 No. 2, pp. 158—175.

[5] Yuko Nakanishiy., 2003(1), "Assessing Emergency Preparedness of Transit Agencies A foucus on Performance Indicators", The 82nd Annual Meeting of the Transportation Research Board Washington, D. C.

[6] Michael K Lindell., 1995, "Assessing emergency preparedness in support of Hazardous facility risk analyses-Application to siting a US hazardous waste incinerator", *Journal of Hazardous Materials*, Vol. 40, No. 3, pp. 297—319.

[7] Bums Kaji, Robinson Lewis., 2007, "Evaluation of responses of an air medical helicopter program during a comprehensive emergency response drill", *Air Medical Journal*, Vol. 26, No. 3, pp. 139—143.

立空中医疗救援项目评价小组,选择和确认演练计划中的关键活动(作为评价演练效果的主要指标)、准备数据,并按规定好的打分标准分别从行动和时间两个维度来进行打分评价。Wang 等(2008)进行了 76 个人参加的公共卫生突发事件预案培训试验,他通过对比培训前后的数据发现,培训者的知识水平、应急态度和行为较培训前都有了很大提高,80%的人认为培训是有意义的。①

可以看出,关于宏观调控预案的事前评价大部分都是从定性方面展开研究的,其中存在的一个共同问题是对于指标的选取和权重的确定过于主观,不好把握。已经有学者意识到了这一问题并进行了改进,如吴坚(2007)提出基于主观与客观集成的综合权重的求法。② 范航(2009)利用信息熵评价决策模型对于突发冲击应急指挥方案进行了优选。③ 陈波(2010)则考虑了如何在指标属性值处于波动范围的情况下确定其权重,通过区间的形式给出其变化范围,并用熵值法给出权重,利用模糊优选模型得出优属度的范围进行决策。④

2. 事后评价

目前,国内外对宏观调控预案的实施效果的评价的研究比较少。究其原因,主要是由于我国宏观调控预案体系才刚刚建立起来,还处于预案编制的热潮中,对于预案编制后是否在实际应用中取得了预期效果的评价还没有引起足够的重视(张英菊等,2008)。⑤ 预案事后评价要解决的问题是:计划、方案是否被实施以及实施后是否取得了预期效果(即包括过程评价和实施效果评价)。分析重点在于计划、方案实施前后关系的对比上。从国外已有的文献来看,Baer(1997)在一篇综述文章中讨论了规划实施评价的理论和标准,总结了两类基于不同的规划实施成功定义的评价研究,即基于实效的评价和基于一致性的评价。⑥ Wildavsky(1973)认为,规划实

---

① Wang, C., S. Wei, H. Xiang, Y. Xu, S. Han, O. B. Mkangara and S. Nie, 2008, "Evaluating the effectiveness of an emergency preparedness trainning programme for public health staff in China", *Public Health*, Vol. 122, No. 5, pp. 471—477.

② 吴坚. 基于主观与客观集成的属性权重求解方法[J]. 系统工程与电子技术,2007(3):32—35.

③ 范航. 基于信息熵评价决策模型的突发公共事件应急处置指挥方案优选[J]. 中国安全科学学报,2009(2):65—68.

④ 陈波. 基于模糊优选模型的突发事件的应急预案的优选[J]. 中国产业,2010(12):89—90.

⑤ 张英菊,闵庆飞,曲晓飞. 突发公共事件应急预案评价中关键问题的探究[J]. 华中科技大学学报(社会科学版),2008(6):41—47.

⑥ Baer, W. C., 1997, "General plan evaluation criteria: an approach to making better plans", *Journal of the American Planning Association*, Vol. 63, No. 3, pp. 292—344.

施效果应该用规划方案和规划实施后的结果一一比对,由于规划中的条文是用来指导实践的,因此规划的目标和结果之间是一种直接对应关系。① Wandersman(2000)在规划、项目实施评价的 GTO(Getting To Outcome)工具法中提出实施评价的四个步骤,包括过程评价、效果评价、持续改进和保留。②

三、宏观调控预案的完善

2008 年,我们成功地应对了南方部分地区低温雨雪冰冻灾害和汶川地震等突发事件,这一成功表明我国的应急管理工作取得了重要进展(马凯,2009)。③ 我国的宏观调控预案目前尚处在一个"从无到有"的过程,接下来要做的是如何"从有到优",这一过程任重而道远。孔昭君认为,我国应急管理的突出问题在于:信息系统建设差距很大;对危机处置的立法支持不够;最紧迫的是亟须加强和普及危机管理意识的教育。④ 詹承豫(2011)指出,我国目前应急工作在很大程度上还是依靠临时的协调工作来保障。一旦发现突发冲击,原来准备的预案往往成为摆设,无法发挥其应有的作用。宏观调控预案存在着针对性不足、具体性不够、操作性不强等诸多问题,需要进一步改进。⑤ 宏观调控预案作为实施应急管理最基础和最根本的一环,对应急管理最终实施效果的好坏起着举足轻重的作用。如何尽快完善宏观调控预案的设计,使之更具有科学性、可操作性及有效性也就成为当前应急管理工作的重中之重。从众多专家学者的论述中,可以总结出我国目前宏观调控预案存在的主要问题包括:宏观调控预案框架体系初步形成但内部存在脱节的情况;各地区、各部门制订的预案标准并不统一,导致下级部门在执行时出现困难;预案评估机制尚不健全;预案设计的法律基础较为薄弱。针对当前我国宏观调控预案普遍存在的这些问题,我们认为要增强宏观调控预案的可操作性,并保证应急预案切实可行、科学有效,具体可从以下几方面来完善:

---

① Wildavsky, A., 1973, "If planning is everything, maybe it's nothing", *Policy Sciences*, Vol. 4, No. 2, pp. 127—153.
② Wandersman, A., P. Imm, M. Chinman and S. Kaftarian, 2000, "Getting to outcomes a results: based approach to accountability", *Evaluation and Program Planning*, Vol. 23, No. 3, pp. 389—395.
③ 马凯.落实科学发展观,推进应急管理工作[J].求是,2009(2):32—35.
④ 陈振明.中国应急管理的兴起[J].东南学术,2010(1):41—47.
⑤ 詹承豫.动态情景下突发事件应急预案的完善路径研究[J].行政法学研究,2011(1):51—56.

（一）各类宏观调控预案的协调配合

由于我国原来所制订和发布的各项宏观调控预案的部门色彩浓厚,随着我国宏观调控预案框架体系的初步建立,不同预案之间势必存在一些不协调甚至相互矛盾的地方(钟开斌和张佳,2006)。① 为此,各类预案之间就需要进一步加强协调配合。专项预案与部门预案之间的配合一方面表现在内容逻辑上的一致性。如张海波(2008)指出,宏观调控预案不能有效实施的主要原因是预案体系的层次结构不合理,各预案之间缺乏必要的联动逻辑,导致涉及某一突发冲击应急管理的相关部门即使严格按照各自的预案行动,最终也不能形成合力,甚至其效果可能相互抵消。因此,应该在专项预案与部门预案之间建立起交叉对应关系,同时尽量增强专项预案的可操作性和数量,改变部门预案多于专项预案的现状。② 另一方面是应急主管部门行动的一致性,如钟开斌和张佳(2006)强调,特别要加强主管部门与配合部门之间的协调和衔接。③ 张海波(2008)也提出,政府应急指挥主体与行业应急指挥主体相互协调不够、沟通不畅、多头指挥,使得一线人员无所适从,现场作业的机械设备和人员调动混乱。④ 同时,我国当前多头共管的体制格局也使得在危机发生时出现多个应急责任主体,行动难以统一。刘吉夫和朱晶晶(2008)尝试引入项目管理中的责任矩阵方法来解决各部门的责任分配问题。它们根据应急管理的特点,定义直接责任、支持、建议和约束四种责任类型,确定责任划分的原则,然后总结我国自然灾害类预案主要包括的41种角色类型,在该基础上建立应急程序和应急人员间的责任矩阵和评价准则。⑤ 詹承豫(2011)认为,地方政府或相关部门在制订预案时应注重联动处置的关系,使宏观调控预案形成一个完整、统一的联动体系。⑥

（二）提高宏观调控预案的文本设计的标准化程度

宏观调控预案是应对突发冲击时的操作手册,其合规性、标准性直接决定着应急管理实施过程的效率和效果。Dymon(2003)认为,目前还缺乏

---

① 钟开斌,张佳.论应急预案的编制与管理[J].甘肃社会科学,2006(3):240—243.
② 张海波.应急预案的编制、应用与优化——以《J省公路交通突发公共事件应急预案》为案例[J].江苏社会科学,2008(6):22—27.
③ 钟开斌,张佳.论应急预案的编制与管理[J].甘肃社会科学,2006(3):240—243.
④ 张海波.应急预案的编制、应用与优化——以《J省公路交通突发公共事件应急预案》为案例[J].江苏社会科学,2008(6):22—27.
⑤ 刘吉夫,朱晶晶.我国自然灾害类应急预案评价方法研究(Ⅱ):责任矩阵评价[J].中国安全科学学报,2008(4):5—15.
⑥ 詹承豫.动态情景下突发事件应急预案的完善路径研究[J].行政法学研究,2011(1):51—56.

较为统一的标志和符号,这妨碍了信息交流,建议尽快建立一个统一的标志和符号的体系。① 闪淳昌(2010)指出,我国在应对突发冲击的基础设施、应急设备和物品的规格、储存地点、摆放位置等缺乏专业管理和统一标准。应急管理注重紧急动员和人海战术,因人员专业素质不够过硬导致难以在第一时间获取最为得力的救援设备、工具等,监测、预测、预防和快速处置能力亟待加强。②

(三) 完善宏观调控预案的评估机制

张英菊等(2008)指出,目前我国还没有一套切实可行的预案评价方法去评价现有宏观调控预案及其在实际突发冲击应对中究竟发挥了怎样的作用。③ 原军良和原源(2008)指出,目前有的地方领导瞒报、漏报、缓报甚至隐匿不报的现象还时常发生,因此在突发冲击宏观调控预案中,需要依法完善和强化行政问责机制,把高层官员和主要部门作为问责对象,将责任追究作为应急处置过程的一个不可或缺的环节。④ 张海波(2008)认为,针对行政不作为等渎职行为,主要方式是及时纠正,而不是简单地事后追究责任,行政监督措施和人事职位处理是主要手段。⑤ 张盼娟、陈晋(2008)提出了可操作性评价方法,将可操作性评价转化为复杂性评价,并以国家地震应急预案为例构建针对宏观调控预案结构的可操作性评价方法,不仅能够定量地表现可操作性的程度,而且其结果可以体现出造成高复杂度的原因,为完善和修订宏观调控预案提供了依据。⑥ 覃燕红(2010)提出了有效性评价方法,通过分析宏观调控预案应该包括的要素(完整性、可操作性、处置的快速性、费用合理性和灵活性)得出如何对其有效性进行准确的评估。⑦

(四) 完善宏观调控预案设计的法制建设

完善的法律基础是宏观调控预案得以顺利实施的保障,美国拥有世界上最强大有效的应急管理系统,其中一个重要的原因就是其背后强有力的

---

① Dymon. U. J., "An analysis of emergency map symbology", *International Journal of Emergency Management*, Vol.11, No.3, pp.227—237.

② 闪淳昌.构建和谐社会中的中国应急管理[J].中国应急管理,2010(8):17—21.

③ 张英菊,闵庆飞,曲晓飞.突发公共事件应急预案评价中关键问题的探究[J].华中科技大学学报(社会科学版),2008(6):41—47.

④ 原军良,原源.加强公共安全应急管理体系建设[J].理论探索,2008(4):122—124.

⑤ 张海波.应急预案的编制、应用与优化——以《J省公路交通突发公共事件应急预案》为案例[J].江苏社会科学,2008(6):22—27.

⑥ 张盼娟,陈晋,刘吉夫.我国自然灾害类应急预案评价方法研究(Ⅲ):可操作性评价[J].中国安全科学学报,2008(10):16—25.

⑦ 覃燕红.突发事件应急预案有效性评价[J].科技管理研究,2010(24):56—59.

法律支撑。1950年,美国国会通过的《灾难救济法》是美国公共安全管理的制度性立法,授权总统可以宣布灾难状态;20世纪60年代,面对自然灾害频繁发生这一现状,美国于1968年制定了《全国洪水保险法》,创立了全国洪水保险计划,将保险引入救灾领域;1988年,美国国会通过了《司徒亚特—罗伯特法》,规定了紧急事态的宣布程序,明确了公共部门的救助责任,强调了减灾和准备职责的重要性,概述了各级政府的救援程序;"9·11"事件发生后,美国国会通过了《国土安全法》(陶世祥,2011)。①与美国发达完善的法律体系相比,我国在应急管理法制建设方面显得明显不足。姚国章(2006)总结西方发达国家应急管理体系的特点时发现,"依法应急"是发达国家普遍的做法。② 刘铁民(2011)指出,虽然我国于2007年颁发了《突发事件应对法》,但由于缺乏相对应的配套法规、标准和具体要求,因此对应急管理体制和宏观调控预案管理的支撑强度明显不足,这直接影响到我国应急管理系统的可操作性和发展进程。③ 王雅琴(2010)则认为,应完善应急教育和相关法律法规,增强全社会危机应对意识,提高全社会整体应对能力和自我救助能力。④

四、小结

近年来,有关应急管理的研究热潮在我国愈来愈高涨,但大都是针对应急管理的宏观层面来进行说明,具体到微观层面的宏观调控预案设计的系统理论文章较少。本文在已有国内外文献的基础上,分析了理论界现有关于应急管理理论争论的焦点问题,并从经济学、管理学和社会学三个角度梳理了宏观调控预案设计的理论基础,同时分析总结了国外在宏观调控预案设计流程、指导方针和方法及模板方面的最新研究成果,对我国完善宏观调控预案的编制具有重要的借鉴意义。

编制宏观调控预案要解决好几个关键问题:预案的编制与管理、预案的启动、预案演练和预案评估。本文主要是围绕以上问题进行了国内外相关文献的综述,并根据现有的问题就如何进一步完善宏观调控预案的现有设计提出了相关建议。

与国外相比,我国在应急管理方面的研究起步较晚,且我国的现有预

---

① 陶世祥.突发事件应急管理的国际经验与借鉴[J].公共管理,2011(4):130—135.
② 姚国章.典型国家突发公共事件应急管理体系及其借鉴[J].南京审计学院学报,2006(5):5—10.
③ 刘铁民.突发事件应急预案体系概念设计研究[J].中国安全生产科学技术,2011(8):5—13.
④ 王雅琴.突发事件应对中的公民参与[J].中国党政干部论坛,2010(5):15—16.

案体系尚不完善,存在针对性不足、具体性不够、操作性不强、法制基础薄弱等诸多问题,在这个背景下开展宏观调控预案设计的理论研究是非常必要的。但目前我国这方面的工作尚未全面起步,对于宏观调控预案设计的理论研究及实际工作的开展还须进一步深入。

第二节 其他一些国家应对突发冲击的宏观调控实践及启示

一、其他一些国家应对突发冲击的宏观调控实践

(一) 英国应对次贷危机冲击的宏观调控措施

1. 次贷危机对英国冲击的主要表现

美国次贷危机从 2007 年 9 月开始对英国经济造成了显著性冲击,主要表现在如下几个方面:

第一,英国的部分抵押贷款银行受到了拖累。在受到次贷危机的冲击后,英国的许多抵押贷款银行出现了经营困难,盈利能力下降,流动性不足。为应对次贷危机,商业银行收缩了信贷,投资者收紧投资,信贷市场萎缩,市场流动性下降;银行间的同业拆借大幅减少,导致陷入财务困境的抵押贷款银行得不到融资帮助。北岩银行是英国金融界第一个被美国次贷危机"拖下水"的"受害者"。与大多数银行依靠储户存款为购房者提供抵押贷款的做法不同,北岩银行主要依靠向其他银行借款与在金融市场上出售抵押贷款证券筹款,因此在次贷危机中的"抗打击能力"较弱。北岩银行主要靠银行间拆借与发售抵押贷款证券融资,其 73% 的基金是依赖于资本市场而非储蓄。美国次贷危机发生后,英国资本市场受到波及,北岩银行面临着流动性紧缩。尽管其贷款结构中甚少次级或不良贷款,但其盈利水平仍然受到重创,自 2007 年年初以来,北岩银行的股价已下跌 50% 左右,在同年 9 月 14 日当天更是狂跌 30%。[①]

第二,英国经济出现明显的下滑。2006—2007 年,英国经济全年增长了 3.1%。然而,从 2007 年 10—12 月,英国经济增长率只有 0.6%,增长率出现了明显的下滑;2007—2008 英国全年的经济增长率为 2.75%;至 2009 年,经济增长率进一步放缓到 1.1%。[②]

---

① 腾讯网.英国北岩银行连遭挤兑,政府破例出手相救[N]. http://finance.qq.com/a/20070918/001897.htm. 2007 年 9 月 18 日.
② 搜狐网.美国次贷危机刺痛英国经济[N]. http://business.sohu.com/20080409/n256179231.shtml. 2008 年 4 月 9 日.

第三,经常项目赤字严重。2007年第三季度,英国经常账户赤字相当于国内生产总值的5.7%,这一比例高于美国。实际上,真实状况要比统计出来的结果严重得多。有专家推算,英国的真实经常项目赤字可能接近国内生产总值的7%。另外,迄今为止,英镑兑美元汇率依然保持在1∶2的高水平,表现非常坚挺。据摩根大通计算,2006年12月英镑的实际贸易加权汇率比1970年以来的平均值高出了7%;2007年,这一数值几乎比该平均值高出了14%,这不仅降低了英国企业的国际竞争力,而且还抑制了本地商品的消费需求。①

第四,国内居民生活开支成本增大。2007年第三季度至2008年2月,英国的通货膨胀率为2.5%,失业率为5.2%,居民的实际收入及购买能力并未大幅度地削减。但由于国际油价高居不下,英国市民的水费、电费、煤气费及汽油价格上涨,居民的生活开支成本增大,生活负担加重。②

2. 应对次贷突发冲击采取的宏观调控措施

(1) 财政刺激政策。2008年11月24日,英国推出2 000亿英镑的新经济刺激方案,2008年12月1日至2009年12月31日,降低增值税税率2.5个百分点,由17.5%降到历史最低水平15%;公司所得税税率自2008年4月1日起由原来的30%降到28%;个人所得税基本扣除标准由2008—2009年的每人6 035英镑提高到2009—2010年的6 475英镑,相应提高440英镑;燃油消费税单位税额自2008年12月1日起每升提高2便士,2009年4月1日起再提高1.8便士。此外,英国政府公共投资主要增加学校、医院、能源、交通建设方面的支出,2008年英国额外增加7.5亿英镑用于学校和医院建设;2008—2009年为低碳型公共交通开发以及能源建设拨款5.35亿英镑;2008年11月24日提交的高达200亿英镑的经济刺激计划,数十亿的拨款用于道路、学校、住宅等项目建设。同时,政府补贴低收入人群,并对失业人口进行培训,增加其就业机会,进而稳定居民生活。③

(2) 执行宽松的货币政策。其主要措施包括两个方面:第一,不断下调基准利率。从2007年11—12月,英国央行不断下调基准利率,将基准利率从5.75%下调至5.5%。2008年2月,将基准利率从5.5%下调至

---

① 搜狐网. 美国次贷危机刺痛英国经济[N]. http://business.sohu.com/20080409/n256179231.shtml. 2008年4月9日.
② 同上.
③ 康书生,宋娜娜. 中、美、英等国应对金融危机财政货币政策比较[J]. 武汉金融,2010(11):22—24.

5.25%;4月,该利率从5.25%下调至5.0%,并将一直维持到9月。2008年10—12月,基准利率持续下调,且下调幅度加大:10月下调至4.5%,下调幅度0.5%;11月下调至3%,下调幅度1.5%;12月下调至2%,下调幅度1%。2009年继续保持下调趋势,从1—4月,基准利率下调至0.5%,并维持这样一个低利率。①

第二,紧急注资。次贷危机造成了许多英国抵押贷款银行出现了困难,英国政府在第一时间紧急注资,帮助这些陷入融资困境的银行。2008年1月,英国国库通过借贷和还款保证等手段共向北岩银行注入了550亿英镑;10月8日,英国财政大臣达林宣布,英国政府将向各大商业银行注入高达500亿英镑的资金;10月13日,英国财政部宣布,向3家银行共注资370亿英镑(合630亿美元),其中苏格兰皇家银行(RBS)将获得200亿英镑,苏格兰哈利法克斯银行(HBOS)和苏埃德银行(TSB)获得剩下的170亿英镑。从2008年2月至年末,英国中央银行先后向市场注入1250亿英镑,以缓解流动性短缺。2008年9月15日,英国中央银行向金融市场拍卖50亿英镑(约合90亿美元)贷款,期限为3个月。2009年3月,英国中央银行开始购买国债和优质企业债;同年9月,再向市场注入500亿英镑的资金,以扩大量化宽松规模。②

(3) 对商业银行进行国有化。2007年年底,英国率先对陷入危机的诺森罗克银行、布拉德福德—宾利银行和北岩银行实行国有化。2008年10月13日,英国政府将向商业银行系统注资500亿英镑(约合870亿美元)现金,并以得到这些银行的股份作为回报。苏格兰皇家银行、哈利法克斯银行、英国莱斯银行和巴克莱银行四家机构将得到政府的注资救助。这四家银行将有望分别得到200亿英镑、120亿英镑、50亿英镑和90亿英镑的资金注入。至此,英国政府又控股了两大商业银行——苏格兰皇家银行和哈利法克斯银行。

(4) 改革金融监管体系:由分权到集权。次贷危机以前,英国的金融监管职能主要由伦敦金融监管局(FSA)、英格兰银行和财政部三家机构承担,这种分权体系给不同机构之间的相互协调带来了困难,也引发了银行系统债务激增、政府在危机面前反应迟钝等问题,最终降低了英国监管体系的效率。英国在遭受次贷危机的冲击后开始着手对其金融监管体系进行改革。改革的重心便是赋予英国的中央银行——英格兰银行更大的权

---

① Monetary Policy Committee Decisions, Bank of England, 2007—2009.
② 中国网.英国财政部13日宣布向3大银行注资370亿英镑[N]. http://www.china.com.cn/news/txt/2008-10/13/content_16605942.htm. 2008年10月13日.

力。除了当前的货币政策制定权之外,中央银行还将承担防止系统性风险以及对英国金融业进行日常监管等职责,监管范围包括在伦敦金融城营业的国外公司。这一监管职能将由新成立的附属机构执行,该机构暂命名为"审慎监管局"。英格兰银行的附属机构将保留 FSA 的部分权利和大部分人员。FSA 的其他两项职责——消费者保护和法律实施,将由新的独立机构承担,包括一个专门负责金融犯罪的机构。

(二) 美国应对次贷危机冲击的宏观调控措施

1. 美国遭受次贷危机冲击的影响

美国自次贷危机爆发以来共遭受四次冲击:

第一次冲击(2007 年 2 月至当年年底)。当时危机开始集中显现,大批与次级住房抵押贷款有关的金融机构纷纷破产倒闭,美国联邦储备委员会被迫进入"降息周期"。2 月 13 日,美国抵押贷款风险开始浮出水面,美国最大次级房贷机构新世纪公司减少放贷,美国第二大次级抵押贷款机构新世纪金融发布盈利预警;4 月 2 日,新世纪金融宣布申请破产保护,标志着美国次贷危机的爆发;8 月 6 日,美国住房抵押贷款投资公司正式向法院申请破产保护,成为继新世纪金融公司之后美国又一家申请破产的大型抵押贷款机构;8 月 8 日,美国第五大投行贝尔斯登宣布旗下两支基金倒闭;8 月 16 日,全美最大商业抵押贷款公司全国金融公司(CFC)股价暴跌,面临破产。

第二次冲击(2007 年年末至 2008 年年初)。花旗、美林、瑞银等全球著名金融机构因次级贷款出现巨额亏损,市场流动性压力骤增。2007 年第三季度,花旗集团减记 35 亿美元,美林减记 84 亿美元,瑞银减记 34.2 亿美元,雷曼兄弟减记 82 亿美元,贝尔斯登减记 12 亿美元;2007 年第四季度,花旗损失 15.6 亿美元,美林损失 98.4 亿美元,瑞银减记 100 亿美元,贝尔斯登减记 19 亿美元,损失 8.5 亿美元;2008 年第一季度,花旗蒙受了 150 亿美元的损失,美林亏损 98.3 亿美元,瑞银净损失 120.3 亿美元,雷曼兄弟减记 18 亿美元。

第三次冲击(2008 年 3 月至当年 9 月)。美国五大投行中的三家:贝尔斯登、雷曼兄弟和美林公司被收购。3 月 16 日,贝尔斯登宣布破产保护,摩根大通以每股 2 美元的低价收购了贝尔斯登;9 月 14 日,美国银行与美林集团达成协议,以每股 29 美元的价格,总计约 440 亿美元的换股方式收购美林;9 月 20 日,英国第三大银行巴克莱银行出资 17.5 亿美元收购了雷曼兄弟纽约总部、两个数据中心及部分交易资产。

第四次冲击(2008 年 9 月至 2009 年 6 月)。美国两大住房抵押贷款融资机构——美国联邦国民抵押贷款协会(房利美)和美国联邦住宅抵押贷款公司(房地美)陷入困境,次贷危机因此进入了更加动荡的阶段,并向实体经济蔓延。2008年9月25日,美国最大的储蓄及贷款银行——总部位于西雅图的华盛顿互惠公司,已被美国联邦存款保险公司查封、接管,成为美国有史以来倒闭的最大规模银行;2009年1月14日,北美最大电信设备制造商北电网络公司申请破产保护;2009年3月2日,美国道琼斯工业股票平均价格指数收于6 763.29点,创下1997年4月以来的最低收盘水平,这也意味着道琼斯指数的市值在短短一年半的时间内已缩水过半;同日,美国国际集团(AIG)宣布的历史性季度亏损(亏损617亿美元),成为压在美国股市身上的最后一根稻草;2009年6月1日,通用汽车公司宣布破产。①

2. 美国应对次贷冲击所采取的宏观调控措施

(1) 执行宽松的货币政策。具体措施有以下四个方面:

第一,降低利率。为化解次贷危机可能引发的经济衰退风险,美联储于2007年9月18日决定将保持了14个月的联邦基金目标利率从5.25%下调至4.75%,这是美联储自2003年以来首次下调该利率。随着次贷危机影响的扩散,美联储连续降息:2008年1月30日,再次降低联邦基金目标利率50个基点,调至4.25%;截至同年4月30日,美联储连续7次降低联邦基金利率至2%。

第二,重新启动贴现窗口。贴现窗口(discount window)是美联邦储备体系向商业银行发放贴现贷款的设施,美联储通过变动贴现利率可以调节商业银行的贷款成本。为防止信贷市场危机的恶化,美联储于2007年8月17日宣布将贴现利率降低50个基点,即从6.25%降至5.75%。之前美联储对贴现利率和联邦基金利率的调整基本保持同步,二者之间一般维持100个基点的利差,单方面下调贴现利率后二者的利差缩小为50个基点。至2008年3月,美国贴现利率调至3.25%,大大降低了金融机构向美联储借款的成本。②

第三,运用短期贷款拍卖工具。美联储于2007年12月开始启用短期贷款拍卖工具这一新的操作工具,以向面临流动性不足的商业银行提供资金。与公开市场业务相比,可参与短期贷款拍卖工具的金融机构更为广泛,作为贷款担保的债券种类也相对更多,从而有利于更为高效地为机构

---

① 中央电视台栏目组.华尔街冲击波[M].机械出版社,2009年1月.
② 新华网.美联储下调贴现率0.5个百分点[N].http://news.xinhuanet.com/newscenter/2007-08/17/content_65 54263.htm.2007年8月17日.

提供流动性；与贴现窗口相比，由于美联储不对外披露使用短期贷款拍卖工具的机构名称，从而较好地保护了参与机构的商业机密，加之短期贷款拍卖利率略低于贴现利率，因而广受急需短期资金的存款机构的欢迎。

第四，连续向市场注资。由于受到次贷危机的冲击，美国许多抵押贷款公司损失惨重，陷入经营困境，现金流出现短缺。三大投资银行也因运用高杠杆投资次级抵押贷款遭受巨额损失，濒临破产。其他参与次级抵押贷款业务的商业银行，也出现了不同程度的损失，亟须补充流动性。在这种市场极度缺乏流动性的情况下，美联储及时采取了一系列的注资措施。2007年8月11日，美联储一天三次向银行注资380亿美元；同年8月14日，美联储再次向市场注资达20亿美元；同年8月23—30日，美联储分五次分别向市场注入37.5亿、70亿、95亿、52.5亿和100亿美元；同年12月19日，美联储运用定期招标工具向市场注入200亿美元。2008年3月11日，美联储再次联合欧洲央行、瑞士央行、加拿大银行和英格兰银行宣布继续为市场注入流动性，缓解全球货币市场压力；同年3月27日，美联储透过定期证券借贷工具向一级交易商提供了750亿美元公债；同年9月，又推出了7 000亿美元的救市计划。①

（2）执行宽松的财政政策。美国国会议院于2008年1月24日公布了由美国政府提出的总成本达1 500亿美元的经济刺激方案。根据美国国会公布的美国财政刺激政策，每个美国工人均可享有300美元的税收减免，而有多个孩子的家庭可享受最高达1 200美元的税收减免。该方案还包括了商业减税计划，允许企业可预支50%的资本性支出费用，并且拥有更长的时间来弥补以前的亏损，期限由原来的2年提高至5年。由于美联储的基准利率已经处于较低的水平，货币需求对利率的弹性较大，易出现流动性陷阱；此时采取扩张的财政政策刺激经济要比宽松的货币政策效果明显。积极的财政政策主要体现在四个方面：第一，冻结减税计划，防止赤字进一步扩大；第二，加大转移支付力度，帮助贫困家庭获得工作和生活必需品，防止出现大面积的社会不满；第三，在国际资本市场上发行美国政府特别债券，筹集应对经济危机、扩大政府购买支出的资金；第四，加大政府购买支出力度，且这种购买主要体现在对经济结构的调整有重要推动意义的项目上。②

（3）对金融体系的改革。美国政府除了使用直接宏观调控工具外，还

---

① 中国证券网.美国次贷危机发展始末跟踪报道[N].http://www.cnstock.com/08waihuizq/2008-11/06/conten t_3815043.htm.2008年10月16日.

② 新浪网.美国会众议院公布总成本1 500亿美元经济刺激方案[N].http://finance.sina.com.cn/world/ggjj/20 080125/07114451633.shtml.2008年1月25日.

积极推进金融体系的改革,以加强金融体系内部抵御风险的能力和外部的监管能力,完善金融体系的风险监控和防范机制。在次贷危机不断发展和蔓延的过程中,美国政府一边积极使用直接宏观调控工具,对次贷危机进行干预和控制;另一方面不断着手金融体系改革,进行间接宏观调控。2008年2月19日,美联储推出一项预防高风险抵押贷款新规定的提案,也是次贷危机爆发以来所采取的最全面的补救措施;同年3月13日,美国财政部长保尔森和美联储主席伯南克等监管官员提议将对银行资本实行更严格的监管;同年3月31日,美国财政部长保尔森将向国会提交一项改革议案,加强混业监管;同年4月22日,美联储理事克罗兹纳指出,借贷修改案可能将解决抵押市场的部分问题;同年5月8日,美国众议院通过一项法案,建立规模为3 000亿美元的抵押贷款保险基金,并向房屋所有者再提供数以十亿美元计的资助。2009年年底,美国政府又开始着手《Dodd-Frank华尔街改革与消费者保护法》,该法案被认为是"大萧条"以来最全面的金融改革法案。

(三) 韩国应对东南亚金融危机所采取的宏观调控措施

1. 东南亚金融危机对韩国的冲击

1997年7月2日,泰国中央银行宣布实行浮动汇率制度,取代泰铢对一揽子货币的固定汇率制,标示着泰铢危机爆发,当天泰铢汇率下跌20%。一场肇始于泰铢危机的金融危机迅速波及其他东南亚各国。进入11月以来,韩元加速贬值,韩元危机爆发。到11月20日,韩元汇率跌至1 139韩元兑1美元,跌幅超过20%,以美元表示的国际购买力减少1/5。韩国作为亚洲四小龙之一,一直被认为是亚洲经济发展的奇迹。然而,在东南亚金融危机的冲击下,其经济呈现颓势。1998年韩国的经济增长率为-5.8%,是20世纪70年代石油危机以来的最低点;人均国内生产总值为6 200—6 400美元,较1997年锐减34.8%。韩国经济发展过程中存在的许多涉及科技经济政策、产业结构等的问题都暴露出来。在金融风暴的冲击下,韩国经济变得不堪一击,韩宝、三美、真露、起亚等大公司纷纷陷入经营危机或宣告破产。①

2. 韩国应对东南亚金融危机的宏观调控措施

(1) 执行宽松的货币政策。东南亚金融危机爆发后,韩国政府宣布了新的调整发展目标,主动实行宽松的政策,使银行利率和债券利率基本控

---

① 崔伟.东南亚金融危机后韩国政府的主要对策、措施及对我们的启示[J].国际经济技术研究,2001(1):43—45.

制在8%—9%,企业的金融负担较轻。此外,接受国际货币基金组织560亿美元的一揽子援助计划的条件。韩国在实施金融调整政策的基础上,减少了对大型企业的扶持力度,将扶持重心转向中小企业。

(2) 执行宽松的财政政策。为了较快地阻断金融危机的蔓延,减少金融危机对韩国经济的破坏,韩国政府还执行了宽松的财政政策,主要通过扩大财政赤字,使韩国1999年全年的财政赤字规模达100万亿韩元,约占GDP的20%。

(3) 实行钉住美元的低汇率政策。韩国在东南亚金融危机以前,是一个主要依靠劳动密集型产品的出口带动经济发展的国家。危机爆发后,韩国许多出口型企业倒闭,国内经济因出口锐减而迅速衰退。为了恢复本国的出口,提升本国产品的国际竞争力,韩国政府将韩元兑美元汇率较长时间内保持在1 200∶1的水平,实行低汇率的政策。

(4) 对本国金融机构进行彻底的改革。主要措施有:提高金融监督制度的效率和金融信息的透明度;对银行、证券、保险、综合金融公司等所有金融机构进行结构调整;开放金融市场,致力于本国金融市场的国际化;开放中长期债务市场,允许外国银行及证券机构在韩设立分支机构,下决心推动不良债权机构与国外金融机构之间的兼并重组。

(5) 产业政策的调整。韩国在对过去产业政策进行反思的基础上提出了四个转变:① 科技开发战略由跟踪模仿向拥有创造性的一流科学技术转变;② 国家研究开发管理体制由部门分散型向综合调整型转变;③ 科研开发由强调增加投入和扩大研究领域向提高研究质量和强化科研成果产业化转变;④ 国家研究开发体制由以政府资助研究机构为主体向产学研均衡发展转变。韩国政府重新制定产业发展政策,将短期内的国家科研计划转向以改善贸易收支、增强国际竞争力、开发产品的高附加值为主要目标,重点开发替代进口产品的技术和战略性出口产品的技术;同时更加重视产业技术的开发,提出以强化技术创新、提高产品附加值、刺激出口、增加就业为重点的产业技术支援政策,并将重心逐渐向中小企业和风险企业倾斜。韩国政府提出要提高现有骨干产业的附加值,增强企业的国际竞争力,重点开发新一代汽车、非存储半导体、LNG船、特殊钢及轻化工业(如塑料、新纤维、高级染色技术等重点工程)等具体措施。此外,韩国政府将投入上千亿韩元深化对生物技术、航天技术、军民两用技术的研究。

(四) 希腊应对主权债务危机的宏观调控措施

1. 希腊主权债务危机冲击

美国次贷危机加剧了希腊国家的债务问题,其严重程度几乎超出了所有人的想象。资料表明,2008 年希腊财政赤字还仅是 GDP 的 7.7%,但 2009 年这一数字已飙升至 12.7%。① 与庞大财政赤字相伴随的是其高筑的对外负债。2008 年希腊债务余额为 GDP 的 99%;而至 2009 年,该数据上升至 113.4%;到 2010 年 2 月,希腊债务的绝对额为 2 800 亿欧元,但其国民生产总值只有 2 400 亿欧元。从数据上看,希腊实际已经"破产"。

  由于希腊政府欠下的债务多属于私营部门,因此该国依然可以通过借新债还旧债的方式来获得外部资金。2009 年 12 月 8 日,惠誉将希腊信贷评级由 A - 下调至 BBB +,前景展望为负面。2010 年,该国发行 530 亿欧元国债筹资,尽管相对于 2009 年的 600 亿欧元而言,这一融资规模有所缩小,但仍然直接推大了债务雪球。2010 年 5 月 4 日,希腊债务危机升级,欧美股市全线大跌;5 月 6 日,希腊债务引发恐慌,道琼斯指数盘中暴跌近千点;5 月 10 日,欧盟和国际货币基金组织(IMF)斥资 7 500 亿欧元救助欧元区成员国;5 月 20 日,"问题债券"导致欧洲银行出现危机,金融股频频"失血"。6 月 14 日,国际信用评级机构穆迪再次下调希腊主权债务评级,从 A3 级降为 Ba1 级,下调 4 个等级,沦为垃圾级。至此,希腊的评级已经被国际三大评级机构一致认定为"垃圾"级别,希腊主权债务危机进一步恶化。对于希腊而言,主权债务危机已经无情地抬高了其融资成本,并可能直接削弱其未来的融资能力。日前希腊 10 年期国债相对欧洲基准利率、德国国债利率的溢价已达 3.7%,为欧元区创立以来的最大值。如果希腊主权债务问题在短时间内不能得到有效的解决,其国债的收益率还会提高,希腊政府未来的还债成本会进一步加大。另外,投资者也表现出对欧元未来走势和希腊主权债务可能恶化的担忧,这极易引发人们对欧元区经济复苏前景的忧虑,进而导致避险资金回流美元等安全边际高的金融资产之上。数据显示,截至 2010 年 2 月,欧元兑美元汇率已经下跌至近 9 个月以来的最低水平。② 受此影响,1 月欧元区 16 个国家的 CPI 较上年同期增长 1.0%。欧盟在感受到货币压力的同时更强烈地感受到了物价上行的负担。③

  2. 希腊应对本国债务危机所采取的措施

  (1) 寻求欧洲央行的货币政策救援。希腊没有本国货币和独立的货币政策,既不能执行扩张的货币政策又不能贬值,在货币政策上只能依赖

---

① 张锐. 希腊主权债务危机的成因与影响[J]. 中国货币市场. 2010(3):36—40.
② 张锐. 希腊主权债务危机的成因与影响[J]. 中国货币市场. 2010(3):36—40.
③ 东方财富网. 希腊债务危机主题[N]. http://topic.eastmoney.com/europedebt/. 2010 年 6 月 15 日.

于欧洲央行的援助。希腊主权债务危机爆发后,欧洲央行以人为的高价购入20亿欧元的希腊债券。除购买希腊国债外,欧洲央行通过各种措施,如降低欧洲央行贷款的抵押标准,增加向希腊货币市场的流动性注入。

(2) 执行紧缩的财政政策。由于希腊不具有本国货币和独立的货币政策,因此,无法通过实行有效的货币政策来促进经济增长,达到削减债务的目的。在这种情况下,希腊政府摆脱债务危机的唯一办法就是紧缩财政,增加财政收入,进而减少国内债务。主要措施有:其一,提高税率。希腊政府宣布对税务制度进行改革,包括调高股利税,并重申将封涨公务员薪资,以便管控其预算赤字。这项税改计划将最高税率的起征点调低,原先7.5万欧元将课征40%的税率,如今该数值降为6万欧元;公司税赋自25%逐步调降至20%,股利课税自10%调高至40%。其二,发行国债。希腊政府先后三次发行国债进行筹资。2009年12月15日,希腊发行了20亿欧元的国债;2010年1月26日,希腊发售5年期国债筹资113亿美元;同年3月29日,希腊政府发行新债券,融资50亿欧元。其三,缩减财政支出。通过一系列减少财政支出,缩小财政赤字。2010年1月14日,希腊承诺将把2010财务年度的赤字减少145亿美元;同年3月3日,希腊再推出48亿欧元的紧缩方案。①

(3) 参与推动欧元区制度改革。由于欧元区只统一了货币政策,却没有统一财政政策,因此,欧元区缺乏在货币政策和财政政策方面的制衡能力。成员国发生危机后,一方面由于没有独立货币政策,无法通过货币政策独立解决国内危机;另一方面,财政政策没有统一,由于成员国内部的矛盾,在危机发生后又很难获得他国的援助,这种有缺陷的制度设计容易导致欧元区危机的出现。目前欧元区制衡各成员国财政政策的工具是欧盟的《稳定与增长公约》。虽然公约为欧元区国家规定了明确的财政赤字和公共债务上限,但欧盟委员会在执行过程中却只能起到建议和警告的作用,而难以进行有效的威慑。希腊主权债务危机爆发后,包括希腊在内的很多成员国认识到了统一财政政策的必要性,这将推动欧元区进行财政政策的改革,达到统一欧元区财政政策的目的。

二、其他一些国家应对突发冲击采用的宏观调控措施的共同点

(一) 同时采用了直接宏观调控和间接宏观调控手段

直接宏观调控与间接宏观调控是各国政府应对突发冲击的两类主要

---

① 东方财富网.希腊债务危机主题[N]. http://topic.eastmoney.com/europedebt/.2010年6月15日。

手段。前者是广泛利用货币政策、财政政策和产业政策直接对突发冲击进行干预,优点是可以直接干预市场,有利于快速抑制突发冲击的恶化和扩散。后者是通过优化市场机制或体制,以市场所具有的自我防范和修复能力来应对突发冲击。由于后者没有直接对冲击进行干预,而是通过利用市场的力量间接影响冲击,在避免将来的同类冲击时具有很大的优势。直接宏观调控发挥作用快,适合在突发冲击前期使用;间接宏观调控发挥作用慢,适合在突发冲击后期使用。从英国、美国应对次贷危机,韩国应对东南亚金融危机,希腊应对本国债务危机等这些实例可以看出,这几个国家在应对经济危机的冲击时,都使用到了直接宏观调控和间接宏观调控。英国和美国都使用了宽松的货币政策和财政政策等直接调控手段,此外,英国还对问题银行进行了国有化,这也属于直接调控的范畴;两国间接调控都主要体现在对金融体系进行改革。韩国应对东南亚金融危机时,主要运用了宽松的货币政策和财政政策、产业政策和盯住美元的汇率政策等直接调控手段,并在危机的后期提出对本国金融业进行改革。希腊应对本国债务危机的直接调控手段有寻求欧盟的货币政策援助实行紧缩的财政政策等,间接调控手段有参与推动欧元区的制度改革。

(二)在直接调控手段中,优先使用货币政策

英国、美国和韩国所采用的直接调控手段主要包括货币政策、财政政策、汇率政策和产业政策。在这些政策当中,优先使用的是货币政策,这主要是因为这些国家具有完善的市场机制。市场机制是否完善是保障货币政策有效传导的一个先决条件,这直接决定了货币政策执行的效果。完善的市场机制保障了这些国家在执行货币政策时的效果。另外一个原因是,货币政策的内部时滞短,相对于财政政策内部时滞长具有很大的优势,这也是这些国家优先使用货币政策的原因。希腊在应对本国债务危机时,使用的货币政策与上述三国存在差异,主要原因是希腊处在欧元区,不能独立运用货币政策。其运用货币政策工具必须要寻求欧洲中央银行的援助。这些国家在使用了货币政策干预冲击后,紧接着使用的是包括提高税率、缩减财政支出和发行国债等紧缩性财政政策工具。此外,韩国还使用到了产业政策,主要原因在于韩国当时还是一个以劳动密集型产业为主的国家,尚未完成产业转型,因而需要借助产业转型来提高自身抗冲击的能力。相比较而言,英国、美国和希腊都已完成产业转型,产业结构十分完善,在利用产业政策抵御冲击方面的空间有限。

(三)先采取直接调控措施,后采取间接调控措施

上述四国在应对突发冲击时,都具有先使用直接调控手段、后使用间

接调控手段的特点。其主要原因在于直接调控措施能在较短的时间内发挥作用,而间接调控措施需要较长的时间才能发挥作用。在冲击发生后,直接调控有利于第一时间控制突发冲击的扩散和蔓延,一方面可以减少正在遭受冲击的企业和行业领域的损失,另一方面可以阻止其向尚未遭受冲击的企业和行业领域蔓延。英国和美国在应对次贷危机时,第一时间采取的措施是连续降低市场利率,向市场注资,以缓解市场流动性不足,缓解正在遭受损失的金融机构的压力,防止这些金融机构倒闭产生新的冲击。紧接着通过增加政府购买、减税和加大转移支付等积极的财政政策工具来刺激经济,稳定市场信心,提高市场抵御冲击的能力。在次贷危机后期,实施金融机构和金融体系改革,完善市场机制和体制,提高市场自身抵御风险、化解风险和自我修复的能力。韩国在遭受东南亚金融危机后,首先是降低银行及债券利率,将市场利率基本控制在 8%—9%,以减轻企业的融资负担。其次是政府通过扩大财政赤字,增加政府投资,刺激国内经济。再次通过实施优惠的产业政策,鼓励企业进行创新和转型。最后通过建立各种金融制度,如提高市场透明度和开放水平、允许企业破产等,对金融机构进行改革。希腊也基本遵循着同样的特点,先寻求欧洲央行的货币政策援助和执行宽松的财政政策,在债务危机后期则积极参与推动欧盟区的制度改革,以提高本国抵御未来债务危机的能力。

三、其他一些国家所采用的宏观调控措施对我国宏观调控预案设计的启示

(一)各种调控手段搭配使用

直接调控手段在缩短冲击的时间、阻断冲击的蔓延、减轻冲击造成的危害方面有优势;间接调控手段在降低冲击发生的概率、提高经济体自身防范和修复能力方面有优势。另外,直接调控作用于冲击需要的时间短,间接调控作用于冲击需要的时间长,二者各有所长。在宏观调控预案的设计中搭配使用直接调控手段和间接调控手段,就能够实现优势互补、扬长避短,发挥二者调控之所长,提高宏观调控预案的整体实效性。我国历来应对突发冲击时,使用较多的是直接宏观调控手段,而比较容易忽视间接宏观调控的,这大大削弱了我国应对突发冲击的宏观调控能力。从 1987 年的大兴安岭特大火灾、1988 年的上海抢购风波,到 1998 年长江流域特大洪涝灾害,我国在直接调控方面都表现出突出的优势,但是在建立相关的应急机制、提升经济体的抗冲击能力方面则缺乏重视。2008 年南方低温雨雪冰冻灾害和汶川地震使我国政府逐渐意识到进行间接宏观调控的必要性。英国和美国在应对突发冲击时,不仅充分运用直接宏观调控手段,而且也会通过建立和完善相关的市场机制和体制,发挥市场的间接调控作用。西方发达国家历年来应对突发冲击的经验表明,直接调控和间接调控的相互配合才能达到最佳的效果。我们在设计应对突发冲击的宏观调控预案时,一定要把握直接调控和间接调控配合使用的原则,这样才能保证宏观调控达到最佳的效果。

(二) 直接调控措施与间接调控措施先后采用

直接宏观调控能够减轻突发冲击作用于经济体的程度控制其影响范围,缩短作用于经济体的时间,大大减轻冲击对经济体的损害。间接宏观调控能够降低冲击发生的概率,提高经济体防范和抵御冲击的能力,但应对冲击时发挥作用所需要的时间较长。如果在冲击初期首先启动间接宏观调控,不但无法在第一时间对突发冲击进行阻隔,而且错失最佳调控时机。因此,各国在应对突发冲击时,首先应该基于短期目标,使用直接调控手段;待局势得以控制,冲击力度减弱时,则应该基于长期目标,果断采用间接调控措施。从上述国家应对突发冲击所采取的措施来看,在突发冲击发生后第一时间启动直接宏观调控,这在突发冲击的初期效果显著。美国在次贷危机爆发后,首先使用货币政策,采取降低市场利率、向市场紧急注入资金等措施,缓解了出现损失的银行的融资困难。对于濒临倒闭的银行及时实行国有化,降低了抵押贷款银行和商业银行大规模倒闭的风险,有效地抑制了新冲击的形成。然后再使用积极的财政政策,主要措施包括增加政府购买、增加转移支付和减税来刺激经济增长,减轻了冲击对经济造成的大破坏。而在1929—1933年的大萧条期间,美国政府选择的是继续让市场发挥作用,利用市场本身去抵御冲击,即率先使用间接调控措施,从而错失了最佳的调控时间。这表明在应对突发冲击方面,率先使用直接调控措施是必要的选择。我国的政治体制使我国在实施直接宏观调控方面具有很大的优势。在设计应对突发冲击的宏观调控预案时,一方面要发挥我们特有的优势,在冲击刚刚发生时优先采用直接调控措施,阻断突发冲击经济影响的蔓延势头,而在冲击力度弱化,进入冲击的后期阶段后,则应该基于提高恢复力的目标,实施间接宏观调控。

(三) 优先使用财政政策作为直接调控手段

传统的宏观经济理论认为:货币政策的内部时滞短,外部时滞长;财政政策的内部时滞长,外部时滞短。由于资本主义国家在实施财政政策时,需要经过议会的审议,财政政策在快速响应方面不及货币政策,这是西方国家在应对突发冲击时,优先使用货币政策的原因。上述英国、美国、韩国和希腊在实施直接调控时,都优先使用货币政策工具。而我国是社会主义国家,特殊国情决定了我们在设计应对突发冲击的宏观调控预案时可以有别于西方国家,优先使用财政政策。这主要有两个方面的原因:一是我国是社会主义国家,在实施财政政策时的内部时滞远远短于西方国家?再考虑到财政政策的外部时滞优势,很自然地优先选择财政政策作为直接调控手段;二是我国市场经济还很不完善,这决定了我国货币政策传导机制的效果不及资本主义国家,优先使用货币政策达不到最佳的效果。因此,我国在应对突发冲击时,优先选择财政政策来抵御冲击,其最终效果要远远好于使用货币政策。从我国历年来应对突发冲击所采取的各种调控措施来看,优先使用财政政策抵御冲击的效果优于货币政策,这一点能够从1998年的洪灾、2003年的"非典"、2008年的大雪灾和汶川地震得到证实。我们在设计应对突发冲击的宏观调控预案时,要从我国的国情出发,以财政政策作为优先考虑的调控手段。

第三节 我国应对突发冲击的宏观调控预案的初步设计

基于他国应对突发冲击的宏观调控预案对我国的启示以及本研究前面部分的成果,我们尝试着对我国应对突发冲击的宏观调控预案进行了初步设计。有必要说明的是,此处的预案是一个一般性的宏观调控预案,并不针对某一类或某一种特定的突发冲击,但具体针对某类突发冲击的宏观调控预案可以这一预案为模板进一步细化后制订出来。

一、预案设计的基本原则

(一)设计合理原则

应对突发冲击的宏观调控预案的设计合理原则具有时间性,换言之,一个时期内合理的预案,在另一个时期可能并不合理,所以需要根据新的情况来发展和改进宏观调控预案。那么,在一个时期内,什么样的宏观调控预案才能被称为"设计合理"呢?我们认为,设计合理的宏观调控预案主要体现三个原则:全面系统、动静结合和手段合理。

1. 全面系统原则

全面系统原则具有三个层面的含义:其一,宏观调控预案准备应对的突发冲击的覆盖范围要广泛,要把一国各地区有较大可能发生的突发冲击都考虑在内,不要有明显的遗漏;其二,分类分级响应,即针对不同类别或同一类别不同严重程度的突发冲击,设计有所区别的应对预案;其三,科学系统,即在设计应对突发冲击的宏观调控预案时,应该对准备应对的各种突发冲击有较为深入的认识,尽可能做到科学精确;与此同时各应对主体和应对内容之间应该构成一个有机的整体,彼此协调,紧密配合。

(1) 覆盖范围广泛。一个国家面临的突发冲击的类型存在着地区差异性。以我国为例,洪水主要发生在几大河流流经的地区,地震也多发于较为明显的地震带,血吸虫病主要传播于长江流域及以南地区。除了自然环境影响突发冲击的地区差异性以外,人类社会的结构也会影响这种差异性,如我国一些与外国接壤的少数民族地区,较大范围社会安全事件发生的可能性相对于内部地区而言要大一些;与此同时,我国的产业结构也有地区性特征,特别是近年来,人们普遍关注的产业集聚效应,使得这种特征日益明显,如此一来,不同行业多发的突发冲击就因为行业的地区性而呈现出地区差异性。在设计应对突发冲击的宏观调控预案时,首先要做的一项重要工作是把全国各地区可能发生的突发冲击列出一个明细,并且大致估算每一类突发冲击发生的概率有多大再按概率大小进行排序,进而按一定的标准(发生概率超过多少)把各地有较大可能发生的突发冲击罗列出来,这样就可以保证应对突发冲击的宏观调控预案既覆盖面广,又具有地区针对性,不至于过滥。

(2) 分类分级响应。在应急预案设计中坚持分类分级响应原则可以提高预案的针对性和可操作性。分类响应指的是我们可以把突发冲击分为若干个类别,针对不同类别的突发冲击,设计不同的宏观调控预案。当前我国《国家突发公共事件总体应急预案》中有一个分类分级标准,但这只是一种分类方法,我们还可以探讨其他分类方法:如根据突发冲击的复杂程度和严重程度分类,再如根据突发冲击的普遍性分类等。当然,也可以多维度地对突发冲击进行分类,这样工作虽然会更多更细一些,预案的针对性也会更好一些。

对突发冲击进行分类后,每一个类别的突发冲击还可以按照一定的标准来分级,针对不同级别的某类突发冲击,设计不同的宏观调控预案。这里的分级包括响应对象的分级和响应主体的分级。

首先,我们来看响应对象的分级。突发事件对宏观经济的冲击带有高度的不确定性,因而很难制订出一个完美的宏观调控方案应对所有的突发冲击,对突发冲击的分级响应将大大提高调控预案的实施效果。首先,可根据突发冲击的性质将其分为总供给冲击和总需求冲击,每一类突发冲击下按照冲击程度的大小和影响范围划分等级,通常可分为一般、较大、重大、特别重大四个等级。然后,预案中要求明确界定突发冲击的等级界限,对预警指标库的建立,各个指标临界值的测度过程也要有详细的论述。在此基础上,为每一级的突发冲击设计相应的宏观调控预案。当宏观经济监测体系发出某种预警时,相应的应急响应程序将被启动。

接下来我们来看响应主体的分级。调控预案的实施要求坚持从中央到地方分级管理、分级负责的原则。设置国家、省、市、县四级纵向调控体系,充分发挥地方政府和金融部门分支机构的作用,贯彻落实国家宏观调控政策。

(3)科学系统。预案设计必须坚持科学的指导思想,正确认识突发冲击对宏观经济长短期的影响以及应对突发冲击的重要性,在预案监测体系的建立、短期调控措施的提出以及后期调控效果的跟踪、评估、调整过程的设计都要有相应的理论或实证模型为支撑,并通过相关的实证检验,不能单凭主观臆断。特别在制订预案的操作步骤时,应事先对突发冲击的机理进行科学分析,在此基础上研究科学的措施和辅助手段,并使用简洁明了的语言介绍预案各个步骤的主要任务和功能以及所涉及的相关组织人员。尤其是在应对突发冲击的宏观调控模块中,对每一个调控方案下的具体实施过程都要有详细的规划。

此外,在设计应对突发冲击的宏观调控预案时,还要遵循系统性原则。因为一个宏观调控预案是一个动态的应对流程,它涉及的社会组织、部门、主体会比较多。这样就要求在设计预案时,从纵向的角度来看,前后环节的接口一定要匹配,以使让这个应对的流程顺利运转起来;从横向上看,在明确不同的应对主体的责任、权利和行动时,一定要相互协调、紧密配合,不要发生主体间的冲突。

2. 动静结合原则

在应对突发冲击时,有两种思路:一种思路是设计出良好的静态预案,受冲击时按预案行事,这种思路下的行动迅速明确,但缺乏灵活性,可能并不能针对实际发生的突发冲击选择最有效的应对方式;另一种思路是随着冲击的发展相机抉择,这是一种动态的思路,这一思路下的应对更有针对性,但决策所花的时间长,反应速度慢。因此,在设计应对突发冲击的宏观调控预案时,必须明确的是静态的预案一定要先制订出来,但是静态预案不能太僵化,应该在一些影响决策的关键特征方面留有余地,根据实际情况来决策,这是一种动静结合的思路。

(1)静态预案必要原则。"凡事预则立",制订完善的静态预案是应对突发冲击的基础,它使预案相关的决策部门和执行机构能够事先明确自己的职责所在,一旦受到突发冲击即可以预案为依据迅速采取行动,提高应对突发冲击的及时性,增强宏观调控的实施效果。因此,静态预案的建立是完全必要的。反之,如果事到临头再去组织力量、商议对策、采取行动,可能会失去控制局势的黄金时间,使得冲击带来的负面影响变得更大。

那么,接下来我们就需要讨论在制订具体的静态预案时应该保证哪些手段或措施的制度化,在执行的过程中不要轻易地变动,这能保证在突发冲击发生后有关部门能够根据静态预案迅速做出反应,并按照预案既定的规则行事。

为此,首先,要保证预案流程的制度化。我们需要制定一个大的框架,安排预案执行的具体步骤,要特别设定好有哪些部门承接应对任务,各部门主要负责哪些工作,这样一个细化的工作安排有助于避免在执行预案时由于分工不明导致的混乱,提高预案的运行效率。其次,应对突发冲击的宏观调控政策体系需要制度化。我们首先要对已经实施过的宏观调控政策和现有的预案进行总结,然后根据历史经验设定一套既定的政策,如在哪种情况下更倾向于使用货币政策,哪种情况下财政政策又更为有效,财政支出具体支出多少能够最大限度地弥补经济冲击的损失。这样才能保证相应的宏观调控政策能够迅速出台,使得静态预案真正起到有备无患的作用。再次,在静态预案中设定宏观调控政策变动的原则和范围。政策在执行过程中需要根据冲击的发展变异状况进行调整,但是调整的原则和限度我们可以事先在静态预案中进行规定,这样可以避免静态预案的过度弹性,造成预料范围之外的伤害。最后,各类宏观政策出台的原理和依据需要在静态预案中有清晰的介绍,这些都是后期预案动态调整的根本依据。

(2)静态预案弹性设计原则。但是静态预案的设计不能僵化。突发冲击的不确定性和宏观调控的复杂性对预案的灵活性提出了要求:第一,宏观调控行为本身便存在一个长期试错的过程,政策制定者事先无法对调控效果做出准确的预测,很多情况下只能根据市场的反应调整政策手段和相应组合;第二,宏观经济所受突发冲击的程度受突发冲击的性质、金融体制的健全程度以及不同经济发展水平的影响,因此很长一段时间内的每一次突发冲击都带有高度的不确定性,这使得静态调控预案在制订时不可能将所有因素都考虑进去,而需要为未来的不确定性留有余地;第三,某一次突发冲击通常会随着政策的实施而发生变化,通常政策目标是阻断冲击的恶性放大机制,但是政策实际发挥效用的时间和程度无法预知,这意味着即便在某一次突发冲击的应对过程中也需要不断调整政策手段。基于此,单纯的静态调控预案无法充分满足决策的需要,预案的弹性设计为以后的动态管理提供了可能,最终实现静态预案和动态应对的协调统一。

而在具体的执行过程中,静态预案的动态调整又主要包括以下两个方面:第一,宏观调控政策力度的调整。比如,在静态预案中我们设计了一个应对突发冲击的合理财政支出力度,但是当时的经济环境可能有所改变,那么我们就可以根据静态预案中所设定的财政支出调整的原理,应用IM-PLAN系统等定量分析方法对原始数据进行调整,计算出更为适宜的宏观调控力度。第二,宏观调控政策结构的调整。我们的静态预案重点从理论上分析了各种情境下合理的宏观调控政策并进行了有效模拟,但是各种政策的安排也需要根据当时的情况做出变化,并且需要利用静态预案中提供的工具和手段不断地对冲击的后续发展和变异进行追踪,最后分阶段、分层次地不断调整宏观调控手段。因此,预案的执行是一个长期的动态调整过程。

基于此,为了保证静态预案的弹性空间,在设计静态预案时就需要全面考虑到各种可能的情况,并不仅仅停留在研究突发冲击应对的共性问题,对个别非常规突发冲击也要有所准备。具体来说,预案一方面要保证当面临超出预案常规监测评估能力的突发冲击时,能够迅速成立专案分析小组,聘请相关领域的专家评估研究并及时调整预案内容,改进应对决策。另一方面,当特定情形发生时赋予相关组织决策人员灵活的决策权力,适当开通某些执行命令的"绿色通道",利用非常规手段和程序应对非常规突发冲击。因此,我们在预案设计中需要给予预案执行部门足够的灵动空间。

另一种思路是按照突发冲击的性质分别设计相应的宏观调控方案,并在每一种方案下设计多种可供选择的决策组合和行为策略。这就要求在预案应对突发冲击的政策选择上不应僵化,而应该预留调整的空间。在之后的运行过程中,根据突发冲击的影响变异程度不断地调整应对方案,持续监测突发冲击的影响程度和宏观调控的实施效果,针对前期调控措施的评估效果实行进一步的调控手段。

3. 手段合理原则

合理的宏观调控手段要求能够在较短的时间内恢复经济的正常运行,使宏观经济受到的负面影响尽可能的小。我们可以把应对突发冲击的手段分为两大类:一是直接调控手段,即受到突发冲击时,政府直接动用公共资源处在第一线进行应对,如最常见的财政相应措施。二是间接调控手段,即受到突发冲击时,更多地由政府长期培养起来的社会性的应对力量来应对,如更有韧性的产业结构和市场机制等。在应对突发冲击时,到底应该更注重直接调控手段,还是更注重间接调控手段,这是一个原则性的平衡取舍问题。但是无论是哪一类手段,都必须以不与长期利益相冲突为前提。否则,应对的结果解决了眼前的困难,但是埋下了未来的隐患,实在是得不偿失。

(1) 长期利益优先原则。与一般的应急措施不同,宏观调控手段影响范围更广,持续时间更长。但正是因为宏观调控政策存在时滞性,这可能使得宏观调控的短期利益与长期目标相冲突。选择宏观调控手段时应优先考虑长期经济发展目标,不能为了眼前利益为未来制造麻烦。

为了能够准确筛选出最有利于长期经济发展目标的应对突发冲击的调控手段,可以在对突发冲击和宏观调控的科学认识和系统分析的基础上为预案设计一个短期调控效果的评价体系,包括历史数据库和实时监测体系。历史数据库中收录所有已发生的且有关部门采取了相应宏观调控应对措施的突发冲击,并按照突发冲击的性质进行分类,分析每一次突发冲击的长短期传导路径以及相应的宏观调控手段的实施效果。对调控效果的评价要求具体到其调控力度在多大程度上与突发冲击相抵消,在多大程度上影响了长期发展目标,影响效果为正、负或零。这样可以有效保证在选择宏观手段时有据可查。实时监测体系则重点对最近发生的突发冲击进行跟踪评估。当短期调控产生不利影响时及时进行调整,并在事后采取调控手段减少短期宏观调控的负面效应,最后在一次完整的应急程序完成后将其数据录入历史数据库。在设计预案时,宏观调控手段的选择应以历史数据库为准,而动态调整过程则依据实时检测体系。

(2) 间接调控优先原则。直接宏观调控侧重于政府使用强制性手段直接干预经济运行,力求在短时间内恢复经济的正常运行。而间接宏观调控则强调通过优化体制建设、完善市场结构,以及调动社会其他各方面的积极性来应对突发冲击。两者相比,间接宏观调控更着眼于未来,强调"防大于治"的思想。两种调控方式各有利弊,具体调控手段的选择应结合具体的国情进行综合考虑。对于市场经济发展较为完善的发达国家,当市场失灵时政府直接干预常常是急救的良药。但是中国目前尚处于社会主义发展的初级阶段,虽然改革开放三十年以来市场经济建设取得了长足的进步,但是金融体制不健全、地区经济发展不平衡、产业结构不合理等问题依然比较突出,尤其是此次的美国次贷危机更对中国长期以来出口导向型的经济增长方式提出了挑战。面对金融经济市场的不完善,直接宏观调控常常不能发挥出最佳的效果。如没有高度发达的债券市场,中央银行的公开市场业务操作将会受到很大的局限,而这正是中央银行货币政策中最为灵动的手段。保险公司常常能在减缓突发冲击方面发挥意想不到的作用,有效减轻政府的应对压力。Cummins(2006)就曾研究认为政府应当减少介入重大自然灾害保险市场,让位于私人市场以更有效地解决问题。① 而完善的市场环境和健全的保险体制是其发挥作用的前提,因此面对当前情况,中国在选择应对突发冲击的宏观调控手段时应优先选择间接调控手段,并兼顾直接调控手段。

间接调控优先原则要求预案在设计过程中,首先要对中国整体的经济发展形势有一个全面的认识和把握,宏观调控应对措施的制度定应以促进市场化进程、完善体制建设为指导思想。其次,注重突发冲击爆发后的脆弱性评估,危机常常能够揭开经济繁荣面纱下隐藏的深层次问题。预案的设计应重点关注冲击中暴露出来的制度缺陷,并以此作为长期宏观调控的目标。再次,调动非政府机构的力量,中国存在着严重的地区经济发展不平衡,地区间社会文化差异比较明显,单纯的政府直接宏观调控很难达到理想的效果,即使实行结构性宏观调控也依然存在很多无法解决的微观问题。而民间组织的力量则更为灵活,实施目标更有针对性,可以有效弥补直接调控的这一缺陷。最后,保险公司等以利益为导向的机构往往反应更为灵敏,如果它们能够充分参与到突发冲击的应对中,将很大程度上提高经济的恢复速度。

(3) 行政、社会、法律手段相结合的原则。在应对突发冲击的宏观调控中,应将行政手段、社会手段与法律手段相结合。其中,行政手段包括与应对突发冲击相关的政府机构的调控手段,政府是应对突发冲击的强相关主体,即对于应对突发冲击而言,政府具有不可推卸的责任与义务;社会手段指针对非政府组织、各类企业和普通公民等责任主体的调控手段,这些社会责任主体是应对突发冲击的弱相关主体,并可细分为组织化的社会责任主体和非组织化的社会责任主体②;法律手段是应对突发冲击的有力保障,它是指在应对突发冲击的过程中,调整政府部门、社会组织和社会公众之间的权利义务关系的规范。

在应对突发冲击时,政府机构采取行政手段,一方面要对所管辖范围内的人力和物资资源进行计划、组织、指挥、协调和控制管理,另一方面应向受灾人员或受到突发冲击影响的人员提供必要的救助。具体行政手段

---

① Cummins, J. D., 2006, "Should the government provide insurance for catastrophes?" *Federal Reserve Bank of St. Louis Review*, July/August, Vol. 88, No. 4, pp. 337—379.
② 廖洁明. 突发事件应急管理绩效评估研究[D]. 暨南大学,2010 年.

包括在应急指挥、应急协调、应急信息、应急控制和应急保障方面的对策。[①]

应对突发冲击不仅需要通过优化资源配置、创新运作机制来提高政府、组织和机构的应急能力,更需要通过各种手段来降低社会公众面对突发冲击的脆弱性,提高社会公众的响应能力。社会责任主体涉及应对突发冲击中没有法定责任归属的弱相关主体,其构成基础以及维持结构的核心是道德观念、公众舆论和媒体宣传等。社会责任主体可分为组织化主体和非组织化主体两大类。前者包括协会、学会等半官方组织以及企业、部分事业单位等组织,其有义务协助政府应对各类突发冲击,弥补政府机构存在的不足。非组织化社会责任体系涵盖了每个可能与应急管理相关的普通公民和临时组建的非常规组织。应对突发冲击离不开社会力量的支持与配合,社会力量的动员和参与不仅可以提高政府的工作效率,而且还可以降低应对成本,减少突发冲击的损失。应对突发冲击的社会手段包括建立普惠全民的社会平行培训系统;建立优化集成的应急信息发布系统;建立全民参与的协同治理耦合系统,鼓励企业、非政府机构等组织和社会公众的广泛参与,等等。

完备的法律法规和计划安排是应对突发冲击的根本制度保障。从应对突发冲击的实践来看,不少国家在构建应对突发冲击机制的同时,先后建立了比较完备的法律法规体系。实践证明,将应对突发冲击纳入法制化的轨道,有利于保证其合法性和高效性。制定操作性强的法规或规章制度,建立国家突发冲击应对的法规,实施标准化应急管理,可以保证突发冲击的应对在法制框架下良性发展。

总之,应对突发冲击,不单单是行政部门的职责,而应当让全体社会成员积极参与到突发冲击的预防和救治工作中来,由此各类非政府组织、企业、社区组织、媒体以及公众自身的危机意识、预防能力和应对水平也成为影响政府应对突发冲击的宏观调控质量的重要因素。[②] 此外,政府应努力完善各层次、各领域的应对突发冲击的法律规范,逐步建立和健全与应对突发冲击密切相关的法律制度,使其规范化、制度化。

(二)运行有效原则

宏观调控预案的制订本身不是目的,其最终目的是当受到某种突发冲击时,按照该预案应对可以有效地控制局势,降低冲击的负面影响。因此,

---

① 张岩.非常规突发事件态势演化和调控机制研究[D].中国科学技术大学,2011年.
② 历帅.地方政府重大突发公共事件应对机制研究[D].燕山大学,2010年.

在设计应对突发冲击的宏观调控预案时,必须保证这一预案的运行高效性。而要保证预案的运行效率,至少应该在四个方面进行强化。

1. 严密监控原则

对突发冲击严密有效的监控是预案有效运行的前提,预案需要设计一个完整的指标体系对突发冲击的程度进行监测,并分级设定相应的指标阈值。预案的整个监控过程分为事前预警、事中监控和事后评估。预案的事前预警要求当突发冲击爆发时能够灵敏地感知到何时发生突发冲击、突发冲击的发展变异情况,以及其短期内的传导路径。要不断完善突发冲击预警的保障体系,包括加强公共危机预警的法律、法规建设,建立高素质的公共危机预警人才队伍,保证突发冲击预警有充足的物质和资金支持等。当突发冲击对宏观经济的影响程度达到某一个预先设定的触点时就启动宏观调控预案。宏观调控预案的启动并不意味着对突发冲击监控的结束,此时监控体系需要特别关注宏观调控手段对突发冲击的影响,如是否对其恶性放大机制起到了阻断作用,突发冲击的传导路径是否发生变化,这些都将为实施进一步的调控手段提供重要参考。事后评估则主要是对宏观调控效果的评估,观察相应指标阈值是否在预定时间内恢复到合理水平,并对短期调控的负面影响进行监测。

2. 针对性原则

针对性原则是从预案应急对象的特殊性出发,为保证预案的运行效果对宏观调控方案的选择提出的要求。应急对象的特殊性表现在三个方面。首先,突发冲击的性质不同。突发冲击按性质可分为总供给冲击和总需求冲击,两者存在本质区别:总供给冲击的应对多从生产者的角度考虑,而总需求冲击的应对则多从消费者的角度出发。其次,突发冲击对不同地区的影响不同。中国地域幅员辽阔,南北跨越近50个纬度,各地区地理环境差异较大,而地震、洪涝、雪灾等自然灾害的爆发主要受地质环境和气候条件的影响,受灾地区往往遭受损失最为严重,其他地区所受经济冲击的程度则常常表现出依据与受灾地经济贸易往来密切度递减的特点;经济类突发冲击的地域性则主要与各地区的经济发展水平和经济增长方式的差异有关,而中国区域经济发展不平衡的现象显然是各地区所受突发冲击存在差异的又一重要原因。最后,突发冲击的差异还显现出明显的行业特点,而且各个国家的行业结构差异也决定其各行业的脆弱性也有所不同。例如,中国的经济增长方式为长期出口导向型并以出口劳动密集型、低附加值的产品为主,当2008年的美国次贷危机冲击中国进出口业时,此类行业毫无疑问受突发冲击的程度最深。

在根据预案制定宏观调控政策时一定要针对突发冲击的性质、行业特点和地区特征实行相应的措施,采取结构性宏观调控手段,应用 IMPLAN 系统、CGE 模型等定量模型和工具进行相关的行业分析和脆弱性评估,以便制定合适的宏观调控措施消除易形成脆弱性的社会经济发展不平衡因素。同时关注经济发展中的高污染、高耗能等不利于经济可持续发展的行业,特别是那些长期以来由于历史、政治等因素难以取缔的产业。当这些行业暴露在危机中时,可利用突发冲击的不可抗力调整产业结构,在制定宏观政策时有所导向。

3. 责权清晰原则

宏观调控预案由预警、监测、应对、评估四个基本模块构成,各个模块下分设多个由若干操作步骤构成的子模块,且各模块存在交叉运行的现象,因此通常很难由一个主体单独完成一个模块的正常运转。为了避免出现不必要的纠纷和提高预案的运行效率,有必要首先对预案具体负责人员的责权做出明确的说明。而在预案应对模块中,每一个具体宏观调控方案的完成更需要多组织、多部门的协调配合。在紧急情况下,为了有利于方案的迅速执行有时需要对个别组织部门的职权做出临时变动,在预案中需要对其所做的变动做出合理的解释并明确界定在预案执行过程中各应对组织的职责和权限,以保障预案实施时各部门能够有条不紊地开展行动。当发生关系到责权变动且预案中没有考虑到的特殊情况时,需要对各部门应该如何上报审批辅以说明,过程应当尽量简洁。

4. 技术支撑原则

刘铁民(2011)认为,应急调控预案的有效运行还必须得到一些技术的支撑[①],这些支撑条件大致可分为三种类型:一是针对所有突发冲击的标准化运行管理,其主要内容是建立统一的应急指挥模式——ICS 指挥系统,规范在应急响应过程中各个参与单位的角色任务和活动方式,尤其是在巨灾或危机发生时,采用统一高效的联合指挥体系 ICS/UC 对于确保所有应急响应活动的协调一致至关重要,建立突发冲击应急指挥系统在所有应急预案中都是不可或缺的核心要素;二是关于信息沟通、通信联系、信息共享、资源调配和大规模应急疏散等公众保护规范和协议;三是与应急预案密切相关的培训和应急演练的目标规划和组织、检测评估方法等。

由于应急响应对通信和信息交互需求性很强,应急预案的内容都应与

---

① 刘铁民.突发事件应急预案体系概念设计研究[J].中国安全生产科学技术,2011(8):5—13.

相应各类型的应急指挥中心的状况具有十分密切的关系,严格意义上讲,几乎所有的应急管理活动都在某种物理平台中运行,所以应急预案中关于指挥、通信、信息、资源等约定都必须考虑到所属应急指挥平台的技术能力和特点。

(三) 检验改进原则

如前所述,应对突发冲击的宏观调控预案是一个时间性的概念,一个时期合理的预案在另一个时期可能就不合理。与此同时,应对突发冲击的宏观调控预案受到人们对某类突发冲击的认识水平的限制,实际发生的每一次突发冲击,都会提高人们对这一类突发冲击的认识水平,这就对应对该类冲击的宏观调控预案提出了新的要求。因此,应对突发冲击的宏观调控预案应该是不断被检验、不断被改进的方案,"没有最好,只有更好"。但是,相同种类、相同程度的突发冲击按类似机制重复发生的可能性并不大,换言之,很难在多次实际发生相似突发冲击后,重复检验宏观调控预案的效果,因此,应该对应对突发冲击的宏观调控预案进行常规性的检验与改进。这种常规性的检验与改进包括以下四个方面:模拟演练、虚拟对照、常规讨论、适时调整。

1. 模拟演练

为了检验预案的有效性和提高各部门的协调性,预案应该每年至少进行一次的常规模拟演练。模拟演练的首要任务是使相关组织人员熟悉预案的操作流程,提高反应速度。宏观调控预案中的预警和评估模块,要求相关操作人员对预案监测体系和数据库功能定期调试,熟悉如何观测和记录指标数据的变化以及当冲击发生时采用何种手段将信息传递出去。

实施宏观调控手段应对突发冲击是预案模拟演练的核心。虽然在突发冲击实际发生之前,不可能在实际经济中实施相关的宏观调控手段,但可以通过常规的培训使各相关组织部门熟悉预案内容,明确自身在各个级别突发冲击下的调控方案中所扮演的角色,制定详细的部门内部应急预案。当该部门接收到模拟预警警报时能够迅速调动相关力量,在最短的时间内完成调控指令的下达。事后对宏观调控效果进行评估的相关人员在模拟演练时则可利用预案中的评估体系对当前宏观调控的效果虚拟评估,并利用后续的经济实情检验评估结果。此外,常规的模拟演练能够充分暴露预案内容本身以及各部门在协调方面存在的问题,有利于预案的修正。常规的模拟演练还迫使各部门内部以及部门间加强沟通和交流,当突发冲击发生时可以提高预案的启动和执行速度,降低协调成本。

2. 虚拟对照

预案的虚拟对照原则是指在他国发生某种突发冲击时在本国虚拟启动宏观调控预案,根据国外经济数据的变化,估算当本国发生类似冲击时指标数据会相应发生的变化。然后,将评估结果与预先设定的指标数据库阈值对照以判定如果突发冲击发生在本国可以启动何种程度的宏观调控方案。同时对比国外已经实行的宏观调控手段,评估其实施效果,并根据本国与国外经济、地理、人口等因素的差别分析本国如果启动预案中的调控方案后会产生怎样的效果。预案的虚拟对照原则是对其常规模拟的一个有效补充,其测试结果同样为预案的进一步改进提供了重要参考。

3. 常规讨论

应对冲击的各组织之间,以及国际国内相关部门之间有必要进行常规讨论,不断改进预案内容。宏观调控预案的初步制订多建立在理论分析的基础上,而各应急组织的常规讨论能够使预案吸纳更多的实践要素。一方面,各个部门可以充分利用各自对工作实务具体情况的了解,提出预案中经实践检验不可行的内容并提出修正方案;另一方面,在中央下达宏观调控目标后,具体宏观政策的实施通常由多部门各自独立完成,但在突发状况下各自为政的局面则不仅会带来大量人力、物力资源的浪费,还会对经济产生长远的消极影响,导致高昂的机会成本。而由各部门共同讨论修正的宏观调控方案则可以大大降低这一成本,其从实际出发探讨最便捷的协调方式,有利于预案中关于如何促进部门间协调的内容的完善。而国内国外相关部门间的讨论则可以大大提高预案应对突发冲击的能力。通过与国外部门的沟通,一方面有利于提升预案处理世界性突发冲击的能力,另一方面则可以借鉴国外应急管理的先进经验,提高预案整体的技术含量。

4. 适时调整

作为预案的后期维护和管理,适时调整原则要求预案的设计者在预案制订完成后能够在本国经济发展水平、行业结构、国际环境等影响宏观调控政策的重要环境变量发生较大变化以致原预案不再适用于本国或国内的某些地区时,调整预案内容。任何一个宏观调控政策的制定都必须以宏观环境为依托,适时调整原则与静态预案的弹性设计相呼应,尤其针对预案的重大调整,要求其调整过程不亚于预案的初步制订,对当时的宏观环境要有一个清晰的判定,以制定及时、精确的调整策略。

二、应对突发冲击的宏观调控预案设计思路

应对突发冲击的宏观调控预案设计有三个关键的方面:组织体系的建

立,调控流程的建立,以及调控手段的选择。

（一）应对突发冲击的宏观调控组织体系的建立

为了保证应对的效率与质量,应对突发冲击的宏观调控组织体系必须能够独立高效地运行,我们认为,这个体系应该包括一个指挥机构和四个职能机构,即国务院确定的应急指挥机构、基础数据提供机构、预警分析与效果监测机构、方案制订机构及方案实施机构,这五个机构的关系如图9-2所示。

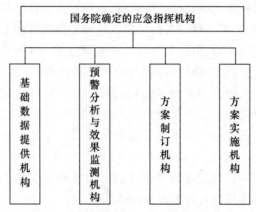

图9-2 应对冲击发冲击的宏观调控组织体系

国务院确定的应急指挥机构可以是一个常设机构,也可以是为应对某类突发冲击而指定的一个政府部门;特殊情形下,也可以是一个新组建的临时性跨机构的特别工作组。我们认为,还可以考虑组建一个类似于美国联邦应急管理总署的机构,专门应对突发冲击,该机构的职责比上述"应急指挥机构"要大一些,其职能并不局限于经济方面的应急管理,故可在该机构中设立一个经济监测与调控部门,专门负责应对突发冲击的宏观经济调控决策与执行。常设机构的好处在于可以逐步培养专职应对突发冲击的队伍,做好日常的准备与演练工作,总结与积累应对突发冲击宏观调控的经验,进而提高应对突发冲击的宏观调控响应速度与响应能力。

在当前形势下,针对某一次突发冲击,由国务院临时组建一个跨部门的特别工作组比较符合现实,这个工作组包括相关部门部分主要领导和专业工作人员,以这个工作组为班底再组建一个应急指挥机构,有利于各职能部门的协调,提高应急响应的效率。

我们认为,这个应急指挥机构的指挥长应直接对国务院总理负责,在突发冲击发生时,指挥长可以得到国务院总理在经济决策方面的最大授权,国务院的相关职能部门应该紧密配合,高效完成应急指挥机构下达的各项指令。应急指挥机构在应对突发冲击的宏观调控方面,具有组织调度的权力,具有确定最终调控方案的权力。

基础数据提供机构可以不常设,而是在应急指挥中心内设一个"信息中心",负责协调如国家统计局、中国人民银行、财政部、商务部和发展改革委员会等职能部门的宏观经济基础数据收集工作。可以事先确定一个数据收集清单,确定各职能部门必须定期和不定期上交的各类数据,由信息中心获取后,整理并输入数据处理系统。

预警分析与效果监测机构可以常设,也可以由现在的国家统计局等相关职能部门代理,还可以由相关的科研机构和不同领域的专家临时组建而成。从当前的情况来看,由国家统计局相关职能部门承担监测与预警任务比较务实。预警分析与效果监测机构的主要任务有二:其一,监测某次突发冲击对我国宏观经济的影响,达到预警线时,及时释放危机信号;其二,监测针对某次突发冲击而采取的宏观调控措施是否逐步实现了预期目标。但要完成这两个任务必须满足两个前提条件:其一,必须建立并不断完善一个突发冲击经济影响的监测指标体系,确定各指标的预警阈值,从而构建一个应对突发冲击的经济预警体系;其二,必须建立并不断完善一个应对突发冲击宏观调控效果的监测指标体系。

方案制订机构可以由中国人民银行、财政部等职能部门的相关工作人员与相关科研机构和不同领域专家共同组成。其主要任务是当突发冲击的经济影响足够大,有必要采取宏观调控措施时制定出备选的宏观调控方案以供国务院确定的应急指挥机构决策;当已采取的宏观调控措施未能实现预期效果时,应当按国务院确定的应急指挥机构的要求对原有宏观调控方案进行调整。制订出合适的宏观调控方案必须满足的前提是建立并不断完善我国宏观经济受冲击后调控效果的分析模型,从当前的情况来看,对 IMPLAN 系统进行改良与完善,建立我国的产业间和地区间 IMPLAN 系统是一个比较简便可行的方法。如果有可能,可以加快我国的动态可计算一般均衡模型(动态 CGE 模型)的构建与完善,并以之为基础开发出专门的受冲击经济影响评估系统和宏观调控效果模拟系统。

目前,方案实施机构不必常设,当国务院确定的应急指挥机构最终选定了调控方案之后,由方案涉及的职能部门执行相应的调控措施,如货币政策由中国人民银行执行,财政政策由财政部执行等。调控方案执行部门必须经常演练受冲击情形下各种政策措施的执行,归纳总结不同情形下的政策措施执行的重点与难点,以提高应对突发冲击的宏观调控措施的执行效率,尽快实现宏观调控措施的预期目标。

(二) 应对突发冲击的宏观调控的基本流程

应对突发冲击的宏观调控基本流程如图 9-3 所示,首先是基础数据提供机构提供各类宏观经济数据,在这一阶段,基础数据提供机构只需及时、准确、完整地提供各类数据给预警分析与效果监测机构,不需对数据进行分析。

在没有遭受突发冲击时,整个应对突发冲击的宏观调控系统都应进行必要的准备与演练,其中预警分析与效果监测机构必须制定并不断优化突发冲击的预警体系和应对突发冲击的宏观调控效果监测体系;调控方案制订部门必须构建并不断调整中国的 IMPLAN 系统、动态 CGE 模型和功能不断完善的受冲击经济影响评估系统和宏观调控效果模拟系统;方案实施机构则应该不断地演练各种宏观调控措施的实施,针对不同的冲击类型与不同的冲击环境,总结经验教训。

发生突发冲击时,预警分析与效果监测机构必须依据基础数据提供机构提供的各类经济数据,严密监控宏观经济运行状态,判断突发冲击对我国的宏观经济影响是否落入到了某一层次的阈值区域,一旦进入预警区域,则必须及时预警,向国务院确定的应急指挥机构报告。

不论是否实际采取宏观调控措施,方案制订机构在接到并确认预警后,必须尽快针对预警情况制订出一系列宏观调控方案,并报告给国务院确定的应急指挥机构,供后者选择决策。

一旦国务院确定的应急指挥机构批准采取必要的宏观调控措施,方案实施机构就要立即行动起来,按应急指挥机构的调控决策制订执行计划,努力保证调控措施的执行能尽快实现预期目标。

调控方案执行后,预警分析与效果监测机构应该立即严密监控调控效果,如果由于各种原因,如环境变化或采取措施不力等,已采取的宏观调控措施未能达到预期效果,国务院确定的应急指挥机构应该指示调整机构对既有方案进行调整或重新制订新的备选方案,并及时上报给应急指挥机构决策。

当应对某次突发冲击的宏观调控措施基本实现了预期目标时,可以由国务院确定的应急指挥机构确定调控结束,整个应对突发冲击的宏观调控体系重新回到常规的准备与演练状态。调控结束后,国务院确定的应急指挥机构应该组织各职能部门和相关领域的专业人员对本次应对突发冲击的宏观调控行动进行全面的总结,特别是对方案、时机、程序与操作进行总结,为今后应对冲击的宏观调控积累经验。

必要时,可依据应对突发冲击的宏观调控总结结论,对调控预案进行

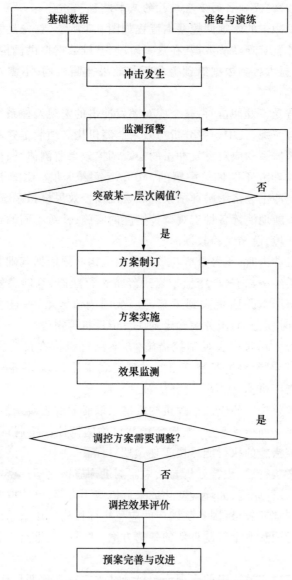

图 9-3 应对突发冲击的宏观调控的基本流程

改进和完善,以提高应对突发冲击的宏观调控的效率与质量。

(三) 应对突发冲击的宏观调控的主要手段

一般而言,一个预案应该包括各种情形下应采取的各种行动方案。但是由于突发冲击的种类繁多,冲击本身以及冲击的发展变异非常复杂,不可能在一个预案当中穷尽所有的冲击情形;与此同时,应对突发冲击的宏观调控不可能事先确定一个行动方案,只能将组织机构与行动流程进行确定,而具体的调控方案则应根据受冲击时的具体情况和发展态势进行决策,因此,在本研究提供的宏观调控预案中,不包括具体的行动方案,而只是提出了各种可能采用的手段。具体而言,这些手段包括两大类:直接调控手段和间接调控手段。前者包括需求调控手段和供给调控手段,后者包括系统优化手段和市场应对手段。这些手段在本书第八章进行了比较详细的介绍。

但是这些手段并不是单独构成行动方案本身,应对突发冲击的宏观调控方案,应该是所有这些手段中某些具体措施的组合。此外,各种具体措施还存在一个政策力度的问题,这需要方案的制订与调整机构基于不断完善的宏观调控效果模拟系统来反复试算,以确定各措施合适的政策力度。

必须要指出的是,应对冲击的宏观调控措施影响巨大,短期内决策的难度极大,要实现及时、精准的决策,必须不断完善中国的 IMPLAN 系统、动态的 CGE 模型或其他经济分析模型,以及以这些模型为基础的受冲击经济影响评估系统和宏观调控效果模拟系统;必须不断地模拟演练,提高响应的速度。当然,在应对突发冲击的宏观调控实践中,随着经验的积累,可以针对某些具有共同特征的突发冲击制订特殊而具体的宏观调控预案,这样一来,我国应对突发冲击的宏观调控预案就会最终发展成为一个预案体系,这对提高我国抗突发冲击的反应能力、保证经济社会的安全与稳定具有重大意义。

三、应对突发冲击的宏观调控预案(一般性设计)

第一部分 总 则

第一条 定义

应对突发冲击的宏观调控预案是指针对我国经济可能受到内在或外在的突发冲击,预先制订的一般性应对方案,这一预案是所有参与调控的相关部门实施指挥决策、监测预警、应对冲击的内容与流程依据。

第二条 编制目的

不断增强我国经济的抗冲击能力,在受到突发冲击后,力争以最快的响应速度阻断突发冲击对我国经济的负面影响,使我国经济尽快恢复到受冲击之前的发展轨道上,确保我国的经济社会安全,实现经济社会的协调发展。

第三条　编制原则

应对突发冲击的宏观调控预案,应该遵循三个原则:设计合理原则、运行有效原则与检验改进原则。

设计合理原则指应对突发冲击的宏观调控预案设计必须体现三个特点:全面系统、动静结合和手段合理;运行有效原则强调应对突发冲击的宏观调控预案在四方面的重要性:严密监控、针对性、责权清晰和技术支撑;检验改进原则包括四方面的内容:模拟演练、虚拟对照、常规讨论和适时调整。

第四条　适用范围

本预案适用于对我国经济造成全局性影响的各种突发冲击,对于那些可能对我国经济造成局部性影响的突发冲击,应由相应的政府管理部门依据本预案制订更为细致具体的区域性或部门性应对预案。

第二部分　组织体系与职责

第五条　总组织框架

应对突发冲击的宏观调控总体组织架构包括一个指挥中心和四大职能机构,即国务院确定的应急指挥机构、基础数据提供机构、预警分析与效果监测机构、方案制订机构和方案实施机构。

第六条　国务院确定的应急指挥机构

国务院确定的应急指挥机构可以是国务院常设的某一职能部门,也可以是针对某次具体的突发冲击而临时组建的应急指挥中心。

国务院确定的应急指挥机构的主要职责:督促相关职能部门收集突发冲击对我国经济各方面造成的负面影响信息;组织相关职能部门对冲击的性质和力度进行讨论与判断;责成相关职能部门制订可选择的宏观调控方案,并做出选择;组织协调相关职能部门实施宏观调控方案;根据信息部门上报的宏观调控效果相关信息,组织相关职能部门进行评估判断,必要时做出对既有的宏观调控措施进行调整的决策。

第七条　基础数据提供机构

基础数据提供机构指我国各类宏观经济数据的采集部门,如国家统计局、中国人民银行,中华人民共和国财政部、商务部、发展与改革委员会、中国海关总署等。

基础数据提供机构的主要职责:全面系统地提供本部门应该提供的各类宏观经济数据,保证所提供宏观经济数据总体上的准确度,竭尽所能地提高所提供数据的精确度,为应对冲击的宏观调控决策提供基础信息支持。

第八条 预警分析与效果监测机构

预警分析与效果监测机构指对突发冲击的经济影响进行全面监测并适时预警的机构,同时,它也是对宏观调控效果进行全面监测并定期或不定期提交效果评估报告的机构,具体指国家统计局、中国人民银行等政府职能部门,也可以是国务院确定的应急指挥机构特别设立的专家委员会或研究机构。

预警分析与效果监测机构的主要职责:根据基础数据提供机构提供的各类宏观经济数据,判断突发冲击是否对我国经济造成了负面影响;依据事先确定的各类经济指标的预警阈值,判断这种负面影响是否落入了某个层次的阈值区间;如果达到了预警阈值,必须及时地向国务院确定的应急指挥机构提交预警报告;在方案实施机构采取调控行动后,严密监控宏观经济局势的变化,定期或不定期地向国务院确定的应急指挥机构提交效果监测报告。

第九条 方案制订机构

方案制订机构是依据预警分析与效果监测机构提供的冲击预警报告和宏观调控监测报告制订具体的宏观调控方案或对既有宏观调控方案进行调整的机构,具体指中华人民共和国财政部、中国人民银行、中华人民共和国发展与改革委员会等政府职能部门所属的宏观经济政策决策机构,也可以是由国务院确定的应急指挥机构特别设立的专家委员会或研究机构。

方案制订机构的主要职责:针对突发冲击的宏观经济影响的性质与程度,制订多套宏观调控方案,供国务院确定的应急指挥机构选择;针对已具体实施的宏观调控的效果评估情况,必要时对调控手段或调控力度进行调整,上报给国务院确定的应急指挥机构,以保证既定宏观调控目标的实现。

第十条 方案实施机构

方案实施机构是依照国务院确定的应急指挥机构的决策,将具体的宏观调控措施贯彻落实的机构,主要指各具体宏观调控手段的操作部门,如中华人民共和国财政部、中国人民银行及金融、贸易监管部门等。

方案实施机构的主要职责:严格执行国务院确定的应急指挥机构关于应对冲击的宏观调控措施的决策,按计划布置实施具体的宏观调控措施,并及时向国务院确定的应急指挥机构报告宏观调控措施执行情况。

第三部分　准备与演练

第十一条　经济信息收集与整理

基础数据提供机构应当及时、准确、完整地收集本职能部门应当收集的各类经济信息并完成记录整理工作,应该向社会公布的经济信息必须按期公布,在公布之日前,可以将初步数据或测算数据先行报告给国务院确定的应急管理部门,以备紧急决策时所用,待最终数据核实整理完毕后,应及时更新对应的初步数据和测算数据。

第十二条　经济运行监测体系的构建

在正常情形下,预警分析与效果监测机构应当建立一个宏观经济运行监测指标体系,以监控宏观经济运行状态;并且应当针对主要的冲击类型审慎地选择宏观经济指标,更具体地构建各类冲击状态下的宏观经济运行监测指标体系;同时,应当为经济运行监测体系中的每一个指标慎重地设定阈值,如有可能,可以按冲击的严重程度设置多个阈值区间。

预警分析与效果监测机构还应当构建一套宏观调控效果监测指标体系,针对不同的宏观调控政策,选取反应灵敏的指标以监控各种政策措施的效果。无论是经济运行指标和阈值,还是宏观调控效果监测指标体系,均应该随着我国的经济总量和经济结构的变化而适时调整。

第十三条　经济分析模型与数据库的构建

方案制订机构应当针对我国的经济发展水平、结构和特点建立一系列宏观经济分析模型,这些模型与数据库应当实现以下两大目的:其一,在受到突发冲击时,可以较为准确地估算突发冲击的直接、间接和引致影响;其二,在制定宏观调控政策时,可以预先模拟出所制定政策的效果,进而把握宏观调控政策的力度。

这些经济分析模型与数据库应当随着我国经济的发展而不断更新。

第十四条　宏观调控模拟与演练

方案实施机构应当在方案制订机构的指导下,定期模拟各种宏观调控方案的实施,根据模拟实施的结果,不断地修正和完善宏观调控政策执行的组织协调机制与操作程序,不断地明确宏观调控政策执行的重点与难点。同时,必须不断地改变冲击类型与受冲击时的环境变量,对不同情形下的宏观调控实施进行演练,总结演练经验,形成演练报告。

第四部分　应对冲击的宏观调控流程

第十五条　监测与预警

冲击发生后,预警分析与效果监测机构应当在宏观经济监测体系框架内,严密监控各项宏观经济指标,以较高的频率向国务院确定的应急指挥机构报告宏观经济运行情况,一旦多个指标明显落入不同等级的阈值区间,达到预警边界,应当立即向国务院确定的应急指挥机构报告,同时将相关信息与资料传递给方案制订机构。

第十六条　调控方案的制订

方案制订机构接收到预警分析与效果监测机构的预警信息后,应当及时向国务院确定的应急指挥机构确认该信息,同时,将受冲击后的各种宏观经济信息输入预先设定的宏观经济模型,模拟何种类型和力度的宏观调控政策可以较好地控制当前的局面,阻断冲击的蔓延态势,尽快地使我国经济运行恢复到受冲击前的状态。调控方案应当是一组备选方案,每一备选方案均是经认真论证后的政策组合,方案中应该明确该方案的优点与不足,一旦方案形成立即上报国务院确定的应急指挥机构。

第十七条　调控方案的实施

国务院确定的应急指挥机构在接到调控方案后,应该立即对各种方案进行比较,并迅速做出选择;如需调整,可发回方案制订机构迅速调整后再作出选择。选择确定后,应立即通知方案实施机构执行所选择的宏观调控措施,方案实施机构应立即按程序启动政策执行机制,并将政策实施情况及时上报给国务院确定的应急指挥机构。

第十八条　调控效果的监测

宏观调控政策实施后,预警分析与效果监测机构应当在宏观调控效果监测指标体系的框架内,严密监控采取的各项政策措施所对应的效果监测指标,定期将效果监测情况上报给国务院确定的应急指挥机构,由后者在整个应对冲击的宏观调控系统内通报宏观调控实施效果的情况。

第十九条　调控方案的调整

国务院确定的应急指挥机构经过认真评估,认定宏观调控效果未达到预期目标时,应及时通知调控方案制订机构对已执行的调控方案进行调整,或直接制订新的调控方案以备选择,直到宏观经济形势重新进入正常运行状态时为止。

第二十条 调控效果评价

每一次应对突发冲击的宏观调控结束后,国务院确定的应急指挥机构应当组织相关职能部门和宏观调控领域的专家,对本次宏观调控的效果进行评价,这种评价应该是对程序、内容和结果的全面评价,并总结经验教训,整理成册归档。

第五部分 应对冲击的宏观调控手段[①]

第二十一条 直接调控手段

直接调控手段包括需求调控手段和供给调控手段。其中需求调控手段包括货币政策手段、财政政策手段、汇率调控手段和直接管制手段;供给调控手段包括收入政策、指数化政策、人力政策和经济增长政策。

第二十二条 间接调控手段

间接调控手段包括系统优化手段和市场应对手段。前者包括优化经济结构、优化金融体系和优化国际往来关系格局三方面;后者包括保险手段和其他金融工具手段。

第二十三条 手段运用原则

如果宏观调控的目标是阻断冲击蔓延,尽快控制经济大局,则应优先采用直接调控手段。但应对突发冲击更重要的目标是提高整个经济体的抗冲击能力,因此,在经济局势比较稳定之后,应该坚持长期利益优先原则和间接调控手段优先原则。

第二十四条 社会、行政、法律手段相结合

在应对突发冲击的宏观调控中,应强调将经济手段与社会、行政、法律手段相结合,加强协调配合与资源、信息共享。为建立健全高效的应急联动体系,提高整体应急水平,保护人民的生命财产安全,维护国家安全、公共安全、环境安全和社会秩序,降低其他各种损失,必须通过走规范化、法治化的应急道路,实现应急多元主体协调作战的局面。在应对突发冲击的宏观调控中,应该有效发挥政府的行政手段的主导作用,充分调动其他社会主体包括非政府组织、企业、社区组织、专业技术机构、媒体等参与应对突发冲击的宏观调控的积极性,发挥

---

① 各类手段的内涵及具体实施措施参见本书第八章。

其协调配合作用。

第二十五条 手段的丰富与完善

应对突发冲击的宏观调控手段应该在不断的演练与模拟实践中，不断地得到丰富和完善。丰富是指找到更多的行之有效的应对手段，完善是指对既有手段的优化与改进。在手段的丰富与完善方面，应该广泛地从国外应对突发冲击的宏观调控实践中吸取经验、总结教训。

第六部分 附 则

第二十六条 对外联系

在应对突发冲击的宏观调控过程中，宏观调控政策的实施不可避免地会通过各种机制影响到其他国家；同样地，其他国家的宏观调控措施也会通过各种途径对我国的宏观调控政策的作用造成影响，因此，必要时应该与主要的经济贸易往来国进行宏观调控政策方面的合作，以保证应对冲击的宏观调控效果。

第二十七条 预案系统建设

本预案是一个全局性的一般性预案，针对局部性的突发冲击，可以根据受冲击局部的特点制订更加细致的调控预案；针对不同类型的突发冲击，也可以总结出冲击规律，制订更具有针对性的宏观调控预案。

第二十八条 预案的管理与更新

预案系统的建设与完善，由国务院或其确定的机构负责；国务院确定的应急指挥机构应该定期组织整个应对冲击的宏观调控系统对各类预案进行更新，以适应不断变化的情况，提高预案的有效性。

结　　论

本书较为细致地回答了应对突发冲击的宏观调控的两个基本问题：什么时候需要进行宏观调控，以及需要采用何种力度的宏观调控？

作为研究的起点，本书广泛地收集了国内外相关的文献，并按一定的逻辑进行了梳理。研究认为，国内外关于应对突发冲击的调控措施主要有两大类：直接调控与间接调控，前者是政府身处第一线直接动用公共资源应对突发冲击，后者是政府通过培育某种市场机制来间接应对突发冲击。研究表明，国内外众多研究人员更倾向于用间接调控来应对突发冲击。同时，在应对突发冲击的具体方式方面，也存在两大类：依据静态预案进行应对和根据冲击的发展变异而进行动态应对。研究表明，静态预案存在着一个重要的内部矛盾，即如何既保证预案的明确性又保证预案的充分弹性；动态应对也存在着一个重要的内部矛盾，即如何既保证应对方案的灵活性又保证应对决策的正确性。因此，这两种方式应该最大限度地结合起来。此外，突发冲击的发展变异和环境变量会影响到应对突发冲击的宏观调控的效果。

为了回答"什么时候需要进行宏观调控"这一问题，首先，本书研究了突发冲击的短期和长期经济影响。理论分析与案例分析均表明，突发冲击对生产、分配、交换和消费四个经济环节均会产生短期经济影响，而对实物资本存量、人力资本存量、生产技术和自然资源四个方面则存在着长期的经济影响。其次，本书讨论了突发冲击的经济影响的监测与预警问题，文章构建了一个包括微观行为层次、市场行为层次和宏观结果层次三个层次在内的突发冲击的经济影响的预警指标体系，并讨论了突发冲击预警模型的阈值选择方法。研究表明，决策者风险厌恶程度 θ 越高会导致决策者选择更长的预警区间和更低的预警阈值；给定决策者的风险厌恶程度，预警区间越长则最优预警阈值越高，反之亦然。

为了回答"需要何种力度的宏观调控"问题，首先，本书设计了应对突发冲击的宏观调控效果的监测指标体系。宏观调控监测指标的敏感性测度研究结果表明，在应对突发冲击时，为了尽快实现既定的宏观经济目标，货币政策和汇率政策比较有效，而财政政策很难短期内奏效。研究结果表明,在宏观调控监测指标体系中,可以用价格指数、净出口和外商直接投资等作为实际汇率政策监测指标可以用价格指数、对外直接投资等作为财政政策监测指标;可以用价格指数、出口额和进口额等作为货币政策监测指标。其次,本书广泛收集了我国现有的应急预案并深入分析了其特点,结合典型案例,分析了近年来我国各类重大突发冲击以及政府采取的各种宏观调控措施,对这些冲击的背景、程度、影响、宏观调控措施及其效果进行了归纳比较分析。再次,本书应用 IMPLAN 系统对我国各产业和各经济区域受到就业需求冲击和产品需求冲击时的直接影响、间接影响、引致影响和总影响进行了系统性分析,对两类冲击下各产业、各经济区域的各种影响进行了排序,并在此基础上提出了相应的政策建议。最后,研究表明,受突发冲击后,那些影响大的产业和经济区域并不一定是脆弱的产业和区域,因为脆弱性不单单是影响程度的问题,还存在受冲击的可能性大小的问题。基于这一思路,将影响程度的大小和受冲击的可能性两个变量结合起来讨论我国各产业和各经济区域的经济脆弱性问题,对不同产业和不同区域在受到就业需求冲击和产品需求冲击时在附加值、就业和总产出各方面的经济脆弱性进行了排序,并在此基础上提出了相应的政策建议。

  在回答了前两个问题的基础上,本书进一步研究了应对突发冲击的宏观调控预案设计与模拟。研究表明,应对突发冲击的宏观调控手段是十分丰富的,每一种手段各具针对性,但基于政府的应对压力以及应对的有效性考虑,间接调控手段应该放在优先的位置。并且,政府在应对突发冲击时,要多手段结合。政府在选择这些手段应对某种突发冲击时,应该考虑到冲击本身的特殊性和冲击发生地点的环境特殊性,并且还要根据冲击的发展不断地微调所采用的手段,甚至改用新的手段。本书应用 IMPLAN 系统结合最近的案例进行了实证模拟。研究表明,针对不同的突发冲击,设定既定的调控目标,可以通过 IMPLAN 系统来确定不同政策的力度。本书从经济学、管理学和心理学三个视角梳理了应对突发冲击的宏观调控的相关理论,介绍了国外学者关于应对突发冲击的宏观调控预案设计的准则与流程,对一些国家应对突发冲击的宏观调控实践进行了比较分析,这些理论与实践的分析对我国应对突发冲击的宏观调控预案设计有很大的启发。研究结果认为,应对突发冲击的宏观调控预案的设计应该遵循三个基本原则:设计合理原则、运行有效原则与检验改进原则,应对突发冲击的宏观调控组织体系可以由国务院确定的应急指挥机构、基础数据提供机构、预警分析与效果监测机构、方案制订机构和方案实施机构共同组成。其中,国务院确定的应急指挥机构在组织体系内承担领导决策责任,另外四个机构各司其职、紧密配合,对应急指挥机构负责。作为本书最后一部分,我们尝试着设计了我国应对突发冲击宏观调控的一个一般性预案。

在研究过程中,我们发现,数据问题是一个主要障碍,特别是我国各产业和各经济区域间的投入产出表,需要做的工作还很多,如我国的产业间投入产出表,只是逢年份尾数为"2"和"7"的年份才进行编制,因此,我们能得到的最新的产业间投入产出表是2007年的。而区域间的投入产出表问题更大,由于没有权威机构发布区域间的投入产出表,现在可以获得的区域间投入产出表主要是相关研究人员根据其他数据间接测算出来的,并且时间非常滞后。我们得到的比较可信的区域间投入产出表均是1997年的,即便是这个年份的投入产出表,也依然是最近几年的研究成果。因此,加快我国产业间投入产出表的编制,缩短其编制周期,由权威机构定期发布经济区域间投入产出表显得十分必要而迫切。

由于这一数据的现实缺陷,本书尤其是IMPLAN系统分析的结论必然存在不能反映我国最新经济形势的先天不足或欠缺,提醒读者不可机械理解本书的某些观点,如"我国区域经济发展应该遵循的原则是稳定东部、发展中部、刺激西部;而在政策重点方面应存在差异:在东部较发达地区的经济政策重点是刺激就业,而在西部欠发达地区的经济政策重点应该是增加总需求"的观点就是来自IMPLAN系统分析的结论,只是基于特定数据才能成立。

另一个不足是我国的动态一般均衡模型(动态CGE模型)尚未有效地建立起来,我们基于一个静态的一般均衡模型(IMPLAN模型)对特定年份的数据进行分析,没有能够进行动态分析,得出在应对突发冲击的宏观调控过程中诸多重要经济变量变动趋势的相关结论,以后的研究可以沿着这一思路继续深入下去。

参 考 文 献

[1] 查尔斯·P.金德尔伯.疯狂、惊恐和崩溃:金融危机史(第四版)[M].中译本,北京:中国金融出版社,2007.

[2] 哈罗德·德姆塞茨著,梁小民译.企业经济学[M].北京:中国社会科学出版社,1999:1—17.

[3] 计雷,池宏,陈安等.突发事件应急管理[M].北京:高等教育出版社,2006.

[4] 陈波.基于模糊优选模型的突发事件的应急预案的优选[J].中国产业,2010(12):89—90.

[5] 陈长坤,孙云凤.基于动态管理模式的企业应急预案管理的研究[J].中国公共安全,2008(1):68—71.

[6] 陈翀等.我国公共危机管理中政府信息公开的探讨[J].科技情报开发与经济,2010(5):50—54.

[7] 陈振明.中国应急管理的兴起[J].东南学术,2010(1):41—47.

[8] 程美东.透视当代中国重大突发事件:1949—2005[M].北京:中共党史出版社,2008.

[9] 池宏,祁明亮,计雷,赵红.城市突发公共事件应急管理体系研究[J].中国安防产品信息,2005(4):32—35.

[10] 池宏,于瑛英.基于网络计划的应急预案的可操作性研究[J].公共管理学报,2007(2):78—81.

[11] 崔伟.东南亚金融危机后韩国政府的主要对策、措施及对我们的启示[J].国际经济技术研究,2001(1):43—45.

[12] 崔永峰.如何制订突发性环境事件应急预案[J].环境管理,2007(3):57—58.

[13] 范航.基于信息熵评价决策模型的突发公共事件应急处置指挥方案优选[J].中国安全科学学报,2009(2):65—68.

[14] 范维澄.国家突发公共事件应急管理中科学问题的思考和建议[J].中国科学基金,2007(2):71—76.

[15] 房文双.关于建立突发公共事件应急预案的思考[J].内蒙古农业大学学报,2010(2):97—98.

[16] 亗坚,杨念.中国的总供给——总需求模型:财政和货币政策分析框架[J].数量经济技术经济研究,2007(5):3—11.

[17] 高微.构建我国突发事件应急预案的评价指标体系[J].商业经济,2008(11):55—57.

[18] 龚敏,李文溥.中国经济波动的总供给与总需求冲击作用分析[J].经济研究,2007(11):32—44.
[19] 管怀鎏.我国宏观调控的科学化与精确化[J].南通大学学报,2010(9):65—70.
[20] 郭幽兰,刘春林,林中跃.灾害事件后管理层回应方式对股票收益影响的实证研究[J].财贸研究,2011(1):25—22.
[21] 郭子雪,张强.基于直觉模糊集的突发事件应急预案评估[J].数学的实践与认识,2008(22):32—36.
[22] 国家信息中心编.中国区域间投入产出表[M].北京:社会科学文献出版社,2005.
[23] 韩康.中国宏观调控三十年——纪念中国改革开放三十周年文集[C].经济科学出版社,2008.
[24] 黄典剑,宁绪成.石油化工企业应急预案评价方法研究[J].石油化工安全技术,2006(5):88—91.
[25] 黄继鸿,雷战波,凌超.经济预警方法研究综述[J].系统工程,2003,21(2):64—70.
[26] 黄毅.由自然灾害引发事故灾难的思考[J].现代职业安全,2007(10):16—17.
[27] 计雷等.突发事件应急管理[M].北京:高等教育出版社,2006.
[28] 姜传胜,邓云峰,贾海江,王晶晶.突发事件应急演练的理论思辨与实践探索[J].中国安全科学学报,2011(6):153—159.
[29] 金磊.试论防灾预案学[J].地质勘探安全,1999(1):56—58.
[30] 康书生,宋娜娜.中、美、英等国应对金融危机财政货币政策比较[J].武汉金融,2010(11):22—24.
[31] 李慧,赵艳博,林逢春.企业突发环境污染事故应急预案评估研究[J].环境科学与技术,2011(3):175—179.
[32] 李正全.SARS影响国民经济的短期与长期分析[J].经济科学,2006(3):25—31.
[33] 历帅.地方政府重大突发公共事件应对机制研究[D].燕山大学,2010.
[34] 廖洁明.突发事件应急管理绩效评估研究[D].暨南大学,2010.
[35] 廖为建,李莉.美国现代危机传播研究及其借鉴意义[J].广州大学学报(社会科学版),2004(8):105—108.
[36] 林鸿潮.论应急预案的性质和效力:以国家和省级预案为考察对象[J].法学家,2009(2):22—30.
[37] 李湖生,刘铁民.突发事件应急准备体系研究进展及关键科学问题[J].中国安全生产科学技术,2009(6):5—10.
[38] 刘国风.国际投机资本冲击风险预警指标体系的构建[J].财经理论与实践,2009,30(159):49—51.
[39] 刘吉夫,朱晶晶.我国自然灾害类应急预案评价方法研究(Ⅱ):责任矩阵评价[J].中国安全科学学报,2008(4):5—15.

[40] 刘吉夫,朱晶晶.我国自然灾害类应急预案评价方法研究(I):完备性评价[J].中国安全科学学报,2008(2):122—125.

[41] 刘庆富,周程远,张婉宁.地震灾难对中国股票市场的冲击效应[J].财经问题研究,2011(4):12—15.

[42] 刘庆顺,刘亚丽等.基于矩阵管理模式的应急管理常态化研究[J].合作经济与科技,2011(2):45—48.

[43] 刘树成.深刻把握经济运行态势和宏观调控新变化[J].理论参考,2011(4):29—31.

[44] 刘铁民.突发事件应急预案体系概念设计研究[J].中国安全生产科学技术,2011(8):5—13.

[45] 刘铁民.应急体系建设和应急预案编制[M].北京:企业管理出版社,2004.

[46] 刘伟,苏剑.供给管理与我国现阶段的宏观调控[J].经济研究,2007(2):4—15.

[47] 刘筱璐,薛安.突发公共事件应急预案支持系统的研究进展[J].中国安全科学学报,2007(9):87—91.

[48] 刘星.突发事件应对的财力保障机制:治理视角的分析[M].北京:中国社会出版社,2009.

[49] 刘燕华,李秀彬.脆弱生态环境与可持续发展[M].商务印书馆,2007.

[50] 罗伯特·丹哈特著.项龙、刘俊生译.公共组织管理(第2版)[M].北京:华夏出版社,2002.

[51] 罗建平.应急管理的五行模式[J].华东理工大学学报(社会科学版),2010(3):72—75.

[52] 马恩涛.我国财政风险预警系统研究[J].山东经济,2007(4):84—88.

[53] 马凯.落实科学发展观,推进应急管理工作[J].求是,2009(2):32—35.

[54] 苗兴壮.超越无常—突发事件应急静态系统建构[M].北京:人民出版社,2006:298.

[55] 祁明亮,池宏.应急预案制定中的场景选择问题研究[J].中国公共安全(学术版),2008(12):44—47.

[56] 曲波,丁琳.对区域经济脆弱性内涵的理论阐释[J].当代经济,2007(2):62—63.

[57] 闪淳昌.构建和谐社会中的中国应急管理[J].中国应急管理,2010(8):17—21.

[58] 石良平.中国宏观经济预警体系的评价与修正[J].统计研究,2007,21(1):64—69.

[59] 市村真一,王慧炯主编.中国经济区域间投入产出表[M].北京:化学工业出版社,2006.

[60] 孙鉴坤,陈娟.应急指挥决策系统的设计与分析[J].科技广场,2006(10):72—75.

[61] 孙颖,池宏,祁明亮,贾传亮.基于改进的多属性群决策方法的突发事件应急预案评估[J].中国管理科学,2005(13):66—68.

[62] 覃燕红.突发事件应急预案有效性评价[J].科技管理研究,2010(24):56—59.

[63] 唐文进,屠卫.基于长期递归识别法的突发公共事件总需求冲击分析[J].中南财经政法大学学报,2007(4):39—44.

[64] 陶世祥.突发事件应急管理的国际经验与借鉴[J].公共管理,2011(4):130—135.

[65] 万鹏飞.美国、加拿大和英国突发事件应急管理法选编[M].北京:北京大学出版社,2006.

[66] 王济川,郭志刚.Logistic 回归模型—方法与应用[M].北京:高等教育出版社,2001.

[67] 王强.公共危机应急反应管理体系:反思与重建[J].江海学刊,2004(2):90—93.

[68] 王泉洁.论我国城市突发公共事件的应急管理[D].山东师范大学硕士论文.2009.

[69] 王群勇.STATA 在统计与计量分析中的应用[M].天津:南开大学出版社,2007.

[70] 王天戍.基于案例推理的应急预案管理研究[J].现代计算机,2008(7):42—45.

[71] 王雅琴.突发事件应对中的公民参与[J].中国党政干部论坛,2010(5):15—16.

[72] 王永明,刘铁民.应急管理学理论的发展现状与展望[J].中国应急管理,2010(6):24—30.

[73] 王郅强,麻宝斌.突发公共事件的应急管理探讨[J].长白学刊,2004(2):36—40.

[74] 王子洋,程晓卿等.国家级应急预案体系构建特点分析与两维度铁路应急预案体系构建方法[J].物流技术,2010(4):47—49.

[75] 温家宝.关于当前的宏观经济形势和经济工作[J].求是,2011(9):3—8.

[76] 翁世淳.论全球国际收支失衡下的中国金融安全[J].海南金融,2007(8):9—11.

[77] 吴坚.基于主观与客观集成的属性权重求解方法[J].系统工程与电子技术,2007(3):32—35.

[78] 徐承红,冯尧,樊纲治.汶川地震对房地产市场的冲击与政策研究[J].统计研究,2010(4):14—20.

[79] 许宪春,李善同等.中国区域投入产出表的编制及分析[M].北京:清华大学出版社,2008.

[80] 薛澜,张强,钟开斌.危机管理:转型期中国面临的挑战[J].中国软科学,2003(4):58—61.

[81] 薛澜,钟开斌.突发公共事件分类、分级与分期:应急体制的管理基础[J].中国行政管理,2005(2):102—107.

[82] 杨继君,吴启迪,程艳.面向非常规突发事件的应急资源合作博弈高度[J].系统工程,2008(9):619—624.

[83] 杨继君,吴启迪等.面向非常规突发事件的应对方案序贯决策[J].同济大学学报(自然科学版),2010(4):66—68.

[84] 杨静,陈建明等.应急管理中的突发事件分类分级研究[J],管理评论,2005(4):37—41.

[85] 杨睿,毛英琴,杨升祥.政府应急管理能力建设的经验研究——以汶川、玉树抗震

救灾为例[J].求知,2010(7):24—26.

[86] 姚国章.典型国家突发公共事件应急管理体系及其借鉴[J].南京审计学院学报,2006(5):5—10.

[87] 姚杰,计雷,池宏.突发事件应急管理中的动态博弈分析[J].管理评论,2005(3):54—57.

[88] 于辉,陈剑.突发事件下何时启动应急预案[J].系统工程理论与实践,2007(8):27—32.

[89] 于辉,江智慧.突发事件下分阶段启动应急预案模型研究[J].管理工程学报,2011(1):109—144.

[90] 于瑛英,池宏,高敏刚.应急预案的综合评估研究[J].中国科技论坛,2009(2):88—92.

[91] 于瑛英,池宏.基于网络计划的应急预案的可操作性研究[J].公共管理学报,2007(2):100—107.

[92] 禹竹蕊.论应急预案的动态综合评估[J].人民论坛,2011(5):138—139.

[93] 原军良,原源.加强公共安全应急管理体系建设[J].理论探索,2008(4):122—124.

[94] 袁堂军.东日本大地震对国际资本市场的潜在影响[J].国际经济评论,2011(4):135—148.

[95] 苑广睿.论供给管理型财政政策[J].财政研究,2002(5):2—5.

[96] 约翰·肯尼斯·加尔布雷思.1929年大崩盘[M].中译本,上海:上海财经大学出版社,2006.

[97] 詹承豫.动态情景下突发事件应急预案的完善路径研究[J].行政法学研究,2011(1):51—56.

[98] 张海波.应急预案的编制、应用与优化——以《J省公路交通突发公共事件应急预案》为案例[J].江苏社会科学,2008(6):22—27.

[99] 张红.我国突发事件应急预案的缺陷及其完善[J].行政法学研究,2008(3):9—15.

[100] 张俊香,卓莉,刘旭拢.广东省台风暴潮灾害社会经济系统脆弱性分析——模糊数学方法[J].自然灾害学报,2010,19(1):116—121.

[101] 张盼娟,陈晋,刘吉夫.我国自然灾害类应急预案评价方法研究(Ⅲ):可操作性评价[J].中国安全科学学报,2008(10):16—25.

[102] 张维平.完善中国突发公共事件应急法律制度体系[J].中共四川省委省级机关党校学报,2006(2):35—38.

[103] 张喜才,张利庠.突发事件对农产品价格的影响及调控机制研究——以我国肉鸡行业为例[J].经济师,2011(1):22—26.

[104] 张岩.非常规突发事件态势演化和调控机制研究[D].中国科学技术大学,2011.

[105] 张英菊,闵庆飞,曲晓飞.突发公共事件应急预案评价中关键问题的探究[J].华

中科技大学学报(社会科学版),2008(6):41—47.
[106] 张勇,贾传亮,王建军.基于模糊综合评价方法的突发事件应急预案评估[J].中国管理科学,2004(12):87—90.
[107] 郑超愚.中国总供给总需求模型的动态调整[J].金融研究,2004(3):90—98.
[108] 郑向群,师荣光,刘凤枝,周立波,芮祚国.农业环境污染突发事件分析与应急响应机制[J].农业环境与发展,2008(1):21—24.
[109] 中国丝绸年鉴编委会.中国丝绸年鉴[M].杭州:丝绸杂志社,2002—2007.
[110] 中国现代国际关系研究所危机管理与对策研究中心.国际危机管理概论[M].北京:时事出版社,2003:300.
[111] 中央电视台栏目组.华尔街冲击波[M].机械出版社,2009.
[112] 钟开斌,张佳.论应急预案的编制与管理[J].甘肃社会科学,2006(3):240—243.
[113] 周红,艾太强.公共危机管理状态下地方政府公信力的重塑[J].西北师大学报(社会科学版),2011(7):89—92.
[114] 周炼石.集分权政策理论及其应用[J].上海行政学院学报,2002(1):50—56.
[115] 朱力,韩勇,乔晓征等.我国重大突发事件解析[M].南京:南京大学出版社,2009.
[116] 宗良,李亚芳,边卫红.日本大地震对经济金融的影响[J].国际金融研究,2011(4):12—18.
[117] Abbott, P., 2004, *Natural Disasters*, 4th edition. New York: Mc-Graw Hill.
[118] Abadie, A. and J. Gardeazabal, 2008, "Terrorism and the world economy", *European Economic Review*, Vol. 52, No. 1, pp. 1—27.
[119] Abadie, A. and S. Dermisi, 2006, "Is terrorism eroding agglomeration economies in central business districts? lessons from the office real estate market in downtown Chicago", NBER Working Paper, No. 12678. November.
[120] Adger, W., H. Neil, P. Terry and C. Folke, 2005, "Social-ecological resilience to coastal disasters", *Science*, Vol. 309, No. 5737, pp. 1036—1039.
[121] Aharoni, Y., 1966, *The Foreign Investment Decision Process*, Boston: Harvard University Press.
[122] Aiuppa, T. A. and T. M. Krueger, 1995, "Insurance stock prices following the 1994 Los Angeles earthquake", *Journal of Insurance Issues*, Vol. 18, No. 2, pp. 1—13.
[123] Aiuppa, T. A., R. J. Carney, and T. M. Krueger, 1993, "An examination of insurance stock prices following the 1989 Loma Prieta earthquake", *Journal of Insurance Issues and Practices*, Vol. 16, No. 1, pp. 1—14.
[124] Alesina, Alberto, and R. Perotti, 1996, "Income distribution, political instability, and investment", *European Economic Review*. Vol. 40, No. 6, pp. 1203—1228.
[125] Alexander, D., 2002, "From civil defense to civil protection and back again", *Dis-

aster Prevention and Management, Vol. 11, No. 3, pp. 209—213.

[126] Alexander, D. E. 2003, "Towards the development of standards in emergency management training and education", Disaster Prevention and Management, Vol. 12, No. 2, pp. 113—123.

[127] Alexander, D., 2005, "Towards the development of a standard in emergency planning", Disaster Prevention and Management, Vol. 14, No. 2, pp. 158—175.

[128] Allen, M., 2006, "The global economic and financial impact of an Avian Flu Pandemic and the role of the IMF", IMF Working Paper. February 28.

[129] Almond, D., 2006, "Is the 1918 Influenza Pandemic over? long-term effects of in Utero Influenza Exposures in the post-1940 U. S. Population", Journal of Political Economy, Vol. 114, No. 2, pp. 672—712.

[130] Alwang, J., P. Siegel and S. Jorgensen, 2001, "Vulnerability: a view from different disciplines", The World Bank Working Paper.

[131] Aly, H., and M. C. Strazicich, 2002, "Terrorism and tourism: is the impact permanent or transitory? time series evidence from Egypt and Israel", University of Central California Working Paper.

[132] Athukorala, P. and B. Resosudarmo, 2005, "The Indian Ocean Tsunami: economic impact disaster management and lessons", Asian Economic Papers, Vol. 4, No. 1, pp. 1—39.

[133] Auffret, P., 2003, "High consumption volatility: the impact of natural disasters?" World Bank Policy Research Working Paper, No. 2962.

[134] Baer, W. C., 1997, "General plan evaluation criteria: an approach to making better plans", Journal of the American Planning Association, Vol. 63, No. 3, pp. 292—344.

[135] Barro, R. J., 1991, "Economic growth in a cross section of countries", The Quarterly Journal of Economics, Vol. 106, No. 2, pp. 407—443.

[136] Basi, R. S., 1963, Determinants of United States Private Direct Investment in Foreign Countries, Kent: Kent State University.

[137] Becker, G. and K. Murphy, 2001, "Prosperity will rise out of the ashes", Wall Street Journal. October 29.

[138] Berg, A. and C. Pattillo, 1999, "Are currency crises predictable? a test." IMF Staff Papers, Vol. 46, No. 2, pp. 107—138.

[139] Blake, A. and M. T. Sinclair, 2003, "Tourism crisis management: adjusting to a temporary downturn", Annals of Tourism Research, Vol. 30, No. 4, pp. 813—832.

[140] Bleich, D., 2003, "The reaction of multifamily capitalization rates to natural disasters", Journal of Real Estate Research, Vol. 25, No. 2, pp. 133—144.

[141] Block, J. and P. Sandner, 2009, "What is the effect of the current financial crisis on venture capital financing? empirical evidence from US internet start-ups", Munich

Personal REPEc Archive Working Paper.

[142] Blomberg, S. B., and A. Mody, 2005, "How severely does violence deter international investment?" Claremont McKenna College, *Working Paper*, No. 2005-01.

[143] Boettke, P., E. Chamlee-Wright, P. Gordon, S. Ikeda, P. T. Leeson and R. Sobe, 2007, "The political, economic, and social aspects of Katrina", *Southern Economic Journal*, Vol. 74, No. 2, pp. 363—376.

[144] Bond, S. A., M. Dungey and R. Fry, 2006, "A web of shocks: crises across Asian real estate markets", *Jounarl of Real Estate Financial Economy*, Vol. 32, No. 3, pp. 253—274.

[145] Bond, S., L. Leblebicioglu and F. Schiantarelli, 2004, "Capital accumulation and growth: a new look at the empirical evidence", IZA Discussion Paper, No. 1174.

[146] Bowen, A. A., 2008, "Are we really ready? the need for national emergency preparedness standards and the creation of the cycle of emergency planning", *Politics & Policy*, Vol. 36, No. 5, pp. 834—853.

[147] Brainerd, E. and M. V. Siegler, 2003, "The economic effects of the 1918 Influenza Epidemic", Discussion Paper, No. 3791. (London: Centre for Economic Policy Research, February).

[148] Bram, J., J. Orr, and C. Rapaport, 2002, "Measuring the effects of the September 11 attack on New York city", *Federal Reserve Bank of New York Economic Policy Review*, November, pp. 5—20.

[149] Briguglio, L., G. Cordina, N. Farrugia and S. Vella, 2006, "Economic vulnerability and resilience: concepts and measurements", World Institute for Development Economic Research Working Paper.

[150] Briguglio, L., G. Cordina, N. Farrugia and S. Vella, 2009, "Economic vulnerability and resilience concepts and measurements", *Oxford Development Studies*, Vol. 37, No. 3, pp. 229—247.

[151] Britton, N. R. 1999, "Whether the Emergency Manager?", *International Journal of Mass Emergencies and Disasters*, Vol. 17, No. 2, pp. 223—235.

[152] Bruneau, M., S. Chang and R. Eguchi, 2003, "A framework to quantitatively assess and enhance the seismic resilience of communities", *Earthquake Spectra*, Vol. 19, No. 4, pp. 733—752.

[153] Bums Kaji, Robinson Lewis, 2007, "Evaluation of responses of an air medical helicopter program during a comprehensive emergency response drill", *Air Medical Journal*, Vol. 26, No. 3, pp. 139—143.

[154] Bussière, M., and M. Fratzscher, 2006, "Towards a new early warning system of financial crises". *Journal of International Money and Finance*, Vol. 25, No. 6, pp. 953—973.

[155] Butkiewicz, J. L. and H. Yanikkaya, 2005, "The impact of sociopolitical instabili-

ty on economic growth: analysis and implications", *Journal of Policy Modeling*, Vol. 27, No. 5, pp. 629—645.

[156] Caballeros, R., and R. Zapata, 1995, "The impacts of natural disasters on developing economies: implications for the international development and disaster community", *Disaster Prevention for Sustainable Development*, ECLAC, Mexico City.

[157] Cafiero, C., F. Capitanio, A. Cioffi and A. Coppola, 2007, "Risk and crisis management in the reformed european agricultural policy", *Canadian Journal of Agricultural Economics*, Vol. 55, No. 4, pp. 419—441.

[158] Campbell, J. Y. and N. G. Mankiw, 1987, "Are output fluctuations transitory?" *The Quarterly Journal of Economics*, Vol. 102, No. 4, pp. 857—880.

[159] Cardona, O., 2003, "The need for rethinking the concepts of vulnerability and risk from a holistic perspective: a necessary review and criticism for effective risk management", *Mapping Vulnerability: Disasters, Development and People*.

[160] Carter, N., 1991, "Disaster management: a disaster manager's handbook", *Asian Development Bank Publications*, Manila.

[161] Carter, M., P. Little, T. Mogues, W. Negatu, 2005, "Shocks, sensitivity and resilience: tracking the economic impacts of environmental disaster on assets in ethiopia and honduras", *University of Wisconsin Working Paper*.

[162] Cecchetti, S. G., 2009, "Crisis and responses: the federal reserve in the early stages of the financial crisis", *Journal of Economic Perspectives*, Vol. 23, No. 1, pp. 51—75.

[163] Chambers, D. and J. Guo, 2009, "Natural resources and economic growth: some theory and evidence", *Annals Of Economics And Finance*, Vol. 10, No. 2, pp. 367—389.

[164] Cih..k, M., P. Tigran, 2009, "Distress in european banks: an analysis based on a new data set", IMF Working Paper, No. 09/9.

[165] Cohen, S., W. Eimicke and J. Horan, 2002, "Catastrophe and the public service: a case study of the government response to the destruction of the world trade center", *Public Administration Review*, Vol. 62, Special Issue, September, pp. 24—32.

[166] Coles, E., P. Buckle, 2004, "Developing community resilience as a foundation for effective disaster recovery", *The Australian Journal of Emergency Management*, Vol. 19, No. 4, pp. 92—104.

[167] Collier, P., G. Conway, T. Venables, 2008, "Climate change and Africa", *Oxford Review of Economic Policy*, Vol. 24, No. 2, pp. 337—353.

[168] Coombs, W. T., 1995, "Choosing the right words: The development of guidelines for the 303 selection of the 'appropriate' crisis response strategies", *Management Communication Quarterly*, No. 8, pp. 188—221.

[169] Coombs, W. T., 2001, "Teaching the crisis management/communication course",

Public Relations Review, No. 27, pp. 89—101.

[170] Coombs, W. T., 2011, *Ongoing Crisis Communication: Planning, Managing, and Responding*, Sage Publications, Inc.

[171] Cropper, L. and S. Sahin, 2009, "Valuing mortality and morbidity in the context of disaster risks", World Bank Policy Research Working Paper, No. 4832.

[172] Cuaresma, J. C., 2009, "Natural disasters and human capital accumulation". Policy Research Working Paper, No. 4862.

[173] Cuaresma, J. C., H. Jhlouskova, and M. Oobersteiner, 2008, "Natural disasters as creative destruction? evidence from developing countries", *Economic Inquiry*. Vol. 46, No. 2. pp. 214—216.

[174] Cummins, J. D., 2006, "Should the government provide insurance for catastrophes?" *Federal Reserve Bank Of St. Louis Review*, July/August, Vol. 88, No. 4, pp. 337—379.

[175] Cutter, S. L., 1996, "Vulnerability to environmental hazards", Vol. 20, No. 4, pp. 529—539.

[176] Downing, T. E, 1991, "Vulnerability to hunger in Africa: a climate change perspective", *Global Environmental Change*, Vol. 1, No. 5, pp. 365—380.

[177] Dymon. U. J, 2003, "An analysis of emergency map symbology", *International Journal of Emergency Management*, Vol. 11, No. 3, pp. 227—237.

[178] Drakos, K., 2004, "Terrorism-induced structural shifts in financial risk: airline stocks in the aftermath of the September 11th terror attacks", *European Journal of Political Economy*, Vol. 20, No. 2, pp. 435—446.

[179] Drakos, K., A. M. Kutan, 2003, "Regional effects of terrorism on tourism in three mediterranean countries", *Journal of Conflict Resolution*, Vol. 47, No. 5, pp. 621—641.

[180] Dumams, P., S. Hallegatte, 2009, "Think again: higher elasticity of substitution increases economic resilience", FEEM Working Paper, No. 66.

[181] Duval, R., J. Elmeskov, and L. Vogel, 2007, "Structural policies and economic resilience to shocks", OECD Economics Department Working Paper, No. 567.

[182] Easterly, W. and R. Levine, 2001, "It's not factor accumulation: stylized facts and growth models", Working Papers Central Bank of Chile from Central Bank of Chile.

[183] Eckstein, Z. and D. Tsiddon, 2004, "Macroeconomic consequences of terror: theory and the case of Israel", *Journal of Monetary Economics*, Vol. 51, No. 5, pp. 971—1002.

[184] Eisensee, T. and D. StroMberg, 2007, "News droughts, news floods, and U. S. disaster relief", *The Quarterly Journal of Economics*, Vol. 122, No. 2, pp. 693—728.

[185] Enoch, C., O. Frécaut and A. Kovanen, 2003, "Indonesia's banking crisis: what happened and what did we learn?", *Bulletin of Indonesian Economic Studies*, Vol. 39,

No. 1, pp. 75—92.

[186] Easterly, W., Kremer, M., Pritchett, L., Summers, L. H., 1993. "Good policy or good luck? Country growth performance and temporary shocks". *Journal of Monetary Economics*, No. 32, pp. 459—483.

[187] Fara, K., 2001, "How natural are 'natural disasters' vulnerability to drought of communal farmer in southern Namibia", *Risk Management*, Vol. 3, No. 3, pp. 47—63.

[188] Farazmand, A., 2001, *Handbook of Crisis and Emergency Management*, New York: Marcel 304 Dekker, Inc.

[189] Flynn, P., 2002, "Financial bailout of September 11: rapid response", *Challenge*, Vol. 45, No. 1, pp. 104—116.

[190] Fomby, T., Y. Ikeda and N. Loayza, 2009, "The growth aftermath of natural disasters", World Bank Policy Research Working Paper, No. 5002.

[191] Frankel, J., and A. Rose, 1996, "Currency crashes in emerging markets: an empirical treatment", *Journal of International Economics*, Vol. 41, No. 3—4, pp. 351—366.

[192] Fratianni, M. and H. Kang, 2006, "International terrorism, international trade, and borders", *Working Papers from Indiana University, Kelley School of Business, Department of Business Economics and Public Policy*, No. 2006—2013.

[193] Freeman, C. and C. Perez, 1988, "Structural crises of adjustment: business cycles and investment behaviour", *Technical Change and Economic Theory*. Francis Pinter, London, pp. 38—66.

[194] Frosdick, S. 1997, "The Techniques of Risk Analysis are Insufficient in Themselves", *Disaster Prevention and Management*, Vol. 6, No. 3, pp. 165—177.

[195] Fuchs-Schundeln, Nicola, 2008, The Response of Household Saving to the Large Shock of German Reuniication, American Economic Review, Vol. 98, No. 5, pp. 1798—1828.

[196] Gali, G., 1999, "Inflation dynamics: a structural econometric analysis", *Journal of Monetary Economics*, Vol. 44, No. 2, pp. 195—222.

[197] Gallopin, G. C., 2006, "Linkages between vulnerability, resilience, and adaptive capacity", *Global Environmental Change*, No. 16, pp. 293—303.

[198] Garner, C. A., 2002, "Consumer Confidence after September 11", *Economic Review Second Quarter*.

[199] Geis, D., 2000, "By design: The disaster resistant and quality of life community", *Natural Hazards Review*, Vol. 1, No. 3, pp. 151—160.

[200] Gertler, P., D. Levine and S. Martinez, 2003, "The presence and presents of parents: do parents matter for more than their money?" Paper Presented At The Scientific Meeting On Empirical Evidence For The Demographic And Socio-Economic Impact

of AIDS.

[201] Goodhart, C. A. E., 2008, "The background to the 2007 financial crisis", *Southern Economic Journal*, Vol. 4, No. 4, pp. 331—346.

[202] Gordon, R. J., 1996, "The time-varying NAIRU and its implication for economic policy", NBER Working Paper. No. 5735.

[203] Greenberg, M., M. Lahr and N. Mantell., 2007, "Understanding the economic costs and benefits of catastrophes and their aftermath: a review and suggestions for the U.S. federal government", *Risk Analysis*, Vol. 27, No. 1, pp. 83—96.

[204] Grenville, S., 2004, "The IMF and the Indonesian crisis", *Bulletin of Indonesian Economic Studies*, Vol. 40, No. 1, pp. 77—94.

[205] Grossman, G. and A. Krueger, 1995, "Economic growth and the environment", *Quarterly Journal of Economics*, Vol. 110, No. 2, pp. 353—377.

[206] Hallegatte, S. and M. Ghil, 2008, "Natural disasters impacting a macroeconomic model with endogenous dynamics", *Ecological Economics*, Vol. 68, No. 1—2, pp. 582 — 592.

[207] Hallegatte, S. and P. Dumas, 2008, "Can natural disasters have positive consequences? investigating the role of embodied technical change", *Ecological Economics*, Vol. 68, No. 3, pp. 777—786.

[208] Heylen, F., J. Pozzi and J. Vandewege, 2004, "Inflation crises, human capital formation and growth", Working Papers of Faculty of Economics and Business Administration, Ghent University, Belgium.

[209] Hoetmer, G., 2003, "Characteristics of effective emergency management organisational structures", *Public Entity Risk Institute*, Fairfax.

[210] Holling, C. S., 1973, "Resilience and stability of ecological systems", *Annual Reviews Ecological System*, Vol. 4, pp. 1—23.

[211] Ito, H. and D. Lee, 2004, "Assessing the impact of the September 11 terrorist attacks on U.S. airline demand", Brown University Economics Working Paper, No. 2003—2016.

[212] Javid, A. Y., 2007, "Stock market reaction to catastrophic shock: evidence from listed Pakistani firms", Working papers, No. 2007—2037

[213] Jermann, U. and V. Quadrini, 2009, "Macroeconomic effects of financial shocks", NBER Working Paper, No. 15338.

[214] Jin, H. J. and J. Kim, 2008, "The effects of the bse outbreak on the security values of US agribusiness and food processing firms", *Applied Economics*, Vol. 40, No. 3, pp. 357—372.

[215] Kaminsky, G., S. Lizondo and C. Reinhart, 1998, "Leading indicators of currency crises", IMF Staff Papers, Vol. 45, No. 1, pp. 1—48.

[216] Kawai, M., 1998, "The East Asian currency crisis: causes and lessons", *Contem-

porary Economic Policy, Vol. XVI, April, pp. 157—172.

[217] Kemp, R. L., 2009, "Comments on assessing and managing environmental risk: connecting local government managers with emergency management", *Public Administration Review*, Vol. 69, No. 2, pp. 194—197.

[218] Khandker, Shahidur R., 2007, "Coping with flood: role of institutions in Bangladesh", *Agricultural Economics*, Vol. 36, Issue 2, pp. 169—180.

[219] Klein, R., R. Nicholls and F. Thomalla, 2003, "Resilience to natural hazards: how useful is this concept?" *Environmental Hazards*, Vol. 5, No. 1—2, pp. 35—45.

[220] Krueger, A. B. and M. Lindahl, 2001, "Education for growth: why and for whom?" *Journal of Economic Literature*, Vol. 39, No. 4, pp. 1101—1136.

[221] Kunreuther, H. and M. Pauly, 2006, "Rules rather than discretion: lessons from Hurricane Katrina", *Journal of Risk Uncertainty*, Vol. 33, No. 1, pp. 101—116.

[222] Kunreuther, H., 2002, "The role of insurance in managing extreme events: implications for terrorism coverage", Center for Financial Institutions Working Papers, No. 02—07.

[223] Kydland, F. E. and E. C. Prescott, 1982, "Time to build and aggregate fluctuations", *Journal of Econometrica*, Vol. 50, No. 6, pp. 1345—1370.

[224] Lamb, R. P., 1995, "An exposure-based analysis of property-liability insurer stock values around Hurricane Andrew", *The Journal of Risk and Insurance*, Vol. 62, No. 1, pp. 111—123.

[225] Lamb, R. P., W. F. Kennedy, 1997, "Insurer stock prices and market efficiency around the Los Angeles earthquake", *Journal of Insurance Issues*, Vol. 18, No. 1, pp. 1—13.

[226] Lee, J. and C. Rhee, 2002, "Macroeconomic impacts of the Korean financial crisis: comparison with the cross-country patterns", *The World Economy*, Vol. 25, No. 471, pp. 539—562.

[227] Leeuwen, B. V. and P. Foldvari, 2008, "Human capital and economic growth in Asia 1890—2000: a time-series analysis", *Asian Economic Journal*, Vol. 22, No. 3, pp. 225—240.

[228] Levy, O. and I. Galili, 2006, "Terror and trade of individual investors", *The Journal of 306 Socio-Economics*. Vol. 35, No. 6, pp. 980—991.

[229] Lindell, M. K. and R. W. Perry., 1992, "Behavioral foundations of community emergency planning", *Hemisphere Publishing*, Washington.

[230] Lindell, M. K., 1995, "Assessing emergency preparedness in support of hazardous facility risk analyses: application to siting a US hazardous waste incinerator", *Journal of Hazardous Materials*, Vol. 40, No. 3, pp. 235—289.

[231] Lipsey, R. G., P. N. Courant and C. T. S. Ragan, 2009, *Macroeconomics*, 13ed. Addison-Wesley.

[232] Loayza, N, E. Olaberria, J. Rigolini and L. Christiansen, 2009, "Natural disasters and medium-term economic growth, the contrasting effects of different events on disaggregated output", *World Bank-UN Assessment on the Economics of Disaster Risk Reduction*.

[233] Loh, B., 2005, "Disaster risk management in Southeast Asia a developmental approach", *ASEAN Economic Bulletin*, Vol. 22, No. 2, pp. 229—239.

[234] Lopez, R., 2009, "Natural disasters and the dynamics of intangible assets", The World Bank Working Paper.

[235] Lucas, R. E, Jr, 1990, "Why doesn't capital flow from rich to poor countries?" *The American Economic Review*, Vol. 80, No. 2, pp. 92—96.

[236] Mahul, O., and E. Gurenko, 2006, "The macro financing of natural hazards in developing countries", World Bank Policy Research Working Paper, No. 4075.

[237] Mankiw, N. G., 2009, *Brief Principles of Macroeconomics*, 5ed. South-Western Cengage Learning.

[238] McEntire, D. A., 2001, "Triggering agents, vulnerabilities and disaster reduction: towards a holistic paradigm", *Disaster Prevention and Management*, Vol. 10, No. 3, pp. 189—196.

[239] McEntire, D. A., C. Fuller, C. W. Johnston and R. Weber, 2002, "A comparison of disaster paradigms: the search for a holistic policy guide", *Public Administration Review*, Vol. 62, No. 3, pp. 267—281.

[240] McEntire, D. A., 2004, "The status of emergency management theory: Issues, barriers, and recommendations for improved scholarship", The 2004 Annual Emergency Management Higher Education Conference, National Emergency Training Center.

[241] McIntosh, M. F., 2008, "Measuring the labor market impacts of hurricane katrina migration: evidence from Houston, Texas", *American Economic Review: Papers & Proceedings*. Vol. 98, No. 2, pp. 54—57.

[242] Mckenzie, D. J., 2006, "The consumer response to the Mexican Peso crisis," *Economic Development and Cultural Change*, Vol. 55, No. 1, pp. 139—172.

[243] McLeod, R. H., 2004, "Dealing with bank system failure: Indonesia, 1997—2003", *Bulletin of Indonesian Economic Studies*, Vol. 40, No. 1, pp. 95—116.

[244] Mende, A., 2006, "09/11 on the USD/EUR foreign exchange market", *Applied Financial Economics*, Vol. 16, No. 3, pp. 213—222.

[245] Mensch, G., 1978, *Stalemate in Technology: Innovations Overcome the Depression*, Ballinger Pub Co.

[246] Mirza, M., 2003, "Climate change and extreme weather events: can developing countries adapt?" *Climate Policy*, Vol. 3, No. 3, pp. 233—248.

[247] Michael K Lindell., 1995, "Assessing emergency preparedness in support of hazard-

ous facility risk analyses—Application to siting a US hazardous waste incinerator", *Journal of 307 Hazardous Materials*, Vol. 40, No. 3, pp. 297—319.

[248] Muewissen, M. P. M., Van Asseldonk, M. A. P. M. and Huiren, R. B. M. 2006, "Coping with crisis risk in European agriculture", The Agricultural Economics Society and the European Association of Agricultural Economists, *EuroChoices*, Vol. 5, No. 3. pp. 34—39.

[249] Nakagawa, Y. and R. Shaw, 2004, "Social Capital: A Missing Link to Disaster Recovery," *International Journal of Mass Emergencies and Disasters*, Vol. 22, No. 1, pp. 5—34.

[250] Neely, C. J., 2004, "The federal reserve responds to crises: september 11th was not the first", *Federal Reserve Bank of St. Louis Review*, March/April, Vol. 86, No. 2, pp. 27—42.

[251] Nitsch, V. and D. Schumacher, 2004, "Terrorism and international trade: an empirical investigation", *European Journal of Political Economy*, Vol. 20, No. 2, pp. 423—433.

[252] Okuyama, Y., G. J. D. Hewings and M. Sonis, 2004, *Modeling the Spatial and Economic Effects of Disasters*. New York: Springer.

[253] Ozkan, F. G., 2005, "Currency and financial crises in Turkey 2000—2001: bad fundamentals or bad luck?" *The World Economy*, Vol. 28, No. 4, pp. 541—572.

[254] Panyarachun, Anand, 1995, "AIDS and social and economic progress in Asian and Pacific countries", Third International Conference on AIDS in Asia and the Pacific, Chiang Mai, Thailand.

[255] Pelling, M. and J. I. Uitto, 2001, "Small island developing states: natural disaster vulnerability and global change", *Environmental Hazards*, Vol. 3, No. 2, pp. 49—62.

[256] Perron, P., 1989, "The great crash, the oil price shock, and the unit root hypothesis", *Journal of Econometrica*, Vol. 57, No. 6, pp. 1361—1401.

[257] Perry, R. W. and M. K. Lindell, 2003, "Preparedness for emergency response: guidelines for the emergency planning process", *Disasters*, Vol. 27, No. 4, pp. 336—350.

[258] Poole, W., 2007, "Responding to financial crises: what role for the Fed?" *Cato Journal*, Vol. 27, No. 2, pp. 149—155.

[259] Quarantelli, E. L. 1982., "Ten research-derived principles of disaster planning", *Disaster Management*, Vol. 2, pp. 235.

[260] Quarantelli, E. L., 1985, "Emergent Citizens Groups in Disaster Preparedness and Recovery Activities", University of Delaware Disaster Research Center, Newark.

[261] Quarantelli, E. L., 1992, "The Case for a Generic rather than Agent Specific Approach to Disasters", *Disaster Management*, Vol. 2, pp. 191—196.

[262] Quarantelli, E. L., 1995, "What is a disaster?", *International Journal of Mass*

Emergencies and Disasters, Vol. 13, No. 3, pp. 221—229.

[263] Raddatz, C., 2009, "The Wrath of God: Macroeconomic Costs of Natural Disasters", World Bank Policy Research Working Paper, No. 5039.

[264] Rajan, R. S., 2007, "Financial crisis, capital outflows, and policy responses: examples from East Asia", *Journal of Economic Education*, Vol. 38, No. 1, pp. 92—108.

[265] Ranganathan, N., U. Gupta, R. Shetty and A. Murugavel, 2007, "An automated decision support system based on game theoretic optimization for emergency management in urban Environments", *Journal of Homeland Security and Emergency Management*, No. 2, pp. 125—156.

[266] Rasmussen, T., 2004, "Macroeconomic implications of natural disasters in the Caribbean", 308 IMF Working Paper. WP/04/224.

[267] Ratnovski, L. and R. Huang, 2009, "Why are Canadian banks more resilient?" IMF Working Paper, No. 09/152.

[268] Reinhart, C., G. Kaminsky and S. Lizondo, 1997, "Leading indicators of currency crises", IMF Working Paper, No. 97/79.

[269] Roberts, A., 2009, "Building resilience: macrodynamic constraints on governmental response to crises", Suffolk University Law School Research Paper, No. 09—23.

[270] Rockett, J. D., 1994, "A Constructive Critique of United Kingdom Emergency Planning", *Disaster Prevention and Management*, Vol. 3, No. 1, pp. 47—60.

[271] Rose, A. and S. Liao, 2005, "Modeling regional economic resilience to disasters: a computable general equilibrium analysis of water service disruptions", *Journal of Regional Science*, Vol. 45, No. 1, pp. 75—112.

[272] Russett, B. and J. Slemrod, 1992, "Diminished expectations of nuclear war and increased personal savings: evidence from individual survey data", NBER Working Paper, No. 4031.

[273] Sachs, J., A. Tornell and A. Velasco, 1996, "The Mexican Peso crisis: sudden death or death foretold?" *Journal of International Economics*, Vol. 41, No. 3—4, pp. 265—283.

[274] Schultz, T. W., 1961. "Investment in human capital", *American Economic Review*, Vol. 51, No. 1, pp. 1—17.

[275] Shelor, R. M., D. C. Anderson and M. L. Cross, 1990, "The impact of the California earthquake on real estate firms' stock value", *Journal of Real Estate Research*, Vol. 5, No. 3, pp. 335—400.

[276] Shelor, R. M., D. C. Anderson and M. L. Cross, 1992, "Gaining from loss: property-liability insurer stock values in the aftermath of the 1989 California earthquake", *Journal of Risk and Insurance*, Vol. 5, No. 3, pp. 476—488.

[277] Shelton, J. and S. Sifers., 1994, "Standardizing training assessment", *Military*

Review, Vol. 74, No. 10, pp. 5—13.

[278] Schollhammer, H., 1974, *Locational Strategies of Multinational Firms*, Los Angeles: Pepperdine University.

[279] Schultz, T. P., 2003, "Human Capital, Schooling and Health Returns", Yale University Economic Growth Center Working Papers, No. 853.

[280] Simo, G. and A. L. Bies, 2007, "The role of nonprofits in disaster response: an expanded model of cross-sector collaboration", *Public Administration Review*, Vol. 67, Special Issue, pp. 125—142.

[281] Skidmore, M. and H. Toya, 2002, "Do natural disasters promote long-run growth?" *Journal of Economic Inquiry*, Vol. 40, No. 4, pp. 664—687.

[282] Skidmore, M., 2001, "Risk, natural disasters and household savings in a life cycle model", *Japan and the World Economy*, Vol. 13, No. 1, pp. 15—34.

[283] Slemrod, J., 1988, "Fear of nuclear war and intercountry differences in the rate of saving", NBER Working Paper, No. 2801.

[284] Snow, D., G. Gianakis and E. Fortess, 1991, "Simulating massachusetts municipalities' recession readiness: early warning of a perfect storm?" *Public Budgeting & Finance*, Vol. 28, No. 1, pp. 1—21.

[285] Söderqvist, T., 2000, "Natural resources damage from chernobyl: further results", *Environmental and Resource Economics*, Vol. 16, No. 3, pp. 343—346.

[286] Solow, R. M., 1974, "Intergenerational equity and exhaustible resources", *Review of Economic Studies*, Vol. 41, No. 1, pp. 29—45.

[287] Somers, S. and J. H. Svara, 2009, "Assessing and managing environmental risk: connecting local government managers with emergency management", *Public Administration Review*, Vol. 69, No. 2, pp. 194—197.

[288] Sprecher, C. R. and M. A. Pertl, 1983, "Large losses, risk management and stock prices", *The Journal of Risk and Insurance*, Vol. 50, No. 1, pp. 107—117.

[289] Stiglitz, J., 1974, "Growth with exhaustible natural resources: efficient and optimal growth paths", *Review of Economic Studies*, Vol. 41, pp. 139—152.

[290] Strobl, E., 2011, "The economic growth impact of natural disasters in developing countries: evidence from hurricane strikes in the Central American and Caribbean regions", *Journal of Development Economics*, Vol. 97, No. 1, pp. 130—141.

[291] Strömberg, D., 2007, "Natural disasters, economic development, and humanitarian aid", *Journal of Economic Perspectives*, Vol. 21, No. 3, pp. 199—222.

[292] Svensson, J., 1998, "Investment, property rights and political instability: theory and evidence", *European Economic Review*, Vol. 42, No. 7, pp. 1317—1341.

[293] Thomas, E. D., 2004, "Theories relevant to emergency management versus a theory of emergency management", The 2004 annual Emergency Management Higher Education Conference, National Emergency Training Center.

[294] Tilak, B. G. J., 1989, "Education and its relation to economic growth, poverty, and income distribution: past evidence and further analysis", World Bank Discussion Paper, No. 46.

[295] Tierney, K., M. K. Lindell and R. W. Perry., 2001, "Facing the Unexpected: Disaster Preparedness and Response in the United States", *Joseph Henry Press*, Washington.

[296] Toya, H. and M. Skidmore, 2007, "Economic development and the impacts of natural disasters", *Economics Letters*, Vol. 94, pp. 20—25.

[297] Vergano, L. and A. Nunes, 2006, "Analysis and evaluation of ecosystem resilience: an economic perspective", FEEM Working Paper, No. 2506.

[298] Vigdor, J., 2008, "The economic aftermath of Hurricane Katrina", *Journal of Economic Perspectives*, Vol. 22, No. 4, pp. 135—154.

[299] Wade, R., 2008, "The first-world debt crisis of 2007—2010 in global perspective", *Challenge*, Vol. 51, No. 4, pp. 23—54.

[300] Wandersman, A., P. Imm, M. Chinman and S. Kaftarian, 2000, "Getting to outcomes a results: based approach to accountability", *Evaluation and Program Planning*, Vol. 23, No. 3, pp. 389—395.

[301] Wang, C., S. Wei, H. Xiang, Y. Xu, S. Han, O. B. Mkangara and S. Nie, 2008, "Evaluating the effectiveness of an emergency preparedness trainning programme for public health staff in China", *Public Health*, Vol. 122, No. 5, pp. 471—477.

[302] Wasser, S. F. and B. Bergman, 2007, "The effects of hurricane katrina on the New Orleans economy", *Monthly Labor Review*. Vol. 130, No. 6, pp. 5—30.

[303] Werner, E., 1993, "Risk, resilience, and recovery: perspectives from the Kauai Longitudinal study", *Development and Psychopathology*, No. 5, pp. 503—515.

[304] Wildavsky, A., 1973, "If planning is everything, maybe it's nothing", *Policy Sciences*, Vol. 4, No. 2, pp. 127—153.

[305] Worthington, A. and A. Valadkhani, 2005, "Catastrophic shocks and capital markets: a 310 comparative analysis by disaster and sector", University of Wollongong Economics Working Paper Series, WP 05—20.

[306] Worthington, A. C., 2008, "The impact of natural events and disasters on the Australian stock market: a GARCH-M analysis of storms, floods, cyclones, earthquakes and bushfires", *Global Business and Economics Review*, Vol. 10, No. 1, pp. 1—10.

[307] Yamori, N. and T. Kobayashi, 2002, "Do Japanese insurers benefit from a catastrophic event? market reactions to the 1995 Hanshin—Awaji earthquake", *Journal of the Japanese and International Economies*, Vol. 16, No. 1, pp. 92—108.

[308] Yang, C. C., M. Wang and X. Chen, 2008, "Catastrophe effects on stock markets and catastrophe risk securitization", *Journal of Risk Finance*, Vol. 9, No. 3, pp.

232—243.

[309] Yilmazkuday, H., 2010, "The effects of currency crises on the long-run growth", *Applied Economics Letters*, Vol. 17, No. 3, pp. 209—212.

[310] You, L. and X. Diao, 2007, "Assessing the potential impact of avian influenza on poultry in West Africa: a spatial equilibrium analysis", *Journal of Agricultural Economics*, Vol. 58, No. 2, pp. 348—367.

[311] Yourulmazer, T., 2008, "Liquidity, bank runs and bailouts: spillover effects during the northern rock episode", Federal Reserve Bank of New York Working Paper.

[312] Yuko Nakanishiy. "Assessing Emergency Preparedness of Transit Agencies—A foucus on Performance Indicators", The 82nd Annual Meeting of the Transportation Research Board Washington, D. C, January, 2003.

附　　录

附表 1　一部门就业需求减少 100 人对各行业附加值的影响

行业	代码	附加值			
		直接	间接	引致	总计
农业	001	1 017 521	443 759	2 884 235	4 345 515
林业	002	1 053 213	372 406	2 859 764	4 285 383
畜牧业	003	1 012 117	979 004	3 926 621	5 917 742
渔业	004	1 571 914	839 495	4 770 258	7 181 667
农、林、牧、渔服务业	005	1 696 791	1 549 201	6 234 187	9 480 179
煤炭开采和洗选业	006	5 669 483	4 991 917	16 731 064	27 392 464
石油和天然气开采业	007	16 710 860	7 594 595	36 732 257	61 037 712
黑色金属矿采选业	008	6 431 772	8 613 768	23 021 458	38 066 998
有色金属矿采选业	009	5 336 175	5 906 735	17 642 697	28 885 607
非金属矿及其他矿采选业	010	4 116 707	4 547 495	13 260 910	21 925 112
谷物磨制业	011	3 931 293	14 822 912	33 466 352	52 220 557
饲料加工业	012	3 099 209	13 687 278	29 570 301	46 356 788
植物油加工业	013	3 908 553	14 640 169	32 065 529	50 614 251
制糖业	014	4 796 817	15 136 554	34 242 078	54 175 449
屠宰及肉类加工业	015	3 281 898	15 588 995	33 296 210	52 167 103
水产品加工业	016	3 119 523	10 506 233	23 849 009	37 474 765
其他食品加工业	017	6 337 838	27 130 095	59 756 992	93 224 925
方便食品制造业	018	6 661 025	21 884 883	48 521 511	77 067 419
液体乳及乳制品制造业	019	6 879 665	25 677 670	56 180 215	88 737 550
调味品、发酵制品制造业	020	6 384 619	21 900 339	48 169 973	76 454 931
其他食品制造业	021	5 542 008	16 034 124	36 675 034	58 251 166
酒精及酒的制造业	022	6 943 888	11 219 635	27 845 211	46 008 734
软饮料及精制茶加工业	023	6 846 717	16 548 978	37 690 686	61 086 381
烟草制品业	024	30 459 920	15 067 901	44 242 612	89 770 433
棉、化纤纺织及印染精加工业	025	4 008 928	14 386 868	29 812 856	48 208 652

(续表)

行业	代码	附加值			
		直接	间接	引致	总计
毛纺织和染整精加工业	026	4 964 144	15 228 654	34 558 853	54 751 651
麻纺织、丝绢纺织及精加工业	027	3 488 873	12 085 866	26 160 666	41 735 405
纺织制成品制造业	028	3 709 206	10 404 847	22 441 079	36 555 132
针织品、编织品及其制品制造业	029	3 098 731	8 110 726	17 622 483	28 831 940
纺织服装、鞋、帽制造业	030	3 409 694	8 288 965	18 791 314	30 489 973
皮革、毛皮、羽毛（绒）及其制品业	031	3 841 554	12 499 610	27 423 347	43 764 511
木材加工及木、竹、藤、棕、草制品业	032	3 656 006	8 896 734	20 665 744	33 218 484
家具制造业	033	3 808 733	7 985 702	18 834 379	30 628 814
造纸及纸制品业	034	5 584 014	14 418 179	31 339 075	51 341 268
印刷业和记录媒介的复制业	035	4 840 114	7 737 087	18 544 985	31 122 186
文教体育用品制造业	036	4 134 282	10 096 951	21 696 615	35 927 848
石油及核燃料加工业	037	10 070 205	31 728 120	58 868 890	100 667 215
炼焦业	038	13 583 743	22 570 706	52 523 470	88 677 919
基础化学原料制造业	039	8 137 364	20 385 788	39 731 385	68 254 537
肥料制造业	040	7 413 524	22 195 237	44 110 340	73 719 101
农药制造业	041	8 457 871	22 552 730	48 810 607	79 821 208
涂料、油墨、颜料及类似产品制造业	042	7 908 593	22 644 762	46 222 646	76 776 001
合成材料制造业	043	9 628 117	21 347 298	44 909 470	75 884 885
专用化学产品制造业	044	4 837 569	16 724 450	31 077 464	52 639 483
日用化学产品制造业	045	6 721 564	13 015 737	30 606 085	50 343 386
医药制造业	046	7 393 068	14 069 829	35 362 755	56 825 652
化学纤维制造业	047	8 547 340	26 073 401	51 023 301	85 644 042
橡胶制品业	048	6 489 742	16 847 749	36 363 614	59 701 105
塑料制品业	049	5 143 924	13 611 114	28 545 739	47 300 777
水泥、石灰和石膏制造业	050	5 325 125	10 589 597	23 498 812	39 413 534
水泥及石膏制品制造业	051	4 755 006	11 128 934	23 754 457	39 638 397
砖瓦、石材及其他建筑材料制造业	052	4 164 662	9 485 056	20 601 509	34 251 227

(续表)

行业	代码	附加值			
		直接	间接	引致	总计
玻璃及玻璃制品制造业	053	4 098 357	7 553 090	17 363 151	29 014 598
陶瓷制品制造业	054	3 415 026	6 965 989	15 671 964	26 052 979
耐火材料制品制造业	055	6 023 162	6 982 837	20 094 494	33 100 493
石墨及其他非金属矿物制品制造业	056	3 263 405	5 630 256	12 898 241	21 791 902
炼铁业	057	12 113 450	34 994 360	71 570 029	118 677 839
炼钢业	058	11 280 902	20 762 742	49 348 732	81 392 376
钢压延加工业	059	12 691 410	40 901 950	77 659 169	131 252 529
铁合金冶炼业	060	8 680 756	15 858 538	36 958 151	61 497 445
有色金属冶炼及合金制造业	061	9 281 761	29 348 598	59 095 032	97 725 391
有色金属压延加工业	062	8 512 754	20 185 504	42 014 177	70 712 435
金属制品业	063	5 573 684	14 734 010	30 425 873	50 733 567
锅炉及原动机制造业	064	6 104 119	13 036 569	29 411 950	48 552 638
金属加工机械制造业	065	6 397 361	12 609 726	29 313 126	48 320 213
起重运输设备制造业	066	5 661 319	15 458 372	32 210 313	53 330 004
泵、阀门、压缩机及类似机械的制造业	067	6 657 229	14 443 696	32 512 751	53 613 676
其他通用设备制造业	068	6 671 018	14 842 374	32 815 658	54 329 050
矿山、冶金、建筑专用设备制造业	069	6 541 314	14 572 554	32 625 042	53 738 910
化工、木材、非金属加工专用设备制造业	070	6 481 592	12 584 900	29 018 223	48 084 715
农林牧渔专用机械制造业	071	5 158 773	13 006 334	28 425 424	46 590 531
其他专用设备制造业	072	4 798 048	9 975 389	21 895 671	36 669 108
铁路运输设备制造业	073	5 123 731	13 834 751	29 010 135	47 968 617
汽车制造业	074	7 522 537	23 325 309	44 578 917	75 426 763
船舶及浮动装置制造业	075	5 698 363	9 546 845	24 262 840	39 508 048
其他交通运输设备制造业	076	5 689 071	14 205 820	29 886 477	49 781 368
电机制造业	077	5 811 640	14 593 560	31 342 172	51 747 372
输配电及控制设备制造业	078	7 385 364	20 648 811	42 887 147	70 921 322
电线、电缆、光缆及电工器材制造业	079	9 098 567	33 523 071	65 566 445	108 188 083

(续表)

行业	代码	附加值			
		直接	间接	引致	总计
家用电力和非电力器具制造业	080	6 688 558	20 595 971	41 233 912	68 518 441
其他电气机械及器材制造业	081	6 803 112	17 111 199	36 548 262	60 462 573
通信设备制造业	082	7 143 522	17 802 610	38 391 145	63 337 277
雷达及广播设备制造业	083	8 293 454	20 802 046	45 540 024	74 635 524
电子计算机制造业	084	9 291 956	21 870 890	47 493 652	78 656 498
电子元器件制造业	085	7 417 093	14 430 753	30 334 595	52 182 441
家用视听设备制造业	086	7 722 613	16 023 564	35 416 539	59 162 716
其他电子设备制造业	087	6 025 546	9 536 578	23 787 022	39 349 146
仪器仪表制造业	088	6 251 552	8 954 092	23 370 712	38 576 356
文化、办公用机械制造业	089	5 692 464	16 180 559	33 076 489	54 949 512
工艺品及其他制造业	090	3 719 380	8 318 307	19 293 725	31 331 412
废品废料	091	119 378 000	20 519 359	301 779 752	441 677 111
电力、热力的生产和供应业	092	15 253 076	29 171 608	56 009 351	100 434 035
燃气生产和供应业	093	6 651 103	16 465 585	32 991 471	56 108 159
水的生产和供应业	094	5 011 379	4 496 877	12 049 340	21 557 596
建筑业	095	3 622 228	8 824 751	19 945 837	32 392 816
铁路运输业	096	8 388 399	3 547 879	19 927 243	31 863 521
道路运输业	097	6 935 085	5 725 889	19 872 430	32 533 404
城市公共交通业	098	6 791 762	3 974 771	16 482 127	27 248 660
水上运输业	099	16 889 030	14 350 708	47 624 508	78 864 246
航空运输业	100	26 055 282	51 263 581	106 724 018	184 042 881
管道运输业	101	64 361 144	47 310 487	169 968 899	281 640 530
装卸搬运和其他运输服务业	102	42 715 436	37 732 182	133 479 368	213 926 986
仓储业	103	4 833 351	10 178 710	23 376 614	38 388 675
邮政业	104	3 352 113	2 495 478	8 392 464	14 240 055
电信和其他信息传输服务业	105	31 816 134	10 501 928	49 463 479	91 781 541
计算机服务业	106	12 103 784	14 655 687	41 362 457	68 121 928
软件业	107	11 778 951	12 994 406	39 210 553	63 983 910
批发零售业	108	8 720 408	4 523 225	20 188 537	33 432 170
住宿业	109	4 088 462	4 474 904	11 400 989	19 964 355
餐饮业	110	6 658 997	10 181 393	30 274 420	47 114 810

(续表)

行业	代码	附加值			
		直接	间接	引致	总计
银行业、证券业和其他金融活动	111	22 775 758	4 658 455	51 620 350	79 054 563
保险业	112	4 109 054	8 050 837	19 070 567	31 230 458
房地产业	113	24 005 146	3 560 868	22 868 483	50 434 497
租赁业	114	9 063 262	9 154 054	23 031 926	41 249 242
商务服务业	115	9 133 159	12 974 270	33 282 918	55 390 347
旅游业	116	4 493 490	8 042 565	21 046 507	33 582 562
研究与试验发展业	117	6 750 444	5 573 826	21 736 317	34 060 587
专业技术服务业	118	8 071 277	3 955 806	20 458 749	32 485 832
科技交流和推广服务业	119	6 347 604	3 963 503	17 618 677	27 929 784
地质勘查业	120	4 941 749	6 173 830	16 968 173	28 083 752
水利管理业	121	4 101 391	1 469 391	7 852 723	13 423 505
环境管理业	122	2 630 481	2 073 651	8 374 628	13 078 760
公共设施管理业	123	4 783 689	4 048 789	13 944 481	22 776 959
居民服务业	124	6 111 198	4 311 364	18 780 318	29 202 880
其他服务业	125	9 446 771	9 895 307	33 172 365	52 514 443
教育	126	3 302 660	1 925 023	9 483 764	14 711 447
卫生	127	4 234 666	6 608 912	18 749 716	29 593 294
社会保障业	128	2 719 434	1 487 818	8 178 445	12 385 697
社会福利业	129	3 740 091	876 126	8 801 982	13 418 199
新闻出版业	130	8 942 156	7 121 607	26 145 531	42 209 294
广播、电视、电影和音像业	131	6 499 691	7 737 117	21 712 817	35 949 625
文化艺术业	132	2 965 969	3 589 786	11 540 403	18 096 158
体育	133	4 422 089	5 080 708	14 566 266	24 069 063
娱乐业	134	8 878 960	8 612 905	27 515 304	45 007 169
公共管理和社会组织	135	3 197 282	2 027 855	9 331 879	14 557 016

资料来源:将《2007 年中国投入产出表》(135 个部门)和《中国劳动统计年鉴 (2008)》相关数据输入 IMPLAN 软件(详细处理过程参见第六章第一节)运算得到。

测算目的:测算一个部门就业需求变动 100 人对各行业附加值的影响。

测算意义:依据测算数据,可以得到各行业部门就业需求变动 100 人对各行业附加值影响的排序,从而辨识出各行业受就业需求冲击对各行业附加值所造成的直接影响、间接影响、引致影响和总影响的相对严重程度。

附表 2　一部门就业需求减少 100 人对各行业就业的影响

行业	代码	就业			
		直接	间接	引致	总计
农业	001	100	16.2	88.6	204.8
林业	002	100	12.9	87.9	200.8
畜牧业	003	100	59.8	120.6	280.4
渔业	004	100	34.6	146.5	281.1
农、林、牧、渔服务业	005	100	60.5	191.5	352.0
煤炭开采和洗选业	006	100	77.7	514.0	691.7
石油和天然气开采业	007	100	104.3	1 128.4	1 332.7
黑色金属矿采选业	008	100	115.7	707.2	922.9
有色金属矿采选业	009	100	84.9	542.0	726.9
非金属矿及其他矿采选业	010	100	69.2	407.4	576.6
谷物磨制业	011	100	1 039.3	1 028.1	2 167.4
饲料加工业	012	100	840.1	908.4	1 848.5
植物油加工业	013	100	967.3	985.1	2 052.4
制糖业	014	100	917.0	1 051.9	2 068.9
屠宰及肉类加工业	015	100	1 084.1	1 022.9	2 207.0
水产品加工业	016	100	513.3	732.7	1 346.0
其他食品加工业	017	100	1 669.0	1 835.8	3 604.8
方便食品制造业	018	100	1 080.5	1 490.6	2 671.1
液体乳及乳制品制造业	019	100	1 375.0	1 725.9	3 200.9
调味品、发酵制品制造业	020	100	1 080.2	1 479.8	2 660.0
其他食品制造业	021	100	800.0	1 126.7	2 026.7
酒精及酒的制造业	022	100	503.4	855.4	1 458.8
软饮料及精制茶加工业	023	100	631.2	1 157.9	1 889.1
烟草制品业	024	100	531.2	1 359.2	1 990.4
棉、化纤纺织及印染精加工业	025	100	557.0	915.9	1 572.9
毛纺织和染整精加工业	026	100	813.0	1 061.7	1 974.7
麻纺织、丝绢纺织及精加工业	027	100	581.4	803.7	1 485.1
纺织制成品制造业	028	100	346.6	689.4	1 136.0
针织品、编织品及其制品制造业	029	100	250.0	541.4	891.4

(续表)

行业	代码	就业			
		直接	间接	引致	总计
纺织服装、鞋、帽制造业	030	100	265.3	577.3	942.6
皮革、毛皮、羽毛(绒)及其制品业	031	100	534.8	842.5	1 477.3
木材加工及木、竹、藤、棕、草制品业	032	100	319.8	634.9	1 054.7
家具制造业	033	100	218.1	578.6	896.7
造纸及纸制品业	034	100	322.5	962.8	1 385.3
印刷业和记录媒介的复制业	035	100	145.2	569.7	814.9
文教体育用品制造业	036	100	203.2	666.5	969.7
石油及核燃料加工业	037	100	302.1	1 808.5	2 210.6
炼焦业	038	100	330.8	1 613.6	2 044.4
基础化学原料制造业	039	100	278.6	1 220.6	1 599.2
肥料制造业	040	100	328.0	1 355.1	1 783.1
农药制造业	041	100	370.9	1 499.5	1 970.4
涂料、油墨、颜料及类似产品制造业	042	100	390.3	1 420.0	1 910.3
合成材料制造业	043	100	264.6	1 379.7	1 744.3
专用化学产品制造业	044	100	309.3	954.7	1 364.0
日用化学产品制造业	045	100	298.2	940.2	1 338.4
医药制造业	046	100	498.4	1 086.4	1 684.8
化学纤维制造业	047	100	369.6	1 567.5	2 037.1
橡胶制品业	048	100	396.1	1 117.1	1 613.2
塑料制品业	049	100	198.9	877	1 175.9
水泥、石灰和石膏制造业	050	100	152.0	721.9	973.9
水泥及石膏制品制造业	051	100	166.7	729.8	996.5
砖瓦、石材及其他建筑材料制造业	052	100	146.8	632.9	879.7
玻璃及玻璃制品制造业	053	100	114.8	533.4	748.2
陶瓷制品制造业	054	100	115.4	481.5	696.9
耐火材料制品制造业	055	100	114.2	617.3	831.5
石墨及其他非金属矿物制品制造业	056	100	93.3	396.2	589.5
炼铁业	057	100	423.4	2 198.7	2 722.1

(续表)

行业	代码	就业			
		直接	间接	引致	总计
炼钢业	058	100	235.4	1 516	1 851.4
钢压延加工业	059	100	484.4	2 385.8	2 970.2
铁合金冶炼业	060	100	197.1	1 135.4	1 432.5
有色金属冶炼及合金制造业	061	100	359.5	1 815.5	2 275.0
有色金属压延加工业	062	100	248.0	1 290.7	1 638.7
金属制品业	063	100	199.1	934.7	1 233.8
锅炉及原动机制造业	064	100	184.7	903.6	1 188.3
金属加工机械制造业	065	100	172.3	900.5	1 172.8
起重运输设备制造业	066	100	210.0	989.5	1 299.5
泵、阀门、压缩机及类似机械的制造业	067	100	189.2	998.8	1 288.0
其他通用设备制造业	068	100	195.6	1 008.1	1 303.7
矿山、冶金、建筑专用设备制造业	069	100	195.6	1 002.3	1 297.9
化工、木材、非金属加工专用设备制造业	070	100	165.6	891.5	1 157.1
农林牧渔专用机械制造业	071	100	193.8	873.3	1 167.1
其他专用设备制造业	072	100	142.3	672.7	915.0
铁路运输设备制造业	073	100	198.5	891.2	1 189.7
汽车制造业	074	100	345.5	1 369.5	1 815.0
船舶及浮动装置制造业	075	100	132.6	745.4	978.0
其他交通运输设备制造业	076	100	209.5	918.1	1 227.6
电机制造业	077	100	199.6	962.9	1 262.5
输配电及控制设备制造业	078	100	285.2	1 317.5	1 702.7
电线、电缆、光缆及电工器材制造业	079	100	419.0	2 014.3	2 533.3
家用电力和非电力器具制造业	080	100	302.4	1 266.7	1 669.1
其他电气机械及器材制造业	081	100	241.4	1 122.8	1 464.2
通信设备制造业	082	100	260.9	1 179.4	1 540.3
雷达及广播设备制造业	083	100	304.5	1 339.0	1 743.5
电子计算机制造业	084	100	289.9	1 459.0	1 848.9
电子元器件制造业	085	100	209.4	931.9	1 241.3

(续表)

行业	代码	就业			
		直接	间接	引致	总计
家用视听设备制造业	086	100	222.9	1 088.0	1 410.9
其他电子设备制造业	087	100	118.5	730.8	949.3
仪器仪表制造业	088	100	136.5	718.0	954.5
文化、办公用机械制造业	089	100	250.5	1 016.1	1 366.6
工艺品及其他制造业	090	100	262.6	592.7	955.3
废品废料	091	100	117.7	9 271.0	9 488.7
电力、热力的生产和供应业	092	100	346.0	1 720.7	2 166.7
燃气生产和供应业	093	100	181.0	1 013.5	1 294.5
水的生产和供应业	094	100	61.8	370.2	532.0
建筑业	095	100	136.3	612.8	849.1
铁路运输业	096	100	47.0	612.2	759.2
道路运输业	097	100	79.9	610.5	790.4
城市公共交通业	098	100	50.5	506.3	656.8
水上运输业	099	100	173.6	1 463.1	1 736.7
航空运输业	100	100	777.4	3 278.7	4 156.1
管道运输业	101	100	600.6	5 221.6	5 922.2
装卸搬运和其他运输服务业	102	100	523.7	4 100.6	4 724.3
仓储业	103	100	569.5	718.2	1 387.7
邮政业	104	100	37.5	257.8	395.3
电信和其他信息传输服务业	105	100	142.0	1 519.6	1 761.6
计算机服务业	106	100	195.7	1 270.7	1 566.4
软件业	107	100	170.6	1 204.6	1 475.2
批发零售业	108	100	65.5	620.2	785.7
住宿业	109	100	78.4	350.2	528.6
餐饮业	110	100	466.2	930.1	1 496.3
银行业、证券业和其他金融活动	111	100	58.3	1 585.8	1 744.1
保险业	112	100	131.4	585.9	817.3
房地产业	113	100	51.7	702.5	854.2
租赁业	114	100	134.4	707.6	942.0
商务服务业	115	100	219.3	1 022.5	1 341.8

（续表）

行业	代码	就业			
		直接	间接	引致	总计
旅游业	116	100	172.0	646.6	918.6
研究与试验发展业	117	100	129.7	667.8	897.5
专业技术服务业	118	100	63.0	628.5	791.5
科技交流和推广服务业	119	100	60.4	541.3	701.7
地质勘查业	120	100	96.3	521.3	717.6
水利管理业	121	100	27.1	241.2	368.3
环境管理业	122	100	37.9	257.3	395.2
公共设施管理业	123	100	117.4	428.4	645.8
居民服务业	124	100	89.2	576.9	766.1
其他服务业	125	100	180.8	1 019.1	1 299.9
教育	126	100	35.9	291.4	427.3
卫生	127	100	158.6	576.0	834.6
社会保障业	128	100	27.7	251.2	378.9
社会福利业	129	100	21.4	270.4	391.8
新闻出版业	130	100	136.6	803.2	1 039.8
广播、电视、电影和音像业	131	100	152.8	667.0	919.8
文化艺术业	132	100	78.9	354.5	533.4
体育	133	100	102.1	447.5	649.6
娱乐业	134	100	204.4	845.3	1 149.7
公共管理和社会组织	135	100	39.8	286.7	426.5

资料来源：将《2007年中国投入产出表》（135个部门）和《中国劳动统计年鉴（2008）》相关数据输入IMPLAN软件（详细处理过程参见第六章第一节）运算得到。

测算目的：测算一个部门就业需求变动100人对各行业就业的影响。

测算意义：依据测算数据，可以得到各行业部门就业需求变动100人对各行业就业影响的排序，从而辨识出各行业受就业需求冲击对各行业就业所造成的间接影响、引致影响和总影响的相对严重程度。

附表3　一部门就业需求减少100人对各行业产出的影响

行业	代码	总产出			
		直接	间接	引致	总计
农业	001	1 568 115	1 245 144	7 435 232	10 248 491
林业	002	1 537 921	990 584	7 372 150	9 900 655
畜牧业	003	2 091 836	2 478 603	10 122 388	14 692 827
渔业	004	2 566 180	2 284 176	12 297 189	17 147 545
农、林、牧、渔服务业	005	3 568 920	3 992 878	16 071 034	23 632 832
煤炭开采和洗选业	006	12 346 437	14 874 940	43 130 800	70 352 177
石油和天然气开采业	007	27 970 342	24 446 623	94 691 625	147 108 590
黑色金属矿采选业	008	19 334 452	27 262 045	59 346 729	105 943 226
有色金属矿采选业	009	14 067 587	18 378 416	45 480 887	77 926 890
非金属矿及其他矿采选业	010	10 496 150	14 015 616	34 185 134	58 696 900
谷物磨制业	011	20 489 496	30 658 864	86 272 489	137 420 849
饲料加工业	012	18 546 096	32 366 380	76 228 909	127 141 385
植物油加工业	013	20 658 086	33 367 816	82 661 326	136 687 228
制糖业	014	22 001 464	33 310 285	88 272 225	143 583 974
屠宰及肉类加工业	015	20 094 606	38 139 367	85 833 882	144 067 855
水产品加工业	016	14 794 942	23 884 061	61 480 061	100 159 064
其他食品加工业	017	37 153 708	63 533 446	154 046 800	254 733 954
方便食品制造业	018	32 189 562	60 453 835	125 082 995	217 726 392
液体乳及乳制品制造业	019	36 833 964	69 024 327	250 684 564	356 542 855
调味品、发酵制品制造业	020	32 438 862	56 706 575	124 176 771	213 322 208
其他食品制造业	021	24 607 506	41 957 837	94 544 110	161 109 453
酒精及酒的制造业	022	20 236 768	28 163 348	71 781 821	120 181 937
软饮料及精制茶加工业	023	27 493 198	46 910 362	97 162 346	171 565 906
烟草制品业	024	48 811 764	37 253 285	114 052 475	200 117 524
棉、化纤纺织及印染精加工业	025	22 516 226	44 649 948	76 854 188	144 020 362
毛纺织和染整精加工业	026	23 210 564	42 392 214	89 088 835	154 691 613
麻纺织、丝绢纺织及精加工业	027	18 384 354	33 407 969	67 439 254	119 231 577
纺织制成品制造业	028	17 417 010	34 845 149	57 850 578	110 112 737
针织品、编织品及其制品制造业	029	14 031 688	27 724 697	45 428 778	87 185 163

(续表)

行业	代码	总产出			
		直接	间接	引致	总计
纺织服装、鞋、帽制造业	030	14 332 424	28 059 906	48 441 894	90 834 224
皮革、毛皮、羽毛(绒)及其制品业	031	19 140 984	39 880 478	70 694 303	129 715 765
木材加工及木、竹、藤、棕、草制品业	032	16 221 107	29 607 538	53 273 963	99 102 608
家具制造业	033	14 906 968	25 586 271	48 552 910	89 046 149
造纸及纸制品业	034	25 679 150	41 154 895	80 788 610	147 622 655
印刷业和记录媒介的复制业	035	15 872 573	25 250 261	47 806 885	88 929 719
文教体育用品制造业	036	19 361 990	34 941 650	55 931 433	110 235 073
石油及核燃料加工业	037	65 900 936	75 701 987	151 757 372	293 360 295
炼焦业	038	42 302 880	60 199 368	135 399 596	237 901 844
基础化学原料制造业	039	38 877 384	63 108 605	102 423 040	204 409 029
肥料制造业	040	39 272 096	69 619 983	113 711 493	222 603 572
农药制造业	041	43 994 028	74 887 869	125 828 255	244 710 152
涂料、油墨、颜料及类似产品制造业	042	43 930 532	75 690 462	119 156 779	238 777 773
合成材料制造业	043	46 109 524	69 843 911	115 771 560	231 724 995
专用化学产品制造业	044	31 336 162	54 442 735	80 114 205	165 893 102
日用化学产品制造业	045	25 530 756	41 119 665	78 899 042	145 549 463
医药制造业	046	25 476 388	39 029 300	91 161 202	155 666 890
化学纤维制造业	047	51 153 456	86 856 612	131 532 328	269 542 396
橡胶制品业	048	32 929 310	54 464 110	93 741 306	181 134 726
塑料制品业	049	27 806 608	48 937 941	73 587 704	150 332 253
水泥、石灰和石膏制造业	050	19 128 398	30 788 488	60 577 295	110 494 181
水泥及石膏制品制造业	051	19 360 596	34 313 725	61 236 317	114 910 638
砖瓦、石材及其他建筑材料制造业	052	17 083 150	28 746 030	53 108 373	98 937 553
玻璃及玻璃制品制造业	053	14 953 513	23 022 842	44 760 250	82 736 605
陶瓷制品制造业	054	13 136 521	21 182 396	40 400 560	74 719 477
耐火材料制品制造业	055	15 428 185	20 663 188	51 801 344	87 892 717

(续表)

行业	代码	总产出			
		直接	间接	引致	总计
石墨及其他非金属矿物制品制造业	056	10 769 397	16 834 394	33 250 213	60 854 004
炼铁业	057	63 619 240	96 234 166	344 352 886	504 206 292
炼钢业	058	40 897 316	58 928 957	127 215 477	227 041 750
钢压延加工业	059	71 790 952	126 817 183	200 196 669	398 804 804
铁合金冶炼业	060	32 990 672	47 830 382	95 273 955	176 095 009
有色金属冶炼及合金制造业	061	55 184 604	82 673 627	152 340 342	290 198 573
有色金属压延加工业	062	40 730 884	68 341 822	108 307 822	217 380 528
金属制品业	063	26 765 520	50 438 836	78 434 477	155 638 833
锅炉及原动机制造业	064	26 310 950	44 602 584	75 820 697	146 734 231
金属加工机械制造业	065	25 914 814	42 839 086	75 565 939	144 319 839
起重运输设备制造业	066	28 878 662	54 915 327	83 034 562	166 828 551
泵、阀门、压缩机及类似机械的制造业	067	28 522 206	48 435 233	83 814 215	160 771 654
其他通用设备制造业	068	28 993 032	50 394 128	84 595 076	163 982 236
矿山、冶金、建筑专用设备制造业	069	28 369 922	50 441 846	84 103 689	162 915 457
化工、木材、非金属加工专用设备制造业	070	25 071 284	42 988 950	74 805 713	142 865 947
农林牧渔专用机械制造业	071	24 225 712	45 777 051	73 277 545	143 280 308
其他专用设备制造业	072	20 614 220	34 125 992	56 444 576	111 184 788
铁路运输设备制造业	073	25 749 502	48 039 245	74 784 865	148 573 612
汽车制造业	074	40 907 156	87 084 236	114 919 430	242 910 822
船舶及浮动装置制造业	075	20 469 958	32 830 546	62 546 871	115 847 375
其他交通运输设备制造业	076	28 404 054	50 548 923	77 043 975	155 996 952
电机制造业	077	29 331 594	52 105 688	80 796 593	162 233 875
输配电及控制设备制造业	078	42 379 580	73 861 326	110 558 241	226 799 147
电线、电缆、光缆及电工器材制造业	079	61 742 096	117 155 348	169 022 918	347 920 362
家用电力和非电力器具制造业	080	39 978 820	73 069 779	106 296 388	219 344 987
其他电气机械及器材制造业	081	35 379 588	60 456 772	94 217 308	190 053 668

(续表)

行业	代码	总产出			
		直接	间接	引致	总计
通信设备制造业	082	45 232 784	65 445 227	98 968 051	209 646 062
雷达及广播设备制造业	083	55 135 732	72 739 865	117 397 058	245 272 655
电子计算机制造业	084	66 859 320	77 948 699	122 433 291	267 241 310
电子元器件制造业	085	38 760 696	50 519 639	78 199 174	167 479 509
家用视听设备制造业	086	45 137 444	54 789 438	91 299 853	191 226 735
其他电子设备制造业	087	23 465 006	28 779 045	61 320 266	113 564 317
仪器仪表制造业	088	24 722 814	31 017 568	60 247 067	115 987 449
文化、办公用机械制造业	089	39 496 528	59 100 535	85 267 466	183 864 529
工艺品及其他制造业	090	14 907 239	26 117 662	49 737 053	90 761 954
废品废料	091	147 610 608	39 849 355	777 954 245	965 414 208
电力、热力的生产和供应业	092	54 513 756	87 296 664	144 385 807	286 196 227
燃气生产和供应业	093	33 197 692	40 253 430	85 048 301	158 499 423
水的生产和供应业	094	10 778 962	12 778 975	31 061 842	54 619 779
建筑业	095	15 653 922	28 487 798	51 418 125	95 559 845
铁路运输业	096	13 045 717	9 925 794	51 370 191	74 341 702
道路运输业	097	14 806 315	17 069 480	51 228 889	83 104 684
城市公共交通业	098	12 570 221	12 306 726	42 489 068	67 366 015
水上运输业	099	37 788 424	43 524 093	122 770 622	204 083 139
航空运输业	100	105 261 248	165 328 873	275 122 510	545 712 631
管道运输业	101	127 890 968	137 716 352	438 160 698	703 768 018
装卸搬运和其他运输服务业	102	97 586 904	116 785 513	344 094 789	558 467 206
仓储业	103	17 168 838	24 005 339	60 262 280	101 436 457
邮政业	104	6 834 035	7 256 332	21 634 827	35 725 194
电信和其他信息传输服务业	105	47 515 244	32 590 593	127 511 284	207 617 121
计算机服务业	106	35 088 536	42 618 196	106 627 759	184 334 491
软件业	107	30 031 998	33 819 757	101 080 394	164 932 149
批发零售业	108	14 506 414	11 921 529	52 043 778	78 471 721
住宿业	109	9 670 292	12 468 115	29 390 468	51 528 875
餐饮业	110	18 258 972	26 726 944	78 044 048	123 029 964

(续表)

行业	代码	总产出			
		直接	间接	引致	总计
银行业、证券业和其他金融活动	111	28 710 982	10 893 762	133 071 453	172 676 197
保险业	112	14 140 875	20 699 409	49 161 776	84 002 060
房地产业	113	28 789 692	9 918 436	58 952 374	97 660 502
租赁业	114	22 493 230	27 222 480	59 373 714	109 089 424
商务服务业	115	28 367 824	41 978 837	85 799 618	156 146 279
旅游业	116	14 194 054	20 739 586	54 255 528	89 189 168
研究与试验发展业	117	15 477 330	17 426 235	56 033 780	88 937 345
专业技术服务业	118	14 161 362	11 765 324	52 740 353	78 667 039
科技交流和推广服务业	119	12 099 125	11 313 010	45 418 968	68 831 103
地质勘查业	120	13 735 850	17 980 996	43 742 042	75 458 888
水利管理业	121	6 051 716	4 048 848	20 243 436	30 344 000
环境管理业	122	5 652 192	6 288 705	21 588 850	33 529 747
公共设施管理业	123	10 127 335	11 714 405	35 947 304	57 789 044
居民服务业	124	11 719 922	11 914 631	48 413 548	72 048 101
其他服务业	125	24 057 128	31 897 244	85 514 625	141 468 997
教育	126	5 902 782	5 342 944	24 448 077	35 693 803
卫生	127	12 793 975	19 617 037	48 334 659	80 745 671
社会保障业	128	4 628 439	3 916 492	21 083 112	29 628 043
社会福利业	129	4 851 147	2 558 743	22 690 519	30 100 409
新闻出版业	130	18 668 992	22 152 468	67 400 238	108 221 698
广播、电视、电影和音像业	131	17 058 912	23 649 005	55 973 198	96 681 115
文化艺术业	132	7 701 109	10 349 694	29 749 860	47 800 663
体育	133	11 042 016	15 106 444	37 550 194	63 698 654
娱乐业	134	19 024 124	21 861 870	70 931 357	111 817 351
公共管理和社会组织	135	5 822 915	5 797 783	24 056 533	35 677 231

资料来源:将《2007年中国投入产出表》(135个部门)和《中国劳动统计年鉴(2008)》相关数据输入IMPLAN软件(详细处理过程参见第六章第一节)运算得到。

测算目的:测算一个部门就业需求变动100人对各行业产出的影响。

测算意义:依据测算数据,可以得到各行业部门就业需求变动100人对各行业产出影响的排序,从而辨识出各行业受就业需求冲击对各行业产出所造成的直接影响、间接影响、引致影响和总影响的相对严重程度。

附表4 一部门需求减少100万元对各行业附加值的影响

行业	代码	附加值			
		直接	间接	引致	总计
农业	001	648 882	282 989	1 839 300	2 771 171
林业	002	684 829	242 149	1 859 500	2 786 478
畜牧业	003	483 841	468 012	1 877 117	2 828 970
渔业	004	612 550	327 138	1 858 895	2 798 583
农、林、牧、渔服务业	005	475 436	434 081	1 746 800	2 656 317
煤炭开采和洗选业	006	459 200	404 320	1 355 133	2 218 653
石油和天然气开采业	007	597 449	271 523	1 313 257	2 182 229
黑色金属矿采选业	008	332 659	445 514	1 190 696	1 968 869
有色金属矿采选业	009	379 324	419 883	1 254 138	2 053 345
非金属矿及其他矿采选业	010	392 211	433 254	1 263 407	2 088 872
谷物磨制业	011	191 869	723 440	1 633 342	2 548 651
饲料加工业	012	167 108	738 014	1 594 422	2 499 544
植物油加工业	013	189 202	708 690	1 552 202	2 450 094
制糖业	014	218 023	687 979	1 556 355	2 462 357
屠宰及肉类加工业	015	163 322	775 780	1 656 973	2 596 075
水产品加工业	016	210 851	710 123	1 611 970	2 532 944
其他食品加工业	017	170 584	730 212	1 608 372	2 509 168
方便食品制造业	018	206 931	679 875	1 507 368	2 394 174
液体乳及乳制品制造业	019	186 775	697 119	1 525 229	2 409 123
调味品、发酵制品制造业	020	196 870	675 127	1 484 946	2 356 943
其他食品制造业	021	225 216	651 595	1 490 400	2 367 211
酒精及酒的制造业	022	343 132	554 418	1 375 971	2 273 521
软饮料及精制茶加工业	023	249 033	601 930	1 370 909	2 221 872
烟草制品业	024	624 028	308 694	906 392	1 839 114
棉、化纤纺织及印染精加工业	025	178 046	638 956	1 324 061	2 141 063
毛纺织和染整精加工业	026	213 874	656 109	1 488 928	2 358 911
麻纺织、丝绢纺织及精加工业	027	189 774	657 400	1 422 985	2 270 159
纺织制成品制造业	028	212 965	597 396	1 288 458	2 098 819
针织品、编织品及其制品制造业	029	220 838	578 029	1 255 906	2 054 773

（续表）

行业	代码	附加值			
		直接	间接	引致	总计
纺织服装、鞋、帽制造业	030	237 901	578 337	1 311 105	2 127 343
皮革、毛皮、羽毛（绒）及其制品业	031	200 698	653 029	1 432 703	2 286 430
木材加工及木、竹、藤、棕、草制品业	032	225 386	548 467	1 274 003	2 047 856
家具制造业	033	255 500	535 703	1 263 461	2 054 664
造纸及纸制品业	034	217 453	561 474	1 220 409	1 999 336
印刷业和记录媒介的复制业	035	304 936	487 450	1 168 367	1 960 753
文教体育用品制造业	036	213 526	521 483	1 120 578	1 855 587
石油及核燃料加工业	037	152 808	481 452	893 294	1 527 554
炼焦业	038	321 107	533 550	1 241 605	2 096 262
基础化学原料制造业	039	209 308	524 361	1 021 967	1 755 636
肥料制造业	040	188 773	565 166	1 123 198	1 877 137
农药制造业	041	192 250	512 632	1 109 483	1 814 365
涂料、油墨、颜料及类似产品制造业	042	180 025	515 468	1 052 176	1 747 669
合成材料制造业	043	208 810	462 969	973 974	1 645 753
专用化学产品制造业	044	154 377	533 711	991 744	1 679 832
日用化学产品制造业	045	262 920	509 806	1 198 793	1 971 519
医药制造业	046	290 193	552 269	1 388 060	2 230 522
化学纤维制造业	047	167 092	509 709	997 456	1 674 257
橡胶制品业	048	197 081	511 634	1 104 293	1 813 008
塑料制品业	049	184 989	489 492	1 026 581	1 701 062
水泥、石灰和石膏制造业	050	278 388	553 606	1 228 478	2 060 472
水泥及石膏制品制造业	051	245 602	574 824	1 226 949	2 047 375
砖瓦、石材及其他建筑材料制造业	052	243 788	555 229	1 205 955	2 004 972
玻璃及玻璃制品制造业	053	274 073	505 105	1 161 142	1 940 320
陶瓷制品制造业	054	259 964	530 277	1 193 007	1 983 248
耐火材料制品制造业	055	390 400	452 603	1 302 454	2 145 457

(续表)

行业	代码	附加值			
		直接	间接	引致	总计
石墨及其他非金属矿物制品制造业	056	303 026	522 801	1 197 675	2 023 502
炼铁业	057	190 405	550 059	1 124 975	1 865 439
炼钢业	058	275 835	507 680	1 206 650	1 990 165
钢压延加工业	059	176 783	569 737	1 081 741	1 828 261
铁合金冶炼业	060	263 128	480 698	1 120 261	1 864 087
有色金属冶炼及合金制造业	061	168 195	531 826	1 070 861	1 770 882
有色金属压延加工业	062	209 000	495 582	1 031 507	1 736 089
金属制品业	063	208 241	550 597	1 136 756	1 895 594
锅炉及原动机制造业	064	231 999	495 481	1 117 860	1 845 340
金属加工机械制造业	065	246 861	486 584	1 131 134	1 864 579
起重运输设备制造业	066	196 038	535 287	1 115 367	1 846 692
泵、阀门、压缩机及类似机械的制造业	067	233 405	506 402	1 139 910	1 879 717
其他通用设备制造业	068	230 090	511 929	1 131 846	1 873 865
矿山、冶金、建筑专用设备制造业	069	230 572	513 662	1 149 987	1 894 221
化工、木材、非金属加工专用设备制造业	070	258 527	501 965	1 157 429	1 917 921
农林牧渔专用机械制造业	071	212 946	536 881	1 173 358	1 923 185
其他专用设备制造业	072	232 754	483 908	1 062 163	1 778 825
铁路运输设备制造业	073	198 984	537 282	1 126 629	1 862 895
汽车制造业	074	183 893	570 201	1 089 758	1 843 852
船舶及浮动装置制造业	075	278 377	466 383	1 185 290	1 930 050
其他交通运输设备制造业	076	200 291	500 134	1 052 191	1 752 616
电机制造业	077	198 136	497 537	1 068 546	1 764 219
输配电及控制设备制造业	078	174 267	487 235	1 011 977	1 673 479
电线、电缆、光缆及电工器材制造业	079	147 364	542 953	1 061 941	1 752 258
家用电力和非电力器具制造业	080	166 802	515 172	1 031 394	1 713 368
其他电气机械及器材制造业	081	192 289	483 646	1 033 032	1 708 967

(续表)

行业	代码	附加值			
		直接	间接	引致	总计
通信设备制造业	082	157 928	393 578	848 746	1 400 252
雷达及广播设备制造业	083	150 419	377 288	825 962	1 353 669
电子计算机制造业	084	138 978	327 118	710 352	1 176 448
电子元器件制造业	085	191 356	372 304	782 612	1 346 272
家用视听设备制造业	086	171 091	354 995	784 638	1 310 724
其他电子设备制造业	087	256 789	406 417	1 013 723	1 676 929
仪器仪表制造业	088	252 866	362 179	945 310	1 560 355
文化、办公用机械制造业	089	144 126	409 670	837 453	1 391 249
工艺品及其他制造业	090	249 502	558 005	1 294 252	2 101 759
废品废料	091	808 736	139 010	2 044 431	2 992 177
电力、热力的生产和供应业	092	279 802	535 124	1 027 435	1 842 361
燃气生产和供应业	093	200 348	495 986	993 788	1 690 122
水的生产和供应业	094	464 922	417 190	1 117 857	1 999 969
建筑业	095	231 394	563 741	1 274 175	2 069 310
铁路运输业	096	643 000	271 957	1 527 493	2 442 450
道路运输业	097	468 387	386 719	1 342 159	2 197 265
城市公共交通业	098	540 306	316 205	1 311 204	2 167 715
水上运输业	099	446 937	379 765	1 260 294	2 086 996
航空运输业	100	247 530	487 013	1 013 897	1 748 440
管道运输业	101	503 250	369 925	1 329 014	2 202 189
装卸搬运和其他运输服务业	102	437 717	386 652	1 367 800	2 192 169
仓储业	103	281 519	592 860	1 361 572	2 235 951
邮政业	104	490 503	365 154	1 228 039	2 083 696
电信和其他信息传输服务业	105	669 598	221 022	1 041 002	1 931 622
计算机服务业	106	344 950	417 677	1 178 303	1 940 930
软件业	107	392 213	432 685	1 305 626	2 130 524
批发零售业	108	601 142	311 809	1 391 697	2 304 648
住宿业	109	422 786	462 748	1 178 971	2 064 505
餐饮业	110	364 697	557 608	1 658 057	2 580 362

(续表)

行业	代码	附加值			
		直接	间接	引致	总计
银行业、证券业和其他金融活动	111	793 277	162 253	1 797 930	2 753 460
保险业	112	290 580	569 331	1 348 613	2 208 524
房地产业	113	833 810	123 685	794 329	1 751 824
租赁业	114	402 933	406 969	1 023 949	1 833 851
商务服务业	115	321 955	457 359	1 173 263	1 952 577
旅游业	116	316 575	566 615	1 482 769	2 365 959
研究与试验发展业	117	436 150	360 128	1 404 397	2 200 675
专业技术服务业	118	569 951	279 338	1 444 688	2 293 977
科技交流和推广服务业	119	524 633	327 586	1 456 194	2 308 413
地质勘查业	120	359 770	449 468	1 235 320	2 044 558
水利管理业	121	677 724	242 806	1 297 603	2 218 133
环境管理业	122	465 391	366 876	1 481 660	2 313 927
公共设施管理业	123	472 354	399 788	1 376 915	2 249 057
居民服务业	124	521 437	367 866	1 602 427	2 491 730
其他服务业	125	392 681	411 325	1 378 900	2 182 906
教育	126	559 509	326 121	1 606 660	2 492 290
卫生	127	330 989	516 564	1 465 511	2 313 064
社会保障业	128	587 549	321 451	1 766 999	2 675 999
社会福利业	129	770 970	180 602	1 814 413	2 765 985
新闻出版业	130	478 984	381 467	1 400 479	2 260 930
广播、电视、电影和音像业	131	381 014	453 553	1 272 814	2 107 381
文化艺术业	132	385 135	466 139	1 498 538	2 349 812
体育	133	400 478	460 125	1 319 167	2 179 770
娱乐业	134	466 721	452 736	1 446 338	2 365 795
公共管理和社会组织	135	549 086	348 254	1 602 613	2 499 953

资料来源:将《2007年中国投入产出表》(135个部门)和《中国劳动统计年鉴(2008)》相关数据输入 IMPLAN 软件(详细处理过程参见第六章第一节)运算得到。

测算目的:测算一个部门产品需求变动100万元对各行业附加值的影响。

测算意义:依据测算数据,可以得到各行业部门产品需求变动100万元对各行业附加值影响的排序,从而辨识出各行业受需求冲击对各行业附加值所造成的直接影响、间接影响、引致影响和总影响的相对严重程度。

附表5 一部门需求减少100万元对各行业就业的影响

行业	代码	就业			
		直接	间接	引致	总计
农业	001	63.8	10.3	56.5	130.6
林业	002	65.0	8.4	57.1	130.5
畜牧业	003	47.8	28.6	57.7	134.1
渔业	004	39.0	13.5	57.1	109.6
农、林、牧、渔服务业	005	28.0	17.0	53.7	98.7
煤炭开采和洗选业	006	8.1	6.3	41.6	56.0
石油和天然气开采业	007	3.6	3.7	40.3	47.6
黑色金属矿采选业	008	5.2	6.0	36.6	47.8
有色金属矿采选业	009	7.1	6.0	38.5	51.6
非金属矿及其他矿采选业	010	9.5	6.6	38.8	54.9
谷物磨制业	011	4.9	50.7	50.2	105.8
饲料加工业	012	5.4	45.3	49.0	99.7
植物油加工业	013	4.8	46.8	47.7	99.3
制糖业	014	4.5	41.7	47.8	94.0
屠宰及肉类加工业	015	5.0	54.0	50.9	109.9
水产品加工业	016	6.8	34.7	49.5	91.0
其他食品加工业	017	2.7	44.9	49.4	97.0
方便食品制造业	018	3.1	33.6	46.3	83.0
液体乳及乳制品制造业	019	2.7	37.3	46.9	86.9
调味品、发酵制品制造业	020	3.1	33.3	45.6	82.0
其他食品制造业	021	4.1	32.5	45.8	82.4
酒精及酒的制造业	022	4.9	24.9	42.3	72.1
软饮料及精制茶加工业	023	3.6	23.0	42.1	68.7
烟草制品业	024	2.0	10.9	27.8	40.7
棉、化纤纺织及印染精加工业	025	4.4	24.7	40.7	69.8
毛纺织和染整精加工业	026	4.3	35.0	45.7	85.0
麻纺织、丝绢纺织及精加工业	027	5.4	31.6	43.7	80.7
纺织制成品制造业	028	5.7	19.9	39.6	65.2
针织品、编织品及其制品制造业	029	7.1	17.8	38.6	63.5

(续表)

行业	代码	就业			
		直接	间接	引致	总计
纺织服装、鞋、帽制造业	030	7.0	18.5	40.3	65.8
皮革、毛皮、羽毛(绒)及其制品业	031	5.2	27.9	44.0	77.1
木材加工及木、竹、藤、棕、草制品业	032	6.2	19.7	39.1	65.0
家具制造业	033	6.7	14.6	38.8	60.1
造纸及纸制品业	034	3.9	12.6	37.5	54.0
印刷业和记录媒介的复制业	035	6.3	9.1	35.9	51.3
文教体育用品制造业	036	5.2	10.5	34.4	50.1
石油及核燃料加工业	037	1.5	4.6	27.4	33.5
炼焦业	038	2.4	7.8	38.1	48.3
基础化学原料制造业	039	2.6	7.2	31.4	41.2
肥料制造业	040	2.5	8.4	34.5	45.4
农药制造业	041	2.3	8.4	34.1	44.8
涂料、油墨、颜料及类似产品制造业	042	2.3	8.9	32.3	43.5
合成材料制造业	043	2.2	5.7	29.9	37.8
专用化学产品制造业	044	3.2	9.9	30.5	43.6
日用化学产品制造业	045	3.9	11.7	36.8	52.4
医药制造业	046	3.9	19.6	42.6	66.1
化学纤维制造业	047	2.0	7.2	30.6	39.8
橡胶制品业	048	3.0	12.0	33.9	48.9
塑料制品业	049	3.6	7.2	31.5	42.3
水泥、石灰和石膏制造业	050	5.2	7.9	37.7	50.8
水泥及石膏制品制造业	051	5.2	8.6	37.7	51.5
砖瓦、石材及其他建筑材料制造业	052	5.9	8.6	37.0	51.5
玻璃及玻璃制品制造业	053	6.7	7.7	35.7	50.1
陶瓷制品制造业	054	7.6	8.8	36.7	53.1
耐火材料制品制造业	055	6.5	7.4	40.0	53.9

（续表）

行业	代码	就业			
		直接	间接	引致	总计
石墨及其他非金属矿物制品制造业	056	9.3	8.7	36.8	54.8
炼铁业	057	1.6	6.7	34.6	42.9
炼钢业	058	2.4	5.8	37.1	45.3
钢压延加工业	059	1.4	6.7	33.2	41.3
铁合金冶炼业	060	3	6.0	34.4	43.4
有色金属冶炼及合金制造业	061	1.8	6.5	32.9	41.2
有色金属压延加工业	062	2.5	6.1	31.7	40.3
金属制品业	063	3.7	7.4	34.9	46.0
锅炉及原动机制造业	064	3.8	7.0	34.3	45.1
金属加工机械制造业	065	3.9	6.6	34.7	45.2
起重运输设备制造业	066	3.5	7.3	34.3	45.1
泵、阀门、压缩机及类似机械的制造业	067	3.5	6.6	35.0	45.1
其他通用设备制造业	068	3.4	6.7	34.8	44.9
矿山、冶金、建筑专用设备制造业	069	3.5	6.9	35.3	45.7
化工、木材、非金属加工专用设备制造业	070	4.0	6.6	35.6	46.2
农林牧渔专用机械制造业	071	4.1	8.0	36.0	48.1
其他专用设备制造业	072	4.9	6.9	32.6	44.4
铁路运输设备制造业	073	3.9	7.7	34.6	46.2
汽车制造业	074	2.4	8.4	33.5	44.3
船舶及浮动装置制造业	075	4.9	6.5	36.4	47.8
其他交通运输设备制造业	076	3.5	7.4	32.3	43.2
电机制造业	077	3.4	6.8	32.8	43.0
输配电及控制设备制造业	078	2.4	6.7	31.1	40.2
电线、电缆、光缆及电工器材制造业	079	1.6	6.8	32.6	41.0
家用电力和非电力器具制造业	080	2.5	7.6	31.7	41.8
其他电气机械及器材制造业	081	2.8	6.8	31.7	41.3

（续表）

行业	代码	就业			
		直接	间接	引致	总计
通信设备制造业	082	2.2	5.8	26.1	34.1
雷达及广播设备制造业	083	1.8	5.5	25.4	32.7
电子计算机制造业	084	1.5	4.3	21.8	27.6
电子元器件制造业	085	2.6	5.4	24.0	32.0
家用视听设备制造业	086	2.2	4.9	24.1	31.2
其他电子设备制造业	087	4.3	5.0	31.1	40.4
仪器仪表制造业	088	4.0	5.5	29.0	38.5
文化、办公用机械制造业	089	2.5	6.3	25.7	34.5
工艺品及其他制造业	090	6.7	17.6	39.8	64.1
废品废料	091	0.7	0.8	62.8	64.3
电力、热力的生产和供应业	092	1.8	6.3	31.6	39.7
燃气生产和供应业	093	3.0	5.5	30.5	39.0
水的生产和供应业	094	9.3	5.7	34.3	49.3
建筑业	095	6.4	8.7	39.1	54.2
铁路运输业	096	7.7	3.6	46.9	58.2
道路运输业	097	6.8	5.4	41.2	53.4
城市公共交通业	098	8.0	4.0	40.3	52.3
水上运输业	099	2.6	4.6	38.7	45.9
航空运输业	100	1.0	7.4	31.1	39.5
管道运输业	101	0.8	4.7	40.8	46.3
装卸搬运和其他运输服务业	102	1.0	5.4	42.0	48.4
仓储业	103	5.8	33.2	41.8	80.8
邮政业	104	14.6	5.5	37.7	57.8
电信和其他信息传输服务业	105	2.1	3.0	32.0	37.1
计算机服务业	106	2.8	5.6	36.2	44.6
软件业	107	3.3	5.7	40.1	49.1
批发零售业	108	6.9	4.5	42.8	54.2
住宿业	109	10.3	8.1	36.2	54.6
餐饮业	110	5.5	25.5	50.9	81.9

（续表）

行业	代码	就业			
		直接	间接	引致	总计
银行业、证券业和其他金融活动	111	3.5	2.0	55.2	60.7
保险业	112	7.1	9.3	41.4	57.8
房地产业	113	3.5	1.8	24.4	29.7
租赁业	114	4.4	6.0	31.5	41.9
商务服务业	115	3.5	7.7	36.0	47.2
旅游业	116	7.0	12.1	45.6	64.7
研究与试验发展业	117	6.5	8.4	43.1	58.0
专业技术服务业	118	7.1	4.4	44.4	55.9
科技交流和推广服务业	119	8.3	5.0	44.7	58.0
地质勘查业	120	7.3	7.0	38.0	52.3
水利管理业	121	16.5	4.5	39.9	60.9
环境管理业	122	17.7	6.7	45.5	69.9
公共设施管理业	123	9.9	11.6	42.3	63.8
居民服务业	124	8.5	7.6	49.2	65.3
其他服务业	125	4.2	7.5	42.4	54.1
教育	126	16.9	6.1	49.4	72.4
卫生	127	7.8	12.4	45.0	65.2
社会保障业	128	21.6	6.0	54.3	81.9
社会福利业	129	20.6	4.4	55.7	80.7
新闻出版业	130	5.4	7.3	43.0	55.7
广播、电视、电影和音像业	131	5.9	9.0	39.1	54.0
文化艺术业	132	13.0	10.2	46.0	69.2
体育	133	9.1	9.2	40.5	58.8
娱乐业	134	5.3	10.7	44.4	60.4
公共管理和社会组织	135	17.2	6.8	49.2	73.2

资料来源：将《2007年中国投入产出表》（135个部门）和《中国劳动统计年鉴（2008）》相关数据输入IMPLAN软件（详细处理过程参见第六章第一节）运算得到。

测算目的：测算一个行业部门产品需求变动100万元对各行业就业的影响。

测算意义：依据测算数据，可以得到各行业部门产品需求变动100万元对各行业就业影响的排序，从而辨识出各行业受产品需求冲击对各行业附加值所造成的直接影响、间接影响、引致影响和总影响的相对严重程度。

附表6 一部门需求减少100万元对各行业产出的影响

行业	代码	总产出			
		直接	间接	引致	总计
农业	001	1 000 000	794 038	4 741 509	6 535 547
林业	002	1 000 000	644 106	4 793 582	6 437 688
畜牧业	003	1 000 000	1 184 893	4 838 996	7 023 889
渔业	004	1 000 000	890 107	4 792 021	6 682 128
农、林、牧、渔服务业	005	1 000 000	1 118 792	4 503 053	6 621 845
煤炭开采和洗选业	006	1 000 000	1 204 796	3 493 380	5 698 176
石油和天然气开采业	007	1 000 000	874 019	3 385 430	5 259 449
黑色金属矿采选业	008	1 000 000	1 410 024	3 069 481	5 479 505
有色金属矿采选业	009	1 000 000	1 306 437	3 233 027	5 539 464
非金属矿及其他矿采选业	010	1 000 000	1 335 310	3 256 921	5 592 231
谷物磨制业	011	1 000 000	1 496 321	4 210 572	6 706 893
饲料加工业	012	1 000 000	1 745 486	4 110 240	6 855 726
植物油加工业	013	1 000 000	1 615 242	4 001 403	6 616 645
制糖业	014	1 000 000	1 514 003	4 012 107	6 526 110
屠宰及肉类加工业	015	1 000 000	1 897 990	4 271 489	7 169 479
水产品加工业	016	1 000 000	1 614 340	4 155 478	6 769 818
其他食品加工业	017	1 000 000	1 710 016	4 146 203	6 856 219
方便食品制造业	018	1 000 000	1 878 057	3 885 825	6 763 882
液体乳及乳制品制造业	019	1 000 000	1 873 932	3 931 868	6 805 800
调味品、发酵制品制造业	020	1 000 000	1 748 106	3 828 025	6 576 131
其他食品制造业	021	1 000 000	1 705 083	3 842 084	6 547 167
酒精及酒的制造业	022	1 000 000	1 391 692	3 547 099	5 938 791
软饮料及精制茶加工业	023	1 000 000	1 706 253	3 534 050	6 240 303
烟草制品业	024	1 000 000	763 203	2 336 578	4 099 781
棉、化纤纺织及印染精加工业	025	1 000 000	1 983 021	3 413 280	6 396 301
毛纺织和染整精加工业	026	1 000 000	1 826 419	3 838 288	6 664 707
麻纺织、丝绢纺织及精加工业	027	1 000 000	1 817 196	3 668 296	6 485 492
纺织制成品制造业	028	1 000 000	2 000 639	3 321 499	6 322 138
针织品、编织品及其制品制造业	029	1 000 000	1 975 863	3 237 585	6 213 448

（续表）

行业	代码	总产出			
		直接	间接	引致	总计
纺织服装、鞋、帽制造业	030	1 000 000	1 957 792	3 379 881	6 337 673
皮革、毛皮、羽毛（绒）及其制品业	031	1 000 000	2 083 512	3 693 347	6 776 859
木材加工及木、竹、藤、棕、草制品业	032	1 000 000	1 578 655	3 284 237	5 862 892
家具制造业	033	1 000 000	1 716 397	3 257 061	5 973 458
造纸及纸制品业	034	1 000 000	1 602 658	3 146 078	5 748 736
印刷业和记录媒介的复制业	035	1 000 000	1 590 811	3 011 918	5 602 729
文教体育用品制造业	036	1 000 000	1 804 652	2 888 723	5 693 375
石油及核燃料加工业	037	1 000 000	1 148 724	2 302 811	4 451 535
炼焦业	038	1 000 000	1 423 056	3 200 718	5 623 774
基础化学原料制造业	039	1 000 000	1 623 273	2 634 515	5 257 788
肥料制造业	040	1 000 000	1 772 760	2 895 478	5 668 238
农药制造业	041	1 000 000	1 702 228	2 860 121	5 562 349
涂料、油墨、颜料及类似产品制造业	042	1 000 000	1 722 958	2 712 391	5 435 349
合成材料制造业	043	1 000 000	1 514 739	2 510 795	5 025 534
专用化学产品制造业	044	1 000 000	1 737 377	2 556 606	5 293 983
日用化学产品制造业	045	1 000 000	1 610 593	3 090 353	5 700 946
医药制造业	046	1 000 000	1 531 979	3 578 262	6 110 241
化学纤维制造业	047	1 000 000	1 697 962	2 571 328	5 269 290
橡胶制品业	048	1 000 000	1 653 971	2 846 744	5 500 715
塑料制品业	049	1 000 000	1 759 939	2 646 411	5 406 350
水泥、石灰和石膏制造业	050	1 000 000	1 609 570	3 166 878	5 776 448
水泥及石膏制品制造业	051	1 000 000	1 772 349	3 162 936	5 935 285
砖瓦、石材及其他建筑材料制造业	052	1 000 000	1 682 713	3 108 816	5 791 529
玻璃及玻璃制品制造业	053	1 000 000	1 539 628	2 993 293	5 532 921
陶瓷制品制造业	054	1 000 000	1 612 481	3 075 438	5 687 919
耐火材料制品制造业	055	1 000 000	1 339 314	3 357 579	5 696 893

(续表)

行业	代码	总产出			
		直接	间接	引致	总计
石墨及其他非金属矿物制品制造业	056	1 000 000	1 563 170	3 087 472	5 650 642
炼铁业	057	1 000 000	1 512 658	2 900 058	5 412 716
炼钢业	058	1 000 000	1 440 900	3 110 607	5 551 507
钢压延加工业	059	1 000 000	1 766 479	2 788 606	5 555 085
铁合金冶炼业	060	1 000 000	1 449 815	2 887 906	5 337 721
有色金属冶炼及合金制造业	061	1 000 000	1 498 125	2 760 559	5 258 684
有色金属压延加工业	062	1 000 000	1 677 887	2 659 108	5 336 995
金属制品业	063	1 000 000	1 884 471	2 930 430	5 814 901
锅炉及原动机制造业	064	1 000 000	1 695 210	2 881 716	5 576 926
金属加工机械制造业	065	1 000 000	1 653 073	2 915 936	5 569 009
起重运输设备制造业	066	1 000 000	1 901 588	2 875 291	5 776 879
泵、阀门、压缩机及类似机械的制造业	067	1 000 000	1 698 159	2 938 560	5 636 719
其他通用设备制造业	068	1 000 000	1 736 767	2 917 773	5 654 540
矿山、冶金、建筑专用设备制造业	069	1 000 000	1 778 004	2 964 537	5 742 541
化工、木材、非金属加工专用设备制造业	070	1 000 000	1 714 669	2 983 721	5 698 390
农林牧渔专用机械制造业	071	1 000 000	1 889 606	3 024 784	5 914 390
其他专用设备制造业	072	1 000 000	1 655 459	2 738 138	5 393 597
铁路运输设备制造业	073	1 000 000	1 865 638	2 904 323	5 769 961
汽车制造业	074	1 000 000	2 128 827	2 809 274	5 938 101
船舶及浮动装置制造业	075	1 000 000	1 603 840	3 055 545	5 659 385
其他交通运输设备制造业	076	1 000 000	1 779 638	2 712 429	5 492 067
电机制造业	077	1 000 000	1 776 436	2 754 593	5 531 029
输配电及控制设备制造业	078	1 000 000	1 742 852	2 608 762	5 351 614
电线、电缆、光缆及电工器材制造业	079	1 000 000	1 897 495	2 737 564	5 635 059
家用电力和非电力器具制造业	080	1 000 000	1 827 712	2 658 818	5 486 530
其他电气机械及器材制造业	081	1 000 000	1 708 804	2 663 041	5 371 845

(续表)

行业	代码	总产出			
		直接	间接	引致	总计
通信设备制造业	082	1 000 000	1 446 854	2 187 972	4 634 826
雷达及广播设备制造业	083	1 000 000	1 319 287	2 129 237	4 448 524
电子计算机制造业	084	1 000 000	1 165 861	1 831 208	3 997 069
电子元器件制造业	085	1 000 000	1 303 373	2 017 486	4 320 859
家用视听设备制造业	086	1 000 000	1 213 836	2 022 708	4 236 544
其他电子设备制造业	087	1 000 000	1 226 466	2 613 264	4 839 730
仪器仪表制造业	088	1 000 000	1 254 613	2 436 902	4 691 515
文化、办公用机械制造业	089	1 000 000	1 496 348	2 158 860	4 655 208
工艺品及其他制造业	090	1 000 000	1 752 012	3 336 436	6 088 448
废品废料	091	1 000 000	269 963	5 270 314	6 540 277
电力、热力的生产和供应业	092	1 000 000	1 601 369	2 648 612	5 249 981
燃气生产和供应业	093	1 000 000	1 212 537	2 561 874	4 774 411
水的生产和供应业	094	1 000 000	1 185 548	2 881 710	5 067 258
建筑业	095	1 000 000	1 819 851	3 284 680	6 104 531
铁路运输业	096	1 000 000	760 847	3 937 705	5 698 552
道路运输业	097	1 000 000	1 152 851	3 459 935	5 612 786
城市公共交通业	098	1 000 000	979 038	3 380 137	5 359 175
水上运输业	099	1 000 000	1 151 784	3 248 895	5 400 679
航空运输业	100	1 000 000	1 570 653	2 613 711	5 184 364
管道运输业	101	1 000 000	1 076 826	3 426 049	5 502 875
装卸搬运和其他运输服务业	102	1 000 000	1 196 733	3 526 034	5 722 767
仓储业	103	1 000 000	1 398 192	3 509 980	5 908 172
邮政业	104	1 000 000	1 061 793	3 165 747	5 227 540
电信和其他信息传输服务业	105	1 000 000	685 898	2 683 587	4 369 485
计算机服务业	106	1 000 000	1 214 590	3 038 820	5 253 410
软件业	107	1 000 000	1 126 214	3 365 757	5 491 971
批发零售业	108	1 000 000	821 811	3 587 639	5 409 450
住宿业	109	1 000 000	1 289 321	3 039 253	5 328 574
餐饮业	110	1 000 000	1 463 770	4 274 285	6 738 055

(续表)

行业	代码	总产出			
		直接	间接	引致	总计
银行业、证券业和其他金融活动	111	1 000 000	379 428	4 634 862	6 014 290
保险业	112	1 000 000	1 463 800	3 476 572	5 940 372
房地产业	113	1 000 000	344 513	2 047 690	3 392 203
租赁业	114	1 000 000	1 210 252	2 639 626	4 849 878
商务服务业	115	1 000 000	1 479 805	3 024 540	5 504 345
旅游业	116	1 000 000	1 461 146	3 822 412	6 283 558
研究与试验发展业	117	1 000 000	1 125 920	3 620 378	5 746 298
专业技术服务业	118	1 000 000	830 805	3 724 243	5 555 048
科技交流和推广服务业	119	1 000 000	935 027	3 753 905	5 688 932
地质勘查业	120	1 000 000	1 309 056	3 184 517	5 493 573
水利管理业	121	1 000 000	669 041	3 345 074	5 014 115
环境管理业	122	1 000 000	1 112 613	3 819 554	5 932 167
公共设施管理业	123	1 000 000	1 156 711	3 549 532	5 706 243
居民服务业	124	1 000 000	1 016 614	4 130 876	6 147 490
其他服务业	125	1 000 000	1 325 896	3 554 648	5 880 544
教育	126	1 000 000	905 157	4 141 789	6 046 946
卫生	127	1 000 000	1 533 303	3 777 924	6 311 227
社会保障业	128	1 000 000	846 180	4 555 124	6 401 304
社会福利业	129	1 000 000	527 451	4 677 351	6 204 802
新闻出版业	130	1 000 000	1 186 592	3 610 277	5 796 869
广播、电视、电影和音像业	131	1 000 000	1 386 314	3 281 170	5 667 484
文化艺术业	132	1 000 000	1 343 923	3 863 062	6 206 985
体育	133	1 000 000	1 368 087	3 400 665	5 768 752
娱乐业	134	1 000 000	1 149 166	3 728 495	5 877 661
公共管理和社会组织	135	1 000 000	995 684	4 131 356	6 127 040

资料来源:将《2007年中国投入产出表》(135个部门)和《中国劳动统计年鉴(2008)》相关数据输入IMPLAN软件(详细处理过程参见第六章第 节)运算得到。

测算目的:测算一个行业部门产品需求变动100万元对各行业产出的影响。

测算意义:依据测算数据,可以得到各行业部门产品需求变动100万元对各行业产出影响的排序,从而辨识出各行业受产品需求冲击对各行业产出所造成的间接影响、引致影响和总影响的相对严重程度。

附表 7 我国八区域间投入产出表

产出\投入	代码	东北区域 001	京津区域 002	北部沿海区域 003	东部沿海区域 004	南部沿海区域 005	中部区域 006	西北区域 007	西南区域 008	中间使用合计 TIU
东北区域	001	110 401 112	706 298	3 509 641	2 841 156	946 117	1 148 867	960 047	444 735	120 957 973
京津区域	002	1 041 547	53 560 910	1 897 099	1 854 488	1 144 683	959 450	911 742	345 064	61 714 983
北部沿海区域	003	4 648 988	3 790 548	159 671 404	14 204 079	4 974 564	8 567 982	3 035 603	2 358 565	201 245 733
东部沿海区域	004	3 642 205	975 788	6 979 092	271 718 931	11 488 552	8 910 368	2 413 511	3 120 313	309 248 760
南部沿海区域	005	1 847 576	533 718	1 954 380	10 696 659	163 223 179	4 674 197	1 612 175	4 253 849	188 795 733
中部区域	006	3 131 163	2 052 775	6 061 445	18 738 408	10 499 899	187 538 672	4 072 114	4 670 357	236 764 833
西北区域	007	964 677	776 593	2 090 555	2 142 074	1 055 468	3 348 668	50 977 711	1 489 719	62 845 465
西南区域	008	509 702	191 481	676 094	2 609 302	4 970 811	2 145 948	1 439 566	100 814 198	113 357 102
中间投入合计	TII	126 186 970	62 588 111	182 839 710	324 805 097	198 303 273	217 288 152	65 422 469	117 496 800	1 294 930 582
劳动者报酬	VA001	39 997 472	15 355 373	52 398 946	69 667 757	55 193 225	100 823 694	27 551 663	54 415 382	415 403 512
生产税净额	VA002	10 380 197	4 725 343	12 797 875	21 472 697	14 850 798	20 111 235	5 654 746	12 456 195	102 449 086
固定资产折旧	VA003	11 259 482	4 796 662	16 002 707	17 249 866	15 137 758	21 227 279	6 442 223	10 597 215	102 713 192
营业盈余	VA004	6 901 813	6 728 946	20 909 911	29 339 911	14 081 499	-9 671 366	7 175 942	7 479 289	82 945 945
增加值合计	TVA	68 538 964	31 606 324	102 109 439	137 730 231	99 263 280	132 490 842	46 824 574	84 948 081	703 511 735
总投入	TI	194 725 934	94 194 435	284 949 149	462 535 328	297 566 553	349 778 994	112 247 043	202 444 881	1 998 442 317

（续表）

产出 投入	代码	最终使用										进口	其他	总产出
		最终消费支出				资本形成总额			出口	最终使用合计				
		居民消费支出		小计	政府消费支出	合计	固定资本形成总额	存货增加	合计					
		农村居民	城镇居民											
	—	FU101	FU102	THC	FU103	TC	FU201	FU202	GCF	EX	TFU	IM	ERR	GO
东北区域	001	11 131 658	27 611 116	38 742 774	9 366 210	48 108 984	21 353 610	2 508 577	23 862 187	9 630 195	77 473 439	−7 112 216	3 406 738	194 725 934
京津区域	002	2 225 974	8 370 988	10 596 962	3 320 715	13 917 677	15 756 261	1 580 231	17 336 492	10 188 847	41 558 069	−14 773 470	5 694 853	94 194 435
北部沿海区域	003	22 485 150	19 675 784	42 160 934	12 129 980	54 290 914	32 086 232	6 628 532	38 714 764	12 864 859	111 530 659	−8 144 729	−19 682 514	284 949 149
东部沿海区域	004	27 636 708	29 872 040	57 508 748	12 384 980	69 893 728	57 233 609	5 987 781	63 221 390	47 484 875	185 815 662	−36 238 848	3 709 754	462 535 328
南部沿海区域	005	24 030 935	24 046 673	48 077 608	13 208 854	61 286 462	33 223 455	3 659 267	36 882 722	71 196 349	172 541 860	−52 894 748	−43 507 878	349 778 994
中部区域	006	47 709 358	34 532 995	82 242 353	18 010 874	100 253 227	47 038 645	7 522 423	54 561 068	6 984 874	161 071 680	−4 549 641	−10 876 292	297 566 553
西北区域	007	11 482 581	14 096 248	25 578 829	7 049 682	32 628 511	16 470 005	2 629 693	19 099 698	2 986 467	50 142 051	−2 445 329	1 704 856	112 247 043
西南区域	008	30 008 800	21 002 677	51 011 477	11 777 404	62 788 881	27 090 668	3 215 404	30 306 072	3 791 509	92 147 332	−2 236 715	−822 838	202 444 881

资料来源：依据国家信息中心《中国区域间投入产出表》（2005年5月由社会科学文献出版社出版）整理得到。

测算意义：得到一个类似部门间投入产出表的区域间投入产出表。表得该区域间投入产出表后，即可以按照部门间投入产出表相关数据输入IMPLAN软件，进而可以通过软件运算得到某一经济区域受到冲击发生冲击时在附加值、就业和产出等方面的直接影响、间接影响，引致影响和总影响。

附表 8 就业变动 100 人各行业三序列的影响系数

行业	代码	附加值影响系数	就业影响系数	总产出影响系数
农业	001	101.4031885	101.9920319	103.5132625
林业	002	100.0000000	100.0000000	100.0000000
畜牧业	003	138.0913211	139.6414343	148.4025754
渔业	004	167.5851843	139.9900398	173.1960663
农、林、牧、渔服务业	005	221.2212771	175.2988048	238.6996820
煤炭开采和洗选业	006	639.2069040	344.4721116	710.5810373
石油和天然气开采业	007	1 424.3233800	663.6952191	1 485.8470470
黑色金属矿采选业	008	888.2986188	459.6115538	1 070.0627990
有色金属矿采选业	009	674.0496007	362.0019920	787.0882280
非金属矿及其他矿采选业	010	511.6254953	287.1513944	592.8587553
谷物磨制业	011	1 218.5738590	1 079.3824700	1 387.9975520
饲料加工业	012	1 081.7420050	920.5677291	1 284.1714510
植物油加工业	013	1 181.0904880	1 022.1115540	1 380.5877290
制糖业	014	1 264.1915320	1 030.3286850	1 450.2472210
屠宰及肉类加工业	015	1 217.3265030	1 099.1035860	1 455.1345850
水产品加工业	016	874.4787805	670.3187251	1 011.6407850
其他食品加工业	017	2 175.4164100	1 795.2191240	2 572.9000150
方便食品制造业	018	1 798.3787910	1 330.2290840	2 199.1109880
液体乳及乳制品制造业	019	2 070.7028990	1 594.0737050	3 601.2047180
调味品、发酵制品制造业	020	1 784.0863000	1 324.7011950	2 154.6272240
其他食品制造业	021	1 359.2989470	1 009.3127490	1 627.2605500
酒精及酒的制造业	022	1 073.6201180	726.4940239	1 213.8786470
软饮料及精制茶加工业	023	1 425.4590780	940.7868526	1 732.8743000
烟草制品业	024	2 094.8053650	991.2350598	2 021.2554020
棉、化纤纺织及印染精加工业	025	1 124.9555060	783.3167331	1 454.6548890
毛纺织和染整精加工业	026	1 277.6372850	983.4163347	1 562.4381720
麻纺织、丝绢纺织及精加工业	027	973.9013992	739.5916335	1 204.2796870
纺织制成品制造业	028	853.0190184	565.7370518	1 112.1762850
针织品、编织品及其制品制造业	029	672.7972739	443.9243028	880.5999502
纺织服装、鞋、帽制造业	030	711.4877013	469.4223108	917.4567137

（续表）

行业	代码	附加值影响系数	就业影响系数	总产出影响系数
皮革、毛皮、羽毛（绒）及其制品业	031	1 021.2508660	735.7071713	1 310.1735690
木材加工及木、竹、藤、棕、草制品业	032	775.1578797	525.2490040	1 000.9702190
家具制造业	033	714.7275751	446.5637450	899.3965450
造纸及纸制品业	034	1 198.0555300	689.8904382	1 491.0392800
印刷业和记录媒介的复制业	035	726.2404784	405.8266932	898.2205622
文教体育用品制造业	036	838.3812602	482.9183267	1 113.4119210
石油及核燃料加工业	037	2 349.0832670	1 100.8964140	2 963.0392640
炼焦业	038	2 069.3114010	1 018.1274900	2 402.8899500
基础化学原料制造业	039	1 592.7289810	796.4143426	2 064.6010690
肥料制造业	040	1 720.2453320	887.9980080	2 248.3721730
农药制造业	041	1 862.6388350	981.2749004	2 471.6561880
涂料、油墨、颜料及类似产品制造业	042	1 791.5785120	951.3446215	2 411.7371330
合成材料制造业	043	1 770.7841980	868.6752988	2 340.5016640
专用化学产品制造业	044	1 228.3495550	679.2828685	1 675.5770400
日用化学产品制造业	045	1 174.7698160	666.5338645	1 470.0993320
医药制造业	046	1 326.0343820	839.0438247	1 572.2888030
化学纤维制造业	047	1 998.5154650	1 014.4920320	2 722.4703420
橡胶制品业	048	1 393.1334730	803.3864542	1 829.5226530
塑料制品业	049	1 103.7701180	585.6075697	1 518.4071460
水泥、石灰和石膏制造业	050	919.7202210	485.0099602	1 116.0290000
水泥及石膏制品制造业	051	924.9674300	496.2649402	1 160.6367260
砖瓦、石材及其他建筑材料制造业	052	799.2570792	438.0976096	999.3031067
玻璃及玻璃制品制造业	053	677.0596234	372.6095618	835.6679937
陶瓷制品制造业	054	607.9498379	347.0617530	754.6922603
耐火材料制品制造业	055	772.4045435	414.0936255	887.7464875
石墨及其他非金属矿物制品制造业	056	508.5170217	293.5756972	614.6462431
炼铁业	057	2 769.3636480	1 355.6274900	5 092.6559100

（续表）

行业	代码	附加值影响系数	就业影响系数	总产出影响系数
炼钢业	058	1 899.3022560	922.0119522	2 293.1992880
钢压延加工业	059	3 062.7957640	1 479.1832670	4 028.0648500
铁合金冶炼业	060	1 435.0513130	713.3964143	1 778.6197880
有色金属冶炼及合金制造业	061	2 280.4354010	1 132.9681270	2 931.1047910
有色金属压延加工业	062	1 650.0843680	816.0856574	2 195.6176430
金属制品业	063	1 183.8747440	614.4422311	1 572.0054180
锅炉及原动机制造业	064	1 132.9824660	591.7828685	1 482.0658940
金属加工机械制造业	065	1 127.5587970	584.0637450	1 457.6797090
起重运输设备制造业	066	1 244.4629570	647.1613546	1 685.0253950
泵、阀门、压缩机及类似机械的制造业	067	1 251.0824820	641.4342629	1 623.8486650
其他通用设备制造业	068	1 267.7758320	649.2529880	1 656.2766400
矿山、冶金、建筑专用设备制造业	069	1 254.0048350	646.3645418	1 645.5018080
化工、木材、非金属加工专用设备制造业	070	1 122.0634190	576.2450199	1 442.9949030
农林牧渔专用机械制造业	071	1 087.1964300	581.2250996	1 447.1800910
其他专用设备制造业	072	855.6786640	455.6772908	1 123.0043670
铁路运输设备制造业	073	1 119.3542560	592.4800797	1 500.6442710
汽车制造业	074	1 760.0938590	903.8844622	2 453.4823400
船舶及浮动装置制造业	075	921.9257182	487.0517928	1 170.0980890
其他交通运输设备制造业	076	1 161.6550490	611.3545817	1 575.6225420
电机制造业	077	1 207.5320220	628.7350598	1 638.6175970
输配电及控制设备制造业	078	1 654.9587750	847.9581673	2 290.7489150
电线、电缆、光缆及电工器材制造业	079	2 524.5837540	1 261.6035860	3 514.1145910
家用电力和非电力器具制造业	080	1 598.8872170	831.2250996	2 215.4593510
其他电气机械及器材制造业	081	1 410.9024330	729.1832669	1 919.6070160
通信设备制造业	082	1 477.9840450	767.0816733	2 117.4968930
雷达及广播设备制造业	083	1 741.6301880	868.2768924	2 477.3376610
电子计算机制造业	084	1 835.4601680	920.7669323	2 699.2285860
电子元器件制造业	085	1 217.6844170	618.1772908	1 691.6002930

（续表）

行业	代码	附加值影响系数	就业影响系数	总产出影响系数
家用视听设备制造业	086	1 380.5700910	702.6394422	1 931.4553940
其他电子设备制造业	087	918.2177182	472.7589641	1 147.0384230
仪器仪表制造业	088	900.1845576	475.3486056	1 171.5128850
文化、办公用机械制造业	089	1 282.2543980	680.5776892	1 857.0945960
工艺品及其他制造业	090	731.1227958	475.7470120	916.7267620
废品废料	091	10 306.5959600	4 725.4482070	9 751.0135240
电力、热力的生产和供应业	092	2 343.6419800	1 079.0338650	2 890.6797280
燃气生产和供应业	093	1 309.2915850	644.6713147	1 600.8983550
水的生产和供应业	094	503.0494591	264.9402390	551.6784395
建筑业	095	755.8908037	422.8585657	965.1871013
铁路运输业	096	743.5396323	378.0876494	750.8766036
道路运输业	097	759.1714440	393.6254980	839.3857174
城市公共交通业	098	635.8512180	327.0916335	680.4197803
水上运输业	099	1 840.3079960	864.8904382	2 061.3094690
航空运输业	100	4 294.6658680	2 069.7709160	5 511.8841230
管道运输业	101	6 572.1203920	2 949.3027890	7 108.2975620
装卸搬运和其他运输服务业	102	4 992.0155560	2 352.7390440	5 640.7096900
仓储业	103	895.8049957	691.0856574	1 024.5428910
邮政业	104	332.2936363	196.8625498	360.8366719
电信和其他信息传输服务业	105	2 141.7348460	877.2908367	2 097.0038950
计算机服务业	106	1 589.6345320	780.0796813	1 861.8413730
软件业	107	1 493.0733150	734.6613546	1 665.8710860
批发零售业	108	780.1442718	391.2848606	792.5912073
住宿业	109	465.8709618	263.2470120	520.4592524
餐饮业	110	1 099.4305530	745.1693827	1 242.6446940
银行业、证券业和其他金融活动	111	1 844.7490690	868.5756972	1 744.0886180
保险业	112	728.7670204	407.0219124	848.4495218
房地产业	113	1 176.8959040	425.3984064	986.4044551
租赁业	114	962.5567190	469.1235060	1 101.8404740
商务服务业	115	1 292.5413430	668.2270916	1 577.1307960
旅游业	116	783.6536898	457.4701195	900.8410858

（续表）

行业	代码	附加值影响系数	就业影响系数	总产出影响系数
研究与试验发展业	117	794.8084687	446.9621514	898.2975874
专业技术服务业	118	758.0613448	394.1733068	794.5639859
科技交流和推广服务业	119	651.7453399	349.4521912	695.2176699
地质勘查业	120	655.3382043	357.3705179	762.1605641
水利管理业	121	313.2393301	183.4163347	306.4847730
环境管理业	122	305.1946582	196.8127490	338.6619067
公共设施管理业	123	531.5034619	321.6135458	583.6890994
居民服务业	124	681.4532097	381.5239044	727.7104495
其他服务业	125	1 225.4317290	647.3605578	1 428.8852300
教育	126	343.2936333	212.7988048	360.5196121
卫生	127	690.5635739	415.6374502	815.5588797
社会保障业	128	289.0219381	188.6952191	299.2533625
社会福利业	129	313.1155138	195.1195219	304.0244206
新闻出版业	130	984.9596640	517.8286853	1 093.0761450
广播、电视、电影和音像业	131	838.8894295	458.0677291	976.5123116
文化艺术业	132	422.2763286	265.6374502	482.8030368
体育	133	561.6548859	323.5059761	643.3781805
娱乐业	134	1 050.2484610	572.5597610	1 129.3934690
公共管理和社会组织	135	339.6899647	212.4003984	360.3522292

资料来源：将《2007年中国投入产出表》(135个部门)和《中国劳动统计年鉴(2008)》相关数据输入IMPLAN软件(详细处理过程参见第六章第一节)运算得到就业变动100人时各行业附加值总影响、就业总影响和产出总影响，然后将各序列总影响最小的值设定为100，进而测算出其他各行业该序列总影响的程度系数(计算方法详见第七章第一节)。

测算目的：测算各行业部门受突发冲击就业需求变动100人时，各行业各序列受冲击影响程度的系数。

测算意义：依据测算出的各行业受突发冲击就业需求变动100人时，各行业各序列受冲击影响程度的系数，再结合各行业的受就业需求冲击的可能性系数，可以测算出各行业受就业需求冲击的脆弱性系数。

附表9 需求变动100万元各行业三序列的影响系数

行业	代码	附加值影响系数	就业影响系数	总产出影响系数
农业	001	235.5540576	473.1884058	192.6637940
林业	002	236.8551776	472.8260870	189.7789725
畜牧业	003	240.4670670	485.8695652	207.0598074
渔业	004	237.8841224	397.1014493	196.9849092
农、林、牧、渔服务业	005	225.7912802	357.6086957	195.2078045
煤炭开采和洗选业	006	188.5891259	202.8985507	167.9786263
石油和天然气开采业	007	185.4930265	172.4637681	155.0452317
黑色金属矿采选业	008	167.3570783	173.1884058	161.5323434
有色金属矿采选业	009	174.5376761	186.9565217	163.2998969
非金属矿及其他矿采选业	010	177.5575291	198.9130435	164.8554347
谷物磨制业	011	216.6394945	383.3333333	197.7149658
饲料加工业	012	212.4653193	361.2318841	202.1024685
植物油加工业	013	208.2619886	359.7826087	195.0545118
制糖业	014	209.3043636	340.5797101	192.3855972
屠宰及肉类加工业	015	220.6706119	398.1884058	211.3517086
水产品加工业	016	215.3043738	329.7101449	199.5699550
其他食品加工业	017	213.2833750	351.4492754	202.1170018
方便食品制造业	018	203.5086974	300.7246377	199.3949655
液体乳及乳制品制造业	019	204.7793868	314.8550725	200.6306816
调味品、发酵制品制造业	020	200.3440016	297.1014493	193.8601847
其他食品制造业	021	201.2167984	298.5507246	193.0063443
酒精及酒的制造业	022	193.2529955	261.2318841	175.0718044
软饮料及精制茶加工业	023	188.8627462	248.9130435	183.9601875
烟草制品业	024	156.3276915	147.4637681	120.8589521
棉、化纤纺织及印染精加工业	025	181.9938493	252.8985507	188.5589099
毛纺织和染整精加工业	026	200.5112848	307.9710145	196.4713491
麻纺织、丝绢纺织及精加工业	027	192.9672200	292.3913043	191.1882042
纺织制成品制造业	028	178.4030403	236.2318841	186.3726316
针织品、编织品及其制品制造业	029	174.6590585	230.0724638	183.1685191
纺织服装、鞋、帽制造业	030	180.8276269	238.4057971	186.8305936

（续表）

行业	代码	附加值影响系数	就业影响系数	总产出影响系数
皮革、毛皮、羽毛（绒）及其制品业	031	194.3502815	279.3478261	199.7775192
木材加工及木、竹、藤、棕、草制品业	032	174.0711022	235.5072464	172.8343498
家具制造业	033	174.6497933	217.7536232	176.0937656
造纸及纸制品业	034	169.9468230	195.6521739	169.4691031
印刷业和记录媒介的复制业	035	166.6672050	185.8695652	165.1649091
文教体育用品制造业	036	157.7279234	181.5217391	167.8370958
石油及核燃料加工业	037	129.8445830	121.3768116	131.2284377
炼焦业	038	178.1856912	175.0000000	165.7853024
基础化学原料制造业	039	149.2319253	149.2753623	154.9962664
肥料制造业	040	159.5597085	164.4927536	167.0960730
农药制造业	041	154.2239861	162.3188406	163.9745322
涂料、油墨、颜料及类似产品制造业	042	148.5547173	157.6086957	160.2306525
合成材料制造业	043	139.8916909	136.9565217	148.1495653
专用化学产品制造业	044	142.7884615	157.9710145	156.0632722
日用化学产品制造业	045	167.5823326	189.8550725	168.0602841
医药制造业	046	189.5980103	239.4927536	180.1260420
化学纤维制造业	047	142.3145774	144.2028986	155.3353381
橡胶制品业	048	154.1086389	177.1739130	162.1576008
塑料制品业	049	144.5930462	153.2608696	159.3757803
水泥、石灰和石膏制造业	050	175.1434828	184.0579710	170.2860354
水泥及石膏制品制造业	051	174.0302164	186.5942029	174.9684497
砖瓦、石材及其他建筑材料制造业	052	170.4258922	186.5942029	170.7306137
玻璃及玻璃制品制造业	053	164.9303667	181.5217391	163.1070133
陶瓷制品制造业	054	168.5793167	192.3913043	167.6762564
耐火材料制品制造业	055	182.3673465	195.2898551	167.9408043
石墨及其他非金属矿物制品制造业	056	172.0009724	198.5507246	166.5773540
炼铁业	057	158.5653595	155.4347826	159.5634459

(续表)

行业	代码	附加值影响系数	就业影响系数	总产出影响系数
炼钢业	058	169.1672730	164.1304348	163.6549169
钢压延加工业	059	155.4051688	149.6376812	163.7603941
铁合金冶炼业	060	158.4504372	157.2463768	157.3526407
有色金属冶炼及合金制造业	061	150.5278601	149.2753623	155.0226800
有色金属压延加工业	062	147.5703984	146.0144928	157.3312387
金属制品业	063	161.1285837	166.6666667	171.4196055
锅炉及原动机制造业	064	156.8569117	163.4057971	164.4042529
金属加工机械制造业	065	158.4922581	163.7681159	164.1708648
起重运输设备制造业	066	156.9718339	163.4057971	170.2987410
泵、阀门、压缩机及类似机械的制造业	067	159.7790128	163.4057971	166.1669128
其他通用设备制造业	068	159.2815832	162.6811594	166.6922646
矿山、冶金、建筑专用设备制造业	069	161.0118764	165.5797101	169.2864784
化工、木材、非金属加工专用设备制造业	070	163.0264151	167.3913043	167.9849349
农林牧渔专用机械制造业	071	163.4738637	174.2753623	174.3524783
其他专用设备制造业	072	151.2030281	160.8695652	158.9998299
铁路运输设备制造业	073	158.3491153	167.3913043	170.0948027
汽车制造业	074	156.7304292	160.5072464	175.0514636
船舶及浮动装置制造业	075	164.0573999	173.1884058	166.8350921
其他交通运输设备制造业	076	148.9752203	156.5217391	161.9026633
电机制造业	077	149.9614943	155.7971014	163.0512384
输配电及控制设备制造业	078	142.2484462	145.6521739	157.7621976
电线、电缆、光缆及电工器材制造业	079	148.9447897	148.5507246	166.1179770
家用电力和非电力器具制造业	080	145.6390763	151.4492754	161.7394360
其他电气机械及器材制造业	081	145.2649841	149.6376812	158.3585947
通信设备制造业	082	119.0237053	123.5507246	136.6317405
雷达及广播设备制造业	083	115.0640742	118.4782609	131.1396753
电子计算机制造业	084	100.0000000	100.0000000	117.8310673

（续表）

行业	代码	附加值影响系数	就业影响系数	总产出影响系数
电子元器件制造业	085	114.4353172	115.9420290	127.3761918
家用视听设备制造业	086	111.4136791	113.0434783	124.8906389
其他电子设备制造业	087	142.5417018	146.3768116	142.6721809
仪器仪表制造业	088	132.6327215	139.4927536	138.3028964
文化、办公用机械制造业	089	118.2584356	125.0000000	137.2325890
工艺品及其他制造业	090	178.6529451	232.2463768	179.4835981
废品废料	091	254.3399283	232.9710145	192.8032314
电力、热力的生产和供应业	092	156.6036918	143.8405797	154.7661210
燃气生产和供应业	093	143.6631283	141.3043478	140.7466181
水的生产和供应业	094	170.0006290	178.6231884	149.3795625
建筑业	095	175.8947272	196.3768116	179.9577148
铁路运输业	096	207.6122362	210.8695652	167.9897105
道路运输业	097	186.7711110	193.4782609	165.4613831
城市公共交通业	098	184.2593128	189.4927536	157.9850911
水上运输业	099	177.3980660	166.3043478	159.2086028
航空运输业	100	148.6202535	143.1159420	152.8317733
管道运输业	101	187.1896590	167.7536232	162.2212763
装卸搬运和其他运输服务业	102	186.3379427	175.3623188	168.7035534
仓储业	103	190.0594841	292.7536232	174.1691756
邮政业	104	177.1175607	209.4202899	154.1045745
电信和其他信息传输服务业	105	164.1910225	134.4202899	128.8096556
计算机服务业	106	164.9822177	161.5942029	154.8672058
软件业	107	181.0980171	177.8985507	161.8998332
批发零售业	108	195.8988413	196.3768116	159.4671663
住宿业	109	175.4862943	197.8260870	157.0829930
餐饮业	110	219.3349812	296.7391304	198.6336018
银行业、证券业和其他金融活动	111	234.0485937	219.9275362	177.2974672
保险业	112	187.7281444	209.4202899	175.1184113
房地产业	113	148.9078990	107.6086957	100.0000000
租赁业	114	155.8803279	151.8115942	142.9713375

（续表）

行业	代码	附加值影响系数	就业影响系数	总产出影响系数
商务服务业	115	165.9722317	171.0144928	162.2646109
旅游业	116	201.1103763	234.4202899	185.2353176
研究与试验发展业	117	187.0609666	210.1449275	169.3972324
专业技术服务业	118	194.9917888	202.5362319	163.7593033
科技交流和推广服务业	119	196.2188724	210.1449275	167.7061190
地质勘查业	120	173.7907668	189.4927536	161.9470592
水利管理业	121	188.5449251	220.6521739	147.8129404
环境管理业	122	196.6875714	253.2608696	174.8765330
公共设施管理业	123	191.1735155	231.1594203	168.2164363
居民服务业	124	211.8011166	236.5942029	181.2241190
其他服务业	125	185.5505726	196.0144928	173.3547196
教育	126	211.8487175	262.3188406	178.2601454
卫生	127	196.6142150	236.2318841	186.0509822
社会保障业	128	227.4642823	296.7391304	188.7063952
社会福利业	129	235.1132392	292.3913043	182.9136405
新闻出版业	130	192.1827399	201.8115942	170.8880335
广播、电视、电影和音像业	131	179.1308243	195.6521739	167.0738455
文化艺术业	132	199.7378550	250.7246377	182.9779939
体育	133	185.2840075	213.0434783	170.0591621
娱乐业	134	201.0964361	218.8405797	173.2697306
公共管理和社会组织	135	212.5000850	265.2173913	180.6212659

资料来源：将《2007年中国投入产出表》(135个部门)和《中国劳动统计年鉴(2008)》相关数据输入 IMPLAN 软件(详细处理过程参见第六章第一节)运算得到产品需求变动100万元时各行业附加值总影响、就业总影响和产出总影响，然后将各序列总影响最小的值设定为100，进而测算出其他各行业该序列总影响的程度系数(计算方法详见第七章第一节)。

测算目的：测算各行业部门受突发冲击产品需求变动100万元时各行业各序列受冲击影响程度系数。

测算意义：依据测算出的各行业受突发冲击产品需求变动100万元时各行业各序列受冲击影响程度的系数，再结合各行业的受产品需求冲击的可能性系数，可以测算出各行业受行品需求冲击的脆弱性系数。

附表 10　不同行业受冲击的可能性系数

行业	代码	受就业需求冲击的可能性系数	受产品需求冲击的可能性系数
农业	001	0.249845527	0.030113855
林业	002	0.019236222	0.002273896
畜牧业	003	0.122474625	0.019692036
渔业	004	0.027601140	0.005444161
农、林、牧、渔服务业	005	0.007964301	0.002184747
煤炭开采和洗选业	006	0.012411866	0.011778650
石油和天然气开采业	007	0.005416165	0.011644114
黑色金属矿采选业	008	0.002977186	0.004424403
有色金属矿采选业	009	0.002853342	0.003085249
非金属矿及其他矿采选业	010	0.005830243	0.004703634
谷物磨制业	011	0.003086931	0.004861552
饲料加工业	012	0.003532722	0.005035920
植物油加工业	013	0.003316898	0.005266705
制糖业	014	0.000456589	0.000772136
屠宰及肉类加工业	015	0.003728389	0.005758608
水产品加工业	016	0.002880379	0.003275516
其他食品加工业	017	0.001692284	0.004832727
方便食品制造业	018	0.000594388	0.001470626
液体乳及乳制品制造业	019	0.000701068	0.001984839
调味品、发酵制品制造业	020	0.000551552	0.001375209
其他食品制造业	021	0.002537329	0.004799116
酒精及酒的制造业	022	0.002311254	0.003595056
软饮料及精制茶加工业	023	0.001541173	0.003256819
烟草制品业	024	0.001266076	0.004750083
棉、化纤纺织及印染精加工业	025	0.009017701	0.015606596
毛纺织和染整精加工业	026	0.001194719	0.002131417
麻纺织、丝绢纺织及精加工业	027	0.001776040	0.002509677
纺织制成品制造业	028	0.003112342	0.004166561
针织品、编织品及其制品制造业	029	0.005894250	0.006357045

(续表)

行业	代码	受就业需求冲击的可能性系数	受产品需求冲击的可能性系数
纺织服装、鞋、帽制造业	030	0.012047224	0.013271604
皮革、毛皮、羽毛(绒)及其制品业	031	0.005980592	0.008798836
木材加工及木、竹、藤、棕、草制品业	032	0.006374952	0.007948300
家具制造业	033	0.004780632	0.005477615
造纸及纸制品业	034	0.005167439	0.010199358
印刷业和记录媒介的复制业	035	0.003675987	0.004484749
文教体育用品制造业	036	0.002386916	0.003552253
石油及核燃料加工业	037	0.004319163	0.021878019
炼焦业	038	0.001186669	0.003858481
基础化学原料制造业	039	0.003812290	0.011391994
肥料制造业	040	0.001453736	0.004388201
农药制造业	041	0.000398404	0.001347208
涂料、油墨、颜料及类似产品制造业	042	0.001145061	0.003866446
合成材料制造业	043	0.002725514	0.009659527
专用化学产品制造业	044	0.003313102	0.007979899
日用化学产品制造业	045	0.001430053	0.002806291
医药制造业	046	0.004426255	0.008667445
化学纤维制造业	047	0.001338431	0.005262447
橡胶制品业	048	0.002157628	0.005461049
塑料制品业	049	0.006963131	0.014882278
水泥、石灰和石膏制造业	050	0.004971212	0.007308995
水泥及石膏制品制造业	051	0.002775806	0.004130709
砖瓦、石材及其他建筑材料制造业	052	0.004642949	0.006096474
玻璃及玻璃制品制造业	053	0.003742434	0.004301444
陶瓷制品制造业	054	0.001793372	0.001810787
耐火材料制品制造业	055	0.001855895	0.002200823
石墨及其他非金属矿物制品制造业	056	0.002415815	0.001999732
炼铁业	057	0.000812302	0.003972125

（续表）

行业	代码	受就业需求冲击的可能性系数	受产品需求冲击的可能性系数
炼钢业	058	0.002845692	0.008945395
钢压延加工业	059	0.006285009	0.034681060
铁合金冶炼业	060	0.000802305	0.002034453
有色金属冶炼及合金制造业	061	0.003137741	0.013309197
有色金属压延加工业	062	0.003727250	0.011668880
金属制品业	063	0.010510078	0.021622130
锅炉及原动机制造业	064	0.001713208	0.003464682
金属加工机械制造业	065	0.001576665	0.003140540
起重运输设备制造业	066	0.001443858	0.003204930
泵、阀门、压缩机及类似机械的制造业	067	0.002308134	0.005060120
其他通用设备制造业	068	0.007515866	0.016749023
矿山、冶金、建筑专用设备制造业	069	0.002552663	0.005566324
化工、木材、非金属加工专用设备制造业	070	0.001479611	0.002851287
农林牧渔专用机械制造业	071	0.000919218	0.001711639
其他专用设备制造业	072	0.004085241	0.006472936
铁路运输设备制造业	073	0.000759363	0.001502917
汽车制造业	074	0.009579072	0.030118930
船舶及浮动装置制造业	075	0.002226862	0.003503702
其他交通运输设备制造业	076	0.002358035	0.005148104
电机制造业	077	0.001515286	0.003416229
输配电及控制设备制造业	078	0.002288455	0.007454453
电线、电缆、光缆及电工器材制造业	079	0.001911023	0.009069098
家用电力和非电力器具制造业	080	0.002596909	0.007980010
其他电气机械及器材制造业	081	0.001927730	0.005242226
通信设备制造业	082	0.002856381	0.009930846
雷达及广播设备制造业	083	0.000373372	0.001582311
电子计算机制造业	084	0.003351209	0.017221871
电子元器件制造业	085	0.005531051	0.016478440

(续表)

行业	代码	受就业需求冲击的可能性系数	受产品需求冲击的可能性系数
家用视听设备制造业	086	0.001164179	0.004038996
其他电子设备制造业	087	0.000581922	0.001049548
仪器仪表制造业	088	0.001946745	0.003699335
文化、办公用机械制造业	089	0.000744369	0.002259767
工艺品及其他制造业	090	0.006590310	0.007551269
废品废料	091	0.000469935	0.005331782
电力、热力的生产和供应业	092	0.009176674	0.038451052
燃气生产和供应业	093	0.000530419	0.001353456
水的生产和供应业	094	0.001737588	0.001439596
建筑业	095	0.063660344	0.076596506
铁路运输业	096	0.004677785	0.004690564
道路运输业	097	0.011178461	0.012721719
城市公共交通业	098	0.002765928	0.002672395
水上运输业	099	0.002855343	0.008293423
航空运输业	100	0.000411824	0.003331938
管道运输业	101	5.21283E-05	0.000512425
装卸搬运和其他运输服务业	102	0.000703760	0.005278772
仓储业	103	0.000917902	0.001211306
邮政业	104	0.001698909	0.000892409
电信和其他信息传输服务业	105	0.002572754	0.009396109
计算机服务业	106	0.000454071	0.001224633
软件业	107	0.000705494	0.001628525
批发零售业	108	0.031578895	0.035210631
住宿业	109	0.004626508	0.003438822
餐饮业	110	0.010441475	0.014653959
银行业、证券业和其他金融活动	111	0.008553978	0.018876999
保险业	112	0.004520574	0.004913452
房地产业	113	0.008153677	0.018042940

（续表）

行业	代码	受就业需求冲击的可能性系数	受产品需求冲击的可能性系数
租赁业	114	0.000192867	0.000333448
商务服务业	115	0.005538217	0.012075713
旅游业	116	0.001816968	0.001982305
研究与试验发展业	117	0.001415623	0.001684072
专业技术服务业	118	0.003495656	0.003804964
科技交流和推广服务业	119	0.001011563	0.000940727
地质勘查业	120	0.000591111	0.000624081
水利管理业	121	0.001217748	0.000566439
环境管理业	122	0.001739666	0.000755787
公共设施管理业	123	0.001687338	0.001313452
居民服务业	124	0.006105925	0.005500384
其他服务业	125	0.002807074	0.005190563
教育	126	0.035168591	0.015956164
卫生	127	0.013319786	0.013098438
社会保障业	128	0.000727486	0.000258807
社会福利业	129	0.000605453	0.000225757
新闻出版业	130	0.000701167	0.001006142
广播、电视、电影和音像业	131	0.000907852	0.001190374
文化艺术业	132	0.001162126	0.000687897
体育	133	0.000236052	0.000200342
娱乐业	134	0.000847627	0.001239442
公共管理和社会组织	135	0.043159203	0.019316601

资料来源：依据《2007年中国投入产出表》（135个部门）和《中国劳动统计年鉴（2008）》相关数据整理得到（具体整理过程详见第七章第一节）。

测算目的：测算各行业部门受就业需求冲击和产品需求冲击的可能性系数。

测算意义：依据测算出的各行业受就业需求冲击和产品需求冲击的可能性系数，再结合此前已测算出的各行业的受就业需求冲击和产品需求冲击影响程度的系数，可以测算出各行业受就业需求冲击和产品需求冲击的脆弱性系数。

附表 11　不同行业受就业需求冲击的脆弱性系数

行业	代码	附加值脆弱性	就业脆弱性	产出脆弱性
农业	001	25.335133040	25.482252930	25.862325600
林业	002	1.923622172	1.923622172	1.923622172
畜牧业	003	16.912682780	17.102532300	18.175549770
渔业	004	4.625542151	3.863884702	4.780408891
农、林、牧、渔服务业	005	1.761872844	1.396132450	1.901076122
煤炭开采和洗选业	006	7.933750335	4.275541633	8.819636502
石油和天然气开采业	007	7.714370089	3.594682653	8.047592407
黑色金属矿采选业	008	2.644630112	1.368349032	3.185775863
有色金属矿采选业	009	1.923294154	1.032915551	2.245832037
非金属矿及其他矿采选业	010	2.982901057	1.674162460	3.456510717
谷物磨制业	011	3.761652856	3.331978707	4.284652026
饲料加工业	012	3.821494198	3.252110224	4.536621233
植物油加工业	013	3.917557059	3.390240098	4.579269121
制糖业	014	0.577215791	0.470436616	0.662166749
屠宰及肉类加工业	015	4.538667164	4.097886100	5.425308283
水产品加工业	016	2.518830316	1.930771980	2.913908875
其他食品加工业	017	3.681423014	3.038021120	4.354078275
方便食品制造业	018	1.068935398	0.790672667	1.307125947
液体乳及乳制品制造业	019	1.451703374	1.117553936	2.524689101
调味品、发酵制品制造业	020	0.984015834	0.730641198	1.188388311
其他食品制造业	021	3.448988634	2.560958505	4.128895379
酒精及酒的制造业	022	2.481408736	1.679112181	2.805581817
软饮料及精制茶加工业	023	2.196879410	1.449915538	2.670659529
烟草制品业	024	2.652183438	1.254979222	2.559063572
棉、化纤纺织及印染精加工业	025	10.144512120	7.063715898	13.117642500
毛纺织和染整精加工业	026	1.526417736	1.174906332	1.866674811
麻纺织、丝绢纺织及精加工业	027	1.729687507	1.313544071	2.138848481
纺织制成品制造业	028	2.654887082	1.760767296	3.461473179
针织品、编织品及其制品制造业	029	3.965635071	2.616600650	5.190475915
纺织服装、鞋、帽制造业	030	8.571451360	5.655235496	11.052806090

（续表）

行业	代码	附加值脆弱性	就业脆弱性	产出脆弱性
皮革、毛皮、羽毛（绒）及其制品业	031	6.107684332	4.399964115	7.835613019
木材加工及木、竹、藤、棕、草制品业	032	4.941594518	3.348437353	6.381137411
家具制造业	033	3.416849777	2.134857092	4.299684231
造纸及纸制品业	034	6.190878828	3.564966733	7.704854474
印刷业和记录媒介的复制业	035	2.669650608	1.491813677	3.301847173
文教体育用品制造业	036	2.001145718	1.152685523	2.657620827
石油及核燃料加工业	037	10.146074510	4.754951518	12.797850790
炼焦业	038	2.455587994	1.208180479	2.851435366
基础化学原料制造业	039	6.071944582	3.036162341	7.870857770
肥料制造业	040	2.500782735	1.290914759	3.268539789
农药制造业	041	0.742083633	0.390944304	0.984718867
涂料、油墨、颜料及类似产品制造业	042	2.051466889	1.089347733	2.761586410
合成材料制造业	043	4.826296930	2.367586593	6.379069795
专用化学产品制造业	044	4.069646980	2.250533216	5.551357115
日用化学产品制造业	045	1.679983335	0.953178886	2.102320254
医药制造业	046	5.869365961	3.713821700	6.959350756
化学纤维制造业	047	2.674874861	1.357827487	3.643838440
橡胶制品业	048	3.005863849	1.733409143	3.947429382
塑料制品业	049	7.685696246	4.077662392	10.572868310
水泥、石灰和石膏制造业	050	4.572124161	2.411087314	5.548016710
水泥及石膏制品制造业	051	2.567530069	1.377535159	3.221702295
砖瓦、石材及其他建筑材料制造业	052	3.710909948	2.034064908	4.639713473
玻璃及玻璃制品制造业	053	2.533851075	1.394466759	3.127432462
陶瓷制品制造业	054	1.090280045	0.622410732	1.353443756
耐火材料制品制造业	055	1.433501945	0.768514404	1.647564514
石墨及其他非金属矿物制品制造业	056	1.228482853	0.709224460	1.484871377

（续表）

行业	代码	附加值脆弱性	就业脆弱性	产出脆弱性
炼铁业	057	2.249559838	1.101179023	4.136774962
炼钢业	058	5.404829225	2.623762031	6.525738856
钢压延加工业	059	19.249697520	9.296679456	25.316421960
铁合金冶炼业	060	1.151349498	0.572361836	1.426996360
有色金属冶炼及合金制造业	061	7.155415908	3.554960671	9.197048001
有色金属压延加工业	062	6.150276848	3.041755210	8.183615711
金属制品业	063	12.442616180	6.457835924	16.521899940
锅炉及原动机制造业	064	1.941034191	1.013846918	2.539086577
金属加工机械制造业	065	1.777782469	0.920872853	2.298272550
起重运输设备制造业	066	1.796828270	0.934409346	2.432938038
泵、阀门、压缩机及类似机械的制造业	067	2.887665524	1.480515980	3.748059678
其他通用设备制造业	068	9.528432893	4.879698263	12.448352790
矿山、冶金、建筑专用设备制造业	069	3.201052162	1.649951066	4.200412131
化工、木材、非金属加工专用设备制造业	070	1.660217558	0.852618563	2.135071363
农林牧渔专用机械制造业	071	0.999371013	0.534272833	1.330274633
其他专用设备制造业	072	3.495653255	1.861551388	4.587743081
铁路运输设备制造业	073	0.849995922	0.449907300	1.139533354
汽车制造业	074	16.860065310	8.658374090	23.502083300
船舶及浮动装置制造业	075	2.053001564	1.084597243	2.605647244
其他交通运输设备制造业	076	2.739222703	1.441595205	3.715372339
电机制造业	077	1.829755975	0.952713229	2.482973771
输配电及控制设备制造业	078	3.787298039	1.940513778	5.242274916
电线、电缆、光缆及电工器材制造业	079	4.824537508	2.410953414	6.715553654
家用电力和非电力器具制造业	080	4.152164053	2.158615656	5.753345564
其他电气机械及器材制造业	081	2.719838810	1.405668388	3.700483846
通信设备制造业	082	4.221684992	2.191077230	6.048377101

（续表）

行业	代码	附加值脆弱性	就业脆弱性	产出脆弱性
雷达及广播设备制造业	083	0.650276101	0.324190357	0.924968736
电子计算机制造业	084	6.151011443	3.085682837	9.045680323
电子元器件制造业	085	6.735074634	3.419170134	9.356327523
家用视听设备制造业	086	1.607230269	0.817997859	2.248559193
其他电子设备制造业	087	0.534331308	0.275108953	0.667487164
仪器仪表制造业	088	1.752429341	0.925382286	2.280636271
文化、办公用机械制造业	089	0.954469968	0.506600692	1.382362987
工艺品及其他制造业	090	4.818326117	3.135320450	6.041513854
废品废料	091	4.843432197	2.220654432	4.582344457
电力、热力的生产和供应业	092	21.506837890	9.901941764	26.526824840
燃气生产和供应业	093	0.694473632	0.341946160	0.849147514
水的生产和供应业	094	0.874092930	0.460357100	0.958590085
建筑业	095	48.120268840	26.919321900	61.444143210
铁路运输业	096	3.478118789	1.768612863	3.512439566
道路运输业	097	8.486368206	4.400127189	9.383040316
城市公共交通业	098	1.758718871	0.904712002	1.881992318
水上运输业	099	5.254710295	2.469558737	5.885745273
航空运输业	100	1.768646209	0.852381209	2.269925824
管道运输业	101	0.342593463	0.153742140	0.370543467
装卸搬运和其他运输服务业	102	3.513180536	1.655763473	3.969705477
仓储业	103	0.822260986	0.634348744	0.940429728
邮政业	104	0.564536672	0.334451571	0.613028694
电信和其他信息传输服务业	105	5.510157141	2.257053611	5.395075403
计算机服务业	106	0.721807009	0.354211594	0.845408253
软件业	107	1.053354596	0.518299341	1.175262426
批发零售业	108	24.636093910	12.356343460	25.029154380
住宿业	109	2.155355519	1.217914287	2.407908657
餐饮业	110	11.479676370	7.780666675	12.975043200

(续表)

行业	代码	附加值脆弱性	就业脆弱性	产出脆弱性
银行业、证券业和其他金融活动	111	15.779942120	7.429777012	14.918894880
保险业	112	3.294445604	1.839972875	3.835479267
房地产业	113	9.596029001	3.468561179	8.042823265
租赁业	114	0.185645830	0.090478640	0.212509129
商务服务业	115	7.158374007	3.700786414	8.734492055
旅游业	116	1.423873826	0.831208655	1.636799597
研究与试验发展业	117	1.125149283	0.632729977	1.271650878
专业技术服务业	118	2.649921590	1.377894234	2.777522262
科技交流和推广服务业	119	0.659281565	0.353492957	0.703256571
地质勘查业	120	0.387377414	0.211245531	0.450521253
水利管理业	121	0.381446634	0.223354914	0.373221285
环境管理业	122	0.530936630	0.342388357	0.589158449
公共设施管理业	123	0.896826177	0.542670871	0.984881005
居民服务业	124	4.160901986	2.329556232	4.443345210
其他服务业	125	3.439877099	1.817188754	4.010986058
教育	126	12.073153510	7.483834212	12.678966920
卫生	127	9.198158746	5.536201723	10.863069420
社会保障业	128	0.210259396	0.137273118	0.217702613
社会福利业	129	0.189576605	0.118135624	0.184072379
新闻出版业	130	0.690621114	0.363084334	0.766428811
广播、电视、电影和音像业	131	0.761587655	0.415857818	0.886528898
文化艺术业	132	0.490738450	0.308704282	0.561078133
体育	133	0.132579588	0.076364134	0.151870510
娱乐业	134	0.890218641	0.485316943	0.957304064
公共管理和社会组织	135	14.660748030	9.167031844	15.552514900

资料来源:依据附表9和附表10测算出的各行业受就业需求冲击影响程度的系数和受就业需求冲击的可能性系数,进而测算出各行业受就业需求冲击的脆弱性系数。

测算目的:测算各行业部门受就业需求冲击的脆弱性系数。

测算意义:依据测算数据,可以初步测算出各行业在附加值、就业和产出等三个序列的受就业需求冲击的脆弱性系数,进而辨识出受就业需求冲击时,各行业在附加值、就业和产出方面的相对脆弱性程度。

附表12　不同行业受产品需求冲击脆弱性的系数

行业	代码	附加值脆弱性	就业脆弱性	产出脆弱性
农业	001	7.093440713	14.249526990	5.801849537
林业	002	0.538584004	1.075157275	0.431537617
畜牧业	003	4.735286091	9.567760872	4.077429141
渔业	004	1.295079457	2.161884216	1.072417557
农、林、牧、渔服务业	005	0.493296923	0.781284685	0.426479753
煤炭开采和洗选业	006	2.221325280	2.389870984	1.978561421
石油和天然气开采业	007	2.159902009	2.008187835	1.805364405
黑色金属矿采选业	008	0.740455135	0.766255277	0.714684162
有色金属矿采选业	009	0.538492238	0.576807472	0.503820887
非金属矿及其他矿采选业	010	0.835165691	0.935614222	0.775419684
谷物磨制业	011	1.053204250	1.863595079	0.961201662
饲料加工业	012	1.069958296	1.819134777	1.017771811
植物油加工业	013	1.096854542	1.894869011	1.027294652
制糖业	014	0.161611397	0.262973794	0.148547811
屠宰及肉类加工业	015	1.270755645	2.293011108	1.217091730
水产品加工业	016	0.705232910	1.079970838	0.653694570
其他食品加工业	017	1.030740385	1.698458500	0.976776348
方便食品制造业	018	0.299285121	0.442253382	0.293235361
液体乳及乳制品制造业	019	0.406454185	0.624936738	0.398219672
调味品、发酵制品制造业	020	0.275514841	0.408576538	0.266598239
其他食品制造业	021	0.965662671	1.432779432	0.926259752
酒精及酒的制造业	022	0.694755273	0.939143161	0.629392879
软饮料及精制茶加工业	023	0.615091715	0.810664643	0.599124970
烟草制品业	024	0.742569469	0.700465099	0.574090022
棉、化纤纺织及印染精加工业	025	2.840304453	3.946885473	2.942762702
毛纺织和染整精加工业	026	0.427373080	0.656414532	0.418762294
麻纺织、丝绢纺织及精加工业	027	0.484285420	0.733807771	0.479820664
纺织制成品制造业	028	0.743327149	0.984274554	0.776532937
针织品、编织品及其制品制造业	029	1.110315441	1.462580935	1.164410462
纺织服装、鞋、帽制造业	030	2.399872665	3.164027342	2.479541662

(续表)

行业	代码	附加值脆弱性	就业脆弱性	产出脆弱性
皮革、毛皮、羽毛（绒）及其制品业	031	1.710056200	2.457935632	1.757809573
木材加工及木、竹、藤、棕、草制品业	032	1.383569357	1.871882268	1.373739278
家具制造业	033	0.956664261	1.192770429	0.964573785
造纸及纸制品业	034	1.733348525	1.995526608	1.728476089
印刷业和记录媒介的复制业	035	0.747460600	0.833578368	0.740723180
文教体育用品制造业	036	0.560289565	0.644811230	0.596199909
石油及核燃料加工业	037	2.840742311	2.655484243	2.871018310
炼焦业	038	0.687526148	0.675234219	0.639679480
基础化学原料制造业	039	1.700049192	1.700544027	1.765716532
肥料制造业	040	0.700180052	0.721827244	0.733251133
农药制造业	041	0.207771821	0.218677276	0.220907837
涂料、油墨、颜料及类似产品制造业	042	0.574378813	0.609385533	0.619523188
合成材料制造业	043	1.351287577	1.322935231	1.431054739
专用化学产品制造业	044	1.139437478	1.260592715	1.245369124
日用化学产品制造业	045	0.470284802	0.532788593	0.471626073
医药制造业	046	1.643330296	2.075790232	1.561232533
化学纤维制造业	047	0.748922973	0.758860164	0.817444041
橡胶制品业	048	0.841594759	0.967555340	0.885550530
塑料制品业	049	2.151873929	2.280870887	2.371874689
水泥、石灰和石膏制造业	050	1.280122891	1.345278844	1.244619831
水泥及石膏制品制造业	051	0.718868238	0.770766414	0.722743807
砖瓦、石材及其他建筑材料制造业	052	1.038996963	1.137566643	1.040854689
玻璃及玻璃制品制造业	053	0.709438676	0.780805530	0.701595625
陶瓷制品制造业	054	0.305261299	0.348379745	0.303626048
耐火材料制品制造业	055	0.401358257	0.429798412	0.369607991
石墨及其他非金属矿物制品制造业	056	0.343955851	0.397048241	0.333110068
炼铁业	057	0.629841406	0.617406364	0.633805930

(续表)

行业	代码	附加值脆弱性	就业脆弱性	产出脆弱性
炼钢业	058	1.513268009	1.468211504	1.463957809
钢压延加工业	059	5.389616016	5.189593431	5.679384087
铁合金冶炼业	060	0.322360003	0.319910399	0.320126588
有色金属冶炼及合金制造业	061	2.003405007	1.986735266	2.063227451
有色金属压延加工业	062	1.721981239	1.703825564	1.835879312
金属制品业	063	3.483943150	3.603688299	3.706456959
锅炉及原动机制造业	064	0.543459275	0.566149079	0.569608410
金属加工机械制造业	065	0.497751249	0.514320291	0.515585140
起重运输设备制造业	066	0.503083666	0.523704065	0.545795464
泵、阀门、压缩机及类似机械的制造业	067	0.808501035	0.826853000	0.840824578
其他通用设备制造业	068	2.667810869	2.724750448	2.791932540
矿山、冶金、建筑专用设备制造业	069	0.896244299	0.921670342	0.942303416
化工、木材、非金属加工专用设备制造业	070	0.464835142	0.477280695	0.478973306
农林牧渔专用机械制造业	071	0.279808191	0.298296454	0.298428448
其他专用设备制造业	072	0.978727589	1.041298469	1.029195791
铁路运输设备制造业	073	0.237985540	0.251575198	0.255638331
汽车制造业	074	4.720552885	4.834306578	5.272362844
船舶及浮动装置制造业	075	0.574808240	0.606800564	0.584540446
其他交通运输设备制造业	076	0.766939891	0.805790153	0.833491708
电机制造业	077	0.512302772	0.532238541	0.557020332
输配电及控制设备制造业	078	1.060384358	1.085757286	1.176030889
电线、电缆、光缆及电工器材制造业	079	1.350794912	1.347221097	1.506540233
家用电力和非电力器具制造业	080	1.162201353	1.208566802	1.290682392
其他电气机械及器材制造业	081	0.761511926	0.784434594	0.830151597
通信设备制造业	082	1.182006052	1.226963183	1.356868734
雷达及广播设备制造业	083	0.182067141	0.187469446	0.207503740
电子计算机制造业	084	1.722187107	1.722187107	2.029271449

（续表）

行业	代码	附加值脆弱性	就业脆弱性	产出脆弱性
电子元器件制造业	085	1.885715476	1.910543736	2.098960899
家用视听设备制造业	086	0.449999406	0.456582159	0.504432793
其他电子设备制造业	087	0.149604381	0.153629513	0.149741325
仪器仪表制造业	088	0.490652854	0.516030410	0.511628729
文化、办公用机械制造业	089	0.267236568	0.282470936	0.310113743
工艺品及其他制造业	090	1.349056369	1.753754765	1.355328853
废品废料	091	1.356084976	1.242150592	1.027984741
电力、热力的生产和供应业	092	6.021576666	5.530821582	5.950920137
燃气生产和供应业	093	0.194441714	0.191249209	0.190494346
水的生产和供应业	094	0.244732258	0.257145261	0.215046249
建筑业	095	13.472921490	15.041777580	13.784132140
铁路运输业	096	0.973818447	0.989097157	0.787966461
道路运输业	097	2.376049566	2.461376041	2.104953198
城市公共交通业	098	0.492413683	0.506399505	0.422198582
水上运输业	099	1.471237168	1.379232272	1.320384259
航空运输业	100	0.495193427	0.476853404	0.509225949
管道运输业	101	0.095920652	0.085961142	0.083126230
装卸搬运和其他运输服务业	102	0.983635448	0.925697636	0.890547534
仓储业	103	0.230220246	0.354614301	0.210972216
邮政业	104	0.158061370	0.186888628	0.137524365
电信和其他信息传输服务业	105	1.542756748	1.263027698	1.210309567
计算机服务业	106	0.202042641	0.197893566	0.189655465
软件业	107	0.294922686	0.289712275	0.263657960
批发零售业	108	6.897721884	6.914551522	5.614939608
住宿业	109	0.603466066	0.680288628	0.540180395
餐饮业	110	3.214125865	4.348403108	2.910768696
银行业、证券业和其他金融活动	111	4.418135034	4.151571848	3.346844083
保险业	112	0.922393254	1.028976573	0.860435934
房地产业	113	2.686736298	1.941577247	1.804294007
租赁业	114	0.051977909	0.050621200	0.047673438

（续表）

行业	代码	附加值脆弱性	就业脆弱性	产出脆弱性
商务服务业	115	2.004233055	2.065121954	1.959460891
旅游业	116	0.398662195	0.464692618	0.367192980
研究与试验发展业	117	0.315024055	0.353899097	0.285277062
专业技术服务业	118	0.741936716	0.770643049	0.623098236
科技交流和推广服务业	119	0.184588475	0.197689097	0.157765745
地质勘查业	120	0.108459565	0.118258881	0.101068129
水利管理业	121	0.106799113	0.124985896	0.083726947
环境管理业	122	0.148653932	0.191411301	0.132169430
公共设施管理业	123	0.251097212	0.303616774	0.220944193
居民服务业	124	1.164987376	1.301358860	0.996802161
其他服务业	125	0.963111885	1.017425519	0.899808545
教育	126	3.380292892	4.185602456	2.844348125
卫生	127	2.575339139	3.094268728	2.436977287
社会保障业	128	0.058869335	0.076798147	0.048838525
社会福利业	129	0.053078480	0.066009409	0.041294051
新闻出版业	130	0.193363036	0.203051027	0.171937548
广播、电视、电影和音像业	131	0.213232619	0.232899199	0.198880309
文化艺术业	132	0.137399062	0.172472714	0.125870005
体育	133	0.037120194	0.042681586	0.034070016
娱乐业	134	0.249247309	0.271240140	0.214757730
公共管理和社会组织	135	4.104779308	5.123098468	3.488988886

资料来源：依据附表9和附表10测算出的各行业受产品需求冲击影响程度的系数和受产品需求冲击的可能性系数，进而测算出各行业受产品需求冲击的脆弱性系数。

测算目的：测算各行业部门受产品需求冲击的脆弱性系数。

测算意义：依据测算数据，可以初步测算出各行业在附加值、就业和产出等三个序列的受产品需求冲击的脆弱性系数，进而辨识出受产品需求冲击时，各行业在附加值、就业和产出方面的相对脆弱性程度。

附表13 各行业产出占总产出的比例

行业代码	行业名称	行业产出占总产出的比例/%
1	农业	3.01
2	林业	0.23
3	畜牧业	1.97
4	渔业	0.54
5	农、林、牧、渔服务业	0.22
6	煤炭开采和洗选业	1.18
7	石油和天然气开采业	1.16
8	黑色金属矿采选业	0.44
9	有色金属矿采选业	0.31
10	非金属矿及其他矿采选业	0.47
11	谷物磨制业	0.49
12	饲料加工业	0.50
13	植物油加工业	0.53
14	制糖业	0.08
15	屠宰及肉类加工业	0.58
16	水产品加工业	0.33
17	其他食品加工业	0.48
18	方便食品制造业	0.15
19	液体乳及乳制品制造业	0.20
20	调味品、发酵制品制造业	0.14
21	其他食品制造业	0.48
22	酒精及酒的制造业	0.36
23	软饮料及精制茶加工业	0.33
24	烟草制品业	0.48
25	棉、化纤纺织及印染精加工业	1.56
26	毛纺织和染整精加工业	0.21
27	麻纺织、丝绢纺织及精加工业	0.25
28	纺织制成品制造业	0.42
29	针织品、编织品及其制品制造业	0.64
30	纺织服装、鞋、帽制造业	1.33
31	皮革、毛皮、羽毛(绒)及其制品业	0.88
32	木材加工及木、竹、藤、棕、草制品业	0.79
33	家具制造业	0.55
34	造纸及纸制品业	1.02

（续表）

行业代码	行业名称	行业产出占总产出的比例/%
35	印刷业和记录媒介的复制业	0.45
36	文教体育用品制造业	0.36
37	石油及核燃料加工业	2.19
38	炼焦业	0.39
39	基础化学原料制造业	1.14
40	肥料制造业	0.44
41	农药制造业	0.13
42	涂料、油墨、颜料及类似产品制造业	0.39
43	合成材料制造业	0.97
44	专用化学产品制造业	0.80
45	日用化学产品制造业	0.28
46	医药制造业	0.87
47	化学纤维制造业	0.53
48	橡胶制品业	0.55
48	塑料制品业	1.49
49	水泥、石灰和石膏制造业	0.73
50	水泥及石膏制品制造业	0.41
51	砖瓦、石材及其他建筑材料制造业	0.61
52	玻璃及玻璃制品制造业	0.43
53	陶瓷制品制造业	0.18
54	耐火材料制品制造业	0.22
55	石墨及其他非金属矿物制品制造业	0.20
56	炼铁业	0.40
57	炼钢业	0.89
58	钢压延加工业	3.47
59	铁合金冶炼业	0.20
60	有色金属冶炼及合金制造业	1.33
61	有色金属压延加工业	1.17
62	金属制品业	2.16
63	锅炉及原动机制造业	0.35
64	金属加工机械制造业	0.31
65	起重运输设备制造业	0.32
66	泵、阀门、压缩机及类似机械的制造业	0.51
67	其他通用设备制造业	1.67
68	矿山、冶金、建筑专用设备制造业	0.56
69	化工、木材、非金属加工专用设备制造业	0.29

（续表）

行业代码	行业名称	行业产出占总产出的比例/%
70	农林牧渔专用机械制造业	0.17
71	其他专用设备制造业	0.65
72	铁路运输设备制造业	0.15
73	汽车制造业	3.01
74	船舶及浮动装置制造业	0.35
75	其他交通运输设备制造业	0.51
76	电机制造业	0.34
77	输配电及控制设备制造业	0.75
78	电线、电缆、光缆及电工器材制造业	0.91
79	家用电力和非电力器具制造业	0.80
80	其他电气机械及器材制造业	0.52
81	通信设备制造业	0.99
82	雷达及广播设备制造业	0.16
83	电子计算机制造业	1.72
84	电子元器件制造业	1.65
85	家用视听设备制造业	0.40
86	其他电子设备制造业	0.10
87	仪器仪表制造业	0.37
88	文化、办公用机械制造业	0.23
89	工艺品及其他制造业	0.76
90	废品废料	0.53
91	电力、热力的生产和供应业	3.85
92	燃气生产和供应业	0.14
93	水的生产和供应业	0.14
94	建筑业	7.66
95	铁路运输业	0.47
96	道路运输业	1.27
97	城市公共交通业	0.27
98	水上运输业	0.83
99	航空运输业	0.33
100	管道运输业	0.05
101	装卸搬运和其他运输服务业	0.53
102	仓储业	0.12
103	邮政业	0.09
104	电信和其他信息传输服务业	0.94
105	计算机服务业	0.12

（续表）

行业代码	行业名称	行业产出占总产出的比例/%
106	软件业	0.16
107	批发零售业	3.52
108	住宿业	0.34
109	餐饮业	1.47
110	银行业、证券业和其他金融活动	1.89
111	保险业	0.49
112	房地产业	1.80
113	租赁业	0.03
114	商务服务业	1.21
115	旅游业	0.20
116	研究与试验发展业	0.17
117	专业技术服务业	0.38
118	科技交流和推广服务业	0.09
119	地质勘查业	0.06
120	水利管理业	0.06
121	环境管理业	0.08
122	公共设施管理业	0.13
123	居民服务业	0.55
124	其他服务业	0.52
125	教育	1.60
126	卫生	1.31
127	社会保障业	0.03
128	社会福利业	0.02
129	新闻出版业	0.10
130	广播、电视、电影和音像业	0.12
131	文化艺术业	0.07
132	体育	0.02
133	娱乐业	0.12
134	公共管理和社会组织	1.93
135	合成材料制造业	3.01

资料来源：依据《2007年中国投入产出表》(135个部门)测算得到。

测算目的：测算各行业部门受到突发冲击的概率。

测算意义：假设各个行业受到突发冲击的概率等于其产出占全国总产出的比重，根据这一假设可以将各行业部门受到突发冲击的概率输入IMPLAN软件，进而模拟测算应对突发冲击的财政政策带来的就业、产出等方面的效果。

附表 14 西南干旱冲击经济损失 IMPLAN 模型分析

（总需求减少 190.2 亿元的总产出冲击、总就业冲击和总附加值冲击）

行业代码	受直接冲击行业	总产出冲击/元	总就业冲击/个	附加值冲击/元
1	农业	15 999 030 000	1 020 271.0000	10 381 480 000
2	林业	431 604 700	28 064.1700	295 575 500
3	畜牧业	6 731 828 000	321 814.3000	3 257 137 000
4	渔业	2 097 122 000	81 721.5500	1 284 592 000
5	农、林、牧、渔服务业	1 454 158 000	40 745.0500	691 358 700
6	煤炭开采和洗选业	2 809 017 000	22 751.6400	1 289 901 000
7	石油和天然气开采业	3 040 579 000	10 870.7300	1 816 592 000
8	黑色金属矿采选业	549 599 200	2 842.5900	182 828 900
9	有色金属矿采选业	480 354 800	3 414.6210	182 210 200
10	非金属矿及其他矿采选业	748 924 600	7 135.2310	293 736 600
11	谷物磨制业	2 017 802 000	9 847.9830	387 153 100
12	饲料加工业	1 794 600 000	9 676.4300	299 892 800
13	植物油加工业	2 023 812 000	9 796.7090	382 909 500
14	制糖业	299 282 300	1 360.2840	65 250 320
15	屠宰及肉类加工业	2 425 378 000	12 069.8000	396 118 500
16	水产品加工业	1 077 809 000	7 284.9840	227 256 700
17	其他食品加工业	1 929 614 000	5 193.5980	329 161 800
18	方便食品制造业	642 081 500	1 994.6880	132 866 700
19	液体乳及乳制品制造业	937 974 300	2 546.4930	175 190 200
20	调味品、发酵制品制造业	592 259 100	1 825.7700	116 568 500
21	其他食品制造业	2 127 332 000	8 645.0560	479 109 600
22	酒精及酒的制造业	1 424 679 000	7 040.0500	488 853 200
23	软饮料及精制茶加工业	975 515 500	3 548.2070	242 935 700
24	烟草制品业	1 915 573 000	3 924.4090	1 195 372 000
25	棉、化纤纺织及印染精加工业	29 840 950 000	132 530.9000	5 313 066 000
26	毛纺织和染整精加工业	441 165 200	1 900.7090	94 353 920
27	麻纺织、丝绸纺织及精加工业	878 784 500	4 780.0670	166 770 500
28	纺织制成品制造业	1 009 909 000	5 798.4080	215 074 900
29	针织品、编织品及其制品制造业	304 774 000	2 172.0410	67 305 690

（续表）

行业代码	受直接冲击行业	总产出冲击/元	总就业冲击/个	附加值冲击/元
30	纺织服装、鞋、帽制造业	3 340 830 000	23 309.5900	794 785 700
31	皮革、毛皮、羽毛（绒）及其制品业	2 485 254 000	12 983.9400	498 785 100
32	木材加工及木、竹、藤、棕、草制品业	1 071 830 000	6 607.6270	241 575 200
33	家具制造业	615 175 600	4 126.7660	157 177 500
34	造纸及纸制品业	2 498 616 000	9 730.1350	543 332 000
35	印刷业和记录媒介的复制业	956 867 700	6 028.4350	291 783 100
36	文教体育用品制造业	461 543 800	2 383.7620	98 551 440
37	石油及核燃料加工业	5 002 891 000	7 591.5330	764 482 900
38	炼焦业	527 462 100	1 246.8710	169 371 700
39	基础化学原料制造业	2 671 198 000	6 870.8280	559 104 300
40	肥料制造业	2 114 186 000	5 383.4310	399 102 000
41	农药制造业	489 706 300	1 113.1200	94 146 240
42	涂料、油墨、颜料及类似产品制造业	1 002 269 000	2 281.4870	180 433 500
43	合成材料制造业	2 069 135 000	4 487.4360	432 055 600
44	专用化学产品制造业	1 792 174 000	5 719.1880	276 669 700
45	日用化学产品制造业	949 769 700	3 720.1000	249 713 400
46	医药制造业	2 444 434 000	9 594.8980	709 357 300
47	化学纤维制造业	4 115 655 000	8 045.7030	687 693 600
48	橡胶制品业	787 324 900	2 390.9550	155 166 800
49	塑料制品业	3 102 711 000	11 158.1800	573 968 100
50	水泥、石灰和石膏制造业	525 360 500	2 746.4950	146 254 300
51	水泥及石膏制品制造业	235 176 000	1 214.7140	57 759 740
52	砖瓦、石材及其他建筑材料制造业	377 633 600	2 210.5620	92 062 430
53	玻璃及玻璃制品制造业	679 117 300	4 541.5230	186 127 800
54	陶瓷制品制造业	168 965 300	1 286.2250	43 924 920
55	耐火材料制品制造业	231 280 900	1 499.0810	90 292 050
56	石墨及其他非金属矿物制品制造业	294 510 200	2 734.6960	89 244 180

（续表）

行业代码	受直接冲击行业	总产出冲击/元	总就业冲击/个	附加值冲击/元
57	炼铁业	485 193 300	762.6519	92 383 450
58	炼钢业	1 068 386 000	2 612.3610	294 697 900
59	钢压延加工业	3 483 444 000	4 852.2050	615 813 200
60	铁合金冶炼业	210 148 900	636.9948	55 295 970
61	有色金属冶炼及合金制造业	1 810 543 000	3 280.8850	304 523 900
62	有色金属压延加工业	1 446 105 000	3 550.3900	302 236 000
63	金属制品业	2 662 804 000	9 948.6370	554 505 500
64	锅炉及原动机制造业	328 342 700	1 247.9320	76 175 220
65	金属加工机械制造业	203 771 600	786.3132	50 303 290
66	起重运输设备制造业	166 962 000	578.1498	32 730 900
67	泵、阀门、压缩机及类似机械的制造业	493 457 700	1 730.0830	115 175 500
68	其他通用设备制造业	2 107 645 000	7 269.4880	484 948 800
69	矿山、冶金、建筑专用设备制造业	457 409 900	1 612.3060	105 466 000
70	化工、木材、非金属加工专用设备制造业	206 318 700	822.9285	53 338 860
71	农林牧渔专用机械制造业	226 526 100	935.0647	48 237 860
72	其他专用设备制造业	586 499 400	2 845.1200	136 510 200
73	铁路运输设备制造业	139 360 700	541.2170	27 730 510
74	汽车制造业	4 471 128 000	10 929.9400	822 208 800
75	船舶及浮动装置制造业	260 612 000	1 273.1440	72 548 340
76	其他交通运输设备制造业	838 182 500	2 950.9260	167 880 200
77	电机制造业	306 393 200	1 044.5840	60 707 480
78	输配电及控制设备制造业	626 320 500	1 477.8830	109 147 000
79	电线、电缆、光缆及电工器材制造业	1 160 895 000	1 880.2330	171 074 200
80	家用电力和非电力器具制造业	1 695 046 000	4 239.8590	282 737 500
81	其他电气机械及器材制造业	538 797 700	1 522.9060	103 605 000
82	通信设备制造业	720 267 400	1 592.3570	113 750 400
83	雷达及广播设备制造业	57 732 740	104.7102	8 684 092

（续表）

行业代码	受直接冲击行业	总产出冲击/元	总就业冲击/个	附加值冲击/元
84	电子计算机制造业	918 775 300	1 374.1920	127 689 300
85	电子元器件制造业	1 236 597 000	3 190.3380	236 630 300
86	家用视听设备制造业	546 557 400	1 210.8740	93 511 090
87	其他电子设备制造业	78 116 770	332.9075	20 059 490
88	仪器仪表制造业	293 074 000	1 185.4400	74 108 370
89	文化、办公用机械制造业	141 256 400	357.6426	20 358 680
90	工艺品及其他制造业	1 591 438 000	10 675.6100	397 066 400
91	废品废料	962 846 400	652.2881	778 688 400
92	电力、热力的生产和供应业	10 805 230 000	19 821.1000	3 023 328 000
93	燃气生产和供应业	413 221 700	1 244.7300	82 788 270
94	水的生产和供应业	465 899 800	4 322.3070	216 607 200
95	建筑业	2 418 416 000	15 449.2600	559 607 700
96	铁路运输业	1 142 117 000	8 754.7290	734 381 600
97	道路运输业	2 583 331 000	17 447.4900	1 209 998 000
98	城市公共交通业	765 472 300	6 089.5680	413 589 000
99	水上运输业	1 491 822 000	3 947.8290	666 750 000
100	航空运输业	402 534 600	382.4148	99 639 250
101	管道运输业	152 007 500	118.8571	76 497 790
102	装卸搬运和其他运输服务业	802 779 400	822.6302	351 390 100
103	仓储业	229 184 500	1 334.8870	64 519 760
104	邮政业	200 305 700	2 931.0020	98 250 480
105	电信和其他信息传输服务业	2 796 681 000	5 885.8620	1 872 654 000
106	计算机服务业	321 816 800	917.1564	111 010 600
107	软件业	50 893 230	169.4633	19 961 000
108	批发零售业	7 835 599 000	54 014.7200	4 710 304 000
109	住宿业	696 659 100	7 204.1160	294 537 600
110	餐饮业	5 097 633 000	27 918.5100	1 859 093 000
111	银行业、证券业和其他金融活动	5 410 458 000	18 844.5600	4 291 991 000
112	保险业	1 665 317 000	11 776.6200	483 907 700
113	房地产业	6 013 804 000	20 888.7400	5 014 372 000

(续表)

行业代码	受直接冲击行业	总产出冲击/元	总就业冲击/个	附加值冲击/元
114	租赁业	58 284 510	259.1202	23 484 750
115	商务服务业	2 089 349 000	7 365.2070	672 676 100
116	旅游业	771 427 500	5 434.8640	244 215 000
117	研究与试验发展业	232 997 100	1 505.4090	101 621 800
118	专业技术服务业	627 321 600	4 429.8110	357 542 300
119	科技交流和推广服务业	183 414 000	1 515.9280	96 225 080
120	地质勘查业	48 489 520	353.0143	17 445 080
121	水利管理业	127 683 100	2 109.8660	86 533 860
122	环境管理业	221 052 700	3 910.9200	102 876 000
123	公共设施管理业	178 746 300	1 764.9880	84 431 540
124	居民服务业	2 498 115 000	21 315.1200	1 302 609 000
125	其他服务业	1 337 491 000	5 559.6450	525 206 900
126	教育	3 165 798 000	53 632.3000	1 771 293 000
127	卫生	3 162 354 000	24 717.5300	1 046 705 000
128	社会保障业	19 804 850	427.8948	11 636 310
129	社会福利业	11 408 320	235.1676	8 795 481
130	新闻出版业	278 958 400	1 494.2340	133 616 700
131	广播、电视、电影和音像业	202 599 200	1 187.6440	77 193 200
132	文化艺术业	114 109 800	1 481.7320	43 947 720
133	体育	11 480 210	103.9684	4 597 575
134	娱乐业	276 843 800	1 455.2250	129 208 800
135	公共管理和社会组织	402 365 100	6 910.0290	220 933 100
	合计	2.28321E+11	2 390 039.4780	79 362 042 578

资料来源:将《2007年中国投入产出表》(135个部门)和《中国劳动统计年鉴(2008)》相关数据输入IMPLAN软件(详细处理过程参见第六章第一节)运算得到。

测算目的:测算在没有财政补贴的情况下190.2亿元的直接经济损失会给全国总产出、总就业和总附加值带来的冲击。

测算意义:测算的数据可以作为接下来2.2亿元救灾款下拨带来的总产出、总就业和总附加值正面效果的对比参照。

附表 15 西南干旱财政支出效应 IMPLAN 模型分析
（总需求减少 188 亿的总产出冲击、总就业冲击和总附加值冲击）

行业代码	受直接冲击行业	总产出冲击/元	总就业冲击/个	附加值冲击/元
1	农业	15 813 970 000	1 008 470.0000	6 184 519 000
2	林业	426 612 400	27 739.5600	162 089 300
3	畜牧业	6 653 963 000	318 092.0000	2 723 794 000
4	渔业	2 072 865 000	80 776.3000	1 108 023 000
5	农、林、牧、渔服务业	1 437 338 000	40 273.7700	167 904 500
6	煤炭开采和洗选业	2 776 526 000	22 488.4800	561 702 500
7	石油和天然气开采业	3 005 410 000	10 744.9900	795 444 900
8	黑色金属矿采选业	543 242 200	2 809.7100	54 207 530
9	有色金属矿采选业	474 798 700	3 375.1250	64 512 870
10	非金属矿及其他矿采选业	740 262 000	7 052.7000	116 672 000
11	谷物磨制业	1 994 463 000	9 734.0750	326 817 500
12	饲料加工业	1 773 842 000	9 564.5040	231 957 800
13	植物油加工业	2 000 404 000	9 683.3930	314 869 600
14	制糖业	295 820 600	1 344.5500	53 843 250
15	屠宰及肉类加工业	2 397 325 000	11 930.1900	346 346 700
16	水产品加工业	1 065 342 000	7 200.7210	194 310 000
17	其他食品加工业	1 907 295 000	5 133.5250	291 236 300
18	方便食品制造业	634 654 700	1 971.6170	125 925 400
19	液体乳及乳制品制造业	927 125 100	2 517.0390	161 457 900
20	调味品、发酵制品制造业	585 408 600	1 804.6520	106 781 400
21	其他食品制造业	2 102 726 000	8 545.0610	439 717 900
22	酒精及酒的制造业	1 408 200 000	6 958.6200	392 413 400
23	软饮料及精制茶加工业	964 232 000	3 507.1660	188 041 700
24	烟草制品业	1 893 416 000	3 879.0160	870 625 700
25	棉、化纤纺织及印染精加工业	29 495 790 000	130 997.9000	305 497 500
26	毛纺织和染整精加工业	436 062 400	1 878.7240	58 658 760
27	麻纺织、丝绢纺织及精加工业	868 619 900	4 724.7770	68 275 230
28	纺织制成品制造业	998 227 900	5 731.3390	79 776 780
29	针织品、编织品及其制品制造业	301 248 700	2 146.9170	26 387 490

（续表）

行业代码	受直接冲击行业	总产出冲击/元	总就业冲击/个	附加值冲击/元
30	纺织服装、鞋、帽制造业	3 302 187 000	23 039.9800	649 118 400
31	皮革、毛皮、羽毛（绒）及其制品业	2 456 508 000	12 833.7600	355 440 000
32	木材加工及木、竹、藤、棕、草制品业	1 059 433 000	6 531.1990	125 235 100
33	家具制造业	608 060 000	4 079.0320	110 335 200
34	造纸及纸制品业	2 469 715 000	9 617.5880	304 254 400
35	印刷业和记录媒介的复制业	945 799 800	5 958.7050	185 895 600
36	文教体育用品制造业	456 205 200	2 356.1890	69 984 470
37	石油及核燃料加工业	4 945 024 000	7 503.7240	382 667 000
38	炼焦业	521 361 200	1 232.4480	55 078 130
39	基础化学原料制造业	2 640 301 000	6 791.3550	216 483 200
40	肥料制造业	2 089 732 000	5 321.1620	227 018 400
41	农药制造业	484 042 000	1 100.2450	52 969 640
42	涂料、油墨、颜料及类似产品制造业	990 676 400	2 255.0970	53 488 970
43	合成材料制造业	2 045 202 000	4 435.5310	166 132 700
44	专用化学产品制造业	1 771 444 000	5 653.0350	118 725 500
45	日用化学产品制造业	938 784 000	3 677.0710	197 219 200
46	医药制造业	2 416 159 000	9 483.9160	575 156 200
47	化学纤维制造业	4 068 051 000	7 952.6410	78 564 780
48	橡胶制品业	778 218 000	2 363.2990	82 456 040
49	塑料制品业	3 066 823 000	11 029.1100	320 296 200
50	水泥、石灰和石膏制造业	519 283 800	2 714.7270	40 426 720
51	水泥及石膏制品制造业	232 455 700	1 200.6640	14 214 510
52	砖瓦、石材及其他建筑材料制造业	373 265 600	2 184.9930	24 305 540
53	玻璃及玻璃制品制造业	671 262 100	4 488.9930	110 406 800
54	陶瓷制品制造业	167 010 900	1 271.3480	22 075 810
55	耐火材料制品制造业	228 605 700	1 481.7410	34 828 350
56	石墨及其他非金属矿物制品制造业	291 103 700	2 703.0640	36 052 620

（续表）

行业代码	受直接冲击行业	总产出冲击/元	总就业冲击/个	附加值冲击/元
57	炼铁业	479 581 200	753.8304	28 929 470
58	炼钢业	1 056 028 000	2 582.1450	95 029 420
59	钢压延加工业	3 443 152 000	4 796.0810	222 414 100
60	铁合金冶炼业	207 718 100	629.6268	17 651 830
61	有色金属冶炼及合金制造业	1 789 601 000	3 242.9360	121 686 600
62	有色金属压延加工业	1 429 378 000	3 509.3230	125 557 900
63	金属制品业	2 632 005 000	9 833.5630	268 090 900
64	锅炉及原动机制造业	324 544 800	1 233.4970	34 672 690
65	金属加工机械制造业	201 414 600	777.2182	15 648 860
66	起重运输设备制造业	165 030 700	571.4625	9 319 792
67	泵、阀门、压缩机及类似机械的制造业	487 750 000	1 710.0710	48 882 230
68	其他通用设备制造业	2 083 266 000	7 185.4040	190 716 800
69	矿山、冶金、建筑专用设备制造业	452 119 200	1 593.6570	31 546 100
70	化工、木材、非金属加工专用设备制造业	203 932 300	813.4098	16 998 570
71	农林牧渔专用机械制造业	223 905 900	924.2490	24 734 270
72	其他专用设备制造业	579 715 500	2 812.2120	44 421 760
73	铁路运输设备制造业	137 748 800	534.9569	10 160 160
74	汽车制造业	4 419 411 000	10 803.5200	491 286 900
75	船舶及浮动装置制造业	257 597 500	1 258.4170	31 242 130
76	其他交通运输设备制造业	828 487 400	2 916.7930	124 028 100
77	电机制造业	302 849 300	1 032.5020	25 902 600
78	输配电及控制设备制造业	619 076 000	1 460.7890	40 504 570
79	电线、电缆、光缆及电工器材制造业	1 147 467 000	1 858.4850	88 193 320
80	家用电力和非电力器具制造业	1 675 440 000	4 190.8180	232 428 600
81	其他电气机械及器材制造业	532 565 600	1 505.2910	48 032 220
82	通信设备制造业	711 936 300	1 573.9390	72 147 620
83	雷达及广播设备制造业	57 064 950	103.4990	2 165 952

（续表）

行业代码	受直接冲击行业	总产出冲击/元	总就业冲击/个	附加值冲击/元
84	电子计算机制造业	908 148 100	1 358.2970	58 634 160
85	电子元器件制造业	1 222 294 000	3 153.4360	95 550 710
86	家用视听设备制造业	540 235 600	1 196.8680	73 372 820
87	其他电子设备制造业	77 213 210	329.0568	10 694 020
88	仪器仪表制造业	289 684 100	1 171.7280	31 313 360
89	文化、办公用机械制造业	139 622 600	353.5059	11 081 210
90	工艺品及其他制造业	1 573 031 000	10 552.1300	287 115 600
91	废品废料	951 709 400	644.7433	281 052 400
92	电力、热力的生产和供应业	10 680 250 000	19 591.8400	1 517 785 000
93	燃气生产和供应业	408 442 000	1 230.3330	59 745 380
94	水的生产和供应业	460 510 800	4 272.3120	151 936 800
95	建筑业	2 390 443 000	15 270.5700	194 462 600
96	铁路运输业	1 128 907 000	8 653.4650	437 095 300
97	道路运输业	2 553 450 000	17 245.6800	659 957 900
98	城市公共交通业	756 618 200	6 019.1330	345 666 200
99	水上运输业	1 474 567 000	3 902.1660	361 334 800
100	航空运输业	397 878 600	377.9915	60 958 240
101	管道运输业	150 249 300	117.4823	36 679 440
102	装卸搬运和其他运输服务业	793 493 900	813.1152	182 711 500
103	仓储业	226 533 600	1 319.4460	34 320 160
104	邮政业	197 988 800	2 897.1000	63 296 720
105	电信和其他信息传输服务业	2 764 333 000	5 817.7810	1 476 986 000
106	计算机服务业	318 094 400	906.5479	83 494 860
107	软件业	50 304 560	167.5032	4 407 612
108	批发零售业	7 744 967 000	53 389.9500	3 328 439 000
109	住宿业	688 601 100	7 120.7890	191 793 300
110	餐饮业	5 038 670 000	27 595.5800	1 555 669 000
111	银行业、证券业和其他金融活动	5 347 876 000	18 626.5900	2 808 183 000
112	保险业	1 646 055 000	11 640.4000	372 542 100
113	房地产业	5 944 243 000	20 647.1200	4 397 731 000

(续表)

行业代码	受直接冲击行业	总产出冲击/元	总就业冲击/个	附加值冲击/元
114	租赁业	57 610 350	256.1231	15 675 140
115	商务服务业	2 065 182 000	7 280.0150	431 040 400
116	旅游业	762 504 500	5 372.0000	219 530 900
117	研究与试验发展业	230 302 100	1 487.9960	48 247 120
118	专业技术服务业	620 065 500	4 378.5730	175 401 000
119	科技交流和推广服务业	181 292 500	1 498.3930	50 512 040
120	地质勘查业	47 928 660	348.9311	4 375 220
121	水利管理业	126 206 200	2 085.4620	42 108 000
122	环境管理业	218 495 800	3 865.6830	51 612 150
123	公共设施管理业	176 678 800	1 744.5730	73 672 130
124	居民服务业	2 469 220 000	21 068.5700	1 203 062 000
125	其他服务业	1 322 020 000	5 495.3370	331 285 200
126	教育	3 129 180 000	53 011.9500	1 533 681 000
127	卫生	3 125 776 000	24 431.6300	924 093 600
128	社会保障业	19 575 770	422.9454	7 112 006
129	社会福利业	11 276 370	232.4474	8 693 746
130	新闻出版业	275 731 700	1 476.9500	112 221 400
131	广播、电视、电影和音像业	200 255 800	1 173.9070	53 173 820
132	文化艺术业	112 789 900	1 464.5930	31 415 760
133	体育	11 347 420	102.7658	4 544 396
134	娱乐业	273 641 600	1 438.3930	89 450 910
135	公共管理和社会组织	397 711 100	6 830.1020	13 754 430
	合计	2.2568E+11	2 362 394.7340	48 191 705 414

资料来源:将《2007年中国投入产出表》(135个部门)和《中国劳动统计年鉴(2008)》相关数据输入 IMPLAN 软件(详细处理过程参见第六章第一节)运算得到。

测算目的:测算2.2亿元救灾款下拨对总产出和总就业的影响。

测算意义:将2.2亿元救灾款看成是对总需求的正面冲击,这样,原来的直接损失190.2亿元剩余188亿元,测算这188亿元的负面冲击对全国总产出、总就业和总附加值的影响,再与附表14测算出来的190.2亿元的负面冲击的各种影响的值进行比对,可以测算出2.2亿元救灾款在产出和就业方面的正面作用。

附表16 西南地区各行业直接经济损失的影响估算

行业代码	行业名称	行业产出占总产出的比例/%	各行业损失估算
1	农业	3.01	5.73
2	林业	0.23	0.44
3	畜牧业	1.97	3.75
4	渔业	0.54	1.03
5	农、林、牧、渔服务业	0.22	0.42
6	煤炭开采和洗选业	1.18	2.24
7	石油和天然气开采业	1.16	2.21
8	黑色金属矿采选业	0.44	0.84
9	有色金属矿采选业	0.31	0.59
10	非金属矿及其他矿采选业	0.47	0.89
11	谷物磨制业	0.49	0.93
12	饲料加工业	0.50	0.95
13	植物油加工业	0.53	1.01
14	制糖业	0.08	0.15
15	屠宰及肉类加工业	0.58	1.10
16	水产品加工业	0.33	0.63
17	其他食品加工业	0.48	0.91
18	方便食品制造业	0.15	0.29
19	液体乳及乳制品制造业	0.20	0.38
20	调味品、发酵制品制造业	0.14	0.27
21	其他食品制造业	0.48	0.91
22	酒精及酒的制造业	0.36	0.68
23	软饮料及精制茶加工业	0.33	0.63
24	烟草制品业	0.48	0.91
25	棉、化纤纺织及印染精加工业	1.56	2.97
26	毛纺织和染整精加工业	0.21	0.40
27	麻纺织、丝绢纺织及精加工业	0.25	0.48
28	纺织制成品制造业	0.42	0.80
29	针织品、编织品及其制品制造业	0.64	1.22
30	纺织服装、鞋、帽制造业	1.33	2.53
31	皮革、毛皮、羽毛(绒)及其制品业	0.88	1.67
32	木材加工及木、竹、藤、棕、草制品业	0.79	1.50
33	家具制造业	0.55	1.05
34	造纸及纸制品业	1.02	1.94
35	印刷业和记录媒介的复制业	0.45	0.86
36	文教体育用品制造业	0.36	0.68

（续表）

行业代码	行业名称	行业产出占总产出的比例/%	各行业损失估算
37	石油及核燃料加工业	2.19	4.17
38	炼焦业	0.39	0.74
39	基础化学原料制造业	1.14	2.17
40	肥料制造业	0.44	0.84
41	农药制造业	0.13	0.25
42	涂料、油墨、颜料及类似产品制造业	0.39	0.74
43	合成材料制造业	0.97	1.84
44	专用化学产品制造业	0.80	1.52
45	日用化学产品制造业	0.28	0.53
46	医药制造业	0.87	1.65
47	化学纤维制造业	0.53	1.01
48	橡胶制品业	0.55	1.05
48	塑料制品业	1.49	2.83
49	水泥、石灰和石膏制造业	0.73	1.39
50	水泥及石膏制品制造业	0.41	0.78
51	砖瓦、石材及其他建筑材料制造业	0.61	1.16
52	玻璃及玻璃制品制造业	0.43	0.82
53	陶瓷制品制造业	0.18	0.34
54	耐火材料制品制造业	0.22	0.42
55	石墨及其他非金属矿物制品制造业	0.20	0.38
56	炼铁业	0.40	0.76
57	炼钢业	0.89	1.69
58	钢压延加工业	3.47	6.60
59	铁合金冶炼业	0.20	0.38
60	有色金属冶炼及合金制造业	1.33	2.53
61	有色金属压延加工业	1.17	2.23
62	金属制品业	2.16	4.11
63	锅炉及原动机制造业	0.35	0.67
64	金属加工机械制造业	0.31	0.59
65	起重运输设备制造业	0.32	0.61
66	泵、阀门、压缩机及类似机械的制造业	0.51	0.97
67	其他通用设备制造业	1.67	3.18
68	矿山、冶金、建筑专用设备制造业	0.56	1.07
69	化工、木材、非金属加工专用设备制造业	0.29	0.55
70	农林牧渔专用机械制造业	0.17	0.32
71	其他专用设备制造业	0.65	1.24

（续表）

行业代码	行业名称	行业产出占总产出的比例/%	各行业损失估算
72	铁路运输设备制造业	0.15	0.29
73	汽车制造业	3.01	5.73
74	船舶及浮动装置制造业	0.35	0.67
75	其他交通运输设备制造业	0.51	0.97
76	电机制造业	0.34	0.65
77	输配电及控制设备制造业	0.75	1.43
78	电线、电缆、光缆及电工器材制造业	0.91	1.73
79	家用电力和非电力器具制造业	0.80	1.52
80	其他电气机械及器材制造业	0.52	0.99
81	通信设备制造业	0.99	1.88
82	雷达及广播设备制造业	0.16	0.30
83	电子计算机制造业	1.72	3.27
84	电子元器件制造业	1.65	3.14
85	家用视听设备制造业	0.40	0.76
86	其他电子设备制造业	0.10	0.19
87	仪器仪表制造业	0.37	0.70
88	文化、办公用机械制造业	0.23	0.44
89	工艺品及其他制造业	0.76	1.45
90	废品废料	0.53	1.01
91	电力、热力的生产和供应业	3.85	7.32
92	燃气生产和供应业	0.14	0.27
93	水的生产和供应业	0.14	0.27
94	建筑业	7.66	14.57
95	铁路运输业	0.47	0.89
96	道路运输业	1.27	2.42
97	城市公共交通业	0.27	0.51
98	水上运输业	0.83	1.58
99	航空运输业	0.33	0.63
100	管道运输业	0.05	0.10
101	装卸搬运和其他运输服务业	0.53	1.01
102	仓储业	0.12	0.23
103	邮政业	0.09	0.17
104	电信和其他信息传输服务业	0.94	1.79
105	计算机服务业	0.12	0.23
106	软件业	0.16	0.30
107	批发零售业	3.52	6.70

（续表）

行业代码	行业名称	行业产出占总产出的比例/%	各行业损失估算
108	住宿业	0.34	0.65
109	餐饮业	1.47	2.80
110	银行业、证券业和其他金融活动	1.89	3.59
111	保险业	0.49	0.93
112	房地产业	1.80	3.42
113	租赁业	0.03	0.06
114	商务服务业	1.21	2.30
115	旅游业	0.20	0.38
116	研究与试验发展业	0.17	0.32
117	专业技术服务业	0.38	0.72
118	科技交流和推广服务业	0.09	0.17
119	地质勘查业	0.06	0.11
120	水利管理业	0.06	0.11
121	环境管理业	0.08	0.15
122	公共设施管理业	0.13	0.25
123	居民服务业	0.55	1.05
124	其他服务业	0.52	0.99
125	教育	1.60	3.04
126	卫生	1.31	2.49
127	社会保障业	0.03	0.06
128	社会福利业	0.02	0.04
129	新闻出版业	0.10	0.19
130	广播、电视、电影和音像业	0.12	0.23
131	文化艺术业	0.07	0.13
132	体育	0.02	0.04
133	娱乐业	0.12	0.23
134	公共管理和社会组织	1.93	3.67
135	合成材料制造业	3.01	5.73

资料来源：依据《2007年中国投入产出表》（135个部门）测算得到。

测算目的：测算西南地区各行业在干旱灾害的直接经济损失。

测算意义：假设各个行业受到突发冲击的概率等于其产出占全国总产出的比重，这样就可以测算出在190.2亿元的总损失中各行业的直接经济损失数据，以此为基准，运用IMPLAN软件反复试算，可以初步测算出各行业产品需求增加多少可以正好弥补干旱给该行业带来的直接经济损失。

附表 17 汶川地震直接经济损失影响的 IMPLAN 模型分析

（总需求减少 8 451 亿元导致的总产出冲击、总就业冲击和总附加值冲击）

行业代码	受直接冲击行业	总产出冲击/元	总就业冲击/个	附加值冲击/元
1	农业	2.37555E+11	12 565 450.000	1.43179E+11
2	煤炭开采和洗选业	34 394 150 000	372 545.700	16 352 620 000
3	石油和天然气开采业	33 644 740 000	0.000	13 121 450 000
4	金属矿采选业	7 634 805 000	62 392.160	3 435 662 000
5	非金属矿采选业	3 341 942 000	40 224.030	1 203 099 000
6	食品制造及烟草加工业	1.00147E+11	557 770.000	33 397 320 000
7	纺织业	29 564 630 000	584 686.800	7 509 988 000
8	服装皮革羽绒及制品业	10 811 260 000	141 558.800	2 903 394 000
9	木材加工及家具制造业	8 794 192 000	58 155.450	2 426 053 000
10	造纸印刷及文教用品制造业	19 638 030 000	211 830.500	6 276 362 000
11	石油加工炼焦及核燃料加工业	6 511 141 000	26 179.820	1 748 821 000
12	化学工业	87 209 250 000	868 500.100	28 546 750 000
13	非金属矿物制品业	33 892 230 000	525 569.600	11 479 840 000
14	金属冶炼及压延加工业	97 880 580 000	639 951.700	27 102 690 000
15	金属制品业	10 016 980 000	131 346.600	3 636 163 000
16	通用专用设备制造业	44 593 300 000	376 335.800	14 181 950 000
17	交通运输设备制造业	45 396 520 000	538 482.300	15 423 810 000
18	电气机械及器材制造业	28 902 880 000	228 096.700	8 575 270 000
19	通信设备计算机及其他电子设备制造业	26 608 450 000	345 498.700	7 228 825 000
20	仪器仪表及文化办公用机械制造业	845 100 000	22 187.230	357 417 100
21	其他制造业	845 100 000	19 228.040	264 929 100
22	废品废料	132 590 300	0.000	132 590 300
23	电力热力的生产和供应业	92 691 610 000	1 296 337.000	39 000 010 000
24	燃气生产和供应业	2 654 964 000	8 505.458	955 786 900
25	水的生产和供应业	14 637 470 000	158 397.200	6 147 737 000
26	建筑业	92 520 960 000	1 218 278.000	28 304 140 000

(续表)

行业代码	受直接冲击行业	总产出冲击/元	总就业冲击/个	附加值冲击/元
27	交通运输及仓储业	95 546 830 000	701 571.600	48 519 880 000
28	邮政业	14 368 110 000	99 498.730	4 213 737 000
29	信息传输计算机服务和软件业	44 204 310 000	120 948.400	23 717 780 000
30	批发和零售贸易业	94 614 630 000	545 531.400	44 943 600 000
31	住宿和餐饮业	57 988 940 000	455 899.900	23 749 460 000
32	金融保险业	44 795 410 000	418 837.800	33 512 220 000
33	房地产业	25 634 580 000	233 949.300	21 466 900 000
34	租赁业和商务服务业	35 968 390 000	240 435.900	12 675 100 000
35	旅游业	5 305 008 000	43 180.560	1 926 585 000
36	科学研究事业	14 704 630 000	156 042.200	7 668 561 000
37	综合技术服务业	25 945 170 000	291 119.200	12 252 610 000
38	其他社会服务业	35 215 800 000	541 587.900	16 193 050 000
39	教育事业	15 601 660 000	698 853.700	12 640 660 000
40	卫生社会保障和社会福利业	15 673 300 000	293 540.700	8 079 000 000
41	文化体育和娱乐业	2.98392E+11	2 880 022.000	1.42291E+11
42	公共管理和社会组织	22 711 390 000	658 766.900	13 554 780 000
	合计	1.92E+12	2.94E+07	8.50E+11

资料来源:将《2005年四川省投入产出延长表》和《中国劳动统计年鉴(2006)》相关数据输入 IMPLAN 软件(详细处理过程类似第六章第一节)运算得到。

测算目的:测算汶川地震的8 451亿元直接经济损失对产出、就业和附加值的影响。

测算意义:测算的数据可以作为接下来644.1亿元救灾款下拨带来的产出、就业和附加值正面效果的对比参照。

附表 18　汶川地震财政支出效应 IMPLAN 模型分析
（总需求减少 7 806.9 亿增加的总产出冲击、总就业冲击和总附加值冲击）

行业代码	受直接冲击行业	总产出冲击/元	总就业冲击/个	附加值冲击/元
1	农业	2.1945E+11	11 607 770.000	1.32266E+11
2	煤炭开采和洗选业	31 772 770 000	344 151.800	15 106 300 000
3	石油和天然气开采业	31 080 480 000	0.000	12 121 380 000
4	金属矿采选业	7 052 912 000	57 636.890	3 173 811 000
5	非金属矿采选业	3 087 233 000	37 158.320	1 111 404 000
6	食品制造及烟草加工业	92 514 290 000	515 259.100	30 851 920 000
7	纺织业	27 311 340 000	540 124.400	6 937 608 000
8	服装皮革羽绒及制品业	9 987 274 000	130 769.700	2 682 109 000
9	木材加工及家具制造业	8 123 935 000	53 723.090	2 241 150 000
10	造纸印刷及文教用品制造业	18 141 300 000	195 685.700	5 798 004 000
11	石油加工炼焦及核燃料加工业	6 014 888 000	24 184.500	1 615 533 000
12	化学工业	80 562 530 000	802 306.600	26 371 030 000
13	非金属矿物制品业	31 309 110 000	485 512.900	10 604 890 000
14	金属冶炼及压延加工业	90 420 540 000	591 177.300	25 037 040 000
15	金属制品业	9 253 522 000	121 335.900	3 359 029 000
16	通用专用设备制造业	41 194 580 000	347 653.100	13 101 060 000
17	交通运输设备制造业	41 936 590 000	497 441.500	14 248 270 000
18	电气机械及器材制造业	26 700 020 000	210 712.200	7 921 699 000
19	通信设备计算机及其他电子设备制造业	24 580 460 000	319 166.300	6 677 874 000
20	仪器仪表及文化办公用机械制造业	780 690 000	20 496.210	330 176 300
21	其他制造业	780 690 000	17 762.560	244 737 300
22	废品废料	122 484 800	0.000	122 484 800
23	电力热力的生产和供应业	85 627 040 000	1 197 536.000	36 027 590 000
24	燃气生产和供应业	2 452 614 000	7 857.208	882 940 900
25	水的生产和供应业	13 521 860 000	146 324.800	5 679 182 000
26	建筑业	85 469 410 000	1 125 426.000	26 146 910 000

(续表)

行业代码	受直接冲击行业	总产出冲击/元	总就业冲击/个	附加值冲击/元
27	交通运输及仓储业	88 264 650 000	648 100.800	44 821 910 000
28	邮政业	13 273 040 000	91 915.350	3 892 584 000
29	信息传输计算机服务和软件业	40 835 240 000	111 730.200	21 910 110 000
30	批发和零售贸易业	87 403 490 000	503 953.300	41 518 190 000
31	住宿和餐饮业	53 569 260 000	421 153.100	21 939 380 000
32	金融保险业	41 381 290 000	386 915.800	30 958 060 000
33	房地产业	23 680 830 000	216 118.700	19 830 780 000
34	租赁业和商务服务业	33 227 030 000	222 110.900	11 709 060 000
35	旅游业	4 900 683 000	39 889.520	1 779 749 000
36	科学研究事业	13 583 900 000	144 149.300	7 084 095 000
37	综合技术服务业	23 967 740 000	268 931.300	11 318 770 000
38	其他社会服务业	32 531 800 000	500 310.400	14 958 890 000
39	教育事业	14 412 570 000	645 590.100	11 677 240 000
40	卫生社会保障和社会福利业	14 478 750 000	271 168.300	7 463 252 000
41	文化体育和娱乐业	2.7565×10^{11}	2 660 518.000	1.31446×10^{11}
42	公共管理和社会组织	20 980 420 000	608 558.400	12 521 680 000
	合计	1.77×10^{12}	2.71×10^{7}	7.85×10^{11}

资料来源:将《2005年四川省投入产出延长表》和《中国劳动统计年鉴2006》相关数据输入 IMPLAN 软件(详细处理过程类似第六章第一节)运算得到。

测算目的:测算644.1亿元救灾款下拨对总产出和总就业的影响。

测算意义:将644.1亿元救灾款看成是对总需求的正面冲击,这样,原来的直接损失8451亿元剩余7806.9亿元,测算这7806.9亿元的负面冲击对全国总产出、总就业和总附加值的影响,再与附表17测算出来的8451亿元的负面冲击的各种影响的值进行比对,可以测算出644.1亿元救灾款在产出和就业方面的正面作用。

附表19 四川省各行业受冲击概率估算表

行业代码	行业名称	行业产出占总产出的比例/%
1	农业	14.35
2	煤炭开采和洗选业	1.12
3	石油和天然气开采业	1.21
4	金属矿采选业	0.39
5	非金属矿采选业	0.19
6	食品制造及烟草加工业	7.37
7	纺织业	1.27
8	服装皮革羽绒及其制品业	0.65
9	木材加工及家具制造业	0.45
10	造纸印刷及文教用品制造业	0.99
11	石油加工、炼焦及核燃料加工业	0.74
12	化学工业	6.24
13	非金属矿物制品业	2.29
14	金属冶炼及压延加工业	6.53
15	金属制品业	0.67
16	通用、专用设备制造业	3.32
17	交通运输设备制造业	2.92
18	电气、机械及器材制造业	1.59
19	通信设备、计算机及其他电子设备制造业	2.33
20	仪器仪表及文化办公用机械制造业	0.12
21	其他制造业	0.11
22	废品废料	0.01
23	电力、热力的生产和供应业	3.92
24	燃气生产和供应业	0.26
25	水的生产和供应业	0.15
26	建筑业	10.31
27	交通运输及仓储业	4.24
28	邮政业	0.21
29	信息传输、计算机服务和软件业	1.73

(续表)

行业代码	行业名称	行业产出占总产出的比例/%
30	批发和零售贸易业	5.84
31	住宿和餐饮业	3.16
32	金融保险业	2.05
33	房地产业	2.00
34	租赁业和商务服务业	0.84
35	旅游业	0.33
36	科学研究事业	0.51
37	综合技术服务业	0.87
38	其他社会服务业	2.25
39	教育事业	1.72
40	卫生、社会保障和社会福利业	1.31
41	文化、体育和娱乐业	0.83
42	公共管理和社会组织	2.61

资料来源:将《2005年四川省投入产出延长表》和《中国劳动统计年鉴(2006)》相关数据输入 IMPLAN 软件(详细处理过程类似第六章第一节)运算得到。

测算目的:测算四川省各行业在汶川地震中的直接经济损失。

测算意义:假设各个行业受到突发冲击的概率等于其产出占四川省总产出的比重,这样就可以测算出在8 451亿元的总损失中各行业的直接经济损失数据,以此为基准,运用 IMPLAN 软件反复试算,可以初步测算出各行业产品需求增加多少可以正好弥补地震给该行业带来的直接经济损失。